Markus Lusser
Geldpolitik

Markus Lusser

Geldpolitik

Notenbank, Staat und Wirtschaft

Verlag
Neue Zürcher Zeitung

ISBN 3 85823 605 5

Inhaltsverzeichnis

Vorwort

Der NZZ-Verlag lud mich ein, einige Vorträge zur schweizerischen Geld- und Wirtschaftspolitik, die ich während meiner über fünfzehnjährigen Mitgliedschaft im Direktorium der Schweizerischen Nationalbank hielt, zu publizieren. Die Beiträge, die für diese Sammlung ausgewählt wurden, stammen aus verschiedenen Jahren. Sie sollen dies nicht verleugnen. Ich beschränkte mich bei ihrer Überarbeitung darauf, Hinweise, die ganz an die jeweilige Tagesaktualität gebunden waren, zu streichen oder an die seitherige Entwicklung anzupassen.

Ich schulde mehreren Mitarbeitern der Schweizerischen Nationalbank grossen Dank. Sie unterstützten mich nicht nur in der Erfüllung meines Auftrags, sondern halfen mir auch engagiert bei der Erarbeitung der Beiträge, mit denen ich in der Öffentlichkeit um Verständnis für den geldpolitischen Kurs warb. Meine Frau Elisabeth war eine kritische Leserin meiner Entwürfe. Sie zwang mich mit ihren Einwänden und Fragen zu verstärkter Klarheit. Ihr widme ich diese Sammlung.

Markus Lusser
April 1996

Geldpolitik –
Grundsatzfragen

Möglichkeiten und Grenzen einer stabilitätsorientierten Geldpolitik

1. Die Geldwertstabilität als öffentliches Gut

Warum handelt der Mensch immer wieder in Widerspruch zu seinen langfristigen Interessen? Diese Frage fordert seit jeher nicht nur die Historiker, sondern Denker aller Disziplinen heraus. Sie beschäftigte auch David Hume. «Was im Raume und in der Zeit uns unmittelbar nahe liegt» – schrieb der schottische Philosoph und Ökonom vor rund 250 Jahren – «wirkt gemeinhin mit mehr Kraft auf uns als ein Gegenstand, der entfernter und matter beleuchtet ist. Mögen wir auch voll überzeugt sein, dass der letztere Gegenstand wertvoller ist als der erstere, wir sind doch nicht imstande, unsere Handlungen nach diesem Urteil einzurichten.»

Diese Überlegungen sind angesichts der weltweiten ökologischen Bedrohung aktueller als je. Sie beschäftigen uns aber auch in bezug auf die Stabilitätspolitik.

Besteht die Gefahr des Handelns wider die eigenen langfristigen Interessen selbst in der Schweiz? Jeder von uns ist sich doch der Bedeutung der Geldwertstabilität bewusst. Dieses Ziel findet eine breite Unterstützung in unserer Öffentlichkeit. Regierung, Parteien und Verbände verpassen kaum eine Gelegenheit, sich zu ihm zu bekennen.

Es wäre dennoch naiv zu glauben, dass sich der Einzelne oder die Verbände – entsprechend ihrem Bekenntnis – auch stabilitätskonform verhielten. Das Gegenteil trifft zu. Der Preisindex würde sonst nicht fast regelmässig Monat für Monat steigen. Moralisten werden den eklatanten Widerspruch zwischen öffentlicher Rhetorik und privatem Verhalten als Scheinheiligkeit beklagen. Ich möchte nicht in dieses Klagelied einstimmen. Der Wirtschaftspolitiker tut besser, dieses Verhalten in Rechnung zu stellen. Ändern lässt es sich nicht. Es ergibt sich aus der auf Eigennutz bedachten Rationalität des menschlichen Handelns.

Ein Bäcker, der den Preis für sein Brot um 10 % anhebt, trägt zur Teuerung bei. Die Kosten der Teuerung sind die Nachteile, die der Volkswirtschaft durch ein steigendes Preisniveau entstehen. Unser Bäcker spürt davon jedoch praktisch nichts. Die Kosten verteilen sich auf die ganze Wirtschaft. Der Verzicht auf die zehnprozentige Preiserhöhung würde ihn dagegen stark treffen. Vom Beitrag, den er dadurch zur Geldwertstabilisierung leistete, könnte er nicht nennenswert profitieren. Unser Bäcker vermag, solange er seine Preise als einziger anhebt, sein Realeinkommen zu erhöhen. Je mehr Leute seinem Beispiel folgen, desto weniger bleibt ihm allerdings von seinem Zuwachs an Realeinkommen. Dieser wird durch die Erhöhung der Preise der Güter, die der Bäcker konsumiert, weggefressen.

Das stabilitätswidrige Verhalten des einzelnen ist – lehrt uns dieses Beispiel – um so einträglicher, je stabilitätsgerechter sich die Umwelt verhält. Es erstaunt daher nicht, dass jeder öffentlich aus ganzem Herzen für Geldwertstabilität eintritt, diese Stabilität durch sein tatsächliches Verhalten aber gleichzeitig mit allen Kräften gefährdet. Moralische Appelle helfen nichts. Wer will schon den «Schwarzen Peter» in seinen Händen behalten?

David Hume hält für Probleme dieser Art – sie beschäftigten ihn im Hinblick auf die Rechtsordnung – eine klassische Lösung bereit. Wir müssen, da sich die Natur des Menschen nicht ändern lässt, – so folgert er – die Umstände verändern. Hume möchte die Umstände für einige wenige Menschen so gestalten, dass für sie die Förderung des gemeinsamen Anliegens das erste und dessen Schädigung das entfernteste Interesse wird. Das Schulbeispiel ist der unabhängige Richter. Eine ähnliche Lösung bürgerte sich zur Erhaltung der Geldwertstabilität ein. Was in der Rechtssprechung der unabhängige oberste Gerichtshof ist, wurde hier die unabhängige Notenbank. Die Nationalbank, die in der Schweiz von Verfassung und Gesetz mit der Aufgabe betraut wird, eine den Gesamtinteressen des Landes dienende Geldpolitik zu führen, ist als weitgehend autonome Institution ausgestaltet.

2. Bürokratiekritik und Notenbank

Auch diese Lösung bleibt – in einer unvollkommenen Welt – unvollkommen. Zweifel an der Unabhängigkeit der öffentlichen Verwaltung und ihrer Diener beschlichen schon Hume. In der Tat: Warum sollte der egoistische Private – einzeln oder im Verband mit andern – nicht versuchen, staatliche Institutionen für seine eigenen wirtschaftlichen Belange einzuspannen? Die Eigeninteressen der Verwaltung kommen diesem Bestreben entgegen. Die grossen Verwaltungen sind – so lehrt uns die Theorie der Bürokratie – bestrebt, ihren Einflussbereich auszuweiten. Jeder begeht Fehler. Keiner gesteht sie gern ein. Die Bürokraten versuchen sich deshalb vor dem Einblick der Öffentlichkeit abzuschirmen. Sie ziehen verdeckte Massnahmen durchschaubaren Problemlösungen vor. Verhandlungen im kleinen Kreise Wohlgesinnter sind ihnen willkommener als gut sichtbare Aktionen in der Öffentlichkeit. Sie umgeben sich zu diesem Zweck mit einem undurchschaubaren Instrumentarium. Die Schwierigkeit der Konsensfindung in den pluralistischen westlichen Demokratien kommt diesem Bestreben entgegen. Sie liess überall starke Verquickungen von Verwaltung, Politik und Wirtschaft wuchern. Die Schweiz kennt für diese Symbiose den ehrfurchtgebietenden Ausdruck der «Expertenkommission». Es darf nicht verwundern, dass die sachlich beste Lösung sich angesichts solcher Verquickungen nicht immer durchzusetzen vermag.

Die Notenbank steht nicht abseits dieses Kräftemessens. Partialinteressen machen auch vor ihr nicht halt. Was für die Bürokratie gilt, trifft auf sie ebenfalls zu. Notenbanken verfolgen ebenfalls Eigeninteressen. Sie verfügen über gut ausgebaute, komplexe gesetzliche Instrumentarien.

Die Schweizerische Nationalbank nutzte ihre gesetzlichen Instrumente seit Ende der siebziger Jahre allerdings kaum mehr. Sie betreibt vielmehr eine transparente Politik der Geldmengensteuerung. Sie wird nicht müde, ihr geldpolitisches Konzept der Öffentlichkeit darzulegen. Es beruht auf dem Zusammenhang zwischen Geldmengenwachstum und Teuerungsentwicklung, der für die lange Frist empirisch gut nachgewiesen ist. Eine zu starke Geldmengenausweitung führt – mit einer Verzögerung von 2 bis 3 Jahren – zu einem Inflationsschub. Die Nationalbank bremst umgekehrt, verlangsamt sie das Geldmengenwachstum, die Inflation. Ökonometrische Untersuchungen ergaben, dass ein durchschnittlicher Anstieg der Notenbankgeldmenge um jährlich ein Prozent ein langfristiges Wirtschaftswachstum bei annähernder Preisstabilität gewährleisten sollte. Das reale Wirtschaftswachstum ist durch die Produktionskapazitäten eines Landes beschränkt. Es kann deshalb durch ein sehr reichliches Geldangebot auf die Dauer nicht erhöht werden.

Widerspricht dieses relativ einfache Konzept der Geldmengensteuerung nicht den Thesen über das Bürokratieverhalten? Oder anders gefragt: Ist die Nationalbank, die sich nicht scheut, ihre Angelegenheiten vor dem Publikum auszubreiten, ein bürokratischer Sonderfall? Die Nationalbank betreibt tatsächlich – statt der verwirrend virtuosen Handhabung eines komplizierten Notenbankinstrumentariums – eine durchschaubare Geldmengenpolitik. Dies hat aber nichts mit Tugendhaftigkeit zu tun.

3. Drei Aspekte der Glaubwürdigkeit

Die Nationalbank erkannte vielmehr, dass die Glaubwürdigkeit, die sie als Institution im Publikum geniesst, für sie von hervorragender Bedeutung ist. Eine Notenbank kann, je nachdem wie sie mit ihrer Glaubwürdigkeit umgeht, ihren Handlungsspielraum erweitern oder muss sich Einschränkungen gefallen lassen. Drei Aspekte der Glaubwürdigkeit stehen im Vordergrund:

- die Erhaltung der Notenbankautonomie,
- die Pflege der Funktionsfähigkeit der Märkte und
- die Glaubwürdigkeit an den Finanzmärkten.

Es geht im weitesten Sinne um das Vertrauen, das der Stimmbürger in die Nationalbank hat. Der Stimmbürger ist in der Schweiz der Souverän. Die Existenz der Nationalbank als relativ autonome monetäre Behörde hängt von seinem Wohlwollen ab. Eine durchschaubare Notenbankpolitik liegt darum auch im Eigeninteresse der Nationalbank. Die Einprägsamkeit des geldpolitischen Konzepts ist der Öffentlichkeitsarbeit dienlich.

Es erscheint mir – unter diesem Blickwinkel – mehr als ein blosser Zufall, dass vor allem die relativ autonomen Notenbanken sich bei ihrer Geldpolitik stark auf die Geldmengensteuerung konzentrieren. Sie müssen ihre Autonomie verteidigen. Eine Strategie, die der Öffentlichkeit und den Finanzmärkten verständlich ist, bildet dafür eine gute Grundlage. Einer Regierung dürfte es schwieriger fallen, ihre Notenbank gegen den Willen der Finanzmärkte als mit deren Einverständnis unter ihre Fittiche zu nehmen. Notenbanken, die nichts anderes als der verlängerte Arm des Finanzministeriums sind, verstecken sich dagegen eher hinter einem undurchdringlichen Dickicht von Instrumenten und Regulationen. Sie haben keinen Grund, sich an den Finanzmärkten oder in der Öffentlichkeit Partner für allfällige Auseinandersetzungen mit der Regierung zu suchen.

Die Unabhängigkeit der Notenbank gewinnt ihre grosse Bedeutung im Zusammenhang mit der Erhaltung der Geldwertstabilität. Dieses Ziel findet auf dem politischen Parkett wenig echte Verteidiger. Eine geringe Teuerung wird nicht als grosses Übel empfunden. Die Bekämpfung hoher Inflationsraten erfordert beträchtliche Opfer in der Form hoher sozialer und wirtschaftlicher Kosten. Es wird deshalb immer schwierig sein, eine schlagkräftige Koalition stabilitätsbewusster Politiker zu formieren. Die Autonomie der Notenbank entzieht die Sorge um die Geldwertstabilität dem Gerangel der Tagespolitik. Sie erleichtert eine langfristig orientierte Geldpolitik.

Die Politiker unterliegen immer wieder – und ausgesprochen gerne – der Versuchung eines auf kurzfristige wirtschaftspolitische Gewinne angelegten Aktivismus. Auch eine autonome Notenbankleitung ist vor dieser Versuchung nicht gefeit. Sie ist in wirtschaftlich schwierigen Zeiten oft einem besonders starken Druck einzelner Interessengruppen ausgesetzt. Warum sollte sie dem Konflikt mit einer mächtigen Lobby nicht aus dem Wege gehen und das Geschäft der Geldpolitik – im Sinne der Bürokratiethese – im kleinen Kreis der Wohlgesinnten und unter Ausschluss der Öffentlichkeit betreiben? Die Frage ist rhetorisch. Die Notenbank würde ihre Glaubwürdigkeit aufs Spiel setzen.

Wer seinem Beharrungsvermögen im Konfliktfall misstraut, tut aber gut daran, seiner Handlungsfreiheit selbst Grenzen zu setzen. Die Bekanntgabe von Zielen – bei der Durchführung der Geldmengenpolitik – dient nicht nur den Finanzmärkten als Orientierungshilfe. Sie ist Zwang zur Selbstdisziplinierung. Zielvorgaben machen es der Notenbankleitung auch in Zeiten massiven politischen Druckes schwer, vom mittelfristig konzipierten Pfad der Geldmengenausweitung ohne Not abzuweichen. Abweichungen bedürfen der Rechtfertigung. Die Notenbank muss Publikum und Finanzmärkte mit einem stichhaltigen Grund überzeugen. Spontanem Hüst und Hott ihrer Leitung ist der Riegel geschoben.

3.2 Der zweite Aspekt: Pflege der Funktionsfähigkeit des Marktes

Es ist nicht Selbstzweck, wenn die Nationalbank sich gegen den Protektionismus und für einen funktionstüchtigen Markt einsetzt. Eingriffe ins Marktgeschehen verzerren das Preisgefüge. Die Geldpolitik bedarf aber, um zu greifen, eines funktionierenden Marktes. Die Notenbank kann die Teuerung nur über eine Liquiditätsverknappung bekämpfen. Diese Massnahme muss über einen Zinsanstieg auf die zinsempfindlichen Teile der Nachfrage einwirken. Die Teuerungsrate reagiert erst dann. Die Geldpolitik wird erschwert, wenn das Preisgefüge verzerrt ist und die Preise nicht mehr zufriedenstellend reagieren.

Die Unternehmer haben zwei Möglichkeiten, auf einen Nachfragerückgang zu reagieren. Sie können entweder ihre Preise senken oder aber ihre Produktion drosseln. Die beiden Strategien unterscheiden sich stabilitätspolitisch wesentlich. Werden die Preise angepasst, so ist das Ziel der Notenbank unmittelbar erreicht. Die Teuerung geht zurück. Die volkswirtschaftlichen Kosten der Anpassung an die tiefere Teuerung halten sich in engem Rahmen. Der Fall liegt dort, wo die Preise nicht angepasst werden, anders. Die Abschwächung der Nachfrage schlägt sich in einem Produktionsrückgang nieder. Die Unternehmer können bei gleichbleibenden Preisen ja nicht mehr gleich viele Produkte wie zuvor absetzen. Die restriktive Geldpolitik der Notenbank führt zu einer Rezession mit einem Rückgang der Beschäftigung. Die Arbeitslosigkeit steigt an. Soll die Teuerungsbekämpfung erfolgreich sein, muss die Rezession so tief sein und so lange andauern, bis die Wirtschaft ihre Preis- und Lohnerwartungen anzupassen bereit ist. Die Notenbank muss die Inflationserwartungen brechen, indem sie eine entsprechend lange und tiefe Rezession herbeiführt. Die beiden weltweiten Rezessionen von 1973–75 und 1980–82 waren – unter anderem – die Folge einer restriktiven Geldpolitik bei hohen Inflationserwartungen.

Die hohen volkswirtschaftlichen Kosten, die bei Preis- und Lohnrigiditäten in der Form von Rezession und Arbeitslosigkeit anfallen, bilden für die Notenbankpolitik ein Problem. Sie drohen den Grundkonsens der Bevölkerung über die Erhaltung der Geldwertstabilität zu schwächen. Die Gefahr, dass der Handlungsspielraum der Notenbank – unter politischem Druck – eingeengt wird, steigt.

Wo aber liegen die Ursachen dieser Rigiditäten? Die hohe Kartelldichte moderner Volkswirtschaften ist eine dieser Ursachen. Die Geldpolitik wird durch kartellistische Preisabsprachen unmittelbar erschwert. Dies ist aber nicht das einzige Problem, das Kartelle für die Notenbank aufwerfen. Die Strukturschwächen, die sich in eine kartellisierte Branche einschleichen, wenn mangels Wettbewerb die notwendigen Strukturanpassungen unterbleiben, sind längerfristig ebenso gravierend. Die schweizerische Uhrenindustrie bietet ein lehrreiches Beispiel. Das Verschwinden einer grossen Zahl von Regionalbanken, das wir in den letzten Jahren erlebten, ist ein weiteres. Eine Wirtschaft, in der notwendige Anpassungen unterbleiben, wird fragil. Die Schwächen zeigen sich in ihrer vollen Tragweite aber erst in der Rezession. Es ist dabei aber nur schwer zwischen struktureller und zyklischer Ursache des Geschäftsrückgangs zu unterscheiden. Die Gefahr, dass der Niedergang eines Wirtschaftszweigs voll der restriktiven Stabilisierungspolitik angelastet wird, ist gross. Das Umfeld, in dem die Notenbank ihre Aufgabe erfüllen muss, verschlechtert sich. Chancen, dass sich die Lage der Nationalbank hier verbessern könnte, sehe ich derzeit nicht. Die kürzliche Revision des Kartellgesetzes unterstreicht, wie schwer es fällt, der auf Eigennutz bedachten Rationalität der Einzelinteressen dort, wo die Funktionsfähigkeit des Marktes unmittelbar berührt wird, Grenzen zu setzen.

Indexklauseln sind eine weitere Ursache von Rigiditäten. Es ist verständlich, dass der Arbeitnehmer sich durch die Indexierung seines Lohnes gegen die Folgen der Inflation zu schützen sucht. Er vertauscht dadurch allerdings das Risiko, dass sein Lohn sinkt, mit der Gefahr, dass er seine Stelle verliert.

Eine Indexierung der Zinssätze wirkt sich wie die Lohnindexierung auf die Geldpolitik aus. Sind die Zinssätze auf den Krediten für einige Zeit fest, so werden sich die Kreditnehmer bei hohem Zinsniveau mit der Kreditaufnahme zurückhalten. Je höher nämlich die Zinssätze sind, um so wahrscheinlicher wird ein Zinsrückgang. Der Kreditnehmer kann seine Finanzierungskosten senken, indem er mit der Kreditaufnahme bis zu einem Zinsrückgang zuwartet. Die Kreditnachfrage schwächt sich bei steigenden Zinssätzen ab und wirkt so als Bindeglied zwischen Geldpolitik und Güternachfrage. Anders verhält es sich, wenn die Kreditzinsen indexiert sind. Der Kreditnehmer hat bei hohem Zinsniveau keine Veranlassung mehr, die Kreditaufnahme in Erwartung eines Zinsrückgangs hinauszuschieben. Die Wirkung der restriktiven Geldpolitik auf das Kreditwachstum geht verloren.

Die Aufgabe der Notenbank wird erleichtert, wenn die Indexierung von Zinssätzen, Preisen und Löhnen aufgegeben wird. Sie kann dazu – anders als bei den von den Kartellen ausgehenden Rigiditäten – selbst beitragen. Es ist kein Zufall, dass die Indexierung in den sechziger und siebziger Jahren massiv zunahm. Die hohen Inflationsraten und die erratischen Zinsschwankungen waren die Auslöser dieses Trends. Sie rührten von der in zahlreichen westlichen Industriestaaten betriebenen Stop-and-Go-Politik her, von der sich auch die Schweiz – vor allem zur Zeit der fixen Wechselkurse – nicht abschotten konnte. Das Publikum verlor den Glauben an die Inflationsbekämpfung. Es suchte sich durch Indexierungen zu schützen. Ich sehe hier den zweiten Aspekt der Glaubwürdigkeit der Notenbankpolitik. Die Notenbank hat es in der Hand, durch eine gleichmässige, aber zurückhaltende Geldmengenausweitung das Vertrauen in die Geldwertstabilität wiederherzustellen.

3.3 Der dritte Aspekt: Glaubwürdigkeit an den Finanzmärkten

Die Erfahrungen der sechziger und siebziger Jahre führen mich zum dritten Aspekt der Glaubwürdigkeit der Notenbank: zur Glaubwürdigkeit an den Finanzmärkten.

Die Finanzmärkte sind lernfähig. Sie lassen sich auf die Dauer durch eine Notenbank, die etwas anderes vorgibt als sie tatsächlich tut, nicht überlisten. Es dauert zwar oft eine Weile, bis die Märkte eine neue wirtschaftspolitische Strategie durchschauen und ein neues, der veränderten Strategie angepasstes Verhalten entwickeln. Eine neue Strategie mag in dieser Such- und Anpassungsphase Chancen auf befristeten Erfolg haben. Früher oder später wird aber jeder Trick entlarvt. Es folgt das böse Erwachen der Wirtschaftspolitiker.

Dies war auch bei der Stop-and-Go-Politik der sechziger und siebziger Jahre der Fall. Die Wirtschaftspolitiker gaben vor – und glaubten oft daran –, dass eine konjunkturpolitische Globalsteuerung möglich sei. Die Märkte stellten jedoch bald fest, dass dies nicht zutraf. Der Wechsel von restriktiver zu expansiver Politik wurde durchschaut. Immer mehr Marktteilnehmer rechneten damit, dass einem Anstieg der Arbeitslosigkeit eine Phase expansiver Geldpolitik mit

Inflation folgen würde. Was aber geschieht, wenn alle einen Anstieg der Inflation erwarten? Jeder erhöht vorsorglich seine Preise. Der Inflationsschub wird vorweggenommen. Wer nicht mitspielt, erleidet Realeinkommens- und Vermögensverluste. Die Beschäftigungswirkung der expansiven Politik entfällt. Die Teuerung beschleunigt sich. Die Zinsschwankungen nehmen zu.

Eine Wirtschaftspolitik gegen die Finanzmärkte lässt sich auf die Dauer nicht führen. Die Märkte sind unbestechlich. Sie bleiben die Lehrmeister der Wirtschaftspolitik.

4. Zielkonflikte

Zielkonflikte gehören zur Wirtschaftspolitik. Patentlösungen gibt es keine. Die Wirtschaftspolitiker waren allerdings lange der Meinung, Zielkonflikte liessen sich lösen, wenn ihnen nur genügend Instrumente in die Hand gegeben würden. Das magische Vieleck war zum Fixierbild geworden. Sie versuchten, die Ziele der Geldwertstabilität, des Zahlungsbilanzausgleichs bei fixen Wechselkursen, der Vollbeschäftigung und eines hohen Wachstums möglichst weitgehend zu erfüllen. Die Wirtschaftspolitiker strebten eine konjunkturelle Globalsteuerung an. Und sie erreichten statt der Konjunkturschwankungen in den fünfziger und sechziger Jahren zunächst auch wirklich nur ein Auf und Ab der Wachstumsraten. Die Rechnung wurde erst am Ende der zwei Dekaden dauernden Periode präsentiert: Die Märkte hatten die Strategie durchschaut. Sie war wertlos geworden. Die westlichen Industriestaaten ernteten statt Vollbeschäftigung bei möglichst tiefer Teuerung hohe Arbeitslosigkeit bei grassierender Inflation.

Die wirtschaftspolitischen Behörden – auch die Notenbanken – überforderten sich. Die wirtschaftlichen Zusammenhänge sind für eine Globalpolitik zu wenig bekannt. Die antizyklische Fiskalpolitik scheiterte aus institutionellen Gründen. Die Erhöhung der Staatsausgaben in Zeiten schwachen Wirtschaftswachstums kam zwar den Eigeninteressen der Verwaltungsbürokratie entgegen. Abschöpfungsmassnahmen in Zeiten der Hochkonjunktur liessen sich aber in den Parlamenten nicht durchsetzen. Chronische Haushaltsdefizite verunmöglichten auf die Dauer auch eine stabilitätsorientierte Geldpolitik. Die Märkte begannen zu befürchten, dass die Notenbanken über kurz oder lang zur Finanzierung der Staatsschulden herangezogen würden. Inflationserwartungen bildeten sich.

Die Wirtschaftspolitiker – und mit ihnen die monetären Behörden – sind bescheidener geworden. Die Notenbanken tun gut daran, sich auf die Kontrolle jener Grössen zu beschränken, die sie beeinflussen können. Dies sind mittelbar der Geldwert und unmittelbar die Geldmenge. Die Geldpolitik soll auf das langfristig mögliche reale Wirtschaftswachstum ausgerichtet sein. Sie wirkt dann als automatischer Stabilisator. Ist das Wirtschaftswachstum gering und die Geldversorgung daher relativ reichlich, so wird die Nachfrage belebt. Ist das Wachstum umgekehrt vergleichsweise hoch, so wirkt die Geldpolitik restriktiv.

Die Nationalbank ist gut beraten, wenn sie das Umfeld, in dem sie wirkt, wegen der täglichen Probleme nicht aus den Augen verliert. Sie erleichtert sich ihre Aufgabe und leistet gleichzeitig einen Beitrag zur Erhaltung ihrer Autonomie.

Geldmengenziele – Haben sie sich als geldpolitisches Konzept überlebt?

1. Geldmengenziele als zentrales Instrument der Geldpolitik

Die Wirtschaft gedeiht am besten in einem Umfeld stabiler Preise. Diese Einsicht wird in den meisten Industrieländern geteilt. Sie veranlasste diese Länder, der Inflation entschlossen den Kampf anzusagen. Der Erfolg blieb nicht aus. Die durchschnittliche Inflationsrate sank in den westlichen Industriestaaten deutlich. Die Währungsbehörden hatten an diesem Erfolg einen wesentlichen Anteil. Sie brachten das Geldmengenwachstum unter Kontrolle. Die Festlegung und öffentliche Bekanntgabe von Wachstumszielen für ein oder mehrere Geldaggregate war vor allem in den achtziger Jahren das zentrale, gemeinsame Element der Geldpolitik der Notenbanken der meisten Industrieländer. Die Auffassung, dass diese Strategie das Vertrauen in die Stabilitätspolitik der Notenbanken stärke und wesentlich dazu beitrage, die Inflationserwartungen in der Wirtschaft zu brechen, war weit verbreitet.

Die Bekanntgabe von Geldmengenzielen – bis vor kurzem noch selbstverständlich – bildet heute Gegenstand reger Auseinandersetzungen. Die Gegner von Geldmengenzielen behaupten – etwas überspitzt formuliert –, die Festlegung von Geldmengenzielen sei zu einem leeren Ritual geworden. Die Befürworter erachten ein Geldmengenziel dagegen nach wie vor als den zentralen Baustein im geldpolitischen Konzept einer stabilitätsorientierten Notenbank. Wo liegen die Gründe der Skepsis gegenüber der Publikation von Geldmengenzielen?

2. Zur Kritik an den Geldmengenzielen

Viele Notenbanken tolerierten immer wieder, dass die Geldmenge stärker oder schwächer als ursprünglich geplant wuchs. Dies gilt auch für die Schweizerische Nationalbank. Die Gegner von Geldmengenzielen glauben, dass diese Zielabweichungen die Glaubwürdigkeit der Notenbanken untergraben. Sie empfehlen den Notenbanken deshalb, auf die Bekanntgabe eines offiziellen Geldmengenziels zu verzichten.

Der Vorwurf, die Glaubwürdigkeit durch die eigenen Entscheide zu gefährden, wiegt für eine Notenbank schwer. Er bildet allerdings nicht den entscheidenden Punkt der Diskussion um die Geldmengenziele. Das monetaristische Konzept der Geldpolitik steht auf dem Prüfstand. Seine Hauptelemente lassen sich – sehr verkürzt – wie folgt zusammenfassen:

- Ein Wachstum der Geldmenge, das die realen Produktionsmöglichkeiten der Wirtschaft überschreitet, führt – erstes Element – längerfristig zu Inflation. Dies ist die durch viele empirische Untersuchungen bestätigte Ausgangshypothese der Monetaristen.
- Die Preisstabilität muss – zweites Element – oberstes Ziel der Geldpolitik sein.
- Die Geldpolitik ist zu diesem Zwecke – drittes Element – auf der Basis von Geldmengenzielen aufzubauen.
- Die Monetaristen glauben – viertes Element –, dass die Geldmenge kontrollierbar ist.
- Sie treten – fünftes Element – dafür ein, den Ermessensspielraum der Geldpolitiker durch ein Regelsystem einzuschränken.

Die Kritiker der Geldmengenziele bezeichnen dieses monetaristische Leitbild, dem sich einige Notenbanken – ihrer Ansicht nach fälschlicherweise – immer noch verpflichtet fühlen, als zu starr. Sie werfen ihm realwirtschaftliche Blindheit vor. Die Inflationsbekämpfung soll in Zeiten niedriger Teuerung zugunsten anderer Ziele – etwa der Stimulierung des Wirtschaftswachstums – hintangestellt werden.

Diese Kritik zwingt zur Auseinandersetzung mit drei Fragen:

- Inwieweit kann – erstens – die Geldpolitik der letzten Jahre überhaupt als monetaristisch bezeichnet werden?
- Gefährdet – zweitens – die Überschreitung von publizierten Geldmengenzielen die Glaubwürdigkeit der Notenbanken?
- Versprechen – drittens – die Alternativen zu den Geldmengenzielen bessere Resultate?

3. Das monetaristische Konzept in der Praxis

Die Geldpolitik der Schweizerischen Nationalbank steht im Rufe, dem monetaristischen Leitbild besonders nahezukommen. Ich will beim Versuch, eine Antwort auf die erste Frage zu finden, deshalb von der Darstellung der schweizerischen Geldpolitik in den siebziger, achtziger und neunziger Jahren ausgehen:

Die Schweizerische Nationalbank veröffentlichte – ähnlich wie die Deutsche Bundesbank – im Jahre 1975 erstmals ein Geldmengenziel. Ihr Zielaggregat war die Geldmenge M1. Das effektive Geldmengenwachstum entsprach in den ersten drei Jahren im Durchschnitt der angestrebten Wachstumsrate von fünf bis sechs Prozent. Bereits 1978 wurde die Zielvorgabe jedoch massiv überschritten. Schuld an der Abkehr vom Pfad der Tugend trug die Wechselkursentwicklung. Der markante und – dies war besonders gravierend – einseitige Höhenflug des Schweizer Frankens gegenüber den Währungen unserer wichtigen Handelspartner, einschliesslich der D-Mark, gefährdete die Existenz der schweizerischen Exportindustrie. Die Nationalbank versuchte im Herbst 1978 deshalb, die Höherbewertung des Frankens durch massive Interventionen am Devisenmarkt zu stoppen. Das Geldmengen- wurde schliesslich durch ein Wechselkursziel ersetzt. Die Geldmenge M1 nahm – statt der geplanten 5% – um 16,2% zu.

Die Nationalbank erklärte 1980, als sie wieder ein Geldmengenziel – mit der leichter steuerbaren, bereinigten Notenbankgeldmenge als Zielaggregat – publizierte, ausdrücklich, dass das Ziel nicht als starre Regel zu verstehen sei. Sie betrachtete es vielmehr als Richtgrösse, die es unter normalen Verhältnissen zu erreichen galt. Das Jahr 1980 brachte bereits eine Illustration dieses Vorbehalts. Wir verzeichneten statt der angekündigten Wachstumsrate von 4% einen Rückgang der Notenbankgeldmenge um 0,6%. Die Nationalbank begründete diese massive Zielunterschreitung mit den inflationären Tendenzen, die sich in der Schweiz bemerkbar machten. Sie erheischten eine Verschärfung des geldpolitischen Kurses.

Das Geldmengenziel wurde im folgenden Jahr im Hinblick auf die ungünstigen internationalen Konjunkturaussichten bei 4% belassen. Die schweizerische Wirtschaft blieb zunächst von rezessiven Tendenzen verschont. Die Inflation beschleunigte sich dagegen weiter. Die Jahresteuerungsrate kletterte im Sommer 1981 auf über 7%. Die Nationalbank setzte deshalb die restriktive Geldpolitik des Vorjahres fort. Das Geldmengenziel wurde ein weiteres Mal kräftig unterschritten. Die bereinigte Notenbankgeldmenge schrumpfte um 0,5%.

Dies veranlasste die Nationalbank im Jahre 1982, das Geldmengenziel auf 3% zu senken. Dadurch vermochte sie, die Inflationsbekämpfung weiterzuführen, ohne die Abschwächung der Konjunktur, die mittlerweile auch in der Schweiz spürbar geworden war, von der monetären Seite her zu verstärken. Die schweizerische Wirtschaft erholte sich in den folgenden Jahren zusehends. Die Währungslage bot keine grösseren Probleme. Der Kurs der D-Mark bewegte sich meist zwischen 82 und 84 Rappen. Die Tieferbewertung des Frankens gegenüber dem Dollar begünstigte unsere Exporte in den Dollarraum. Die Nationalbank vermochte sich dank dieses alles in allem problemlosen Umfeldes auf das Ziel der Stabilisierung des Preisniveaus zu konzentrieren. 1985 senkte sie das Geldmengenziel auf den Pfad von 2%. Das effektive Geldmengenwachstum entsprach von 1983 bis 1987 ziemlich genau den angestrebten Zielwerten.

Innovationen am schweizerischen Finanzmarkt – der Übergang zu einem neuen Interbank-Clearingsystem und die Revision der aufsichtsrechtlichen Liquiditätsvorschriften – führten zu einem dramatischen Rückgang der Nachfrage nach Notenbankgeld. Die Geldmengensteuerung war in den Jahren 1988 und 1989 dadurch stark erschwert. Die Nationalbank legte 1990 – gestützt auch auf diese Erfahrung – nicht mehr ein Jahresziel sondern ein mittelfristiges Geldmengenziel, das sich über mehrere Jahre erstreckt, fest. Das erstmals für die Periode 1990 bis 1995 angewandte und Ende 1994 erneuerte Fünfjahresziel sieht vor, dass die saisonbereinigte Notenbankgeldmenge um durchschnittlich ein Prozent pro Jahr wächst. Dieser mittelfristige Zielpfad stellt eine Ideallinie dar. Die Nachfrage nach Notenbankgeld würde dieser Linie entlang verlaufen, wenn Preisstabilität herrscht und das volkswirtschaftliche Produktionspotential normal ausgelastet ist. Die Nationalbank beschränkt sich am Ende eines Jahres heute jeweils darauf, anzugeben, wie die Notenbankgeldmenge sich ihres Erachtens im nächsten Jahr im Verhältnis zum Zielpfad entwickeln wird. Die effektive Expansion der Notenbankgeldmenge verlief in der ersten Hälfte der neunziger Jahre vor allem wegen der Schwäche der schweizerischen Konjunktur unter dem mittelfristigen Zielpfad.

Der Rückblick auf die Geldpolitik, die die Schweizerische Nationalbank seit 1975 führte, zeigt zweierlei:

- Die Geldmengenziele wurden – erstens – nicht mechanistisch festgelegt. Die Nationalbank stellte bei der Festlegung der Geldpolitik stets auch die konjunkturellen Aussichten in Rechnung.
- Die Geldmengenziele waren – zweitens – für die Nationalbank nicht sakrosankt. Sie wich verschiedentlich von ihren ursprünglichen Zielen ab. Die Überschreitungen waren eine Folge der Rücksichtnahme auf die Entwicklung der Wechselkurse. Die Unterschreitungen des Geldmengenziels sollten helfen, die Inflation unter Kontrolle zu bringen.

Die Nationalbank nahm – mit anderen Worten – kurzfristig einen recht grossen Ermessensspielraum in Anspruch. Ihre Geldpolitik entspricht in diesem Punkte nicht dem monetaristischen Leitbild. Sie ist im übrigen aber wohl als monetaristisch zu bezeichnen. Die Nationalbank ist bestrebt, die Geldmenge mittelfristig nur im Ausmass des potentiellen Wachstums der schweizerischen Wirtschaft – es dürfte bei knapp 2% liegen – auszudehnen. Das Ziel der Stabilität des Preisniveaus hat hohe Priorität. Die Notenbank ist schliesslich überzeugt, dass die Geldpolitik auf der Basis von Geldmengenzielen aufgebaut werden soll und dass sie in der Lage ist, das Wachstum der Geldmenge zu kontrollieren.

Die Geldpolitik der Schweizerischen Nationalbank trifft sich in diesen Grundzügen mit der Politik der Deutschen Bundesbank. Diese grundsätzliche Übereinstimmung bildete den Garant dafür, dass das Verhältnis zwischen dem Schweizer Franken und der D-Mark während all der Jahre in relativ ruhigen Bahnen verlief. Der Kurs der D-Mark bewegte sich – mit je einer kurzen Ausnahme in beide Richtungen – seit 1980 zwischen 80 und 86 Rappen. Beide Notenbanken fanden einen tragbaren Kompromiss zwischen Regelbindung und Ermessen. Die schweizerische Geldpolitik wird daher nicht die ungeteilte Zustimmung strikter Monetaristen finden. Sie stösst aber auch in jenen Kreisen, die eine noch flexiblere Handhabung der Geldpolitik befürworten und auf die Festlegung von Geldmengenzielen verzichten möchten, auf Kritik.

Strikte Monetaristen werden vermutlich behaupten, dass der Abbau der Teuerung durch einen gleichmässigeren geldpolitischen Kurs jeweils rascher und schmerzloser erreicht worden wäre. Die Kritiker des monetaristischen Konzepts werden demgegenüber die Auffassung vertreten, dass eine noch flexiblere, mehreren Zielen Rechnung tragende Geldpolitik dem Gesamtwohl der Wirtschaft besser Rechnung getragen hätte.

Ich neige aus meinen Erfahrungen in der Notenbank zur Ansicht, dass eine stetige, auf das Ziel der Preisstabilität ausgerichtete Geldpolitik mehr Aussichten auf Erfolg hat als der Versuch, neben der Preisstabilität auch Ziele wie die Glättung von Konjunkturschwankungen oder die Stimulierung des Wirtschaftswachstums einzubeziehen. Die Zusammenhänge zwischen Geldmengenwachstum, Preisniveau und realen Grössen sind kurz- und mittelfristig sehr locker. Geldpolitische Massnahmen eignen sich deshalb nicht zur konjunkturellen Feinsteuerung der Wirtschaft. Eine Notenbank, die trotzdem versucht, mehrere Ziele gleichzeitig zu berücksichtigen, läuft unweigerlich Gefahr, dass ihr die Kontrolle über das Geldmengenwachstum entgleitet. Eine Folge davon ist Inflation. Eine andere ist die Unsicherheit über den künftigen geldpolitischen Kurs. Ein Klima der Unsicherheit dämpft die Dynamik der Wirtschaft. Es bildet gleichzeitig die grösste Störquelle im internationalen Währungssystem. Dies leitet zum Thema der Glaubwürdigkeit der Notenbank über.

4. Geldmengenziel und Glaubwürdigkeit der Notenbank

Die zeitweise beträchtlichen Zielabweichungen vermochten die Glaubwürdigkeit der Nationalbank nicht zu erschüttern. Die Bekanntgabe des Geldmengenziels steht in der Schweiz auch nicht im Ruf, ein leeres Ritual zu sein, obwohl die Nationalbank sowohl ihre früheren Jahresziele wie ihren heutigen mittelfristigen Zielpfad ganz klar als Richtgrösse und nicht als starre Regel bezeichnet. Die Glaubwürdigkeit einer Notenbank beruht offensichtlich auf einer solideren Basis als der präzisen Einhaltung ihrer Geldmengenziele. Zwei Merkmale der Geldpolitik bilden das Fundament der Glaubwürdigkeit einer Notenbank.

- Die Notenbank muss – erstens – den Mut zur Selbstbeschränkung haben. Sie soll der Öffentlichkeit nicht weismachen, in der Lage zu sein, mehrere Ziele gleichzeitig zu erreichen und die Wirtschaft als Ganzes zu steuern. Die Geldpolitik sollte primär auf das Ziel, das mit geldpolitischen Massnahmen auch tatsächlich erreicht werden kann, ausgerichtet bleiben. Dieses Ziel ist die Stabilität des Preisniveaus.
- Die Notenbank muss – zweitens – Abweichungen vom Geldmengenziel oder gar dessen vorübergehende Aufgabe rechtzeitig der Öffentlichkeit bekanntgeben und auch klar begründen.

Eine Notenbank, die diese beiden Grundsätze beherzigt, darf damit rechnen, dass die Öffentlichkeit auf Zielabweichungen gelassen reagiert und ihrer Argumentation Glauben schenkt. Die Glaubwürdigkeit einer Notenbank wird nicht durch begründete Zielabweichungen untergraben. Die Unsicherheit über die geldpolitischen Absichten der

Notenbank und die Befürchtung, dass diese sich im Irrgarten verschiedener Ziele verlieren könnte, sind eher geeignet, das Vertrauen in die Geldpolitik zu unterhöhlen.

4.1 Gründe für Zielabweichungen

Geldmengenziele sind als Richtlinien zu verstehen. Dies gilt besonders für Notenbanken, die – wie die Schweizerische Nationalbank – jeweils nur einen Wert für das angestrebte Geldmengenwachstum festlegen. Es gilt aber auch für Emissionsinstitute, die – wie die Deutsche Bundesbank – eine Bandbreite publizieren. Ein starres Festhalten am einmal festgelegten Kurs müsste in bestimmten Situationen nämlich verheerende Folgen zeitigen. Drei Szenarien stehen im Vordergrund.

- Ein erster Fall ist die akute Liquiditätskrise, die die Stabilität des Bankensystems bedroht. Eine ernsthafte Befürchtung, die Banken könnten in Liquiditätsschwierigkeiten geraten, kann Anlass sein, das Geldmengenziel vorübergehend in den Hintergrund zu stellen und die Wirtschaft mit zusätzlicher Liquidität zu versorgen.
- Ein zweites Beispiel bilden massive Störungen auf den Devisenmärkten. Eine übermässige, spekulativ bedingte Aufwertung der eigenen Währung kann die Existenz der im internationalen Wettbewerb stehenden Wirtschaftszweige bedrohen. Der Ruf nach Interventionen am Devisenmarkt wird laut. Interventionen können – wenn ihre Wirkungen auf die Geldmenge akzeptiert werden – eine Spekulationswelle unter Umständen brechen. Die damit verbundene Aufblähung der Geldmenge droht längerfristig allerdings die Inflation anzuheizen. Die Notenbanken sind deshalb gezwungen, ihre Stützungsaktionen sorgfältig zu dosieren.
- Die inländische Geldnachfrage kann sich – drittens – ändern. Die Steuerung der Geldmenge beruht auf der Idee, dass sich der Geldbedarf der Wirtschaft zuverlässig prognostizieren lässt. Dies trifft nicht immer zu. Deregulierungen und Innovationen auf den Finanzmärkten können die Geldnachfrage ändern. Änderungen

der Zahlungsgewohnheiten der Unternehmen und Konsumenten – ich denke beispielsweise an die Verbreitung von Zahlkarten – vollziehen sich in der Regel zwar über mehrere Jahre. Sie lassen sich allmählich in die Geldpolitik einbeziehen. Technische Neuerungen im Interbank-Zahlungsverkehr und Finanzinnovationen wirken sich dagegen oft rasch auf die Nachfrage nach Notenbankgeld aus. Die Notenbank muss einem veränderten Liquiditätsverhalten der Banken, das damit einhergeht, in der Geldpolitik Rechnung tragen.

4.2 Alternativen zu den Geldmengenzielen – Wie tauglich sind sie?

Wäre es – vor dem Hintergrund dieser zweifellos bestehenden Störquellen – nicht sinnvoll, nach anderen Zielen der Geldpolitik Ausschau zu halten? Fünf Alternativen werden immer wieder diskutiert:

- Die Etablierung eines Zinszieles ist eine erste Alternative. Die Notenbank wäre dadurch gegen Änderungen der Geldnachfrage gefeit. Die Zinssätze sind aber – das ist wohl der Hauptnachteil eines Zinszieles – schlechte Indikatoren für die Gestaltung der Geldpolitik. Die nominellen Zinssätze bewegen sich nicht nur bei einer Verschärfung des geldpolitischen Kurses sondern auch in Zeiten steigender Teuerung nach oben. Eine Notenbank, die in einer solchen Situation ihre Geldpolitik lockerte, um die Zinssätze stabil zu halten, würde damit die inflationären Tendenzen verstärken. Sie sähe sich rasch gezwungen, das Geldmengenwachstum einzudämmen und ihr Zinsziel aufzugeben. Zinssätze eignen sich allenfalls bei Liquiditätskrisen oder in Phasen vorübergehend instabiler Geldnachfrage als Orientierungshilfe zur Abschätzung der von der Wirtschaft benötigen Liquidität.
- Die Festlegung eines Wechselkurszieles wird immer wieder als zweite Alternative ins Spiel gebracht. Die Verteidigung eines bestimmten Wechselkurses setzt die Bereitschaft der Notenbank voraus, das Geldmengenwachstum entsprechend der Wechselkursentwicklung auszudehnen oder einzuschränken. Die Notenbank

ist in Zeiten, in denen sich ihre Währung aufwertet, gezwungen, die Geldmenge weit stärker, als im Hinblick auf die Entwicklung des Preisniveaus wünschbar wäre, auszudehnen. Dies birgt eine beträchtliche Inflationsgefahr in sich. Ein Wechselkursziel ist längerfristig deshalb nur sinnvoll, wenn alle massgebenden Länder eine stabilitätsorientierte Wirtschafts- und Geldpolitik führen. Die an ein Wechselkursziel gebundenen Länder geraten, ist dies nicht der Fall, unweigerlich in das Schlepptau jenes Landes, das der Preisstabilität am wenigsten Beachtung schenkt. Dies zeigte sich in den späten achtziger Jahren beim Versuch, die Wechselkurse der drei grossen internationalen Währungen – US-Dollar, Yen und D-Mark – zu stabilisieren. Die europäischen und die japanischen Währungsbehörden waren auf die Dauer nicht bereit, eine Stabilisierung des Dollars um jeden Preis zu erzwingen. Das Louvre-Abkommen zur Stabilisierung der Wechselkurse – Anfang Oktober 1987 von der Siebnergruppe feierlich beschworen – stiess damit noch im gleichen Jahr an seine Grenzen.

- Der amerikanische Schatzsekretär Baker sorgte im Herbst 1987 mit einem dritten Vorschlag für Aufsehen. Er brachte einen Preisindex wichtiger internationaler Rohstoffe als Indikator für die Geldpolitik ins Gespräch. Die Geldpolitik müsste bei einem Anstieg dieses Rohstoffindexes restriktiv, bei einem Rückgang expansiv gestaltet werden. Die stark schwankenden Rohstoffpreise erscheinen mir jedoch als unzuverlässiger Massstab für die Gestaltung der Geldpolitik. Ich fürchte, dass die Orientierung an der Rohstoffpreisentwicklung vor allem in den Dienst wirtschaftspolitischer Ziele wie der Stimulierung des Wirtschaftswachstums oder der Glättung von Konjunkturschwankungen gestellt würde.
- Dies führt zur vierten Alternative – zum Vorschlag, das Wachstum des nominellen Bruttosozialproduktes als Ziel der Geldpolitik zu wählen. Die Geldpolitik würde damit ganz offensichtlich in den Dienst der Konjunktursteuerung gestellt.
- Neuseeland, Kanada, Grossbritannien, Schweden und Finnland

streben – dies ist eine fünfte Alternative – heute als ihr mittelfristiges Ziel eine Inflationsrate nahe bei Null an. Sie geben mit ihren Zielen an, wie sie die Inflation dort, wo deren Ausgangspunkt deutlich höher liegt, schrittweise verringern wollen. Wir sprechen deshalb auch oft von Inflationsreduktionszielen. Die Ankündigung der Inflationsziele soll der Öffentlichkeit einen Anhaltspunkt für die Festsetzung der Preise und der Löhne liefern. Sie macht überdies klar, an welchem Ziel die Geldpolitik sich orientiert und woran sie beurteilt werden will. Die Inflationsziele weisen von Land zu Land allerdings beträchtliche Unterschiede auf. Das Ziel muss aber doch überall eine deutliche Aussage über folgende Grössen enthalten: über den Indikator, über das Zielniveau, über die Toleranzgrenzen, über den Zeithorizont und schliesslich über die Situationen, in denen das Ziel modifiziert oder missachtet werden darf. Der Konsumentenpreisindex dient in der Regel als Massstab. Die Währungsbehörden orientieren sich bei der Umsetzung des Ziels in praktische Politik allerdings meistens an einem modifizierten Index. Er klammert einzelne Waren – Waren, deren Preise besonders stark schwanken, – aus. Die Notenbanken geben ihr Ziel häufig entweder als Band oder als Mittelwert mit einer Toleranzspanne an. Sie tragen damit der Tatsache, dass die Geldpolitik die Preise nur mit erheblichen zeitlichen Verzögerungen beeinflusst, Rechnung. Die Geldpolitik ist für den Trend des Preisniveaus, nicht aber für jede einzelne Preisbewegung verantwortlich. Das Zielniveau liegt in der Regel im Bereich einer zwar niedrigen, aber doch positiven Inflationsrate. Die Erklärung liegt in der Erfahrung, dass der Konsumentenpreisindex die tatsächliche Teuerung meistens etwas überschätzt. Die Verzerrung, die durch Qualitätsverbesserungen der Produkte oder durch andere Faktoren ausgelöst wird, wird in vielen Ländern auf knapp 1 Prozent geschätzt. Die Situationen, die es gestatten, das Ziel zu modifizieren, werden im voraus festgelegt. Externe reale Schocks oder Massnahmen der internen Finanzpolitik stehen dabei im Vordergrund. Veränderungen der indirekten

Steuern, der staatlichen Subventionen, der Kapitalkosten oder der Rohstoffpreise bilden typische Beispiele. Die Inflationsziele sagen noch nichts darüber, wie die Notenbanken ihre Ziele erreichen wollen, aus. Die langen Verzögerungen, mit denen die Geldpolitik auf die Preise wirkt, zwingen sie dazu, vorausschauend zu agieren. Notenbanken, die sich für ein Inflationsziel entschieden, ziehen eine breite Auswahl von Informationsvariablen zu Rate. Sie erstellen gestützt auf diese Daten eine Inflationsprognose. Die Prognose soll ihnen anzeigen, ob geldpolitischer Handlungsbedarf besteht oder nicht. Die meisten Notenbanken dieser Gruppe veröffentlichen ihre Überlegungen in einem Bericht – im *inflation report* –, der die Geldpolitik für die Öffentlichkeit transparent machen soll.

5. Folgerung: Die Geldmenge bleibt ein zuverlässiges Ziel für die Geldpolitik

Sollen die Notenbanken jährliche Geldmengenziele festlegen? Diese Frage ist zum Gegenstand heftiger Auseinandersetzungen geworden. Voll erprobte Alternativen sind jedoch nicht in Sicht. Vorschläge wie die Festlegung von Wechselkurszielen lassen sich solange, als die verschiedenen Staaten sich nicht auf eine gemeinsame Geld- und Wirtschaftspolitik zu einigen vermögen, nicht durchsetzen, ohne dass das Ziel der Preisstabilität aufgegeben wird. Eine Notenbank, die ihre Geldpolitik an einem Rohwarenindex oder an der Entwicklung des nominellen Bruttosozialprodukts ausrichtet, läuft Gefahr, die Kontrolle über das Geldmengenwachstum zu verlieren. Die Erfahrungen mit expliziten Inflationszielen, die heute Wissenschaft und Notenbank besonders interessieren, erlauben erst eine Zwischenbilanz. Neuseeland, Kanada, Grossbritannien und Finnland hielten ihre Inflationsziele – im grossen und ganzen – ein. Die Inflation ging zu Beginn der neunziger Jahre sogar etwas schneller, als vorausgesagt, zurück. Dies ist positiv zu werten. Es lässt sich allerdings nicht klar sagen, wie weit die Inflationsziele an diesem Rückgang der Teuerung beteiligt waren.

Die Inflationsrate sank im erwähnten Zeitraum praktisch im ganzen OECD-Raum. Der Erfolg der an Inflationszielen orientierten Geldpolitik muss aber auch an der Frage, ob es gelang, die Inflationserwartungen zu senken, gemessen werden. Die Ankündigung eines glaubwürdigen Inflationsziels sollte dazu führen, dass die Wirtschaftssubjekte ihre Inflationserwartungen rasch nach unten anpassen. Dies war eine der Hoffnungen, die mit der Einführung von Inflationszielen verknüpft wurden. Klare Anzeichen, dass die Erwartungsbildung sich durch die Publikation von Inflationszielen verändert hätte, sind nicht auszumachen. Wer sich eine rasche Wirkung auf die Erwartungsbildung versprach, wurde enttäuscht. Der Verlauf der langfristigen Zinssätze deutet nicht darauf hin, dass die Inflationserwartungen mit den offiziellen Inflationszielen Schritt gehalten hätten. Dies zeigt: Inflationserwartungen werden nicht nur durch vorausschauende Faktoren, sondern auch durch die Erfahrungen, die in der Vergangenheit gemacht wurden, bestimmt. Die Stabilität des Preisniveaus lässt sich längerfristig ohne straffe Kontrolle der Geldmengenentwicklung nicht bewahren. Die Gewährleistung eines inflationsfreien Umfeldes stellt jedoch eine der wichtigsten Aufgaben der Notenbank dar. Sie ist die Voraussetzung für eine spannungsfreie Entwicklung der Wechselkurse und für ein tiefes Zinsniveau.

Es genügt allerdings nicht, dass die Notenbank – wie gelegentlich vorgeschlagen wird –, lediglich intern ein Ziel festlegt. Sie muss ihr Ziel auch veröffentlichen. Die Publikation von Geldmengenzielen erfüllt zwei Zwecke:

- Sie bildet – erstens – eine wichtige Orientierungshilfe nicht nur für die Finanzmärkte sondern für die gesamte Wirtschaft.
- Die Notenbank unterwirft sich – zweitens – mit der Veröffentlichung des Geldmengenziels einer erhöhten Selbstdisziplin. Sie muss ihre Ziele begründen. Sie hat vor allem aber allfällige Zielabweichungen zu rechtfertigen. Eine Notenbank wird sich deshalb davor hüten, leichtfertig den vorgesehenen Pfad zu verlassen.

Die Publikation von Geldmengenzielen schützt damit die Autonomie der Notenbank. Die Notenbankautonomie ist auch dort, wo sie formell gewährleistet ist, faktisch oft gefährdet. Die Notenbank macht sich durch die Veröffentlichung eines Geldmengenziels die Öffentlichkeit zum Verbündeten. Sie ist ihr gleichzeitig allerdings auch Rechenschaft schuldig. Eine Notenbank schützt sich aber gerade dadurch vor der Gefahr, zum Spielball partikulärer Interessen zu werden.

Dieser Disziplinierungseffekt eines Geldmengenziels spielt, weil die Notenbank das Zielaggregat – die Geldmenge – grundsätzlich zu kontrollieren vermag. Zielabweichungen fallen auf ihr Konto. Sie müssen gerechtfertigt werden. Ein Geldmengenziel ist auch darin anderen Zielgrössen wie etwa dem nominellen Bruttosozialprodukt überlegen. Eine Notenbank kann das nominelle Bruttosozialprodukt nicht direkt, sondern nur indirekt über die Steuerung der Geldmenge beeinflussen. Sie ist für die Zielabweichungen nicht unmittelbar verantwortlich. Dies öffnet einer Geldpolitik, die sich an kurzfristigen Interessen orientiert, Tür und Tor.

Eine Notenbank kann – dies zeigt ein Blick auf die schweizerische Geldpolitik – trotz der Veröffentlichung eines Geldmengenziels ihre Geldpolitik flexibel führen und sowohl auf die Konjunktur- wie auf die Wechselkurslage Rücksicht nehmen. Die Schweizerische Nationalbank verfehlte in der Vergangenheit die Zielvorgaben zeitweise stark. Ihre Glaubwürdigkeit nahm darunter nicht Schaden. Wo liegt der Grund? Die Nationalbank liess an ihrer Absicht, die schweizerische Wirtschaft mittelfristig auf ein inflationsfreies Wachstum zurückzuführen, nie Zweifel aufkommen.

Eine Notenbank verliert ihre Glaubwürdigkeit nicht, weil sie einmal von ihrem Geldmengenziel abweicht. Gefahren gehen dagegen von den Bestrebungen aus, den Währungsbehörden Aufgaben, die sie ihrer Natur gemäss nicht erfüllen können, zu übertragen. Der Versuch, die Geldpolitik als Instrument zur Steuerung des Konjunkturverlaufs und zur Stimulierung des Wirtschaftswachstums einzusetzen, ist eine solche Überforderung. Eine Notenbank, die dies der Öffentlichkeit nicht klarmacht, riskiert, ihre Glaubwürdigkeit zu verlieren. Sie wiederzuerlangen, dürfte ein schwieriges Unterfangen sein.

«Werkfranken» oder «Finanzfranken» – eine falsche Alternative

Der Kurs des Schweizer Frankens ist seit dem Übergang zu flexiblen Wechselkursen markant gestiegen. Dies gilt nicht nur für den nominellen Kurs. Es gilt auch für den realen – für den um die Inflationsdifferenz zwischen der Schweiz und dem Ausland bereinigten – Kurs. Die schweizerische Wirtschaft durchlief im gleichen Zeitraum einen starken Strukturwandel. Der Anteil des Industriesektors an der Gesamtbeschäftigung, der in den fünfziger und sechziger Jahren noch zugenommen hatte, ging zurück. Der Dienstleistungssektor dehnte sich gleichzeitig aus. Die Banken verzeichneten eine der grössten Zuwachsraten.

Es überrascht deshalb nicht, dass die Kontroverse «Finanzplatz versus Werkplatz Schweiz» erstmals Mitte der siebziger Jahre aufflammte. Die Diskussion nährte sich vom Zusammentreffen einer kräftigen Aufwertung des Schweizer Frankens mit wachsenden Schwierigkeiten weiter Teile der schweizerischen Industrie, sich im Wettbewerb zu behaupten. Der konjunkturelle Aufschwung, der Ende der siebziger Jahre eintrat, führte zu einer allmählichen Entspannung. Die Kontroverse um den Finanzplatz beruhigte sich weiter, als die D-Mark vorübergehend über die Marke von 90 Rappen stieg und der Dollar zu einem Höhenflug ansetzte.

Die Situation veränderte sich seither aber erneut. Der Dollar geriet unter Druck. Die D-Mark blieb nominell zwar einigermassen stabil. Ihr Wert ging real aber gegenüber dem Schweizer Franken ebenfalls zurück. Die Meldungen über Entlassungen, die uns aus Teilen der Maschinen- und Textilbranche erreichten, veranlassten einige Industrievertreter, den Wechselkurs wieder stärker ins Zentrum der Aufmerksamkeit – und der Kritik – zu rücken.

Gefährdet der «Finanzfranken» – wie er von Vertretern einer aktiven Wechselkurspolitik oft plakativ bezeichnet wird – tatsächlich den

Werkplatz Schweiz? Ich will, bevor ich darauf eingehe, zunächst den Strukturwandel, der die schweizerische Wirtschaft erfasste, skizzieren. Meine Überlegungen im Dreieck «Strukturwandel – Wechselkurs – Notenbank», lassen sich in drei Fragen gliedern:

- In welchem Sinne üben – erstens – Veränderungen des realen Wechselkurses Wirkungen auf die sektorale Struktur der Wirtschaft aus?
- Welche Rolle vermag – zweitens – die Nationalbank unter den Kräften, die den realen Wechselkurs bestimmen, zu spielen?
- Welche Folgerungen haben wir – drittens – für die Geldpolitik einerseits und für die Beurteilung des realen Wechselkurses andererseits aus diesen Überlegungen zu ziehen?

1. Der Strukturwandel der schweizerischen Wirtschaft

Die Verschiebungen, die sich in unserem Lande zwischen dem Werkplatz und dem Finanzplatz abspielten, sind Teil des Strukturwandels der schweizerischen Wirtschaft. Ein dominierendes Merkmal dieses Strukturwandels ist – dies lässt sich nicht nur in der Schweiz sondern in allen Industrieländern beobachten – die zunehmende Bedeutung des Dienstleistungssektors. Der Anteil des Dienstleistungssektors stieg in der Schweiz – gemessen an der Zahl der Beschäftigten – von 25 % um die Jahrhundertwende auf heute rund 64 %. Zwei Erklärungen werden dafür angeboten:

- Die Nachfrage nach Dienstleistungen nimmt bei steigendem Einkommen – so lautet die erste Begründung – stärker als die Nachfrage nach Agrar- und Industrieerzeugnissen zu. Steigender Wohlstand führt damit zwangsläufig in eine Dienstleistungsgesellschaft.
- Die Produktivität stieg – dies ist die andere Erklärung – im Agrar- und Industriesektor in der Vergangenheit stärker als im Dienstleistungssektor. Dadurch wurden Arbeitskräfte freigesetzt. Sie wurden vom arbeitsintensiveren Dienstleistungssektor aufgesogen.

Die Entwicklung in der Schweiz ist nur insofern aussergewöhnlich, als die Zunahme des Dienstleistungssektors sich bei uns bis Ende der sechziger Jahre ausschliesslich zu Lasten des Agrarsektors abspielte. Der Anteil des Industriesektors – er hatte zwischen 1900 und 1950 stets um die 40 % gependelt – kletterte dagegen in den fünfziger und sechziger Jahren bis gegen 50 % an. Er begann erst Ende der sechziger Jahre zu sinken. Inzwischen liegt er bei 32%. Die Schweiz erlebte mit andern Worten während einer Zeitperiode, in der der Industriesektor vieler alter Industrieländer – als Beispiel seien etwa Grossbritannien oder Holland erwähnt – sich deutlich verringerte, einen neuen Industrialisierungsschub. Unser Land gehörte deshalb noch in den sechziger Jahren zu den Volkswirtschaften mit den höchsten Industrieanteilen.

Die grosszügige Einwanderungspolitik, die die Schweiz in den fünfziger und sechziger Jahren verfolgt hatte, trug massgeblich zu dieser Entwicklung bei. Der Zuzug ausländischer Arbeitskräfte erlaubte es der Industrie, kostengünstig zu produzieren und die Kapazitäten laufend zu erweitern. Die Wende war allerdings absehbar. Die politischen Widerstände gegen das rasche Anwachsen der ausländischen Wohnbevölkerung verstärkten sich. Sie zwangen Bundesrat und Parlament schliesslich zu einer Änderung ihrer Politik. Die Zahl der ausländischen Erwerbstätigen wurde plafoniert. Das Reservoir an Arbeitskräften, auf das sich das Wachstum der Industrie in den vorangegangenen Jahren gestützt hatte, stand nicht mehr zur Verfügung. Dies löste einen Strukturbereinigungsprozess aus. Er erfuhr im Jahre 1973 – als die OPEC-Länder die Erdölpreise vervierfachten und die Weltwirtschaft damit in die tiefste Rezession der Nachkriegszeit stürzten – eine zusätzliche Beschleunigung.

Der Prozess der Umstrukturierung, den die Schweiz seit 1970 durchlief, reicht tief. Die Beschäftigung verringerte sich praktisch in allen Branchen der Industrie. Die Spannweite der Veränderungsraten ist allerdings gross. Einzelne Branchen verloren die Hälfte – oder gar mehr – ihrer Arbeitsplätze. Andere Sektoren erlitten nur geringe Verluste. Die Uhren-, die Textil- und die Bekleidungsindustrie wurden am schwersten getroffen. Wir finden ähnliche Unterschiede allerdings auch im Dienstleistungssektor. Die Beschäftigung stieg zwar in allen Bereichen an. Eine Verlagerung vom Handel sowie vom Gast- und Transportgewerbe weg zum Gesundheitswesen und zu den Banken hin ist aber unverkennbar. Die Zahl der von den Banken beschäftigten Mitarbeiter erhöhte sich seit 1970 um rund 50'000 Personen.

2. Ist der Wechselkurs eine Ursache des Strukturwandels?

Ich erwähnte in dieser kurzen Skizze des Strukturwandels der schweizerischen Wirtschaft den Wechselkurs bisher mit keinem Wort. Dies kontrastiert stark zu den häufigen Darstellungen, die dem Wechselkurs bei der Erklärung des Strukturwandels, den die schweizerische Wirtschaft seit 1950 durchlief, eine vorrangige Bedeutung beimessen.

Die Argumentation der Verfechter dieser Darstellung lautet wie folgt: Der Schweizer Franken war in den fünfziger und sechziger Jahren «unterbewertet». Die internationale Wettbewerbsstellung der schweizerischen Industrie verbesserte sich als Folge dieser «Unterbewertung». Der Anteil der in der Industrie Beschäftigten an der Gesamtzahl der Erwerbstätigen wuchs. Die «Unterbewertung» des Frankens korrigierte sich, als die Schweiz das Festkurssystem von «Bretton Woods» verliess und den Wechselkurs frei schwanken liess. Der Schweizer Franken gewann, nachdem die Nationalbank zunächst ihre Interventionen zur Stützung des Dollars einstellte und das Geldangebot in der Folge zwecks Bekämpfung der Inflation zu verringern begann, zunehmend an Wert. Bald war er «überbewertet». Die schweizerische Industrie verlor gegenüber ihren ausländischen Konkurrenten wegen dieser «Überbewertung» an Wettbewerbsfähigkeit.

Was ist von dieser Argumentation zu halten? Das Konzept einer «Über-» oder «Unterbewertung» der Währung, das ihr zugrunde liegt, beruht auf der Beobachtung, dass das Preisniveau auf Veränderungen der Geldmenge mit einer gewissen Verzögerung reagiert. Das Preisniveau ist – aus einer Reihe von Gründen – auf kurze Frist relativ starr. Es passt sich erst im Laufe der Zeit an seinen neuen Gleichgewichtswert an. Eine Veränderung des Geldangebots kann deshalb auf kurze Frist den realen Wechselkurs beeinflussen. Oder anders gesagt: Die Veränderung des nominellen Wechselkurses, die durch eine Änderung des Geldangebots ausgelöst wird, schlägt sich, da die Preise nur mit einer gewissen Verzögerung reagieren, kurzfristig unmittelbar im realen Wechselkurs nieder. Die «Unter-» oder «Überbewertung» fällt aber dahin, sobald die Preise ihr neues Gleichgewichtsniveau erreicht haben. Die Preise passen sich nach unserem heutigen Wissensstand – in der Regel – in zwei bis drei Jahren an ihr neues Gleichgewicht an.

Bewegungen des realen Wechselkurses, die durch monetäre Faktoren ausgelöst werden, sind somit vorübergehender Natur. Dauerhafte «Über-» oder «Unterbewertungen» einer Währung lassen sich – mit andern Worten – nicht durch monetäre Faktoren erklären. Welche Konsequenzen ergeben sich daraus für den Strukturwandel der schweizerischen Wirtschaft zwischen 1950 und heute? Auf drei möchte ich hinweisen:

- Es ist – erstens – zu bezweifeln, dass der Franken über die ganzen fünfziger und sechziger Jahre hinweg «unterbewertet» war. Die Beschleunigung der ausländischen Inflation in den sechziger Jahren zögerte möglicherweise zwar die volle Anpassung des schweizerischen Preisniveaus über längere Zeit hinaus. Dies dürfte aber höchstens eine «Unterbewertung» des Frankens über eine Periode von gegen sechs Jahren erklären.
- Die seit 1973 eingetretene reale Höherbewertung des Schweizer Frankens kann – zweitens – kaum mit monetären Faktoren begründet werden. Die im Vergleich zum Ausland restriktivere Geldpolitik der Nationalbank dürfte vorübergehend zwar tatsächlich zu einer «Überbewertung» des Frankens geführt haben. Sie erklärt aber die dauerhafte Bewegung des realen Frankenkurses nicht.
- Das Festhalten am Festkurssystem hätte – drittens – die beim Übergang zum Floating vorliegende «Unterbewertung» des Schweizer Frankens nicht zu zementieren vermocht. Die Be-

schleunigung der Inflation im Ausland hätte bei festen Kursverhältnissen zu einer höheren Nachfrage nach Schweizer Franken geführt. Die Nationalbank wäre gezwungen gewesen, diese höhere Nachfrage durch den Kauf von Devisen gegen Franken zu decken. Der Anstieg der schweizerischen Geldmenge hätte – über kurz oder lang – das inländische Preisniveau emporschiessen lassen. Die «Unterbewertung» des Schweizer Frankens wäre damit wieder verschwunden. Der Übergang zum Floating hatte – anders gesagt – keine entscheidende Bedeutung für die längerfristige Entwicklung des realen Frankenkurses.

Ein geplagter Exporteur mag mich verdächtigen, die Bedeutung der monetären Faktoren für die Bewegungen des realen Wechselkurses allzusehr zu relativieren. Die Relativierung impliziert für mich jedoch nicht eine Verneinung jeglicher Bedeutung dieser Faktoren. «Über-» und «Unterbewertung» einer Währung sind zwar temporäre Erscheinungen. Sie haben in dieser befristeten Zeitspanne jedoch einen wesentlichen Einfluss auf die Wettbewerbsfähigkeit der Wirtschaft. Die Wirkungen einer «über-» oder «unterbewerteten» Währung auf die Wirtschaftsstruktur hängen dabei vom Grad, in dem die verschiedenen Teile der Wirtschaft der internationalen Konkurrenz ausgesetzt sind, ab.

Der Exportanteil der Güter liegt in der Schweiz – gemessen am Bruttoinlandprodukt – deutlich über den entsprechenden Anteilen der grossen Volkswirtschaften. Vergleichbare kleine Volkswirtschaften – etwa Schweden, Dänemark oder Österreich – weisen allerdings ähnlich hohe Exportanteile aus. Die Quoten der Spitzenreiter Belgien und Holland – liegen deutlich höher.

Eine «Überbewertung» des Schweizer Frankens verbilligt die Importe und verteuert die Exporte. Firmen, die in der Schweiz produzieren, hier Löhne bezahlen und dem internationalen Wettbewerb ausgesetzt sind, erleiden dadurch einen doppelten Nachteil: Ihre Absatzchancen im Ausland schwinden. Sie sehen sich im Inland gleichzeitig mit einer verstärkten Importkonkurrenz konfrontiert. Dies gilt nicht nur für grosse Bereiche der Industrie. Es gilt auch für

Teile des Bankensektors. Die Banken stehen – in diesem Sinne – nicht anders als die Industrie da.

Die Lage sieht etwas anders aus, wenn wir nicht nur das Niveau, sondern auch die Volatilität der Wechselkurse in Betracht ziehen. Die Wechselkursschwankungen – sie sind seit 1973 deutlich höher als in den Jahren zuvor – bedeuten für die Industrie ein zusätzliches Risiko. Die einzelnen Unternehmen wollen sich gegen dieses Risiko absichern. Die Banken bieten die entsprechenden Absicherungsmöglichkeiten an. Termingeschäfte, Optionen und Futures-Kontrakte sind Beispiele. Diese reiche Palette an Instrumenten zur Absicherung von Währungsrisiken liegt sicher im Interesse der Exportwirtschaft. Das ändert aber nichts an der Tatsache, dass die grössere Volatilität des Wechselkurses den Banken neue Geschäftsmöglichkeiten eröffnet, der Industrie dagegen zusätzliche Kosten verursacht und deren Ertrag schmälert.

Hie und da wird allerdings auch behauptet, dass der Anstieg der Umsätze auf den Märkten, die eine Absicherung der Wechselkursrisiken erlauben, zu einer stärkeren Volatilität des Wechselkurses geführt habe. Dieser Vorwurf ist analytisch nicht fundiert.

3. Was soll – was kann – die Nationalbank tun?

Der Verlauf des realen Wechselkurses zeigt Abweichungen um ein konstantes Niveau, die nicht bloss vorübergehender Natur sind. Ein wesentlicher Teil der realen Höherbewertung des Schweizer Frankens hat vielmehr über die Zeit Bestand. Diese bleibenden Veränderungen lassen sich nicht mit monetären Störungen erklären. Sie müssen mit realen Faktoren begründet werden. Solche reale Faktoren sind – beispielsweise – Divergenzen zwischen der Schweiz und dem Ausland in bezug auf den technischen Fortschritt oder auf die Arbeitsproduktivität. Führt die Entwicklung dieser realen Faktoren dazu, dass der in ausländischen Gütern ausgedrückte Preis schweizerischer Güter steigt, so muss sich dies in einem Anstieg des realen Frankenkurses widerspiegeln. Die Feststellung, die Währung sei «überbewertet», führt in diesem Falle nicht weiter. Ebenso sinnlos ist auch die Aussage, die Höherbewertung des Frankens verschlechtere die Wettbewerbsposition der Schweiz. Die Marktbedingungen, die das Angebot und die Nachfrage bestimmen, haben sich eben so verändert, dass der relative Preis schweizerischer Güter gestiegen ist.

Die realen Faktoren werden in der Wechselkursdiskussion oft unterschätzt. Dies hat eine Reihe von Gründen:

- Die realen Faktoren sind – erstens – kaum oder nur ungenau messbar.
- Sie sind – zweitens – durch die Wirtschaftspolitik nur schwer zu beeinflussen: schwerer jedenfalls als die Geldmenge.
- Bei den meisten Beobachtern dominiert schliesslich – und darin sehe ich drittens die wohl wichtigste Erklärung der Unterschätzung realer Faktoren – die kurzfristige Perspektive.

Es ist in der kurzen Frist tatsächlich zweckmässig, sich auf monetäre Faktoren zu konzentrieren. Wir müssen jedoch, sobald wir längerfristige Bewegungen betrachten – und dies ist beim Strukturwandel zwangsläufig der Fall –, die realen Faktoren in den Brennpunkt rücken.

Was ergibt sich daraus für die Notenbank? Ich ziehe einen doppelten Schluss:

- Die Nationalbank kann – erste Folgerung – den realen Wechselkurs durch eine Änderung ihrer Geldpolitik nur vorübergehend beeinflussen. Die Wettbewerbsvorteile gegenüber dem Ausland, die sie damit erzielt, sind kurzfristiger Natur. Sie gehen später, wenn sich das Preisniveau angepasst hat, wieder verloren. Ich weiss, dass ein Vorbehalt gegen diese Argumentation angebracht werden kann. Die von mir geltend gemachte Neutralität geldpolitischer Operationen gälte dann nicht mehr, wenn die Art, in der die Notenbank eine Veränderung der Geldmenge herbeiführt, für das Ergebnis eine Rolle spielen sollte. Dies wäre der Fall, wenn eine Devisenoperation der Nationalbank den Wechselkurs anders als eine entsprechende Offenmarktoperation beeinflussen würde. Die sterilisierten Interventionen am Devisenmarkt, mit denen die Notenbanken bisweilen versuchen, das Dilemma zwischen Preisniveau- und Wechselkursstabilität zu lösen, beruhen auf dieser Überlegung. Die Notenbank kauft – ein Beispiel, durch das ich diese Überlegung verdeutlichen will – Devisen am Kassamarkt und verkauft gleichzeitig im selben Umfange inländische Wertpapiere am Obligationenmarkt. Die Geldmenge bleibt damit unverändert. Die Währungsstruktur des Portfolios des privaten Sektors verändert sich dagegen. Wird eine solche Intervention Wirkungen zeitigen? Dies wäre dann anzunehmen, wenn Devisen und inländische Wertpapiere unvollkommene Substitute bildeten. Die Forderungen unterscheiden sich hinsichtlich ihrer Währung. Sie haben damit unterschiedliche Risikocharakteristiken, die sie in den Augen der Anleger tatsächlich als unvollkommene Substitute erscheinen lassen. Den Ökonomen ist es bislang aber nicht gelungen, den Geldpolitikern eine sichere quantitative Basis, gestützt auf die sie sterilisierte Interventionen durchführen könnten, zu geben. Es ist nicht klar, wie gross eine sterilisierte Intervention sein müsste, um einen bestimmten Wechselkurseffekt zu erzielen. Anlagen, die sich nur hinsichtlich ihrer Währung unterscheiden, sind nach den von den Notenbanken bisher gemachten Erfahrungen jedenfalls so enge Substitute, dass sterilisierte Interventionen kaum als wirksames Instrument zur Beeinflussung des Wechselkurses betrachtet werden dürfen. Aus dieser Erfahrung erklärt sich die Zurückhaltung der Nationalbank. Interventionen können zwar ihre Bedeutung als Signal an die Märkte haben. Die Nationalbank lehnt sie deshalb auch nicht grundsätzlich ab. Eine Notenbank, die ihre Glaubwürdigkeit wahren will, darf aber nicht den Eindruck erwecken, sie vermöge mit ihren Eingriffen Entwicklungen, die sich tatsächlich ihrem Einfluss entziehen, zu steuern.

- Es wäre – dies ist die zweite Folgerung – auch sinnlos, ein festes Ziel für den realen Wechselkurs zu verfolgen. Wollte die Nationalbank einem durch die Determinanten der internationalen Arbeitsteilung ausgelösten Anstieg des realen Frankenkurses entgegenwirken – versuchte sie das alte Kursniveau aufrechtzuerhalten –, so müsste sie die Geldmenge ausdehnen. Sie könnte damit den nominellen und kurzfristig auch den realen Frankenkurs senken. Die inländischen Preise würden aber infolge der Ausdehnung der Geldmenge über kurz oder lang in die Höhe klettern. Der reale Wechselkurs stiege wieder an. Die Nationalbank würde – als Gefangene ihres Wechselkursziels – zu einer weiteren Ausdehnung der Geldmenge veranlasst. Der Preis einer solchen Politik wäre – das ist leicht einzusehen – unverantwortlich hoch. Die Geldpolitik würde, sollte die Nationalbank an einem Ziel für den realen Wechselkurs festhalten, in einen destabilisierenden, inflationären Kurs münden.

Die Nationalbank muss sich deshalb – dies schliesse ich aus den beiden Folgerungen – weiterhin darauf konzentrieren, durch eine stetige, auf die Kontrolle der Geldmenge gestützte Politik die Voraussetzungen für ein inflationsfreies Wirtschaftswachstum zu schaffen. Eine Notenbank kann den realen Wechselkurs nicht über eine längere Zeitdauer beeinflussen. Versucht sie es dennoch, so begibt sie sich der Chance, das zu erreichen, was sie tatsächlich zu erreichen vermag: die Stabilisierung des Preisniveaus.

Flexible Wechselkurse waren in den letzten gut 20 Jahren die Voraussetzung für eine auf die Stabilisierung des Preisniveaus ausgerichtete Politik. Die Nationalbank sah sich vor die Wahl zwischen dem Ziel eines stabilen nominellen Wechselkurses und jenem eines stabilen Preisniveaus gestellt. Sie entschied sich für die Stabilität des Preisniveaus. Ich weiss, dass eine höhere Stabilität des Wechselkurses grossen Teilen unserer Wirtschaft – der Exportindustrie und dem Tourismus – Vorteile böte. Ein funktionierendes Festkurssystem setzt aber die Bereitschaft der teilnehmenden Länder, sich auf das Ziel eines inflationsfreien Wachstums zu einigen, voraus. Wir kennen seit vielen Jahren eine insgesamt stabile Wechselkursbeziehung zwischen der D-Mark und dem Schweizer Franken. Diese Stabilität ist allein auf die Tatsache, dass die Geldpolitik der Deutschen Bundesbank und der Schweizerischen Nationalbank in die gleiche Richtung zielte, zurückzuführen. Der Kreis der Währungen, gegenüber denen der Franken weitgehend stabil geblieben ist, wurde dank der im Rahmen des EWS erzielten Stabilitätserfolge grösser. Ein Beitritt der Schweiz zum EWS – er steht weder seitens der EU noch unseres Landes ernsthaft zur Diskussion – würde unsere Situation kaum über den gegenwärtigen Zustand hinaus verbessern. Es wäre vor allem falsch zu glauben, dass ein Beitritt zum EWS den realen Wechselkurs des Schweizer Frankens bleibend – in die eine oder andere Richtung – verändern würde.

Die Wahl des Währungssystems lässt sich anhand zweier Kriterien entscheiden:

- Wie beeinflusst es die Möglichkeiten der Notenbank, die Inflation zu bekämpfen, und
- wie beeinflusst es die Anreize für die Politiker, eine protektionistische Wirtschaftspolitik zu betreiben.

Flexible Wechselkurse erscheinen mir – unter beiden Kriterien – nach wie vor als das für die Schweiz geeignetste Währungssystem.

4. Fazit: Die Nationalbank ist die falsche Adresse für Strukturpolitik.

Die Wechselkursproblematik wird die Nationalbank auch in Zukunft fordern. Ich muss aber vor zu grossen Erwartungen warnen. Der reale Wechsel und der Strukturwandel werden letztlich durch Faktoren, über die die Nationalbank keine Macht hat, bestimmt. Wir vermögen nicht auf die Dauer Wechselkursverhältnisse, die für den einen oder anderen Sektor oder Betrieb «gut» sind, herbeizuführen. Wollte die Nationalbank – wie dies da und dort gefordert wird – den Kurs des Frankens drücken, so müsste sie eine expansivere Geldpolitik betreiben. Sie würde zwangsläufig in mehr Inflation verpuffen. Die Wettbewerbsstellung der schweizerischen Exportwirtschaft würde damit sicher nicht verbessert.

Die Nationalbank ist die falsche Adresse für Strukturpolitik. Der Wunsch, Strukturen zu erhalten oder gezielt zu verändern, kann – sollte er überhaupt bestehen – nicht über die Geldpolitik führen. Er wäre über die Einführung oder die Aufhebung von Regulierungen zu verwirklichen. Ein Beispiel für gezielte Regulierungen zugunsten eines einzelnen Sektors haben wir im schweizerischen Agrarprotektionismus. Niemand in unserem Lande erwog bisher aber – und dies aus guten Gründen –, diese Art der Politik auf andere Sektoren unserer Wirtschaft auszudehnen. Staat und Wirtschaft sollten vielmehr bestrebt sein, Anpassungen zu erleichtern, statt sie zu erschweren. Das aber heisst, dass wir unser Wirtschaftssystem ständig nach Verzerrungen, die den Wettbewerb beschränken, zu durchforsten haben. Dies gilt für den Industrie- wie für den Bankensektor.

Die Erhaltung der Struktur der schweizerischen Wirtschaft durch protektionistische Massnahmen hätte ihren Preis in einer Reduktion des allgemeinen Wohlstandsniveaus. Der reale Wechselkurs behinderte den Anstieg unseres Wohlstandes nicht. Er widerspiegelt vielmehr die Stärke der schweizerischen Volkswirtschaft. Der reale Wechselkurs ist vor dem Hintergrund steigender Ertragsbilanzüberschüsse zu sehen. Die im historischen Vergleich niedrigen Wachstumsraten des realen Bruttoinlandprodukts sind kein stichhaltiger Einwand. Die verfügbaren Einkommen sind aussagekräftiger. Sie stiegen deutlich stärker als das Bruttoinlandprodukt. Wir haben bei der Berechnung der verfügbaren Einkommen neben dem Bruttoinlandprodukt auch die Kapitalerträge auf den schweizerischen Anlagen im Ausland und die Gewinne aus der Verbesserung des Austauschverhältnisses zwischen schweizerischen und ausländischen Gütern zu berücksichtigen. Die Veränderung der «Terms of Trade», die damit angesprochen ist, kommt im Anstieg des realen Wechselkurses zum Ausdruck. Sie bedeutet nichts anderes, als dass die Schweiz für ihre Importe weniger Güter exportieren muss als zuvor. Daran kann mindestens solange, als diese Entwicklung auf gesunden Grundlagen ruht, nichts Schlechtes sein.

Inflationsbekämpfung in einem schwierigen wirtschaftspolitischen Umfeld

1. Inflationsbekämpfung – Wichtigstes Ziel der Geldpolitik der Nationalbank

Die schweizerische Wirtschaft durchlief in der ersten Hälfte der neunziger Jahre eine schwierige konjunkturelle Phase. Die Produktion schrumpfte. Die Arbeitslosigkeit stieg. Beides war unvermeidlich. Die Überhitzung der schweizerischen Konjunktur, die bis zum Sommer 1990 gedauert hatte, führte zu einer hohen Teuerung. Eine markante wirtschaftliche Abschwächung war notwendig, um das Preisniveau wieder zu stabilisieren. Die Teuerung reagierte nur mit einer beträchtlichen zeitlichen Verzögerung auf die Abkühlung der Konjunktur.

Wir beobachteten das gleiche Entwicklungsmuster – in einer ähnlichen Situation – bereits zu Beginn der achtziger Jahre. Die schweizerische Wirtschaft glitt, nachdem sich das Preisniveau und die Produktion während mehrerer Jahre stark erhöht hatten, anfangs 1982 in eine Rezession. Die Teuerung schwankte trotz des deutlichen Rückgangs des Realwachstums bis Ende 1982 aber zwischen 5% und 6%.

Beide Erfahrungen zeigen deutlich: Das Preisniveau lässt sich nicht schmerzlos – nicht ohne Kosten – stabilisieren. Eine unkontrollierte Teuerung verursacht jedoch weit höhere wirtschaftliche und soziale Kosten als die vorübergehende Einbusse an Wachstum, die mit der Bekämpfung der Inflation verbunden ist. Preisstabilität ist nicht nur eine unabdingbare Voraussetzung für eine gesunde und leistungsfähige Wirtschaft. Sie hilft auch entscheidend mit, soziale Gerechtigkeit zu schaffen und zu erhalten.

Die Teuerung schädigt die Wirtschaft in verschiedener Hinsicht. Ich will hier – aus der Fülle der negativen Wirkungen – nur die wichtigsten erwähnen:

- Jedermann ist bei hoher Inflation bestrebt, die Kosten, die ihm aus der Geldentwertung erwachsen, möglichst gering zu halten. Der Sparer versucht, sich vor der Teuerung durch Umschichtungen seines Vermögens zu schützen. Konsumenten und Unternehmer sehen sich gezwungen, die Preisentwicklung laufend zu verfolgen, um die Gefahr wirtschaftlicher Fehlentscheide zu mindern. Die Unternehmer müssen ihre Kosten- und Preiskalkulation zudem häufig anpassen. Die Sozialpartner haben sich in aufreibenden Verhandlungen stets von neuem über den Teuerungsausgleich zu einigen. Diese Anpassungsprozesse, die dem Bedürfnis nach Schutz vor der Inflation entspringen, sind alle mit Kosten, die bei Preisstabilität entfallen, verbunden.
- Wir alle bekommen diese negativen Auswirkungen zu spüren. Wir sind aber nicht alle gleich schmerzlich betroffen. Wer nur einen schmalen Notgroschen auf einem Sparkonto mit gesetzlicher Kündigungsfrist besitzt, erlebt, dass die Teuerungsrate über dem Sparzins liegt. Die kleinen Vermögen schrumpfen statt zu wachsen. Wer dagegen über reichlich Geld verfügt, kann entweder in höherverzinsliche Sparformen – zum Beispiel in Festgelder der Banken oder in Geldmarktanlagen – oder aber in den Erwerb von Sachvermögen ausweichen. Auch alle Schuldner, deren Verbindlichkeiten auf einen nominellen Betrag lauten, zählen zu den Inflationsgewinnern. Ihre Schuldenlast nimmt bis zum Zeitpunkt des Verfalls – gemessen an jenem der Kreditaufnahme – real ab. Die Inflationsgewinne der Schuldner sind die Inflationsverluste der Gläubiger. Das Einkommen der Rentner ist ebenfalls meist nominell fixiert. Es wird in der Regel erst zeitlich verzögert an die Teuerung angepasst. Diese grosse Bevölkerungsgruppe ist damit nur unvollständig gegen die Inflation geschützt. Die Inflation ist – diese Beispiele zeigen es deutlich – unsozial.
- Die Teuerung verfälscht die Struktur der Produktion und des Kapitalstocks. Diese Strukturverzerrungen müssen – sinkt die Teuerung – wieder beseitigt werden. Dies ist mit Kosten verbunden. Güter schützen nämlich sehr unterschiedlich vor dem Verlust

an Kaufkraft. Die Nachfrage nach inflationssicheren Gütern dehnt sich deshalb relativ stärker als jene nach Gütern, die der Geldentwertung unterliegen, aus. Bestimmte Wirtschaftssektoren weiten in der Folge ihre Produktionskapazitäten in Erwartung anhaltend hoher Teuerung aus. Eine erfolgreiche Bekämpfung der Teuerung enttäuscht diese Erwartungen. Die entsprechenden Produktionskapazitäten sind nicht mehr ausgelastet. Sie müssen abgebaut werden.
- Der Kampf der Nationalbank gegen die Teuerung lässt sich schliesslich ebenfalls nicht zum Nulltarif durchführen. Sie ist vielmehr gezwungen, die Wirtschaft über eine restriktive Geldpolitik und damit über steigende Zinssätze wieder auf einen inflationsfreien Wachstumspfad zurückzuführen. Eine vorübergehende Abflachung der Konjunktur ist unvermeidlich.

Was zeigen diese Beispiele? Sie machen deutlich, dass die Inflation das wirtschaftliche und soziale Gefüge unterhöhlt. Sie schadet sehr vielen und nützt nur ganz wenigen. Dies erklärt, weshalb in unserem Lande noch immer – trotz vereinzelten grellen Widerspruchs – ein breiter Konsens darüber besteht, dass die Inflation vorrangig zu bekämpfen ist. Die Nationalbank handelt, wenn sie diesem Kampf weiterhin die höchste Priorität einräumt, im Interesse aller.

2. Die geldpolitische Strategie, die die Nationalbank seit Anfang der neunziger Jahre verfolgt

Wie gedenkt die Nationalbank aber das Ziel der Preisstabilität zu erreichen?

Sie entschloss sich Ende 1990, ihre geldpolitische Strategie zu ändern. Sie verzichtete darauf, erneut ein Jahresziel für das Wachstum der Notenbankgeldmenge festzulegen. Ein Jahresziel erschien angesichts des äusserst unstabilen internationalen Umfeldes nicht als angezeigt. Die Nationalbank hielt jedoch an der saisonbereinigten Notenbankgeldmenge als wichtigstem Indikator für unsere Geldpolitik fest. Sie soll einem Wachstumspfad, der mittelfristig Preisstabilität gewährleistet, angenähert werden. Interne Studien führten zum Schluss, dass ein Geldmengenwachstum von tendenziell 1% mit dem Ziel eines stabilen Preisniveaus in Einklang steht. Die Nationalbank beabsichtigt allerdings nicht, die Notenbankgeldmenge Jahr für Jahr um 1% auszuweiten. Sie will ihr Ziel vielmehr mittelfristig erreichen. Sie orientiert die Öffentlichkeit zu Beginn eines jeden Jahres darüber, wie sich die Notenbankgeldmenge im Verhältnis zum mittelfristigen Wachstumspfad entwickeln soll. Sie gibt zudem zu Beginn jedes Quartals eine Prognose über die Höhe der Notenbankgeldmenge bekannt. Diese Prognosen sind keine Zwischenziele. Wir wollen lediglich für die Öffentlichkeit zusätzliche Transparenz über die Geldpolitik, die wir in der kürzeren Frist verfolgen, schaffen. Abweichungen zwischen der prognostizierten und der tatsächlichen Entwicklung der Notenbankgeldmenge geben uns die Möglichkeit, dem Publikum unser geldpolitisches Handeln zu erklären.

Die Verteidigung der Preisstabilität und erst recht der Weg zurück zu stabilen Preisen ist stets mit einer Reihe von Hindernissen bestückt. Das internationale Umfeld erschwert sehr oft die Aufgabe der Schweizerischen Nationalbank. Die Stärke – und gelegentlich auch eine Schwächetendenz – des Schweizer Frankens am Devisenmarkt, wie wir sie in den frühen neunziger Jahren erlebten, kann den geldpolitischen Spielraum empfindlich einengen.

Weitere Hindernisse beim Ringen um die Stabilität ergeben sich aus den strukturellen Problemen, die die Bekämpfung der Teuerung erschweren. Ich möchte diese Probleme verdeutlichen, indem ich die Kanäle, auf denen die Geldpolitik das Realwachstum wie das Preisniveau beeinflusst, darstelle.

3. Die Übertragung der Geldpolitik auf die schweizerische Wirtschaft

3.1 Allgemeine Bemerkungen

Die Nationalbank betont immer wieder, dass in der Schweiz ein enger Zusammenhang zwischen der Preis- und Geldmengenentwicklung besteht. Die Teuerung ist in der Tat vorwiegend ein monetäres Phänomen. Die Nationalbank war für die hohe Teuerung der frühen neunziger Jahre zumindest teilweise verantwortlich. Die Geldpolitik, die sie im Jahre 1987 und in der ersten Hälfte 1988 verfolgte, erweist sich in der Rückschau als zu expansiv.

Die Beziehung zwischen Preisniveau und Geldmenge darf allerdings nicht allzu mechanisch verstanden werden. Die Geldpolitik spielt ohne Zweifel die Hauptrolle bei der Bekämpfung der Teuerung. Sie beeinflusst den Trend – die tendenzielle Entwicklung – des Preisniveaus. Andere Faktoren, die nichts oder nur wenig mit der Geldpolitik zu tun haben, können daneben aber ebenfalls auf das Preisniveau einwirken. Ich denke etwa an Einflüsse, die aus dem Ausland herrühren. Eine Erhöhung des Erdölpreises am Weltmarkt vermag die Teuerung zu verstärken. Die verschiedenen Indexmechanismen und Rigiditäten, die für die schweizerische Wirtschaft leider so charakteristisch sind, beeinflussen die Preisentwicklung ebenfalls. Ich möchte freilich einem Missverständnis, das in der Öffentlichkeit immer wieder Verwirrung stiftet, vorbeugen. Es betrifft die staatlich administrierten Preise. Diese bewegen sich nicht – wie oft behauptet wird – unabhängig von der Geldpolitik. Sie können die Aufgabe der Nationalbank aber trotzdem erschweren. Sie reagieren weniger rasch und weniger direkt als andere Preise auf die Geldpolitik.

Die Funktionsweise der Geldpolitik lässt sich gut anhand des Restriktionskurses, den die Nationalbank vom Herbst 1988 bis zum Sommer 1992 verfolgte, darstellen. Die Wirkung der restriktiven Geldpolitik bestand vorerst darin, dass die inländischen Geldmarktsätze deutlich stiegen. Die langfristigen Zinssätze kletterten ebenfalls nach oben. Sie erhöhten sich aber nicht im selben Ausmass wie die kurzfristigen. Die Fälligkeitsstruktur wurde invers. Die kurzfristigen Zinssätze kamen über die langfristigen zu liegen. Dies ist in Phasen restriktiver Geldpolitik keine ungewöhnliche Situation. Die inverse Zinsstruktur deutet darauf hin, dass die Öffentlichkeit längerfristig wieder mit stabilen Preisen – und damit auch mit tieferen Zinssätzen – rechnet.

Die gestiegenen Zinssätze verteuerten die Finanzierung von Investitionen. Unternehmungen und Haushalte waren daher bestrebt, ihre Investitionen zu drosseln. Die Bauinvestitionen reagierten – wie schon in der Vergangenheit – besonders deutlich auf die Veränderung der Zinssätze. Die restriktive Geldpolitik bremste derart das Wachstum der inländischen Nachfrage nach Gütern und Dienstleistungen. Es verstrichen allerdings über zwei Jahre, bis sich die dämpfende Wirkung auf die Nachfrage einstellte. Dies ist nicht verwunderlich. Investitionsprojekte, die in Ausführung begriffen sind, können nicht sofort modifiziert oder gar abgebrochen werden.

Die Unternehmungen sahen sich, da das Wachstum der Nachfrage nach Gütern und Dienstleistungen sank, gezwungen, ihre Produktion zu drosseln. Diese Mässigung des Produktionswachstums war notwendig, um den Teuerungsdruck zu verringern. Der Bazillus der Teuerung gedeiht nämlich in einer überhitzten Konjunktur mit voll ausgelasteten Produktionskapazitäten und mit einem ausgetrockneten Arbeitsmarkt besonders gut. Mit der Verringerung des Produktionswachstums entspannte sich auch der Arbeitsmarkt. Der Aufwärtstrend auf Preise und Löhne liess nach. Die Überwälzung höherer Löhne auf die Preise wurde erschwert. Die Teuerung reagierte allerdings nicht sofort auf die Verringerung des Produktionswachstums. Es verstrich vielmehr ein weiteres Jahr, bis der erhoffte Rückgang der Teuerung langsam einsetzte. Die Wirtschaft durchlief somit eine kurze Phase von «Stagflation». Die Voraussetzung für die Wiederherstellung der Preisstabilität war jedoch geschaffen.

Diese Ausführungen machen deutlich, wie eine restriktive Geldpolitik die Wirtschaft beeinflusst. Sie vermitteln aber noch nicht das ganze Bild. Die Beschreibung des Übertragungsmechanismus – obwohl grundsätzlich richtig – klammert nämlich verschiedene Schwierigkeiten, die die Teuerungsbekämpfung erschwerten, aus. Die Nationalbank straffte die geldpolitischen Zügel, lange bevor die Teuerung in der Schweiz deutlich anzog. Sie hoffte deshalb auch, ihre restriktive Geldpolitik würde ihr Ziel rascher als in der Vergangenheit erreichen. Die Erwartungen wurden in diesem Punkte gewaltig enttäuscht. Der geldpolitische Bremsweg war ebenso lang und beschwerlich wie früher. Mehrere Faktoren waren dafür verantwortlich. Die ausgeprägte Abschwächung, die der Schweizer Franken im Jahre 1989 am Devisenmarkt erfuhr, verstärkte die Überhitzung unserer Wirtschaft zunächst noch weiter. Die Golfkrise liess den Erdölpreis ansteigen. Der Teuerungssprung, der damit einherging, liess auf dem noch angespannten Arbeitsmarkt auch die Löhne kräftig anziehen.

Die zahlreichen Indexmechanismen und strukturellen Hemmnisse, die die Schweiz kennt, erwiesen sich als zusätzliches Erschwernis für die Bekämpfung der Teuerung.

3.2 Die Koppelung der Mieten an die Hypothekarzinsen

Wir hören in der Schweiz immer wieder die Meinung – und lesen sie gelegentlich sogar in der Wirtschaftspresse –, eine restriktive Geldpolitik sei eine untaugliche Waffe zur Bekämpfung der Teuerung. Der Anstieg der Hypothekarzinsen, den die restriktive Geldpolitik auslöse, führe zu einer Erhöhung der Wohnungsmieten. Dies aber schüre – wird argumentiert – das Inflationsfeuer, anstatt die Wirtschaft auf den Weg zu einem stabilen Preisniveau zurückzuführen.

Es besteht in unserem Land in der Tat ein Zusammenhang zwischen der Entwicklung der Wohnungsmieten und jener der Hypothekarzinsen. Diese Beziehung ergibt sich nicht so sehr aus der Natur des Wohnungsmarktes. Sie ist vielmehr eine Folge des schweizerischen Mieterschutzes. Er stellt die Verbindung zwischen Wohnungsmieten und Hypothekarzinsen her.

Die Mieten würden sich auf einem freien Wohnungsmarkt aufgrund von Angebot und Nachfrage bilden. Die Anhebung der Hypothekarzinsen würde in der kurzen Frist weder das Angebot noch die Nachfrage nach Mietwohnungen verändern. Sie hätte damit auch keinen Einfluss auf die Mieten. Die restriktive Geldpolitik würde die Wohnungsmieten nicht emporschnellen lassen. Sie könnte ihre erwünschte Wirkung unbehindert entfalten.

Die schweizerische Gesetzgebung zum Mieterschutz führt dazu, dass die Wohnungsmieten vor allem dann, wenn die Hypothekarzinsen steigen, heraufgesetzt werden. Die Marktkräfte sind im schweizerischen Wohnungswesen zwar nicht völlig ausgeschaltet. Die Mieten werden langfristig vielmehr auch in der Schweiz durch Angebot und Nachfrage bestimmt. Die restriktive Geldpolitik stabilisiert nicht nur das Preisniveau. Sie mässigt damit langfristig auch den Anstieg der Wohnungsmieten. Die Marktkräfte spielen in der kurzen Frist jedoch nur beschränkt. Die Wohnungsmieten steigen bei stabilen Hypothekarzinsen weniger stark, als aufgrund der Entwicklung von Angebot und Nachfrage angezeigt wäre. Es entsteht ein Nachholbedarf. Er wird erst – und geballt – ausgeschöpft, wenn die Hypothekarzinsen in die Höhe klettern. Dies erweckt den Eindruck, die restriktive Geldpolitik wirke in der Schweiz inflationär.

Dieser Eindruck ist – mögen ihn nach populistischem Effekt haschende Kreise noch so oft beschwören – falsch. Die restriktive Geldpolitik dämpft mittel- und längerfristig die Teuerung gleich wie in der übrigen Welt auch in der Schweiz. Der schweizerische Mieterschutz verstärkt jedoch, wenn die Nationalbank zu einer restriktiven Geldpolitik übergeht, die Teuerung in der kurzen Frist. Die Bedeutung dieser kurzfristigen Probleme sollte nicht unterschätzt werden. Sie verlängern den geldpolitischen Bremsweg. Sie untergraben gleichzeitig – und dies erscheint mir als noch gefährlicher – die Glaubwürdigkeit der Nationalbank. Der Anstieg der Hypothekarzinsen fiel in den frühen neunziger Jahren im historischen Vergleich überdurchschnittlich stark aus. Die kurzfristigen Auswirkungen auf die Teuerung waren deshalb besonders ausgeprägt. Diese Erfahrung hätte unsere Politiker veranlassen müssen, unseren gesetzlichen Mieterschutz zu überprüfen. Sie fanden den Mut, den Marktkräften im Wohnungswesen vermehrt zum Durchbruch zu verhelfen leider nicht. Ich gebe die Hoffnung, dass wir Schritt für Schritt von der Kostenmiete wegkommen und graduell zur Marktmiete übergehen, trotzdem nicht auf. Dieser Wechsel wäre in vielen Fällen zwar mit sozialen Härten verbunden. Diese Härten lassen sich aber mit geeigneten sozialpolitischen Massnahmen mildern. Staatliche Vorschriften, die das Angebot an Wohnraum einschränken, müssten gleichzeitig gelockert werden.

3.3 Teuerungsbekämpfung und Kartelle

Der noch immer hohe Kartellierungsgrad der schweizerischen Wirtschaft wird oft als weiterer Grund für den langsamen Rückgang der Teuerung genannt. Ich will keineswegs in Abrede stellen, dass in der Schweiz sehr viele Märkte kartellistische Merkmale aufweisen. Diese Tatsache trug der Schweiz auch öfters die Schelte internationaler Organisationen ein. Der Einfluss der Kartelle auf die Teuerung wird allerdings häufig falsch gesehen. Zwei Dinge, die wenig miteinander zu tun haben, werden verwechselt: die Höhe und die anhaltende Veränderung des Preisniveaus.

Unternehmungen schliessen sich zu Kartellen zusammen, wenn sie durch Kooperation höhere Gewinne als durch Wettbewerb erzielen können. Sie versuchen, durch explizite oder stillschweigende Vereinbarungen am Markt höhere Preise, als dies unter Wettbewerbsbedingungen möglich wäre, durchzusetzen. Die Existenz von Kartellen führt somit zu einem einmaligen Anstieg des Preisniveaus. Es ist jedoch nicht so, dass die Kartelle ihre Preise dauernd in die Höhe zu treiben vermögen und die Teuerung damit permanent verschärfen.

Die Kartelle behindern die Bekämpfung der Teuerung in einer andern Hinsicht. Unternehmungen, die ihre Produkte an Märkten mit funktionierendem Wettbewerb anbieten müssen, passen ihre Preise rasch an Veränderungen der Nachfrage an. Unternehmungen, die durch Kartelle «geschützt» sind, müssen weniger rasch handeln. Sie sind, da sie dem rauhen Wind der Konkurrenz nicht ausgesetzt sind, auch besser in der Lage, gestiegene Kosten auf ihre Preise zu überwälzen. Dies gilt in noch erhöhtem Masse für die staatlich sanktionierten Kartelle und die öffentlichen Monopole. Die Kartelle verursachen mit ihren wettbewerbsfeindlichen Praktiken somit nicht nur volkswirtschaftliche Kosten. Sie stören tatsächlich auch die Geldpolitik. Ich bin daher der Meinung, dass die Schweiz aus einer griffigen Wettbewerbspolitik einen grossen Nutzen ziehen kann. Eine Wettbewerbspolitik, die Kartelle verhindert, ergänzt die Geldpolitik. Sie kann sie aber keinesfalls ersetzen.

3.4 Lohnentwicklung und Anpassung der staatlich administrierten Preise

Die Schlagkraft der Geldpolitik kann durch weitere Hemmnisse wie die Lohnentwicklung und die Anpassung der staatlich administrierten Preise beeinträchtigt werden.

Die Nationalbank vermag den Teuerungstrend zu beeinflussen. Die Wirkungsverzögerung in der Geldpolitik führt jedoch dazu, dass sie das Preisniveau nicht mit grosser Präzision steuern kann. Diese Präzision lässt besonders in jener Phase der Bekämpfung der Teuerung, in der sich das Realwachstum vorübergehend abflacht, zu wünschen übrig. Wir wissen, dass wir die Preisstabilität nur um den Preis eines vorübergehenden Konjunktureinbruchs zu erreichen vermögen. Die Stärke dieses Einbruchs ist jedoch schwierig vorauszusagen. Die Erfahrungen deuten darauf hin, dass der Konjunktureinbruch – und mit ihm die Zunahme der Arbeitslosigkeit – um so kräftiger ausfällt, je träger die Teuerung auf die restriktive Geldpolitik reagiert. Institutionelle Hemmnisse, die die Flexibilität der Preise und der Löhne einschränken, erhöhen daher die volkswirtschaftlichen Kosten der Bekämpfung der Teuerung. Ein übermässiger Anstieg der Löhne wie der staatlich administrierten Preise erschwert in diesem Sinne den Kampf der Nationalbank gegen die Inflation. Wir sind daher in der Stabilitätspolitik auf die Unterstützung des Staates wie der Sozialpartner angewiesen.

Die Rolle der Geldpolitik für die Wettbewerbsfähigkeit der schweizerischen Wirtschaft

1. Wettbewerbsfähigkeit – eine Obsession?

Der Begriff der Wettbewerbsfähigkeit wurde weltweit zum Modethema. Die Globalisierung – das durch neue Technologien begünstigte Zusammenrücken der Länder – verlieh ihm hohe Brisanz: Neue Absatz- und Arbeitsmärkte entstehen. Neue Konkurrenten treten auf. Die Diskussion um die Wettbewerbsfähigkeit nahm in den Vereinigten Staaten – unter dem Eindruck der massiven Ausweitung des amerikanischen Handelsbilanzdefizits und des Vordringens der Konkurrenz aus Japan – geradezu obsessive Züge an. Die Publikationen, die zu diesem Thema veröffentlicht wurden, haben martialisch klingende Titel. Wir lesen etwa: «Wer schlägt wen?» oder: «Die künftige Schlacht zwischen Japan, Europa und Amerika» oder: «Der stille Krieg». Europa führt die Auseinandersetzung ähnlich aggressiv. Ich frage mich – als kritischer Beobachter –, wie weit hinter diesen schrillen Tönen nur die Sorge um die wirtschaftliche Zukunft steht und wie weit Hegemonieansprüche und Prestigedenken eine Rolle spielen.

Wir diskutieren die Frage der Wettbewerbsfähigkeit in der Schweiz jedenfalls in massvollerer Form. Unsere Wirtschaft ist sich gewohnt, sich immer wieder rasch an neue Bedingungen auf den Weltmärkten anzupassen. Der europäische Binnenmarkt, die Öffnung der Wirtschaftsräume in der Mitte und im Osten Europas und der Aufstieg der asiatischen Entwicklungsländer rückten das Thema aber auch bei uns in den Vordergrund.

Worum geht es überhaupt? Es geht darum, ob ein Land seine Güter und Dienstleistungen international erfolgreich anzubieten vermag. Wir stellen – letztlich – die Frage nach der Fähigkeit der Wirtschaft, den Wohlstand der Bevölkerung zu mehren. Wir sollten den schillernden Begriff der Wettbewerbsfähigkeit deshalb breit verstehen. Er umfasst auch die Fähigkeit eines Landes, die Grundlagen seiner wirtschaftlichen Leistungskraft zu erhalten und zu verbessern.

2. Die Grundlagen der wirtschaftlichen Leistungsfähigkeit eines Landes

Die Leistungsfähigkeit einer Wirtschaft wird üblicherweise am Wachstum der Wertschöpfung – das heisst am Wachstum des Bruttoinlandprodukts – gemessen. Der Output je Kopf der beschäftigten Bevölkerung muss zunehmen, wenn der materielle Wohlstand steigen soll. Dies lässt sich dadurch erreichen, dass die je Arbeitskraft produzierte Menge an Gütern und Dienstleistungen – die Arbeitsproduktivität – steigt. Ich bin versucht, die Zwischenfrage einzuschieben, ob die Mehrung des materiellen Wohlstands wirklich das Mass aller Dinge ist. Ich sehe allerdings keine Anzeichen, dass die Prioritäten sich diesbezüglich in der Schweiz während der letzten Jahre änderten. Wir beobachteten zwar, dass die Zahl der Arbeitsstunden in den letzten zwanzig Jahren deutlich weniger stark als die Zahl der Erwerbstätigen stieg. Dies deutet darauf hin, dass die Freizeit bei steigendem Wohlstand mehr Gewicht erhält. Ein Teil des Einkommenszuwachses wird in der Form reduzierter Arbeitszeit bezogen. Der überwiegende Teil der Bevölkerung erwartet aber, dass die Reallöhne steigen. Dies ist nur möglich, wenn die Arbeitsproduktivität steigt. Wir müssen uns deshalb mit den Bestimmungsgründen des Wirtschaftswachstums – mit den Bestimmungsgründen des Wachstums der Arbeitsproduktivität – auseinandersetzen.

2.1 Sechs zentrale Bestimmungsgründe des Wirtschaftswachstums

Der Wachstumsprozess ist komplex. Er ist ein Zusammenspiel von institutionellen, rechtlichen, politischen und wirtschaftlichen Faktoren. Welche dieser Faktoren sind für den Produktivitätsfortschritt von besonderer Bedeutung? Ich will auf sechs breit anerkannte Faktoren kurz eingehen: auf die Investitionstätigkeit, die Ausbildung, die Forschung und Entwicklung, die Staatsquote, den Handel und Wettbewerb sowie – last but not least – die Inflation.

– Die Bildung von Sachkapital – die Investitionstätigkeit – ist eine erste, für das Wirtschaftswachstum wichtige Determinante. Der technische Fortschritt ist zu einem beträchtlichen Teil kapitalgebunden. Investitionen bedeuten neue – neueste – Technologie. Die Arbeitsproduktivität nimmt in dem Ausmass, in dem die Kapitalausstattung je Arbeitsplatz steigt, zu. Die Ersparnisse bilden den Gegenpart zu den Investitionen. Die Investitionen können in einer offenen Volkswirtschaft zwar auch durch Kapitalimporte finanziert werden. Wir beobachten in der Praxis jedoch immer wieder, dass Veränderungen der Investitions- und der Sparquote stark korreliert sind. Eine hohe Sparquote trägt dazu bei, die Zinssätze tief zu halten. Investitionen können zu günstigen Bedingungen finanziert werden. Die Spartätigkeit ist für das Wirtschaftswachstum deshalb von ebenso grosser Bedeutung wie die Investitionstätigkeit.
– Die Ausbildung der Arbeitskräfte – die Bildung von Humankapital – ist eine zweite, wesentliche Determinante. Ja, sie ist vielleicht noch wichtiger als die Bildung von Sachkapital. Niemand bestreitet, dass die Ausbildung einen bedeutenden Einfluss auf die Produktivität hat. Gut ausgebildete Arbeitskräfte sind motivierter und flexibler. Sie sind damit besser in der Lage, sich neuen Technologien und Produktionsprozessen anzupassen. Die überdurchschnittlich gut ausgebildeten Arbeitskräfte spielen für die Forschung und Entwicklung eine zentrale Rolle. Der Staat trägt in den meisten Industrieländern die Hauptverantwortung für das Bildungswesen. Er hat dafür zu sorgen, dass die Ausbildung den sich wandelnden Ansprüchen genügt.
– Forschung und Entwicklung bilden eine dritte, bedeutende Determinante des Wirtschaftswachstums. Sie ermöglichen Innovationen. Damit stellen sie eine wichtige Triebfeder des technischen Fortschritts dar.

- Wettbewerb und Handel sind eine vierte, entscheidende Determinante. Robert Solow brachte die Zusammenhänge auf den Punkt: Innovationen bilden eine wichtige Quelle des Wachstums, Wettbewerb ist eine wichtige Quelle der Innovationen, Handel ist eine wichtige Quelle des Wettbewerbs.
- Wir haben heute – dies ist eine fünfte Determinante – einen erstaunlich hohen Konsens, dass eine steigende Staatsquote das Wachstumspotential eines Landes schmälert. Das zunehmende Gewicht des Staates lähmt die private Initiative. Es verzerrt die Anreizstrukturen.
- Die Inflation verursacht – wir wissen es seit langem – hohe soziale Kosten. Neuere Untersuchungen zeigen, dass die Inflation – ich komme damit zur sechsten Determinante – aber auch das langfristige Wachstum einer Volkswirtschaft hemmt. Firmen und Haushalte müssen bei höherer Inflation zusätzliche Zeit aufwenden, um ihre Kassahaltung zu optimieren. Dies bindet Arbeitskräfte, die sonst für produktivere Zwecke eingesetzt würden. Eine hohe Inflation ist zudem meistens mit grossen Schwankungen der Inflationsraten verbunden. Sie erhöhen die Wahrscheinlichkeit von Fehlplanungen. Dies führt dazu, dass weniger Investitionsprojekte zur Ausführung gelangen.

Wie sehen diese sechs Wachstumsdeterminanten für die Schweiz aus?

2.2 Die schweizerischen Wachstumsdeterminanten auf dem Prüfstand

- Die Schweiz steht – erstens – bezüglich der Investitionstätigkeit ausgesprochen gut da. Sie weist im internationalen Vergleich – begünstigt durch ihre grosse Sparquote – eine sehr hohe Investitionsquote auf. Der Anteil der Ausrüstungsinvestitionen am Bruttoinlandprodukt nahm seit Anfang der achtziger Jahre weit stärker als in unseren vier Nachbarländern zu. Dies deutet darauf hin, dass die Modernisierung des Kapitalstocks in den letzten Jahren – im Vergleich zum Ausland – eindrückliche Fortschritte erzielte.

- Wir verfügen in der Schweiz – zweitens – über ein hohes Ausbildungsniveau. Ich möchte hier nicht zuletzt unser System der Berufslehre, das für einen breiten, guten Ausbildungsstand sorgt, hervorheben. Die Bestrebungen, Fachhochschulen zu schaffen, sind zu begrüssen. Die traditionellen Hochschulen, die einen wichtigen Beitrag zur Grundlagenforschung leisten, dürfen darob nicht vernachlässigt werden.
- Die schweizerische Wirtschaft ist – drittens – in Forschung und Entwicklung ausgesprochen innovationsfähig. Die Schweiz kennt mehr Patente je Einwohner als ihre Konkurrenten. Sie gehört – zusammen mit den Vereinigten Staaten, Japan, Deutschland und Schweden – zu den Ländern, die gemessen am Bruttoinlandprodukt die höchsten Beträge für Forschung und Entwicklung bereitstellen. Die Schweiz wandte im Jahre 1992 im Inland dafür etwas mehr als 9 Mrd. Franken auf. Dies entspricht 2,7% des Bruttoinlandprodukts. Die schweizerische Privatwirtschaft gab gleichzeitig fast gleich viel – nämlich gut 7 Mrd. Franken – im Ausland für Forschung und Entwicklung aus. Der Anteil der Forschungs- und Entwicklungsausgaben, die im Ausland getätigt werden, nahm innert der letzten Jahre zu. Ich will diesen Trend nicht überbewerten. Wir müssen uns jedoch bewusst sein, dass der Mangel an Forschungs- und Entwicklungspersonal in der Schweiz zu den Haupthindernissen der Innovationstätigkeit zählt. Ich sehe zwei Wege, diesen Engpass zu beheben. Wir müssen – einerseits – unsere Ausländerpolitik neu orientieren. Sie sollte den Zuzug qualifizierter – vor allem hochqualifizierter – Ausländer fördern. Wir sollten – andererseits – auch unsere jungen schweizerischen Wissenschaftlerinnen und Wissenschaftler vermehrt fördern.
- Die Schweiz ist – viertens – traditionell dem Freihandel verpflichtet. Sie bejaht Handel und Wettbewerb. Der Schutz der Landwirtschaft stellt die bedeutendste Ausnahme von diesem Prinzip dar. Die Exportindustrie verfügt – sehen wir von der Exportrisikogarantie ab – kaum über staatliche Unterstützung. Rasche Anpassungsfähigkeit gehört gerade deshalb zu ihren Stärken. Der

OECD-Index, der die Entwicklung der Marktanteile der Länder misst, zeigt allerdings, dass die Schweiz von 1985 bis 1991 Marktanteile verlor. Die Hauptkonkurrenten der schweizerischen Exportindustrie – vor allem Deutschland – vermitteln ein ähnliches Bild. Die asiatischen Tigerstaaten vermochten ihre Anteile dagegen markant zu steigern. Die Schweiz konnte ihren Marktanteil in den Jahren 1992 und 1993 zwar leicht erhöhen. Er dürfte 1994 und 1995 jedoch erneut geschrumpft sein. Der Anstieg der relativen Arbeitskosten – sie waren zu einem grossen Teil durch die reale Höherbewertung des Schweizer Frankens bedingt – spielte dabei zweifellos eine Rolle. Ein Vergleich unserer Exportwirtschaft mit der Binnenwirtschaft macht jedoch deutlich, dass vom internationalen Handel wichtige Impulse für die Innovationskraft und die Wettbewerbsfähigkeit ausgehen. Unsere Binnenwirtschaft verstand es, sich vom internationalen Wettbewerb abzuschotten. Sie baute im Inland zahlreiche Wettbewerbsschranken auf. Diese wurden durch staatliche Regulierungen noch verstärkt. Die Erkenntnis, dass die Binnenwirtschaft entkrustet werden muss, setzte sich inzwischen durch. Sie fand ihren Niederschlag in der Gesetzgebung: in der Revision des Kartellgesetzes und im Binnenmarktgesetz. Wir verdanken die späte Erkenntnis und deren noch spätere Umsetzung in die Praxis aber einmal mehr Impulsen aus dem Ausland. Der europäische Binnenmarkt zwang uns beides auf.

- Die Schweiz weist – fünftens – im internationalen Vergleich noch immer eine vergleichsweise tiefe Staatsquote auf. Wir dürfen aber nicht übersehen, dass die schweizerische Staatsquote sich zwar langsam, aber doch beängstigend kontinuierlich erhöht. Die wachsenden Sozialausgaben spielen dabei die entscheidende Rolle. Die Einnahmen halten mit den Ausgaben nicht mehr Schritt. Das strukturelle Staatsdefizit – und damit auch die permanente Staatsverschuldung – stiegen stark an. Das Eidgenössische Finanzdepartement legte kürzlich einen Vorschlag zur Defizit- und Verschuldungsbegrenzung vor. Der Handlungsbedarf ist damit anerkannt. Die politische Diskussion, wo und wie konkret gespart werden soll, weckt jedoch wenig Zuversicht. Sie zeigt, dass wir von einem Konsens noch weit entfernt sind.

- Wie steht es – sechstens – um die Inflation? Die Schweizerische Nationalbank befindet sich hier in einer komfortablen Situation. Wir haben einen breiten Konsens, dass die Inflation schädlich ist. Er legitimiert die Ausrichtung der Geldpolitik auf die Preisstabilität. Dieser Konsens kommt allerdings regelmässig ins Wanken, wenn die Inflation scheinbar besiegt ist und andere Probleme auftreten. Die Inflation ist in der Schweiz – im internationalen Vergleich – zwar relativ niedrig. Sie betrug seit Mitte der siebziger Jahre im Jahresdurchschnitt dennoch rund 3%. Wir haben auch hier noch Raum für Verbesserungen.

Die Durchsicht der Wachstumsfaktoren stellt der Schweiz – im grossen ganzen – ein gutes Zeugnis aus. Unsere Wirtschaft verfügt über intakte Voraussetzungen für weitere Produktivitätsfortschritte. Sie vermag, den Wohlstand unserer Bevölkerung weiter zu erhöhen. Zweifel an der Leistungs- und Wettbewerbsfähigkeit der schweizerischen Wirtschaft sind heute dennoch häufiger als vor einigen Jahren anzutreffen. Zwei Gründe dürften zu dieser Verschlechterung der Stimmung beigetragen haben:

- Wir erlebten in den neunziger Jahren – erstens – eine recht lange Stagnationsphase.
- Der Strukturwandel beschleunigte sich – zweitens – nicht nur. Er wurde für uns alle auch sichtbarer.

Ich möchte auf diese beiden Aspekte kurz eingehen:

3. Die neunziger Jahre – ein Jahrzehnt beschleunigten Strukturwandels

3.1 Die erste Hälfte der neunziger Jahre – verlorene Jahre?

Das reale Bruttoinlandprodukt der Schweiz nahm von 1980 bis 1990 im Schnitt um 2,1% pro Jahr zu. Dies entspricht dem durchschnittlichen Wachstum Deutschlands. Unsere drei anderen Nachbarländer – Österreich, Frankreich und Italien – wiesen dagegen höhere Wachstumsraten auf. Unser wirtschaftliches Wachstum fiel mit anderen Worten trotz der günstigeren Wachstumsbedingungen – Inflation und Staatsquote liegen bei uns im Durchschnitt tiefer als in unseren Nachbarländern, die Investitions- und Sparquote sowie vermutlich auch der Ausbildungsstand sind höher – unterdurchschnittlich aus. Heisst dies, dass die aufgeführten Wachstumsbedingungen nur eine untergeordnete Rolle spielen? Dieser Schluss wäre falsch. Wir haben zu berücksichtigen, dass das schweizerische Pro-Kopf-Einkommen über jenem unserer Nachbarländer liegt. Diese profitieren von einem Aufholeffekt. Sie wachsen tendenziell rascher, weil sie von einem tieferen Einkommensniveau starten. Das relativ niedrige schweizerische Wachstum kann deshalb nicht einfach einer schlechteren Performance gleichgesetzt werden.

Es gilt zudem – wie stets bei internationalen Vergleichen –, eine Reihe weiterer Faktoren in Rechnung zu stellen. Die Schweiz gab in den letzten zwanzig Jahren – dies ist lediglich ein Beispiel – bedeutende Summen für den Gewässerschutz aus. Wir verfügen als eines der am dichtesten besiedelten Länder Europas wieder über saubere Gewässer. Dies hebt unsere Lebensqualität, führt aber nicht unmittelbar zu einem Zuwachs der Produktivität. Eine Verbesserung der Umweltbedingungen schlägt sich nicht positiv – eine Verschlechterung umgekehrt nicht negativ – im Bruttoinlandprodukt nieder. Dies ist einer der Mängel dieses Konzepts. Wir sollten bei internationalen Wachstumsvergleichen daran denken.

Die Wirtschaft der Schweiz wuchs in den neunziger Jahren bisher deutlich schwächer als jene unserer Nachbarländer. Das reale Bruttoinlandprodukt stieg von 1990 bis 1995 durchschnittlich um lediglich 0,6% pro Jahr. Die Rezession dauerte länger als in den umliegenden Ländern. Der wirtschaftliche Aufschwung, der im zweiten Halbjahr 1993 einsetzte, blieb schwach.

Dieses schwache Wachstum ist teils auf hausgemachte Faktoren, teils auf Einflüsse aus dem Ausland zurückzuführen.

- Die Strukturbereinigung auf dem Immobilienmarkt gehört zu den hausgemachten Faktoren. Die Bauinvestitionen gingen nach dem Boom der achtziger Jahre massiv zurück. Der gewerbliche Bau leidet unter einem hohen Überangebot. Der private Wohnungsbau, der im letzten Jahr durch die Kreditaufstockung im Rahmen der Wohnbau- und Eigentumsförderung gestützt worden war, verlor angesichts des gestiegenen Bestandes an Leerwohnungen ebenfalls an Dynamik. Der Verdrängungswettbewerb in der Bauwirtschaft hält an. Er erklärt die gedrückte Stimmung, die in diesem Sektor herrscht.
- Die Rezession, die wir Anfang der neunziger Jahre erlebten, führte in der Industrie und im Baugewerbe zu einem starken Beschäftigungsabbau. Der Dienstleistungssektor – vor allem der Bankenbereich – baute erstmals seit dem zweiten Weltkrieg ebenfalls Arbeitsplätze ab. Der Rückgang der Beschäftigung war von einem deutlichen Anstieg der Arbeitslosigkeit begleitet. Die Angst um den Arbeitsplatz trug dazu bei, dass der private Konsum nur schwach anstieg. Die realen Einkommen wurden dieses Jahr durch die Erhöhung der Mehrwertsteuer sowie der Sozialabgaben nochmals geschmälert.
- Die Turbulenzen an den Devisenmärkten führten seit Mitte 1992 zu einer starken Aufwertung des Schweizer Frankens. Der reale exportgewichtete Wechselkurs des Schweizer Frankens lag Ende 1995 rund 13% höher als vor drei Jahren. Der Schweizer Franken wertete sich vor allem gegenüber der Lira und dem britischen Pfund – zwei Währungen, die 1992 noch klar überbewertet waren – auf. Er gewann seit 1994 aber auch gegenüber dem Dollar und seit 1995 gegenüber der D-Mark an Wert.

Die Frankenstärke traf nicht nur die Exportindustrie, sondern auch die Zulieferer und den Tourismus. Die Gewinnmargen sanken. Der Druck, die Kosten zu senken, stieg. Ich sehe in diesem Bild zwei Lichtblicke:

- Einiges spricht – erstens – für eine Verbesserung der wirtschaftlichen Lage. Die meisten Prognoseinstitute erwarten bereits ab dem Jahre 1996 wieder ein stärkeres Wachstum.

– Wir dürfen – zweitens – die vergangenen Jahre trotz des schwachen Wirtschaftswachstums nicht als verlorene Jahre abtun.

Wir verfügen leider nur über spärliche Angaben zur Entwicklung der Arbeitsproduktivität. Der Verlauf der Produktion und der Beschäftigung gibt uns für den Industriesektor aber einen groben Hinweis. Die Industrieproduktion wuchs trotz des Abbaus der Beschäftigung um durchschnittlich 2,9% pro Jahr. Die Gütermenge, die je Beschäftigten produziert wurde, nahm – mit beinahe 6% pro Jahr – massiv zu. Diese eindrückliche Steigerung der Produktivität ist das Ergebnis einer massiven Rationalisierung und Modernisierung unseres Industriesektors.

Rationalisierungen und Modernisierungen beschränkten sich aber nicht auf die Industrie. Der Dienstleistungssektor vermochte seine Produktivität ebenfalls zu erhöhen. Die Massnahmen zur Steigerung der Produktivität und zur Senkung der Kosten waren in diesem Sektor unumgänglich. Seine Wertschöpfung je Beschäftigten war in den achtziger Jahren nur noch schwach gestiegen. Sie nahm im Bereich der Banken und der Versicherungen sogar ab.

Dieser Prozess löst Ängste aus. Massive Rationalisierungsschübe, wie wir sie in jüngster Zeit erlebten, belasten den Arbeitsmarkt in der kurzen Frist erheblich. Sie können, da die verfügbaren Einkommen der Haushalte damit zurückgehen, den Aufschwung herauszögern. Diese Massnahmen stellen der Anpassungs- und Erneuerungsfähigkeit unserer Wirtschaft dennoch ein gutes Zeugnis aus. Sie sind für die Wettbewerbsfähigkeit der Wirtschaft längerfristig von hohem Nutzen. Die erste Hälfte der neunziger Jahre ist deshalb, auch wenn das Wirtschaftswachstum vorübergehend schwach ausfiel, nicht verloren.

Strukturanpassungen, Restrukturierungen und Rationalisierungen der Produktion sind Bestandteil des Wachstumsprozesses. Die branchenmässige Zusammensetzung der Wirtschaft kann sich dabei ändern. Einige Wirtschaftszweige gewinnen, andere verlieren an Gewicht. Diese Änderungen sind stets mit Kosten verbunden. Das schwache Wachstum der letzten Jahre machte diese Kosten in Form höherer Arbeitslosigkeit – und einer allgemeinen Verunsicherung – deutlich spürbar.

Die Globalisierung beschleunigte in allen alten Industrieländern – auch in der Schweiz – den Wandel zu Produktionszweigen mit hoher Wertschöpfung und mit hohem Technologiegehalt. Produktionsverlagerungen ins Ausland sind im Zuge dieser Entwicklung nicht zu vermeiden.

3.2 Globalisierung und Produktionsverlagerungen

Globalisierung bedeutet, dass die Staaten miteinander nicht nur in bezug auf den Absatz ihrer Produkte, sondern auch hinsichtlich der Produktionsfaktoren – Arbeitskräfte und Kapital – im Wettbewerb stehen. Unsere Industrie verlagerte in den letzten Jahren die Herstellung von Produkten, die eine vergleichsweise geringe Wertschöpfung aufweisen, in Gebiete mit niedrigeren Lohnkosten. Verlagerungen in die Länder Süd- und Mitteleuropas sowie Asiens sind bekannte Beispiele. Die Industrie reduzierte gleichzeitig die Fertigungstiefe in der Schweiz. Leistungen, die bisher hier erbracht wurden, werden aus dem Ausland zugekauft. Was erklärt diese Auslagerung der Produktion? Kostenüberlegungen sind ein Grund. Die grössere Nähe zu den Märkten ist ein anderer. Der Welt grösster Markt für Textilien befindet sich in Asien. Es ist nicht erstaunlich, dass die europäischen Produzenten – auch jene der Schweiz – ihre Textilmaschinen vermehrt in dieser Region herstellen. Kundennähe spielt – trotz massiv gesunkener Kommunikationskosten – für den wirtschaftlichen Erfolg noch immer eine wichtige Rolle.

Die vermehrten Auslandinvestitionen der schweizerischen Industrie machen Schlagzeilen. Schlagzeilen provozierte vor zwei Jahren auch die Nachricht, dass die Investitionen ausländischer Firmen in der Schweiz schrumpfen würden. Die ausländischen Direktinvestitionen fielen 1992 mit nur 600 Mio. Franken tatsächlich bescheiden aus. Wir verzeichneten ein Jahr später – kurz nachdem die Schweiz den Beitritt zum Europäischen Wirtschaftsraum abgelehnt hatte – sogar einen geringen Kapitalabfluss. Die Presse sah darin ein Zeichen des bevorstehenden Untergangs des Wirtschaftsstandortes Schweiz.

Diese Reaktion war übertrieben. Sie berücksichtigte – erstens – nicht, dass der Rückgang des Engagements ausländischer Investoren konjunkturbedingt war. Sie übersah – zweitens –, dass ein Kapitalabbau der Holding- und Handelsgesellschaften die Bewegung verstärkte. Er hatte steuerliche Gründe. Unternehmungen mit internationalen Beteiligungen – vor allem Holdinggesellschaften mit Tochtergesellschaften in der EU – geniessen seit Anfang 1992 in den EU-Ländern gewichtige steuerliche Vorteile. Diese beeinträchtigen die Konkurrenzfähigkeit des Holdingstandortes Schweiz. Die Investitionen der ausländischen Finanz- und Holdinggesellschaften machen aber einen grossen Teil der ausländischen Direktinvestitionen aus. Wir sehen dies deutlich, wenn wir den ausländischen Kapitalbestand betrachten. Er betrug 1993 rund 54 Mrd. Franken. Der Löwenanteil – fast 89% – entfiel auf den Dienstleistungssektor. Die ausländischen Vermögensbestände in diesem Bereich konzentrieren sich auf Holdinggesellschaften, Banken und den Handel. Lediglich 11,4% des ausländischen Kapitals – oder gut 6 Mrd. Franken – entfallen auf den Industriesektor.

Die Kapitalimporte der ausländischen Finanz- und Holdinggesellschaften nahmen im letzten Jahr wieder stark zu. Sie machten mit 1,9 Mrd. Franken fast die Hälfte der gesamten ausländischen Direktinvestitionen aus. Diese Kapitalimporte weisen bei genauerer Betrachtung aber nicht auf eine Standortverbesserung hin. Es dürfte sich vielmehr vorwiegend um Mittel, die nur vorübergehend in der Schweiz thesauriert werden, handeln.

Massnahmen zur Verbesserung des Holdingstandortes bleiben deshalb dringlich. Die EU zog im Bereich des freien Kapitalverkehrs mit der Schweiz gleich. Sie bietet den internationalen Konzernen auf fiskalischem Gebiet – mit der Mutter-Tochter-Richtlinie und der Fusionsrichtlinie – handfeste Vorteile. Viele Holdinggesellschaften europäischer Herkunft blieben nur wegen der hohen Wegzugsteuern auf den Kapitalgewinnen in der Schweiz. Wir müssen, wollen wir ein konkurrenzfähiger Holdingstandort bleiben, steuerlich mit der EU gleichziehen.

4. Wie kann die Geldpolitik die Wettbewerbsfähigkeit der Wirtschaft unterstützen?

Was kann die Geldpolitik zur Wettbewerbsfähigkeit der Wirtschaft beitragen? Einzelne Vertreter der Exportindustrie – auch des Tourismus – haben die Antwort rasch zur Hand. Die Nationalbank soll für günstige, konkurrenzfähige Wechselkurse sorgen. Export- wie Binnenwirtschaft betonen gleichzeitig aber auch die Bedeutung einer hohen Preisstabilität und tiefer Zinssätze.

Lassen Sie es mich vorwegnehmen! Eine Notenbank kann diese drei Forderungen – gerade weil sie voneinander abhängig sind – nicht gleichzeitig erfüllen.

4.1 Tiefe Zinssätze – Standortvorteil der Schweiz

Die im internationalen Vergleich tiefen schweizerischen Zinssätze bilden einen der wichtigsten Wettbewerbsvorteile unseres Landes. Dies wird in der Wirtschaft anerkannt. Die tiefen Zinssätze ermöglichen es ihr, Investitionen zu günstigen Bedingungen zu tätigen. Sie begünstigen die Bildung von Humankapital sowie die Forschung und Entwicklung. Die niedrigen Zinssätze erleichterten in der Vergangenheit die strukturelle Anpassung der Wirtschaft. Unsere Exportindustrie investierte stets rasch in neue, zukunftsträchtige Bereiche und Produkte. Sie war bei Strukturanpassungen nicht zuletzt aus diesem Grund stets erfolgreich.

Die tiefen Zinssätze lassen sich zunächst auf zwei wirtschaftspolitische Faktoren zurückführen:

- auf die – jedenfalls bis vor kurzem – geringe staatliche Verschuldung sowie
- auf die seit langer Zeit auf das Ziel der Preisstabilität ausgerichtete Geldpolitik.

Beide Faktoren halten die Prämie für das Inflationsrisiko tief. Die konsequente Stabilitätspolitik bildet damit den wichtigsten Beitrag, den wir als Notenbank zur Erhaltung der Wettbewerbsfähigkeit der schweizerischen Wirtschaft zu leisten vermögen.

Die Ursachen des tiefen schweizerischen Zinsniveaus liegen jedoch nur zum Teil im monetären Bereich. Unsere hohe Spartätigkeit ist von nicht minder grosser Bedeutung. Die Sparquote übertrifft unsere ebenfalls hohe Investitionsquote erheblich. Die Schweiz weist in ihrer Ertragsbilanz deshalb seit Jahren hohe Überschüsse aus. Wir bauen damit im Ausland Vermögen auf. Unser Nettoauslandvermögen übertrifft das nominelle Bruttoinlandprodukt. In- und ausländische Anlagen sind – angesichts der politischen Risiken, der Wechselkursrisiken und der Schwierigkeit, Investitionen im Ausland zu beurteilen – allerdings keine vollkommenen Substitute. Die schweizerischen Anleger sind deshalb nur bereit, Auslandvermögen in ausländischer Währung zu halten, wenn sie damit einen höheren Ertrag, als sie ihn auf inländischen Anlagen erwarten dürfen, erzielen. Sie verlangen auf ihren Fremdwährungsanlagen im Ausland eine Risikoprämie.

4.2 Starker Schweizer Franken – Kehrseite hoher Ertragsbilanzüberschüsse und guter Produktivitätsfortschritte

Das tiefe Zinsniveau wird als Standortvorteil anerkannt. Die Stärke des Schweizer Frankens bereitet der Wirtschaft dagegen Kopfzerbrechen. Die tendenzielle Erstarkung des Schweizer Frankens, die wir seit Anfang der siebziger Jahre beobachten, – ich spreche vom Trend und nicht von den massiven Ausschlägen – ist indessen zu einem guten Teil die Kehrseite der enormen Überschüsse unserer Ertragsbilanz. Sie ist die Folge der hohen Spartätigkeit der Schweizer. Die gleichen Gründe, die zu unseren niedrigen Realzinsen führen, tragen auch zur realen Höherbewertung des Schweizer Frankens bei.

Viele Exporteure weisen darauf hin, dass ihnen nicht primär der langfristige Trend des realen Frankenkurses zu schaffen macht. Sie wurden mit dieser realen Aufwertung – in der Tat – insgesamt gut fertig. Die kurz- und mittelfristigen Ausschläge des Wechselkurses bereiten ihnen mehr Mühe. Diese Aufwertungsschübe lassen sich nur schwer auf die fundamentalen Zusammenhänge zwischen Sparen, Investieren und Ertragsbilanzüberschüssen – oder auf die Differenz der Entwicklung der Produktivität in der Schweiz und im Ausland – zurückführen. Sie haben ihren Grund darin, dass die Schweiz als «sicherer Hafen» für internationale Kapitalanlagen gilt. Wir suchten diese Rolle nicht. Sie fiel uns wegen der langen Tradition unserer wirtschaftlichen und politischen Stabilität zu. Es steht nicht in der Macht der Nationalbank, die Schweiz aus dieser Rolle zu befreien. Der Versuch wäre auch wenig sinnvoll. Er brächte unserer Wirtschaft mehr Nach- als Vorteile.

Die Aufwertungsschübe, mit denen die Schweiz sich immer wieder konfrontiert sieht, stellen unsere Exportindustrie jedoch vor harte Herausforderungen. Einige Exporteure wollen in ihnen sogar den Hauptgrund des beschleunigten Strukturwandels und der Verlagerungen von Betriebsstätten erkennen. Diese Verlagerungen hätten – behaupten sie recht unverblümt – ohne die Wechselkursturbulenzen nicht stattgefunden.

Die Exportkreise, die so argumentieren, schieben der Nationalbank den «Schwarzen Peter» zu. Sie suggerieren, die Produktionsverlagerungen hätten sich mit einer andern Geldpolitik vermeiden lassen. Diese Argumentation bringt uns kaum weiter. Entscheide, die Produktion zu verlagern, werden aus langfristiger Sicht getroffen. Sie dürften nur zu einem geringen Teil von kurz- und mittelfristigen Schwankungen des Wechselkurses abhängen.

Produktionsverlagerungen sind – wir sollten den Mut haben, dies klar zu sagen – unausweichlich. Die schweizerische Wirtschaft vermag sich den Veränderungen der relativen Standortvorteile, die die Globalisierung mit sich bringt, ebenso wenig wie andere nationale Wirtschaften zu entziehen. Oder lassen Sie es mich anders sagen: Standortnachteile der Schweiz – Standortnachteile wie das hohe Lohnniveau, das ein Spiegelbild unseres hohen Lebensstandards ist, –

sind durch keinen noch so günstigen Wechselkurs auszugleichen. Der Schweizer Franken lässt sich nicht auf ein Niveau, das die Kostenvorteile der Niedriglohnländer aufhebt, drücken. Unsere Wirtschaft hat realistischerweise nur einen Ausweg: die Konzentration auf wertschöpfungsintensive Produkte. Das heisst umgekehrt auch, dass sie wertschöpfungsarme Produktionsstufen ausgliedern muss.

4.3 Geldpolitische Rücksichtnahme auf den Wechselkurs

Die Geldpolitik hat auf die langfristig wirkenden, realen Bestimmungsgründe des Wechselkurses keinen bleibenden Einfluss. Ich bestreite damit aber nicht, dass die Nationalbank den realen Wechselkurs kurz- und mittelfristig zu beeinflussen vermag.

Die Nationalbank macht bei der Bekanntgabe ihrer geldpolitischen Absichten regelmässig den Vorbehalt, von ihrem Geldmengenziel abzuweichen, falls unerwartete, gravierende Ereignisse an den Finanzmärkten dies erfordern sollten. Sie tat dies – es ist wohl der bekannteste Fall – im Herbst 1978. Unsere Währung kletterte – innert kürzester Frist – auf ein Niveau, das der Exportwirtschaft schwersten Schaden zuzufügen drohte. Die Nationalbank ersetzte in dieser äusserst schwierigen Lage das Geldmengen- vorübergehend durch ein Wechselkursziel. Eine solche Ausrichtung der Geldpolitik auf die Entwicklung des Wechselkurses bringt der Exportwirtschaft kurzfristig Erleichterung. Sie birgt längerfristig aber eine erhebliche Inflationsgefahr in sich. Der Kurswechsel vom Herbst 1978 führte zu einer konjunkturellen Überhitzung. Sie mündete in einen starken Anstieg der Inflation. Die Notenbank machte 1986/1987, als sie erneut auf den Wechselkurs Rücksicht nahm, ähnliche Erfahrungen. Sie vermochte das Inflationspotential, das sie damit schuf, wegen des Börsenkrachs vom Herbst 1987 nicht rasch genug abzubauen. Die hohe Teuerung, die daraus resultierte, musste unter erheblichen sozialen und wirtschaftlichen Kosten bekämpft werden. Diese schmerzlichen Erfahrungen mahnen gegenüber der Forderung, auf den Wechselkurs Rücksicht zu nehmen, zur Vorsicht.

5. Folgerungen

Wir wollen die Wettbewerbsfähigkeit der Schweiz erhalten. Es genügt nicht, wenn wir dazu die Grundlagen, auf denen die Leistungsfähigkeit unserer Wirtschaft bisher beruhte, nur bewahren. Wir müssen sie ständig verbessern. Die hohe Investitions- und Spartätigkeit, die gute Ausbildung, die rege Innovationstätigkeit und die lange Tradition des freien Handels sind unsere Stärken. Sie werden es uns auch künftig erlauben, unseren Wohlstand zu erhöhen. Die schweizerische Wirtschaftspolitik muss sich vor allem auf vier Punkte konzentrieren:

- Bund, Kantone und Gemeinden haben sich – erstens – um ein ausgeglichenes Budget und um die Begrenzung des Anteils der öffentlichen Ausgaben am Sozialprodukt zu bemühen. Sie schaffen mit dieser Restriktion die Gewissheit, dass der Staat nicht einen wachsenden Anteil produktiver Ressourcen zum Nachteil der privaten Wirtschaft absorbiert.
- Wir kommen, wenn wir den Anteil des Staates begrenzen wollen, – zweitens – nicht darum herum, klare Prioritäten zu setzen. Dies erfordert einen Konsens darüber, wo der Staat sich hauptsächlich engagieren soll. Er muss seine begrenzten finanziellen Mittel vor allem dort, wo sie helfen, die Wachstumsgrundlagen der Wirtschaft zu verbessern, einsetzen. Der Faktor der Ausbildung – die Bildung von Humankapital – ist eine besonders wichtige Voraussetzung des Wirtschaftswachstums. Es wäre unklug, in diesem Bereich zu sparen.
- Der Wettbewerb in der Binnenwirtschaft muss – drittens – gefördert werden. Das revidierte Kartellgesetz und das neue Binnenmarktgesetz geben richtige Anstösse. Sie genügen aber nicht. Wir haben auf diesem Weg weiterzugehen. Überholte Regulierungen und Vorschriften sind abzubauen.
- Die Schweizerische Nationalbank dient – viertens – der Wirtschaft am besten, wenn sie eine langfristige, auf die Erhaltung der Preisstabilität ausgerichtete Geldpolitik verfolgt. Sie schafft damit eine wichtige Voraussetzung, dass die Zinssätze tief bleiben.

Die Globalisierung der Finanzmärkte – Herausforderung auch für die Geldpolitik?

Jeder spricht heute über die Globalisierung. Was sie aber bedeutet, erzählt uns die folgende, zweitausend Jahre alte Geschichte. Rom stieg nach dem ersten punischen Krieg – im 3. und 2. Jahrhundert vor Christi Geburt – zur Seemacht auf. Dies zeitigte auch grosse wirtschaftliche Auswirkungen. Der grenzüberschreitende Handel profitierte von dramatisch sinkenden Transportkosten. Die Campania wurde zum Weltzentrum der Keramikindustrie. Sie verstand es nämlich, die Produktionskosten durch Standardisierung stark herabzusetzen. Die Keramikproduzenten Nordafrikas vermochten der neuen Konkurrenz – der Kombination von tiefen Produktions- und Transportkosten – nichts entgegenzusetzen und gingen unter.

Diese Reminiszenz macht zwei wichtige Merkmale der Globalisierung deutlich:

- Die Globalisierung ist – erstens – zwar ein altes Phänomen. Sie kennt aber – beispielsweise als Folge politischer Entwicklungen – Phasen einer sehr starken Beschleunigung.
- Die Globalisierung produziert – zweitens – stets Gewinner und Verlierer, Sieger und Opfer. Die Gewinner sind die Produzenten, die sich dank günstigerer Kostenstruktur durchsetzen, und die Konsumenten, die sich über billigere Produkte freuen. Die Verlierer sind die untergehenden Produzenten und die Arbeitskräfte, die sie beschäftigen. Der Prozess der Anpassung, der mit der Globalisierung einhergeht, führt deshalb stets zu harten Verteilungskämpfen. Die gesellschaftspolitische Sprengkraft der Globalisierung liegt in diesen Verteilungskämpfen.

1. Beschleunigte Globalisierung – Gründe und Merkmale

Die Globalisierung befindet sich gegenwärtig in einer Phase beschleunigter Dynamik. Die Identitätsprobleme, die uns Schweizer zur Zeit quälen, die Verhärtung des politischen Klimas und die Verschärfung der Auseinandersetzungen unter den Sozialpartnern widerspiegeln die Tiefe des Schocks. Wir übersehen oft, dass alle alten Industrieländer mit den gleichen Schwierigkeiten ringen. Welche Faktoren verursachten diese Beschleunigung der Globalisierung? Fünf erscheinen mir als entscheidend:

- Die staatlichen Schranken für den Güterhandel wurden – ein erster Faktor – radikaler als je abgebaut. Die Schaffung regionaler Binnenmärkte – die Europäische Union (EU) und die NAFTA – war nur ein Beginn. Die neue Welthandelsorganisation WTO – die Nachfolgerin des GATT – geht weiter: Sie liberalisiert den Handel von Gütern und Dienstleistungen zwischen den alten Industrie- und den jungen Schwellen- und Entwicklungsländern. Neue, aufstrebende Wirtschaftsräume werden in die Weltwirtschaft integriert. Heute trifft uns die harte Konkurrenz der sogenannten asiatischen Tiger. Die bevölkerungsreichsten Länder Asiens sind aber bereits auf dem Sprung, sich morgen die weltwirtschaftliche Rolle, die ihrer Grösse entspricht, zu erobern. China pocht energisch an das Tor der WTO. Lateinamerika versucht es den Asiaten gleichzutun. Die alten, müde gewordenen Industriestaaten im westlichen Europa sehen sich auch mit der – durch den Zusammenbruch des Kommunismus bewirkten – Öffnung leistungsstarker Wirtschaftsräume in der Mitte und im Osten Europas konfrontiert. Der weltweite Wegfall der Handelsschranken verändert die komparativen Vorteile.
- Die Kosten der Gütertransporte werden – ein zweiter Faktor – laufend billiger. Der Preis fossiler Treibstoffe war real noch nie so tief wie heute. Der Schutz, der von der räumlichen Distanz ausgeht, verliert seine Bedeutung.
- Der technische Fortschritt erlaubte es – ein dritter Faktor – weite-

ste Räume durch leistungsfähige Übertragungstechniken zu vernetzen. Dies ist eine neue Form der Verminderung des Distanzschutzes. Sie trifft erstmals auch den Dienstleistungssektor voll. Der Bankensektor – bis vor kurzem noch ein letzter grosser Nutzniesser des Distanzschutzes – steht vor der weltweiten Vernetzung der Börsen. Informationen in unfassbarer Fülle werden mit noch nie gekannter Geschwindigkeit – und fast kostenlos – global verteilt. Grenzüberschreitende Zahlungen und der internationale Handel mit Wertschriften lassen sich innerhalb von Sekunden abwickeln.

- Die Globalisierung der Finanzmärkte, die durch die moderne Technologie ermöglicht wurde, erfuhr – ein vierter Faktor – durch die umfassende Beseitigung rechtlicher Kapitalverkehrshindernisse eine weitere starke Beschleunigung. Finanzinnovationen begünstigten das internationale Zusammenwachsen der Märkte. Die derivativen Instrumente, die Preisrisiken abzusichern helfen, sind dafür ein Beispiel.
- Der aktuelle Globalisierungsschub trifft – erstmals – Güter- und Finanzmärkte gleichzeitig und gleich stark. Die Globalisierung wird dadurch – ein fünfter Faktor – gegenseitig verstärkt. Die Intensivierung des grenzüberschreitenden Handels belebt die Nachfrage nach international ausgewogenen Anlagen. Die international handelbaren Finanzdienstleistungen erleichtern den weltweiten Handel mit Gütern.

2. Chancen und Kosten der Globalisierung

Die Herausforderung der Globalisierung bietet vorerst Chancen. Mehr Handel bedeutet mehr Wohlstand für alle. Die Schweiz hat eine besonders gute Ausgangslage, um unter den Gewinnern zu sein. Wir sind arm an natürlichen Rohstoffen, aber reich an sachverständigen, leistungswilligen und hoch motivierten Menschen. Wir verdanken diesem Umstand schon heute unsern Wohlstand. Die weltweite Liberalisierung erlaubt es uns, neue Märkte zu erschliessen. Wir vermögen unsere Exportgüter rund um den Globus zu verkaufen. Dies ist für uns von überragender Bedeutung. Wir exportieren einen grossen Teil unseres Bruttosozialproduktes. Unsere Exportindustrie könnte in einem protektionistischen Umfeld überhaupt nicht gedeihen. Ähnliches gilt für die Liberalisierung der Finanzmärkte. Sie bedeutet mehr Wettbewerb. Wettbewerb steigert die Effizienz der Banken und der weiteren Finanzinstitute.

Die Globalisierung erfordert allerdings die Bereitschaft zum Strukturwandel: die Bereitschaft zur Anpassung. Die alten Industrieländer – auch die Schweiz – sehen sich diesem Druck besonders stark ausgesetzt. Nur wer in der Lage ist, die Chancen, die sich neu eröffnen, zu nutzen, wird Erfolg haben. Und nur wer fähig ist – dies ist ebenso wichtig –, die Aktivitäten, die unrentabel werden, rasch aufzugeben, vermag von der Globalisierung zu profitieren. Unsere Wirtschaft muss sich auf die Herstellung jener Produkte, bei der sie noch einen Standortvorteil aufweist, konzentrieren. Dies bedeutet im Klartext: Viele Güter, die heute noch in der Schweiz hergestellt werden, werden morgen anderswo produziert. Das Thema der Auslagerung der Produktion wird bei uns noch an Brisanz gewinnen. Unsere Industrie muss tendenziell Produkte, die eine vergleichsweise geringe Wertschöpfung aufweisen, in Gebiete mit niedrigen Lohnkosten verlagern. Sie reduziert damit die Fertigungstiefe in der Schweiz.

Der Zwang zur Anpassung trifft aber nicht nur die Exportindustrie. Der ganze internationale Sektor unserer Wirtschaft wird erfasst. Alle Unternehmungen, die gegen ausländische Anbieter im Konkurrenzkampf bestehen müssen, unterliegen ihm: die inlandorientierten Industrien, die mit Importprodukten konkurrieren, der Tourismus sowie das Bank- und Versicherungsgeschäft. Der Prozess der Desindustrialisierung, der mit der Anpassung Hand in Hand geht, wurde bis anhin durch den Ausbau des Dienstleistungssektors abgefedert. Dienstleistungsbetriebe – nicht zuletzt die Banken – nahmen die von der Industrie freigesetzten Arbeitskräfte auf. Die Verlagerung vom Industrie- zum Dienstleistungssektor wird künftig nicht gleich reibungslos verlaufen. Die Globalisierung macht vor den Dienstleistungen nicht mehr halt. Im Gegenteil: Die internationale Konkurrenz verstärkt sich vor allem in diesem Sektor. Finanz- und Bankdienstleistungen lassen sich heute weltweit dort, wo sie am kostengünstigsten angeboten werden, beziehen.

3. Wachsender Druck der Opfer der Globalisierung auf Staat und Notenbank

Die Vertreter des internationalen Sektors unserer Wirtschaft – vor allem die Opfer der Globalisierung – versuchen den Druck, der auf ihnen lastet, auf die Gemeinschaft zu überwälzen. Der Staat soll den Anpassungsprozess durch seine Hilfe mildern. Der Ruf nach dem Segen staatlicher Subventionen verhallt allerdings dort, wo die Politiker die Staatskasse in den guten Zeiten mutwillig plünderten, erfolglos. Dies richtet die Scheinwerfer vermehrt auf die Notenbank.

Der verschärfte internationale Wettbewerb setzt die Gewinnmargen weiter Teile unserer Wirtschaft unter erheblichen Druck. Dies ist eine unausweichliche Folge des Strukturwandels. Sie ist auch erwünscht. Die Notenbanken sehen sich trotzdem immer wieder mit der Forderung konfrontiert, dieser Margenerosion entgegenzuwirken.

Diese Forderung wird in der Schweiz meistens wie folgt konkretisiert: Die Schweizerische Nationalbank soll ihre Geldpolitik, da die Teuerung ohnehin als besiegt erscheint, vermehrt auf das Ziel, den Aussenwert des Schweizer Frankens abzuschwächen, ausrichten. Die Exporteure, die so argumentieren, hoffen, ihre Exportgüter im Ausland verbilligen und ihre Gewinnmargen sichern zu können. Die Forderung ist aus drei Gründen problematisch:

- Die Geldpolitik ist – erstens – ein grobes Instrument. Sie erlaubt es nicht, Regionalpolitik oder gar Branchenförderung zu betreiben. Die Ausrichtung der Geldpolitik auf die Interessen einer einzelnen Region oder einer bestimmten Branche wäre aber auch problematisch. Die Nationalbank muss ihre Entscheidungen auf das Gesamtwohl ausrichten. Die Stärke des Schweizer Frankens schafft einzelnen Teilen unserer Gesellschaft unbestrittenerweise beachtliche Nachteile. Sie bringt umgekehrt weiten Bereichen aber auch Vorteile. Ich denke an die Importeure, an die Konsumenten, aber auch an die für den inländischen Markt arbeitenden Produktionsbetriebe, die in den Genuss preisgünstiger Lieferungen aus dem Ausland kommen.

- Wirtschaftsvertreter und Politiker, die sich gegenüber der Notenbank mit der Forderung nach stabilen Wechselkursen stark machen, sind – zweitens – nur vordergründig auf der rechten Spur. Die Nationalbank könnte zwar versuchen, den nominellen Wechselkurs zu beeinflussen. Sie vermag aber den realen Wechselkurs nicht zu bestimmen. Der reale – der um die Inflationsdifferenz korrigierte nominelle Wechselkurs – ist im harten internationalen Konkurrenzkampf entscheidend. Er allein zeigt das reale Austauschverhältnis zwischen den Volkswirtschaften an. Der englische Sprachraum kennt dafür den Begriff der «terms of trade». Er bringt zum Ausdruck, dass dieses Austauschverhältnis – zumindest längerfristig – nicht von monetären, sondern von realen Faktoren bestimmt wird.
- Eine Stabilisierung des nominellen Wechselkurses wäre – drittens – mit erheblichen Risiken verbunden. Sie würde konkret bedeuten, dass wir unsere Geldpolitik an jene eines andern Landes koppeln. Deutschland würde sich in erster Linie als Zielland anbieten. Was würde aber eine Ankoppelung an die D-Mark heissen? Wir hätten immer dann, wenn die Deutsche Bundesbank restriktiv ist, einen gleich harten Kurs einzuschlagen. Wir müssten umgekehrt, sobald die Bundesbank auf einen expansiven Kurs einschwenkt, unsere Politik lockern. Wir hätten – anders gesagt – auf unsere geldpolitische Autonomie zu verzichten. Dies hätte letztlich die Aufgabe des Ziels der Preisstabilität zur Konsequenz. Die Deutsche Bundesbank betreibt zwar ebenfalls eine stabilitätsorientierte Geldpolitik. Sie ist ähnlich erfolgreich wie die Nationalbank. Ein fester D-Mark-Kurs ist für die schweizerische Geldpolitik – wie uns die Erfahrung lehrte – trotzdem nicht in jeder Situation eine gute Richtschnur. Der Schweizer Franken setzte in den späten

siebziger Jahren gegenüber allen andern Währungen – auch gegenüber der D-Mark – zu einem ungewöhnlichen Höhenflug an. Die Nationalbank versuchte, der von der extremen Aufwertung ernstlich bedrohten Exportindustrie zu helfen. Sie ging im Herbst 1978 dazu über, den nominellen Wechselkurs gegenüber der D-Mark zu stabilisieren. Sie musste das Geldangebot überaus stark erhöhen, um schliesslich eine Abschwächung des Aussenwertes des Schweizer Frankens zu erreichen. Die negativen Folgen zeigten sich rasch. Die Inflationsrate schnellte von unter einem Prozent auf über sieben Prozent empor. Die inländischen Produktionskosten erhöhten sich im selben Ausmass. Die kurzfristige Verbesserung der Wettbewerbsfähigkeit wurde mittelfristig durch den Anstieg der Produktionskosten zunichte gemacht. Die kurzfristigen Vorteile verpufften rasch. Die Kosten der Inflation wie die Kosten von deren Bekämpfung waren hoch. Wir bezahlten sie mit einer starken Rezession und mit einem hohen Verlust an Arbeitsplätzen.

4. Der Beitrag der Geldpolitik zur Unterstützung des Anpassungsprozesses

Diese Überlegungen führen zu einer weiteren Frage: Vermag die Notenbank einen Beitrag, der die Chancen der Wirtschaft im verschärften internationalen Wettbewerb verbessert, zu leisten? Oder noch konkreter: Können wir in einem so kleinen und weltoffenen Land, wie die Schweiz es darstellt, überhaupt noch eine eigenständige, nationale Geldpolitik betreiben? Ich sage ohne Zögern: Wir können. Ich gehe sogar noch einen Schritt weiter: Die Schweiz muss – jedenfalls solange, als sie sich nicht der EU anschliesst und damit automatisch Mitglied einer allfälligen Währungsunion wird, – eine eigenständige Geldpolitik betreiben. Unser Land ist zwar mannigfachen ausländischen Einflüssen ausgesetzt. Auch die Schweizerische Nationalbank kann sich diesen Einflüssen nicht entziehen. Unsere wirtschaftliche Situation hängt wesentlich vom Konjunkturverlauf im Ausland ab.

Die Nachfrage nach Schweizer Franken wird nicht nur durch die Entwicklung im Inland bestimmt. Sie wird auch durch das Geschehen im Ausland beeinflusst. Unsicherheiten über die Geldpolitik im europäischen Umfeld führen erfahrungsgemäss zu einer steigenden Attraktivität des Schweizer Frankens. Die Ängste, die sich in den europäischen Hartwährungsländern im Vorfeld der Europäischen Währungsunion breit machen, lassen uns dies aktuell erfahren.

Wir sind, auch wenn wir diese Grössen nicht zu beeinflussen vermögen, in der Lage, eine weitgehend eigenständige, nationale Geldpolitik zu führen. Sie bringt uns im Globalisierungsprozess mehrere Vorteile. Ich will auf drei kurz eingehen:

4.1 Tiefe Teuerung

Unsere durchschnittliche Inflationsrate beträgt – erstens – für die letzten zwanzig Jahre rund 3% pro Jahr. Wir liegen damit an der Spitze der Industrieländer. Lediglich Deutschland und Japan weisen ein vergleichbar gutes Resultat aus. Die tiefe Inflation bedeutet auch tiefere Produktionskosten. Die Wettbewerbskraft unserer Wirtschaft im internationalen Konkurrenzkampf wird dadurch gestärkt. Unstabile Preise bedeuten dagegen Unsicherheit: Unsicherheit – nicht zuletzt – über die Kosten und über den Nutzen wirtschaftlicher Aktivitäten. Dies vermindert die Investitionsbereitschaft. Ein schwächeres wirtschaftliches Wachstum ist die Folge solcher Unabwägbarkeiten.

4.2 Ein tiefes Zinsniveau

Das Niveau der Zinssätze liegt in der Schweiz als Folge der tiefen Inflation und der damit verbundenen, hohen Glaubwürdigkeit der Schweizerischen Nationalbank – zweitens – deutlich unter jenem aller andern europäischen Staaten. Es ist in der Regel sogar bis zu zwei Prozentpunkte tiefer als in Deutschland. Unsere Industrie profitiert – im internationalen Vergleich – damit von günstigen Refinanzierungskosten. Sie ermöglichen es ihr, ihre Produktivität – und damit ihre Konkurrenzfähigkeit auf den Weltmärkten – durch verstärkte Investitionen in Kapitalgüter zu steigern.

4.3 Möglichkeit, sich von der konjunkturellen Entwicklung des Auslands abzukoppeln

Die Eigenständigkeit der schweizerischen Geldpolitik erlaubt es uns – drittens –, uns von der konjunkturellen Entwicklung im Ausland mindestens teilweise abzukoppeln. Dies erwies sich in den letzten Jahren – einmal mehr – als Vorteil. Die Deutsche Bundesbank musste zu Beginn der neunziger Jahre eine restriktive Geldpolitik verfolgen. Sie konnte den Inflationsdruck, der durch den Wiedervereinigungs-Boom ausgelöst worden war, nur auf diese Weise abbauen. Die Teilnehmer am Wechselkursmechanismus des Europäischen Währungssystems (EWS) sahen sich dadurch gezwungen, ebenfalls eine strikte Geldpolitik zu führen. Sie vermochten die Paritäten ihrer Währungen zur D-Mark nur so zu verteidigen. Viele EWS-Staaten befanden sich im Gegensatz zu Deutschland jedoch – bei in der Regel sehr tiefer Inflationsrate – in einer Rezession. Der Zwang zur Weiterführung einer sehr restriktiven Geldpolitik, der von der Wechselkursbindung ausging, verschärfte ihre ungünstige konjunkturelle Situation. Die Schweizerische Nationalbank war dagegen in der Lage, ihre Geldpolitik früher als andere europäische Notenbanken zu lockern und damit die konjunkturelle Erholung zu unterstützen. Sie war nicht in das Korsett des Wechselkursmechanismus des EWS eingebunden. Die Erfolge, die sie in den letzten zwanzig Jahren in der Inflationsbekämpfung zu erringen vermochte, verliehen ihr überdies ein hohes Mass an Glaubwürdigkeit.

4.4 Unabhängige Geldpolitik als «strategische Erfolgsposition»

Ich möchte – unter Zuhilfenahme eines Modewortes aus der betriebswirtschaftlichen Praxis – unsere Möglichkeit, eine weitgehend unabhängige Geldpolitik zu verfolgen, aus den geschilderten Erfahrungen als «strategische Erfolgsposition» bezeichnen. Ich muss aber sehr deutlich unterstreichen. Diese «strategische Erfolgsposition» fiel uns nicht in den Schoss. Sie ist das Resultat einer Geldpolitik, die seit Jahrzehnten unbeirrt auf das Ziel der Preisstabilität ausgerichtet ist. Dies ist ein Argument mehr, das gegen Abenteuer in der Geldpolitik spricht. Die Nationalbank muss mit der errungenen Glaubwürdigkeit sehr vorsichtig umgehen. Sie ist leichter verspielt als gewonnen. Geldpolitische Fehler führen dazu, dass eine Notenbank ihre Autonomie sehr rasch verliert oder doch stark eingeschränkt sieht.

5. Verschiebungen der Geldnachfrage – Erschwerte Geldmengenpolitik

Die Globalisierung – der mit ihr verbundene Anpassungszwang – setzt die Notenbanken vermehrten Pressionen aus. Sie kann ihnen die Geldpolitik aber auch unmittelbar erschweren. Diese Erschwernisse treffen vor allem die Notenbanken, die wie die Schweizerische Nationalbank oder die Deutsche Bundesbank – und künftig vielleicht auch die Europäische Zentralbank – die Strategie der Geldmengenpolitik verfolgen.

- Findige Unternehmer entwickeln unter dem Druck der Globalisierung – erstens – stets neue Finanzierungsformen. Die Verbreitung des bargeldlosen Zahlungsverkehrs und der Ausbau der Derivate sind zwei Beispiele. Diese Innovationen verursachen oft Verschiebungen der Geldnachfrage. Die Geldmengenpolitik wird durch solche unerwartete Instabilitäten erschwert. Die Währungsbehörden müssen ihr Geldangebot nämlich an derartige Verschiebungen anpassen, ohne die Veränderung der Geldnachfrage direkt messen zu können.
- Die fortschreitende Globalisierung und die dadurch provozierten Finanzinnovationen veranlassen – zweitens – die für die Regulierung und die Überwachung der Banken und Börsen zuständigen Behörden vieler Länder, ihre Finanzmärkte verstärkt zu liberalisieren. Die Behörden versuchen – einerseits –, bessere Vorausset-

zungen zu schaffen, um im Wettbewerb um geeignete Standorte für Finanzdienstleistungen erfolgreich zu bestehen. Sie mussten – andererseits – erkennen, dass eine Menge von Regulierungen und von Restriktionen wenig effizient war und lediglich die Kosten der Finanzdienstleistungen erhöhte. Diese Deregulierungen öffnen die Finanzmärkte noch weiter. Dies führt – in einer Art der Rückkoppelung – zu weiteren Liberalisierungen. Auch solche Änderungen des regulatorischen Umfeldes können die Geldnachfrage beeinflussen. Die Notenbanken müssen deshalb die Deregulierung der Finanzmärkte aufmerksam verfolgen und sich ihr gegebenenfalls anpassen.

Die angelsächsischen Länder erfuhren die Problematik, die mit diesen beiden Phänomenen einhergeht, besonders ausgeprägt. Ihre geldpolitischen Behörden sahen sich zur Aufgabe der Geldmengenziele gezwungen. Die Schweizerische Nationalbank war in der Vergangenheit mit ähnlichen – zum Glück aber weit weniger gravierenden – Schwierigkeiten konfrontiert. Finanzmarktinnovationen – die Einführung eines effizienteren Interbank-Clearings – sowie aufsichtsrechtliche Deregulierungen – die Herabsetzung der Mindestanforderung an die Kassenliquidität – führten ab 1988 zu einem unerwartet starken Rückgang der Nachfrage nach Notenbankgeld. Der Schweizer Franken verlor parallel dazu – überraschenderweise – an Aussenwert. Das Ziel der Geldwertstabilität war in Frage gestellt. Die Nationalbank sah sich durch diese Konstellation gezwungen, das Wachstum der Geldmenge stärker, als sie dies ursprünglich angekündigt hatte, zu beschränken. In der Folge ging sie dazu über, nicht mehr Jahresziele für die Ausweitung der Geldmenge festzulegen. Sie strebt heute stattdessen eine mittelfristig stabile Entwicklung der Notenbankgeldmenge an. Diese Strategie erlaubt es ihr, kurzfristig auftretende Verschiebungen der Geldnachfrage, die durch Finanzinnovationen oder Deregulierungen ausgelöst werden, aufzufangen. Die Geldmengenaggregate – auch der Hauptindikator der Schweizerischen Geldpolitik: die Notenbankgeldmenge – entwickeln sich heute alles in allem wieder auf einigermassen voraussagbare und stabile Art und Weise. Das geschilderte Beispiel zeigt aber, dass wir vor Überraschungen nicht gefeit sind. Innovationen an den Finanzmärkten oder im Zahlungsverkehr können die stabilen Zusammenhänge, die für die Geldpolitik von so grosser Bedeutung sind, eines Tages in Frage stellen. Die Nationalbank muss deshalb bei der Umsetzung ihrer Geldpolitik die Problematik der zunehmenden Globalisierung der Finanzmärkte – die Problematik der damit zusammenhängenden Finanzinnovationen und Liberalisierungen – stets im Auge behalten.

6. Der Wettbewerb der Systeme – ein Verbündeter stabilitätsorientierter Notenbanken

Globalisierung heisst mehr Wettbewerb. Sie macht der Wirtschaft wie den Notenbanken das Leben schwerer. Beide – Wirtschaft und Währungshüter – müssen die Globalisierung trotzdem bejahen. Sie kennt zwar stets Gewinner und Verlierer. Die Gesellschaft als Ganzes profitiert.

Die Globalisierung verstärkt nicht nur die Konkurrenz unter den Produzenten von Gütern und Dienstleistungen. Sie fördert auch den Wettbewerb unter den Regelsystemen. Sie schwächt die Monopolstellung, über die der Staat als Regelsetzer – als Gesetzgeber – verfügt. Auch die Staaten – die Regulierer – stehen untereinander im Wettbewerb: im Wettbewerb um mobile Produktionsfaktoren: im Wettbewerb um Kapital, Know-How und Arbeitskräfte. Diese Faktoren verlassen ein Land, wenn die Bedingungen in einem anderen Staat – unter einer anderen Jurisdiktion – für sie vorteilhafter sind. Ein Land, das die Produktionsfaktoren behalten – oder zurückerobern – will, sieht sich gezwungen, seine Gesetze und Vorschriften zu verbessern. Schlechte Gesetze und schlechte Vorschriften werden durch den Wettbewerb der Systeme deshalb gleich ausgesiebt wie schlechte Produkte oder veraltete Produktionsverfahren durch den Wettbewerb der Produzenten verdrängt werden.

Die Notenbanken sind von diesem Wettbewerb der Systeme ebenfalls betroffen. Die Globalisierung der Finanzmärkte verringert die Toleranz gegenüber geldpolitischen Fehlern. Der Verdacht, eine Notenbank vermöge ihre Politik nicht aufrechtzuerhalten oder schaffe damit wirtschaftliche Probleme, genügt, um deren Handlungsspielraum einzuschränken. Die Globalisierung setzt damit die Notenbanken unter erheblichen Wettbewerbsdruck. Sie zwingt sie, in ihrer Geldpolitik besser zu werden und sich konsequent auf deren vorrangiges Ziel – auf das Ziel der Preisstabilität – auszurichten. Nur die Notenbanken, die eine glaubhafte, stabilitätsorientierte Politik verfolgen, vermögen sich unter dem System konkurrierender Finanzmärkte ein gewisses Mass an Unabhängigkeit zu bewahren. Die Globalisierung trägt dazu bei, dass der Primat der Preisstabilität weitere Verbreitung findet. Je mehr Notenbanken unter diesem Druck ihr eigenes Haus in Ordnung halten, desto geringer wird aber die Gefahr von Wechselkursturbulenzen mit all ihren negativen Auswirkungen auf die reale Wirtschaft.

Notenbankpolitik – Wirtschaftspolitik – Staatspolitik

Die unabhängige Notenbank – vierte Gewalt im Staate?

1. Die Autonomie der Notenbanken – ein Politikum ersten Ranges

Soll die Notenbank von der Regierung unabhängig sein oder nicht? Der Vertrag von Maastricht lässt diese Frage immer wieder in die Schlagzeilen der Medien geraten. Er schreibt den EU-Mitglied-Staaten, die sich an der geplanten Europäischen Währungsunion beteiligen wollen, vor, ihre Notenbanken in die Autonomie zu entlassen. Die Europäische Zentralbank soll von den Behörden der EU und ihrer Mitglieder unabhähgig sein. Die Zweckmässigkeit der Autonomie der Notenbank erscheint als unbestritten. Kräfte, die – in Europa wie in den Vereinigten Staaten – die Notenbank wieder stärker an die Regierung zu binden versuchen, melden sich trotzdem immer wieder. Was steht hinter diesen Stimmen? Zwei Überlegungen lassen sich ausmachen:

- Die Stimmen, die gegen die Autonomie der Notenbanken laut werden, erklären sich – erstens – aus dem Erfolg, den die Notenbanken in den letzten Jahren mit ihrer Geldpolitik erzielten. Dies erscheint als paradox. Aber nur auf den ersten Blick! Die Politik ist unter dem Eindruck, dass die Inflation stark eingedämmt werden konnte, einmal mehr vom Wunsche getrieben, die Geldpolitik für andere Zwecke – etwa zur Stimulierung des Wirtschaftswachstums und zur Bekämpfung der Arbeitslosigkeit – einzusetzen. Die Autonomie der Notenbank steht solchen Bestrebungen störend im Wege.
- Die wirtschaftspolitische Zusammenarbeit der grossen Industrieländer birgt – zweitens – ein zusätzliches Konfliktpotential zwischen Regierung und Notenbank in sich. Die Geld- und Währungspolitik steht bei wirtschaftspolitischen Verhandlungen

zunehmend zur Debatte. Sie ist jedoch nur dann eine wirksame Verhandlungswaffe, wenn die Notenbanken sich leicht in die Strategie der Regierungen einbinden lassen. Dies ist bei autonomen Notenbanken nicht der Fall. Es ist nicht zufällig, dass die Diskussion um die Autonomie der Notenbank sich in der Bundesrepublik Deutschland an der Bildung des deutsch-französischen Wirtschaftsrates, der die Wirtschaftspolitik der beiden Länder aufeinander abstimmen soll, entzündete. Unabhängige Notenbanken weisen auf die Vorteile hin, die der Gesellschaft aus ihrer autonomen Stellung – aus ihrer Unabhängigkeit von der Regierung – erwachsen. Dies gilt auch für die Schweizerische Nationalbank. Die Nationalbank geniesst – ähnlich wie die Deutsche Bundesbank und das amerikanische Noteninstitut – ein hohes Mass an Unabhängigkeit. Wie lässt sich diese Unabhängigkeit legitimieren? Handelt es sich um eine kluge Einrichtung? Oder ist die Unabhängigkeit letztlich eine Fiktion, die die Notenbank am Leben erhält, vor allem weil sie davon profitiert?

2. Die Schweizerische Nationalbank zwischen Unabhängigkeit und Bindung

Der amerikanische Schatzsekretär Baker bemerkte einmal vor dem Kongress, die Notenbank sei zwar ein autonomer Partner der Regierung, nicht aber eine völlig freischwebende Instanz.

Wer unsere Bundesverfassung oder das Nationalbankgesetz durchsieht, käme kaum auf die Idee, die Schweizerische Nationalbank als freischwebende Instanz zu bezeichnen. Er würde in diesen Bestimmungen nämlich vergeblich nach den Begriffen «Unabhängigkeit» oder «Autonomie» suchen. Der erste Artikel des Notenbankgesetzes hält stattdessen fest, dass der Bund die Ausgabe von Banknoten an eine zentrale Notenbank überträgt, die unter seiner Mitwirkung und Aufsicht verwaltet wird.

Diese Mitwirkung und Aufsicht – und damit auch die demokratische Kontrolle der Nationalbank – äussert sich in drei Richtungen:

- Der Bundesrat hat im personellen Bereich einen dominierenden Einfluss. Er ernennt die drei Mitglieder des Direktoriums, aber auch deren Stellvertreter sowie die Direktoren der Zweiganstalten. Die Regierung wählt überdies 25 der 40 Mitglieder des Bankrates.
- Der Bundesrat genehmigt ferner im Geschäftsbereich der Nationalbank die Jahresrechnung und den Geschäftsbericht. Er kontrolliert über den mehrheitlich von ihm gewählten Bankrat – die oberste Aufsichtsbehörde der Nationalbank – in indirekter Form Geschäftsgang und Geschäftsführung der Nationalbank.
- Das Parlament schliesslich befindet in festen Abständen – alle 20 Jahre – über die Erneuerung des Notenmonopols der Nationalbank.

Die Nationalbank geniesst trotz dieser weitreichenden Kompetenzen des Bundes ein hohes Mass an Autonomie.

- Das Nationalbankgesetz überträgt ihr – erstens – klar die Verantwortung für die schweizerische Geld- und Währungspolitik. Das Direktorium trägt diese Verantwortung allein. Der Bundesrat besitzt kein Weisungsrecht. Er nimmt auch nicht an Sitzungen des Direktoriums teil. Dessen Beschlüsse bedürfen seiner Zustimmung nicht.
- Das Nationalbankgesetz stellt dem Noteninstitut – zweitens – auch die zur Bewältigung seiner Aufgabe notwendigen Instrumente zur Verfügung. Es schafft damit die entscheidende Voraussetzung dafür, dass die Autonomie auch tatsächlich ausgefüllt werden kann.

Bund und Nationalbank – Bundesrat und Direktorium – sind gemäss Nationalbankgesetz dagegen verpflichtet, sich bei wichtigen Entscheidungen zu informieren, um ihre Politik aufeinander abstimmen zu können. Konfliktsituationen sind denkbar. Der Bundesrat wäre im Falle eines ernsten Konfliktes – theoretisch – am längeren Hebel. Er könnte auf die Leitung der Nationalbank Druck ausüben. Dies wäre allerdings – ausser bei groben Pflichtverletzungen – kaum ein taugliches Mittel, um eine Differenz zu lösen. Anhaltende Meinungsunterschiede zwischen den beiden Institutionen könnten nämlich leicht zu einer echten politischen Krise führen. Eine solche Krise würde sowohl die Regierung wie die Nationalbank schwächen. Beide können dieses Risiko nicht eingehen. Sie müssen einvernehmliche Lösungen finden.

Das Verhältnis zwischen Nationalbank und Bundesbehörden ist – so möchte ich das Fazit aus meinen rechtlichen und politischen Überlegungen ziehen – gleichermassen von Bindung und Autonomie geprägt. Die Nationalbank ist in ihrem eigentlichen Aufgabenbereich – in der Geld- und Währungspolitik – jedoch in hohem Masse unabhängig. Wie lässt sich diese Stellung legitimieren?

3. Unabhängigkeit der Notenbank – Schutz vor nicht stabilitätsgerechter Geldpolitik

Das Geldwesen liegt in allen Ländern in der Hand des Staates. Dieser delegiert es in der Regel an eine Notenbank. Die Vorteile eines zentralisierten Geldwesens liegen auf der Hand. Einheitliche Banknoten und die Gewährleistung der Umtauschbarkeit der verschiedenen Geldsorten sind wesentliche Elemente eines effizienten Zahlungssystems. Eine zentrale Notenbank ermöglicht die reibungslose Versorgung der Geschäftsbanken mit Bargeld. Sie schützt durch ihre Funktion als letzte Refinanzierungsquelle für die Banken – durch ihre Rolle als «lender of last resort» – die Wirtschaft vor Krisen des Bankensystems.

Die Verstaatlichung des Geldwesens löst allerdings nicht alle Probleme. Sie vermag die Gesellschaft vor allem nicht vor Inflation zu bewahren. Im Gegenteil! Der Staat missbrauchte die Möglichkeit, die Geldschöpfung – den Notenbankkredit – zur Deckung seiner Ausgaben zu beanspruchen, in der Vergangenheit oft grob. Die Folge war Inflation und – in vielen Fällen – die Zerrüttung des Geldwesens.

Die Zentralisierung des Geldwesens in der Hand des Staates bedarf deshalb der Sicherung gegen den Missbrauch des Notenmonopols. Die Übergabe des Notenmonopols an eine autonome – von der

Regierung unabhängige – Notenbank begründet einen solchen Schutz.

3.1 Sicherung gegen inflationäre Finanzierung des Staatsdefizites

Die Unabhängigkeit der Notenbank hat – mit anderen Worten – ihre grosse Bedeutung im Kampf um die Erhaltung der Stabilität des Geldwertes. Der Staat hat in diesem Falle keine rechtliche Möglichkeit, sich zur Deckung seiner Ausgaben frei des Notenbankkredits zu bedienen. Er muss sich die fehlenden Mittel auf dem Kapitalmarkt oder durch eine Erhöhung der Steuereinnahmen beschaffen. Dies schützt die Gesellschaft wirksam vor inflationärer Defizitfinanzierung. Ein Blick auf die Geschichte bestätigt dies. Autonome Notenbanken vermochten den Ansprüchen des Staates – selbst in politisch und wirtschaftlich schwierigen Zeiten – recht gut standzuhalten.

Die Lage einer Reihe von Schwellen- und Entwicklungsländern illustriert diesen Zusammenhang noch deutlicher. Der Zwang regierungsabhängiger Notenbanken, die ausser Kontrolle geratenen Defizite im Staatshaushalt zu finanzieren, bescherte einigen dieser Länder eine drei- bis vierstellige Hyperinflation.

Konflikte zwischen der Fiskalpolitik des Staates und der Geldpolitik der Notenbank lassen sich allerdings auch in Ländern mit unabhängigen Notenbanken nicht immer vermeiden. Missachten Regierung und Parlament die Grundsätze einer stabilitätsorientierten Fiskalpolitik, so steht die Notenbank – trotz weitgehender Autonomie – vor einem Dilemma. Sie gibt entweder ihren Stabilitätskurs ebenfalls auf und setzt damit ihre Glaubwürdigkeit aufs Spiel oder sie versucht, ihren Stabilitätskurs im Alleingang durchzusetzen. Im ersten Fall resultiert Inflation. Im zweiten Fall werden die Märkte den Machtkampf zwischen den beiden wirtschaftspolitischen Instanzen mit zunehmender Beunruhigung verfolgen. Daraus resultiert eine erhöhte Volatilität an den Finanz- und Devisenmärkten. Verlierer ist in beiden Fällen die Wirtschaft.

Die Schweizerische Nationalbank befindet sich hier – glücklicherweise – in einer weit komfortableren Lage als die meisten ihrer ausländischen Partner. Bund und Kantone richten ihre Fiskalpolitik – mindestens dem Grundsatz nach – auf ein ausgeglichenes Budget aus.

Das Standvermögen der Notenbank gegenüber den Ansprüchen des Staates wird indessen auch in der Schweiz immer wieder – wenn auch meist in vergleichsweise milder Form – auf die Probe gestellt. Politische Kreise liebäugeln gerne mit der Möglichkeit, besonders wichtige staatliche Aufgaben durch den Notenbankkredit finanzieren zu lassen. Ich denke beispielsweise an Vorschläge, die die Nationalbank zur Finanzierung der AHV oder zur Deckung des Defizits der staatlichen Exportrisikogarantie heranziehen wollten. Die Nationalbank lehnte solche Ansprüche immer ab. Die Übernahme oder die Finanzierung staatlicher Aufgaben verstricken eine Notenbank rasch in Zielkonflikte.

3.2 Gegengewicht zu einer kurzfristig orientierten Konjunkturpolitik

Die Unabhängigkeit der Notenbanken hatte während der letzten Jahrzehnte in den westlichen Industrieländern allerdings weniger als Damm gegen eine inflationäre Defizitfinanzierung durch den Staat als vielmehr als Gegengewicht zu konjunkturpolitischen Abenteuern zu wirken. Regierungen, die periodisch wiedergewählt werden müssen, neigen dazu, zur Hebung ihrer Wahlchancen inflationäre Prozesse einzuleiten. Sie nützen den Umstand aus, dass eine expansive Geld- und Fiskalpolitik das Wirtschaftswachstum vorübergehend anzukurbeln vermag. Das Volkseinkommen und die Beschäftigung steigen. Die Arbeitslosenquote sinkt. Die Regierung gewinnt an Popularität. Die Inflation – der Preis dieser Politik – macht sich erst nach gewonnener Wahl bemerkbar. Ihre Bekämpfung wird – da sie mit wirtschaftlichen Opfern verbunden ist – auf später, wenn sich ein genügend starker politischer Druck entwickelt hat, aufgeschoben.

Das Phänomen des «politischen» Konjunkturzyklus war in der Schweiz bisher nur schwach ausgeprägt. Dem konjunkturpolitischen Aktivismus stand allerdings weniger die Weitsicht der Politiker als vielmehr die günstige Wirtschaftslage unseres Landes im Wege. Wir erfreuten uns seit dem Zweiten Weltkrieg meist – bis in die jüngste Vergangenheit – eines hohen Beschäftigungsgrades und einer tiefen Arbeitslosenquote. Die Notwendigkeit konjunkturpolitischer Massnahmen fehlte. Der Wind beginnt sich mit den steigenden Arbeitslosenzahlen auch bei uns zunehmend zu drehen.

3.3 Schutz vor Partikularinteressen

Noch grössere Bedeutung als einer wahltaktisch inspirierten Konjunkturpolitik kommt in der Schweiz den Ansprüchen zu, die Vertreter partikulärer Interessen direkt – oder indirekt – über politische Gruppen – an die Nationalbank stellen. Zeichnet sich eine konjunkturelle Abschwächung ab oder verhärtet sich das internationale Wettbewerbsklima, so ertönt hierzulande erstaunlich rasch der Ruf nach schützenden Staatseingriffen. Der Nationalbank gelang es nicht immer, sich solcher Ansprüche – Forderungen nach «Flexibilität» nicht nur in der Geldpolitik – zu erwehren.

Ein frühes und geradezu klassisches Beispiel ist die lange Zeit praktizierte Mitwirkung der Nationalbank bei der Finanzierung der Pflichtlager. Die Nationalbank erklärte sich nach Ende des letzten Krieges bereit, bei der Verbilligung von Krediten an Wirtschaftsgruppen, die im Interesse der Landesversorgung Pflichtlager unterhalten, mitzuwirken. Die Erleichterung der Pflichtlagerfinanzierung ist – daran zweifelt niemand – volkswirtschaftlich sinnvoll. Sie gehört aber nicht zum Aufgabenkreis einer Notenbank. Wir vermochten uns trotzdem erst in jüngster Zeit davon zu befreien.

Die Reihe weiterer Finanzierungserleichterungen, die die Nationalbank in den siebziger Jahren verschiedenen, von Rezession und Wechselkursproblemen bedrängten Branchen der Wirtschaft gewährte, erscheint im Rückblick als noch problematischer. Die Massnahmen – Verbilligungen von Exportkrediten und Währungsabsicherungen – trugen klar die Merkmale von Subventionen. Staatliche Hilfen dieser Art fallen in den Kompetenzbereich von Parlament und Regierung.

Eine autonome Notenbank muss sich gegen partikuläre Interessen der Wirtschaft zur Wehr setzen. Spezialhilfen ziehen andere Gesuche, die meist nicht minder plausibel begründet werden können, nach sich. Sie engen den Handlungsspielraum – die faktische Autonomie – der Notenbank ein.

3.4 Der Zielkonflikt zwischen Wechselkurs- und Preisstabilität

Die Entwicklung der Wechselkurse bereitet der Nationalbank immer wieder Kopfzerbrechen. Sie musste in den letzten Jahren aus wechselkurspolitischen Erwägungen heraus die Geldmenge zeitweise stärker ausdehnen, als es im Hinblick auf das Ziel der Preisstabilität als ratsam erschien. Es gelang ihr durch diese flexible Haltung zwar, Wechselkurskrisen zu vermeiden. Es zeigte sich aber auch, dass eine allzu starke Ausrichtung der Geldpolitik auf den Wechselkurs das Risiko höherer Inflation in sich birgt. Dieses Risiko darf nur dann eingegangen werden, wenn die Lage tatsächlich sehr schwerwiegend ist.

4. Die Zielhierarchie der Nationalbank

Auch unabhängige Notenbanken sind ein Teil des politischen Systems. Sie operieren nicht im Elfenbeinturm. Sie müssen sich vielmehr – ähnlich wie die Regierungen – mit politischen Druckversuchen und mit Sonderinteressen auseinandersetzen. Es gelingt ihnen im allgemeinen aber recht gut, ihren stabilitätsorientierten Kurs gegenüber den vielfältigsten Forderungen durchzusetzen. Untersuchungen bestätigen dies. Sie zeigen, dass die Länder mit relativ unabhängigen Notenbanken in der Nachkriegszeit tendenziell tiefere Inflationsraten aufwiesen als jene, deren Notenbanken sich unter der Kontrolle der Regierungen befinden.

Bedeutet dies, dass die Leiter der Notenbanken sich – im Gegensatz zu den Politikern – uneigennützig verhalten? Liegt ihnen das Gesamtwohl besonders am Herzen?

Die Ökonomen durchleuchteten nicht nur das Verhalten der Politiker mit Akribie. Sie nahmen auch die Handlungsweise der Notenbanken unter die Lupe. Ausgangspunkt ihres Interesses war die Annahme, dass sich Notenbankpolitiker – wie die meisten Sterblichen – eigennützig verhalten. Die Untersuchungsergebnisse sind nicht spektakulär. Sie zeigen, dass die Leiter der Notenbanken Konflikten mit den Regierungen möglichst aus dem Wege gehen. Sie sind deshalb auch oft zu Kompromissen, die dem Ziel der Preisstabilität nicht immer förderlich sind, bereit. Unabhängige Notenbanken verhalten sich – alles in allem – aber doch vergleichsweise stabilitätsbewusst. Wie erklärt sich dies? Des Rätsels Lösung liegt darin, dass Eigeninteresse und Gesamtwohl für unabhängige Notenbanken letztlich zusammenfallen. Drei Gründe sind dafür verantwortlich.

- Der Aufgabenbereich einer Notenbank ist – erstens – im Gegensatz zu den vielfältigen Aufgaben, die die Regierung zu erfüllen hat, begrenzt. Er ist in der Regel auch klar umschrieben. Das Verhalten der Notenbank lässt sich deshalb vergleichsweise gut kontrollieren.
- Der autonome Status verleiht der Notenbank – zweitens – zwar Einfluss. Sie kann diesen Einfluss aber nur solange bewahren, als sie eine Politik, die von einer breiten Öffentlichkeit akzeptiert wird, führt. Dies zwingt die Notenbank, sich – auch aus eigenem Interesse – für das Gesamtwohl der Wirtschaft einzusetzen.
- Die Notenbank steht schliesslich nicht unmittelbar im politischen Rampenlicht. Sie kann sich besser für längerfristige Ziele einsetzen als Regierungen, die sich in relativ kurzen Abständen der Wiederwahl stellen müssen.

Dies lässt sich am Beispiel der Schweiz verdeutlichen. Die Nationalbank hat den Auftrag, eine Geld- und Währungspolitik, die im Gesamtinteresse des Landes liegt, zu führen. Sie wird nach allgemein akzeptierter – und durch den Konjunkturartikel der Bundesverfassung untermauerter – Auffassung dieser Aufgabe gerecht, wenn sie sich für die Wahrung der Preisstabilität einsetzt.

Der Weg, auf dem sich Preisstabilität erreichen lässt, ist bekannt. Die Nationalbank darf die Geldmenge längerfristig nur so weit ausdehnen, wie unsere Wirtschaft vom Potential ihrer Ressourcen her wachsen kann. Dieses Potential ist begrenzt. Die Knappheit des Angebots an Arbeitskräften und an Boden setzt dem Wirtschaftswachstum in der Schweiz Grenzen.

Die Schweizerische Nationalbank kleidet das stabilitätsgerechte Wachstum der Geldmenge in ein Geldmengenziel. Durch die Veröffentlichung und Begründung des Geldmengenziels auferlegt sie sich Selbstdisziplin. Sie schützt dadurch aber auch ihre Autonomie. Wird sie ihrem Stabilitätsauftrag nämlich nicht gerecht, so riskiert sie, dass Wähler, Parlament und Regierung ihren autonomen Status in Frage stellen. Die Autonomie der Notenbank ist – mit anderen Worten – längerfristig nur solange zu legitimieren, als diese eine stabilitätsorientierte Geldpolitik betreibt. Sie ist deshalb – wie andere unabhängige Notenbanken – auch in ihrem eigenen Interesse bestrebt, ihren verfassungsmässigen Auftrag zu erfüllen.

5. Die Stellung der Nationalbank in der Zukunft

Die Notenbanken – auch die Schweizerische Nationalbank – gewannen seit dem Übergang zu flexiblen Wechselkursen an Einfluss. Sie sind heute in der Lage, die Geldmenge wirksam zu kontrollieren. Damit üben sie einen bedeutenden Einfluss auf den Gang der Wirtschaft aus.

Die Geldverfassungen der meisten Industrieländer – auch jene der Schweiz – berücksichtigen diese Entwicklung nicht. Sie tragen noch immer die Züge der Gold-Devisenwährung der Nachkriegszeit. Nur wenige Länder versuchten, dem grösseren Spielraum der Notenbanken durch institutionelle Neuerungen Rechnung zu tragen.

Ein Unbehagen über den Freiraum, der der Nationalbank im System flexibler Wechselkurse zuwuchs, machte sich – anlässlich der letzten Revision des Nationalbankgesetzes – auch in der Schweiz bemerkbar. Die Pflicht der Nationalbank zum Informationsaustausch mit dem Bundesrat wurde – aus diesem Grunde – im Gesetz verankert. Das Parlament hielt – trotz begründeter sachlicher Einwände –

an der Vorschrift über die Golddeckung des Notenumlaufs fest. Die Nationalbank ist verpflichtet, Gold im Gegenwert von mindestens 40 % der umlaufenden Noten zu halten. Das Parlament erblickte in dieser Vorschrift einen zusätzlichen Schutz unserer Währung vor der Entwertung durch die Inflation.

Wir werden früher oder später – die geplante Totalrevision der Bundesverfassung wäre ein idealer Anlass – zu einer umfassenden Neugestaltung unserer Geldordnung schreiten müssen. Ein wichtiges Traktandum wird die Stellung der Nationalbank im Staate sein. Es könnte sich dabei einmal mehr politischer Druck, der die Nationalbank einer stärkeren Kontrolle durch Parlament oder Bundesrat unterwerfen möchte, manifestieren. Bindungen der Notenbank mit dem Ziel, die Einhaltung einer stabilitätskonformen Politik noch besser zu garantieren, erscheinen mir als diskussionswürdig. Die ausdrückliche verfassungsmässige Verpflichtung der Nationalbank auf die Preisstabilität wäre eine solche Bindung. Kontrollen, die die Autonomie der Nationalbank untergraben, sind dagegen abzulehnen. Die Macht, die mit dem Notenmonopol des Staates verbunden ist, muss im Interesse einer konsequent auf die Erhaltung der Preisstabilität ausgerichteten Geldpolitik einer autonomen Institution – und nicht der Regierung oder Verwaltung – übertragen bleiben. Der Gesetzgeber beschritt diesen Weg bei der Gründung der Nationalbank zu Beginn dieses Jahrhunderts in bemerkenswerter Weitsicht. Die Nationalbank stellt – in gewissem Sinne – tatsächlich eine vierte Gewalt im Staate dar. Dieses zusätzliche Element des in der Schweiz generell hochentwickelten Machtausgleichs bewährte sich.

Zugegeben: Selbst unabhängige Notenbanken vermögen die Inflation nicht immer zu verhindern. Auch sie «politisieren» nicht im luftleeren Raum. Die Unabhängigkeit der Notenbank bietet jedoch Gewähr, dass stabilitätspolitische Bedenken nicht leichtfertig beiseite geschoben werden. Die Gefahr, dass die Geldpolitik zum Spielball politischer Kräfte und wirtschaftlicher Interessengruppen wird, ist eingedämmt.

Die Autonomie der Notenbank muss deshalb geschützt und verteidigt werden. Zwei Voraussetzungen dienen diesem Ziel:

- eine klare Aufgabenverteilung und Kompetenzordnung zwischen Regierung und Notenbank und
- eine Geld- und Währungspolitik, die in der ganzen Bevölkerung breiten Rückhalt findet.

Die Nationalbank hat deshalb auch die Aufgabe, die langfristigen Vorteile einer stabilitätsorientierten Geld- und Währungspolitik immer wieder in Erinnerung zu rufen. Sie leistet damit der stabilitätsbewussten Mehrheit, die sich im Gegensatz zu partikulären Interessen nur schwer organisieren lässt, eine wirksame Schützenhilfe.

Bank der Banken: Die Schweizerische Nationalbank im Dienste der Schweizer Wirtschaft

1. Notenmonopol des Staates versus Währungskonkurrenz

Die ketzerische Idee, das Notenmonopol des Staates sei abzulehnen – es sei gar die Quelle aller monetären Übel –, stammt nicht von den Kreisen, die die Errichtung einer Schweizerischen Nationalbank nach der Gründung des Bundesstaates von 1848 noch während fast 60 Jahren zu verhindern wussten. Die heutigen – vergleichsweise zahmen – Kritiker der Nationalbank denken ebensowenig daran. Selbst die radikalsten Monetaristen rüttelten nicht am Geldmonopol des Staates. Dieser Schritt blieb einem Grossmeister des Liberalismus – dem Österreicher Friedrich August von Hayek – vorbehalten. Von Hayek – der Träger des Nobelpreises für Ökonomie des Jahres 1974 – präsentierte Mitte der siebziger Jahre dem erstaunten Publikum eine Schrift mit dem Titel «Entnationalisierung des Geldes». Er behauptet darin, «der Hauptmangel des Marktsystems – nämlich seine Empfänglichkeit für wiederkehrende Perioden von Depression und Arbeitslosigkeit – sei eine Konsequenz des uralten Regierungsmonopols der Geldemission». Er schlägt deshalb vor, die Geldausgabe zu privatisieren und den Geschäftsbanken zu überlassen.

1.1 Die schweizerische Währungsgeschichte – Anschauungsunterricht zur Entwicklung von konkurrierenden Währungen bis zur Errichtung einer einzigen Notenbank

Von Hayeks Vorschlag tönt exotisch. Er wurde von wenigen ernstgenommen. Die Privatinitiative im Geldwesen hat in der Tat ja auch nicht immer die günstigen Wirkungen, die von ihr in anderen Lebensbereichen auszugehen pflegen, gezeitigt. Die Zürcher Geldgeschichte bietet uns genügend Anschauungsunterricht. Das Geldwesen der Stadt Zürich war im 17. Jahrhundert nur auf dem Papier der Obrigkeit vorbehalten. Goldschmiede, Grosskaufleute und Gastwirte kontrollierten es in der Realität. Diese Zürcher Grosskaufleute sandten vollwertiges Geld massenhaft nach Chur und liessen es in der dortigen Münze – wir würden heute sagen «off-shore» – in minderwertiges Geld umprägen. Das leichtere Geld brachten sie wieder in die Stadt Zürich und liessen es zu einem höheren Kurs, als der tatsächliche Gehalt der Münzen es gerechtfertigt hätte, in den Kreislauf zurückfliessen. Der Rat strafte am 15. Januar 1620 vier angesehene Grosskaufleute mit hohen Bussen für diese Untaten: David Werdmüller und Felix Orell mit je 1000 Gulden, Caspar Bandtli mit 500 Gulden, Hans Ulrich Gessner mit 250 Gulden. Diese Geldstrafen vermochten den Unfug im Geldwesen nicht zu unterbinden. Ein Zürcher Goldschmied prägte in eigener Regie sogar spanische Dublonen.

Von Hayek meint allerdings nicht diese Art privater Geldausgabe. Wenn mehrere Konkurrenten das selbe Geld «produzieren» dürfen, kommt es immer zu Inflation. Von Hayeks Reformvorschlag gewährt deshalb jeder privaten Emissionsbank das Monopol auf ihre eigene Währung. Der Staat hätte diese Währungen – ähnlich wie einen Markenartikel – vor Nachahmern zu schützen. Die Konkurrenz würde sich zwischen den verschiedenen Währungen abspielen. Von Hayek sagt voraus, dass sich nur die guten Währungen – die wertstabilen Währungen – im Markt behaupten könnten. Wir schliessen unsere Verträge mit Vorliebe in Werteinheiten ab, auf die wir uns verlassen können. In diesen Werteinheiten leisten wir auch die vereinbarten Zahlungen. Inflationäre Währungen haben unter Wettbewerbsbedingungen – soweit von Hayek – deshalb keine Chance.

Die schweizerische Währungsgeschichte gibt von Hayek nicht vorbehaltlos recht. Wir kannten im Prinzip in unserem Lande Währungswettbewerb, bis die Verfassung von 1848 den Schweizer Franken zur Landeswährung bestimmte und dem Bund das Münzmonopol übertrug. Die Schweiz erlebte vor 1848 die Vielfalt von Währungen, die von Hayek sich wünscht. Die Zeitgenossen empfanden die Vielfalt allerdings eher als Wirrwarr. Es waren auch nicht nur die besten Münzen, die im Wettbewerb überlebten. Jeremias Gotthelf berichtet in der «Käserei in der Vehfreude», wie die Bauern ihr Käsegeld in den schlechtesten Sorten – in koburgischen Sechskreuzern – erhielten. Die schönen Louis-d'Or verschwanden bei Hans-Joggeli, dem Erbvetter, in der Schweinsblase.

Finden wir eine Bestätigung für die «natürliche Auslese» zugunsten der stabilsten Währung, wie von Hayek behauptet, eher auf der internationalen Ebene? Die Entwicklung seit dem Übergang zu flexiblen Wechselkursen gab von Hayek teilweise recht. Der amerikanische Dollar büsste als zuwenig stabile Währung etwas von seiner Vormachtstellung als internationales Zahlungs- und Reservemittel ein. Er musste teilweise stärkeren Währungen Platz machen. Wir erlebten dies in der Schweiz in Form einer stärkeren Internationalisierung des Frankens. Dieser Ausleseprozess beansprucht allerdings viel Zeit. Der japanische Yen tritt, obwohl er eine der kaufkraftstabilsten Währungen ist, als internationales Zahlungs- und Anlagemedium erst zaghaft in Erscheinung.

1.2 Die EU auf der Suche nach der monetären Integration – Parallelen zur Schweiz im 19. Jahrhundert

Die Nachteile der Währungskonkurrenz fallen in Form schwankender Wechselkurse zwischen den einzelnen Währungen allerdings schneller als die Vorteile an. Es ist daher verständlich, dass Wirtschaft und Politik nicht immer warten mögen, bis schwache Währungen wenigstens in der internationalen Sphäre «ausgestorben» sind. Die Währungskonkurrenz wird frühzeitig zugunsten fester – oder zumindest zugunsten stabilerer – Wechselkurse wieder aufgegeben. Wir erlebten auch dies in der Schweiz. Die Gründung des Bundesstaates brachte uns zwar den Schweizer Franken als Landeswährung. Die Banknoten wurden jedoch weiterhin von mehreren teils kantonalen, teils privaten Notenbanken ausgegeben. Diese Noten wurden mit Auf- und Abschlägen gehandelt. Sie waren im Grunde konkurrierende

Währungen mit flexiblen Kursen. Die führenden Emissionsbanken schlossen sich erst in den siebziger Jahren des letzten Jahrhunderts zu einem Konkordat mit festen Wechselkursen im Verhältnis 1:1 zusammen. Dieses Geschehen weist erstaunliche Parallelen mit der heutigen Entwicklung innerhalb der Europäischen Union (EU) auf. Die Konkordats-Lösung der Schweiz entspricht ungefähr der Phase 2 der vom Delors-Bericht vorgezeichneten Europäischen Währungsunion. Der Delors-Bericht ist ein Stufenplan, der die EU über drei Etappen zu einer vollständigen Währungsintegration mit einer Gemeinschaftswährung und einem europäischen Zentralbankensystem führen soll. Stufe 1 sieht eine engere Koordination der Geld- und übrigen Wirtschaftspolitik vor. In der 2. Stufe hätten die Bandbreiten, innerhalb derer die einzelnen Währungen schwanken dürfen, eingeengt werden sollen. Die letzte Verantwortung im Währungsbereich bleibt aber auch in dieser Phase noch bei den nationalen Institutionen. Die Stufe 3 bringt erst unwiderruflich fixe Paritäten zwischen den Währungen der Mitgliedstaaten. Die Europäische Zentralbank, die die Verantwortung für die gemeinsame Geldpolitik übernimmt, wird gleichzeitig operabel.

Es gibt einen wesentlichen Unterschied zwischen dem Konkordat, das die Schweizer Emissionsbanken im letzten Jahrhundert abschlossen, und dem Europäischen Währungssystem. Er liegt in der Kontrolle der Geldschöpfung. Die Schweizer Emissionsbanken des 19. Jahrhunderts waren verpflichtet, eine Silberreserve zu halten. Sie mussten die ausgegebenen Noten, die ihnen präsentiert wurden, in Silber einlösen. Diese Einlösepflicht begrenzte die Möglichkeit der Geldausgabe. Sie setzte die Banken gleichzeitig der Gefahr, illiquid zu werden, aus. Diese Gefahr wurde akut, als der Ausbruch des Deutsch-Französischen Krieges von 1870 eine Flucht in das Silber auslöste. Die Einsicht, dass die Errichtung der Schweizerischen Nationalbank – einer nationalen Emissionsbank – notwendig sei, setzte sich damit durch.

Das Europäische Währungssystem (EWS) kennt keine «silberne» Bremse. Der Geldschöpfung der einzelnen Mitglieder sind nur indirekte Grenzen gesetzt. Ein ziemlich komplizierter Interventionsmechanismus stellt sicher, dass inflationär geschaffenes Geld des einen Landes nicht automatisch von den Notenbanken der anderen Länder aufgekauft werden muss. Dies war unter dem Bretton-Woods-System, nachdem die USA sich vom goldenen Anker des Systems losgebunden hatten, der Fall. Einer inflationären Politik der EU-Notenbanken steht darüber hinaus – ausser der freiwilligen Disziplin – aber nur die Angst vor der Schmach, als die eine Abwertung der nationalen Währung möglicherweise empfunden wird, entgegen. Das von Hayeksche Konkurrenzelement kommt hier wieder ins Spiel. Es wird dadurch, dass das Prestigegefühl der EU-Nationen durch die enge Kooperation nicht ganz abgestumpft ist, noch etwas stimuliert.

Der Enthusiasmus, mit dem die europäische Währungsintegration von den meisten Europapolitikern vertreten wird, erscheint mir oft als etwas kritikarm. Ich kann im Blick darauf von Hayek – sein Plädoyer zugunsten der Währungskonkurrenz – durchaus verstehen. Ich glaube auch, dass frühere Äusserungen der britischen Regierung zugunsten der Währungskonkurrenz innerhalb Europas zu rasch – und wohl auch zu Unrecht – als Drückebergerei vor europäischer Verantwortung missverstanden wurden. Die Währungsintegration sollte in der Tat den Weg von der Stabilität zur Einheit und nicht jenen von der Einheit zur Stabilität gehen.

Viele Europapolitiker haben die Konkurrenz der Währungen aber satt. Sie möchten – um in der Terminologie der schweizerischen Währungsgeschichte zu bleiben – die «Konkordatsphase» am liebsten überspringen und direkt die europäische Währungsunion mit einheitlicher Währung und gemeinsamer Notenbank ausrufen. Zweifel, ob die wirtschaftliche und politische Integration der EU-Länder schon genügend weit fortgeschritten sei, um eine Vereinheitlichung der Währung zu tragen, sind legitim. Eine zentrale Notenbank konnte auch in der Schweiz erst entstehen, nachdem die Wirtschaftspolitik vereinheitlicht worden war. Und es dauerte nochmals fast 60 Jahre, bis die Schweizerische Nationalbank ihre Schalter öffnete. Die Voraussetzungen waren in der Schweiz dabei ausserordentlich günstig. Differenzen gab es weder bezüglich der Aufgaben eines solchen Instituts noch bezüglich dessen Möglichkeiten und Grenzen. Es bestand vielmehr ein klarer Konsens zugunsten einer soliden Währung – ein Konsens, der bis zum heutigen Tage erhalten blieb. Die Fundamente einer gemeinsamen Währung sind in der EU mit deren starkem wirtschaftlichen Gefälle von Norden nach Süden, mit deren Gefälle hinsichtlich des Grades der Zentralisierung der nationalen wirtschaftspolitischen Entscheidung und mit dem Gefälle in den Auffassungen über die Ziele der Geldpolitik schwächer. Die Notenbankchefs der EU-Länder einigten sich im Delors-Bericht zwar darüber, wie eine Europäische Zentralbank institutionell ausgestaltet werden müsste. Eine Frage harrt aber noch der Antwort: Unter welchen Voraussetzungen ist eine Notenbank imstande, ein stabiles Zahlungsmittel zu schaffen und damit ihre Aufgabe im Dienste der Wirtschaft zu erfüllen? Ich erachte es als besonders reizvoll, aufgrund der schweizerischen Erfahrungen eine Antwort auf diese Frage zu skizzieren.

2. Fünf Voraussetzungen einer erfolgreichen Geldpolitik

2.1 Geldmengenziele – Demokratische Kontrolle einer autonomen Notenbank

Die Gründerväter der Schweizerischen Nationalbank stritten vor allem um eine Frage: Privatbank oder Staatsbank? Es ging ihnen aber um etwas Grundlegenderes als um die Rechtsform der Notenbank. Welche Konstruktion garantiert besser, dass die Nationalbank der Wirtschaft ein wertstabiles Geld zur Verfügung stellt? Der Zürcher Nationalrat Cramer-Frey versuchte seine Ratskollegen davon zu überzeugen, dass die Nationalbank ohne Gefahr als private Aktiengesellschaft errichtet werden könne. Der Betrieb einer Nationalbank sei – so gab er zu bedenken – doch ungeheuer einfach im Vergleich zum komplizierten Betrieb der damals ebenfalls privaten Eisenbahnunternehmungen. Herr Cramer-Frey würde heute als Bestätigung für seine These anführen, dass die Nationalbank schon vor gut 20 Jahren mit ihren Geldmengenzielen den geldpolitischen Taktfahrplan einzuführen vermochte.

A propos Geldmengenziele! Die Geldmengenziele – ein zentrales Element der Politik der Nationalbank – sind nicht nur eine Orientierungshilfe für die Wirtschaft. Die freiwillige Selbstbeschränkung, die mit der Bindung an ein Geldmengenziel verknüpft ist, ist auch ein Ersatz für direktere demokratische Kontrollen der Notenbankpolitik. Die Nationalbank gewann mit dem Übergang zu flexiblen Wechselkursen anfangs der siebziger Jahre – jedenfalls theoretisch – einen Grad der Freiheit in der Gestaltung der Geldpolitik, an den ihre Gründer kaum gedacht hatten. Es erscheint mir deshalb nur als recht und billig, deren genialen Grundgedanken, dass die Nationalbank dem Bunde zwar nicht untertan, aber doch verantwortlich sein soll, sinngemäss auf die heutige Situation anzuwenden. Ich sehe hier die politische Bedeutung der öffentlich bekanntgegebenen Geldmengenziele: Sie zwingen die nicht mehr durch den Goldstandard gebundene Nationalbank, ihre Politik anzukündigen, darzulegen und Abweichungen von der gewählten Linie zu begründen. Diese politischen Aspekte – ich darf die bereits hinlänglich bekannten wirtschaftlichen Vorteile der Transparenz für einmal vernachlässigen – sprechen eindeutig zugunsten der Festlegung von Geldmengenzielen. Ich weiss: Diese Auffassung ist nicht unbestritten. Es wird behauptet, nur der dürfe zielen, der auch sicher sei, genau zu treffen. Dies gilt – meine ich als Urner – für die Altdorfer Tellspiele. Es wird aber der Geldpolitik nicht gerecht. Die Kritiker übersehen, dass die Regelbindung eben auch ein Korrektiv der weitgehenden Unabhängigkeit der Nationalbank darstellt. Die Nationalbank braucht aus diesem Grunde diese Ziele. Und sie opfert ihnen ähnlich wie Odysseus, der sich von seinen Matrosen an den Mast binden liess, um dem unwiderstehlichen Gesang der Sirenen nicht zu erliegen, bewusst einen Teil ihrer Freiheit.

Die Geldmengenziele sind aber nur ein Teil der subtilen Konstruktion der demokratisch kontrollierten, von der Tagespolitik jedoch unabhängigen Nationalbank. Die Mitglieder des für die Geldpolitik verantwortlichen Direktoriums werden vom Bundesrat gewählt. Bund

und Nationalbank haben schliesslich – unter gegenseitiger Wahrung ihrer Autonomie – ihre wirtschaftspolitischen Massnahmen untereinander abzustimmen.

2.2 Die Unabhängigkeit der Geld- von der Fiskalpolitik

Diese ausgewogene Konstruktion bewährte sich. Die «unheilige und lange heimliche Ehe von Geld- und Finanzpolitik», die von Hayek zu seiner Kritik veranlasste, ist in der Schweiz – im Gegensatz zu vielen anderen Ländern – nie zustande gekommen. Der Bund wagte, seit die Nationalbank besteht, nicht ein einziges Mal einen ernsthaften Annäherungsversuch. Die kleine Romanze, in deren Mittelpunkt ein Berner Luxushotel stand, ist eher als Ausnahme, die die Regel der geldpolitischen Tugend bestätigt, denn als Fehltritt zu werten.

2.3 Unabhängigkeit auch gegenüber privatwirtschaftlichen Einzelinteressen

Die Nationalbank hat sich Sünden vorzuwerfen. Sie liegen aber nicht in übertriebener Nachgiebigkeit gegenüber dem Staat. Sie sind eher in einer zu grosszügigen Rücksichtnahme auf privatwirtschaftliche Bedürfnisse zu finden. Ich will dies mit zwei Beispielen verdeutlichen:

- Die seinerzeitigen Devisenbezugsrechte – eine gut gemeinte Massnahme, die aber letztlich zu einer Subventionierung einzelner Industriezweige führte, – sind das erste Beispiel. Bestimmte Exportbranchen konnten zwischen 1978 und 1981 auf Zahlungseingänge in Fremdwährungen ihre Devisenterminverkäufe bei der Nationalbank mit dem Erwerb eines Devisenbezugsrechtes gegensichern. Die Nationalbank subventioniert damit ausgewählte Exportbranchen, da sie deren Kursverluste – ähnlich einer Exportrisikoversicherung – zum Teil selbst übernahm.
- Die Lockerung der Geldpolitik der Jahre 1978/79 und 1987/88 ist ein zweites Beispiel einer – nachträglich gesehen – vielleicht übertriebenen Angst um einzelne Wirtschaftszweige. Die starke Aufwertung des Schweizer Frankens, die im Herbst 1978 und erneut

im Jahr 1987 einsetzte, schien die exportorientierten Branchen unserer Wirtschaft ernsthaft zu bedrohen. Die Nationalbank orientierte sich deshalb vorübergehend verstärkt am Wechselkurs. Die befürchtete Rezession konnte – zunächst – abgewendet werden. Der Preis war aber eine Inflation, deren Bekämpfung etwas später ebenfalls eine Rezession nach sich zog.

Was lehren uns diese Beispiele? Die Erfahrung, die wir ihnen verdanken, zeigt, dass die Grenze zwischen dem Dienst an der Gesamtwirtschaft und der Bevorzugung einzelner Wirtschaftszweige sehr unscharf ist. Die Nationalbank vermag ihre Aufgaben im Dienste der gesamten Wirtschaft deshalb nur zu erfüllen, wenn sie sich auch ihre Unabhängigkeit von privatwirtschaftlichen Einzelinteressen voll zu wahren versteht.

2.4 Klar begrenzte Verantwortung für das Geschehen an den Finanzmärkten

Ein Wirtschaftszweig profitiert allerdings ganz legitim von der Existenz der Nationalbank: die Banken. Die Nationalbank vermindert als «lender of last resort» die Gefahr von Liquiditätskrisen. Sie stärkt damit das Bankensystem. Die Banken zahlen für diesen Schutz allerdings einen Preis. Der Gesetzgeber auferlegte ihnen strenge Einschränkungen der Geschäftstätigkeit.

Sollte die Nationalbank neben den Banken – neben den Gläubigern der Banken – auch andere Teilnehmer am Finanzmarkt schützen? Diese Frage wurde nach dem Börsencrash von 1987 breit diskutiert. Die Antwort ist klar. Das Nationalbankgesetz lässt Interventionen am Aktienmarkt nicht zu. Die Gründerväter der Nationalbank zogen hier strenge Grenzen. Sie handelten dabei unter dem Eindruck von Verlusten, die die Zürcher Kantonalbank im Jahre 1891 bei der Belehnung von Aktien erlitten hatte. Diese Beschränkung ist zweckmässig. Es wäre für die Nationalbank nicht leicht, bei Interventionen am Aktienmarkt die Grenze zwischen gesamtwirtschaftlichen Interessen – der Stabilität der Finanzmärkte –

und privaten partikulären Vorteilen – der Übernahme des Aktionärsrisikos – klar auszumachen. Sie sollte sich deshalb bei Kursrückgängen an der Börse darauf beschränken, das Bankensystem im Notfall liquid zu halten.

2.5 Marktkonformität der Geldpolitik

Eine letzte wichtige Voraussetzung einer erfolgreichen Geldpolitik ist die Marktkonformität. Der Staat sollte in der Erfüllung seiner Aufgaben grundsätzlich nicht in Angebot und Nachfrage eingreifen. Dies gilt verstärkt für die Notenbank. Direkte Preis- und Mengenregulierungen sind nicht – nicht mehr – Bestandteil unseres geldpolitischen Instrumentariums. Devisentransaktionen und Währungs-Swaps – die Hauptinstrumente der Geldmengensteuerung – werden über den Markt abgewickelt. Das reibungslose Funktionieren des Marktmechanismus ist deshalb eine Voraussetzung der Geldpolitik, wie sie die Nationalbank betreibt.

3. Konklusion: Verteidigung der Preisstabilität – Hauptaufgabe der Nationalbank im Dienste der gesamten Wirtschaft

Eine Notenbank hat dann die besten Aussichten, ihrem Auftrag treu zu bleiben, wenn sie sich auf das, was sie auch tatsächlich erreichen kann, konzentriert. Die Nationalbank vermag so wenig wie jeder andere zwei Fliegen mit einer Klappe zu schlagen. Das einzige Instrument, über das sie im Grunde verfügt – die Geldmenge – lässt sich nur in den Dienst einer Zielsetzung stellen. Die Nationalbank zieht dabei nur jene Zielsetzung, die mit geldpolitischen Mitteln auch tatsächlich erreichbar ist, in Betracht. Dies ist die Stabilität des Preisniveaus. Sie vermag den Trend der Preisentwicklung über die Geldpolitik langfristig zu beeinflussen. Ein stabiler Geldwert bietet sich ihr damit als Grenze ihres Ehrgeizes an. Weiter gesteckte Ziele – etwa die Garantie der Vollbeschäftigung, andauernd tiefe Zinssätze oder stabile Wechselkurse – liegen ausserhalb der Reichweite der Geldpolitik. Wir haben es hier – um Nationalrat Cramer-Frey nochmals zu zitieren – mit «jenen unklaren sozialpolitischen und agrarpolitischen Bestrebungen», die die geldpolitische Disziplin zu allen Zeiten bedrohten, zu tun.

Ich komme damit zum Leitmotiv meiner Ausführungen zurück. Die Nationalbank kann ihre Aufgabe im Dienste der gesamten Wirtschaft nur erfüllen, wenn sie nicht in den Sog von tagespolitischen oder einzelwirtschaftlichen Interessen gerät. Oder noch einfacher gesagt: Die Notenbank muss nein sagen können. Ich erachte deshalb den Mut als die wichtigste Tugend eines Notenbankleiters.

Notenbank und Bankenaufsicht – Trennung oder Vermischung der Aufgaben?

Europa ist auf dem Weg, sich zu vereinen. Die Schweiz geht politisch noch eigene Wege. Sie ist wirtschaftlich aber sehr stark in die EU eingebunden. Die Märkte halten sich nicht mehr an nationale Grenzen. Dies gilt für die Finanzmärkte noch verstärkt. Sie sind europäisch – ja weltweit – vernetzt. Die Schweizerische Nationalbank hat deshalb an der monetären Zusammenarbeit mit ihren EU-Schwesterbanken wie an der Diskussion über die Ausgestaltung der Europäischen Notenbank ein grosses Interesse. Diese Diskussion wird durch drei Forderungen beherrscht:

- Die Preisstabilität muss – erstens – die prioritäre Aufgabe der Europäischen Notenbank werden.
- Die Unabhängigkeit der EU-Notenbanken ist – zweitens – als Voraussetzung der Preisstabilität europaweit durchzusetzen.
- Die Finanzierung des Staates über den Notenbankkredit darf – drittens – nicht länger zulässig sein.

Diese Forderungen finden die volle Unterstützung der Schweizerischen Nationalbank. Ich möchte hier deshalb aber auf ein Thema, das unter den EU-Notenbanken noch strittig ist, eingehen: Sollen die Aufgaben der Notenbank, die primär mit der Geldpolitik betraut ist, und jene der Bankenaufsicht verbunden oder getrennt werden?

1. Aufgaben, Ziele und Instrumente der Notenbank und der Bankenaufsicht

Oder konkreter gefragt:

- Soll die Regierung oder – wie dies in der Schweiz der Fall ist – eine Drittbehörde die Banken- und Finanzmarktaufsicht losgelöst von der Notenbank wahrnehmen?

- Oder soll die Notenbank – neben der Geldpolitik – auch diese Verantwortung unter ihre Fittiche nehmen?

Die Antwort auf diese Fragen setzt eine Definition der Ziele der Geldpolitik wie der Bankenaufsicht voraus. Erst dann lassen sich sinnvolle Antworten auf die Fragen, die sich weiter stellen, finden: Welche Instrumente müssen den Institutionen, die diese Aufgaben zu wahren haben, zur Verfügung gestellt werden? Und wie lassen sich diese Institutionen optimal organisieren?

- Die Ziele der Geldpolitik werden in der Schweiz durch die Verfassung vorgegeben: Die Nationalbank hat den Geldumlauf zu regeln, den Zahlungsverkehr zu erleichtern und eine dem Interesse des Landes dienende Kredit- und Währungspolitik zu führen. Unsere Geldpolitik – um den moderneren Ausdruck zu verwenden – dient dem Interesse unseres Landes am besten, wenn es uns gelingt, das Preisniveau möglichst stabil zu halten.
- Die Bankenaufsicht – die Bankengesetzgebung – ist polizeigüterrechtlich motiviert. Ihr primäres Ziel ist der Gläubigerschutz. Wir dehnen den Anwendungsbereich des Bankengesetzes heute allerdings mehr und mehr auf den Funktionsschutz aus. Die Bankenaufsicht – im weiteren Sinne: die Finanzmarktaufsicht – soll das gesamte Finanzsystem schützen.

Die Ziele der Bankenaufsicht sind – diese knappe Gegenüberstellung zeigt es – nicht konsistenter oder klarer als jene der Geldpolitik. Lassen Sie mich dies durch einige – als Beispiele gedachte – Fragen verdeutlichen! Bedeutet Gläubigerschutz, dass der Gläubiger um jeden Preis vor Verlusten bewahrt werden soll? Haben im Falle von Problemen deshalb die Steuerzahler – oder gar die Notenbank – für die Rechnung aufzukommen? Welche Kontrollen – welche Eingriffe in die unternehmerische Freiheit der Banken und welche damit zwangsläufig verbundenen Kosten – vermag der Gläubigerschutz zu rechtfertigen? Die schweizerische Gesetzgebung und Praxis relativieren das Ziel des Gläubigerschutzes: Der Bankeinlage haftet ein Rest an privatem Risiko an. Die Marktkräfte bilden einen integralen Teil des Gläubigerschutzes. Oder anders gesagt: Gesunde Banken gewähren langfristig immer noch den besten Schutz. Ein Gläubigerschutz, der zu weit geht, wirft Probleme auf:

- Er kann die Banken – erstens – verleiten, auf Kosten externer Garanten, wie beispielsweise des Staates oder einer privaten Einlegerversicherung, zu hohe Risiken einzugehen.
- Er unterdrückt – zweitens – notwendige Strukturanpassungsprozesse. Dies führt langfristig zu unverantwortbar hohen volkswirtschaftlichen Kosten.

Können die Ziele der Geldpolitik und der Bankenaufsicht miteinander in Konflikt geraten? Wie lassen sich solche Konflikte lösen?

2. Zielkonflikte zwischen der Geldpolitik und der Bankenaufsicht

Ich sehe vor allem zwei mögliche Zielkonflikte zwischen der Geldpolitik und der Bankenaufsicht:

- Ein erster Zielkonflikt ergibt sich immer dann, wenn das Gebot der Preisstabilität knappes Geld – und damit hohe Zinsen – verlangt, Schwierigkeiten, die sich im Bankensektor abzeichnen, aus der Perspektive des Gläubigerschutzes gleichzeitig aber tiefe Zinsen – und damit eine zu hohe Geldschöpfung – als wünschenswert erscheinen lassen. Dieser Konflikt wird umso schärfer, je bedeutender die Stellung eines gefährdeten Instituts im nationalen Bankensystem ist. Er kulminiert, wenn Gefahr droht, dass die Schwierigkeiten sich vom Einzelfall zur Systemgefährdung entwickeln.
- Das Ziel, jederzeit einen reibungslosen Zahlungsverkehr aufrechtzuerhalten, kann zu einem zweiten, vergleichbaren Konflikt führen. Ernste Störungen im Zahlungssystem der Banken sprechen für eine grosszügige Liquiditätsversorgung, während die Liquidität unter dem Gesichtspunkt der Preisstabilität im gleichen Zeitpunkt möglicherweise tief gehalten werden müsste. Besondere Schwierigkeiten bieten auch hier die Fälle, in denen wir uns nicht mit einem Einzel- sondern mit einem Systemproblem konfrontiert sehen.

Der Gesetzgeber, der die Notenbank ausdrücklich zum Garanten eines funktionierenden Zahlungsverkehrssystems – oder gar eines stabilen Bankensystems – erklärt, wird geneigt sein, sie auch mit der Bankenaufsicht zu betrauen. Er wird dabei von der Erwartung ausgehen, die direkte Kontrolle der Banken durch das Noteninstitut vermöge zu verhindern, dass Probleme einzelner Banken sich negativ auf das System auswirken.

Die Trennung zwischen den Aufgaben der Geldpolitik und der Bankenaufsicht – das andere Modell – verspricht dagegen mehr Erfolg bei der Bekämpfung der Inflation. Eine Notenbank, die auch die Bankenaufsicht wahrzunehmen hat, ist tendenziell nämlich versucht, einer in Schwierigkeiten geratenen Bank – den Gläubigern einer solchen Bank – zu helfen. Sie sieht sich bei grösseren Gläubigerverlusten sonst rasch dem Vorwurf ausgesetzt, ihren Überwachungsauftrag verfehlt und die Probleme nicht rechtzeitig erkannt zu haben. Sie muss fürchten, an Prestige – und an Glaubwürdigkeit – zu verlieren.

Die Trennung von geldpolitischer und aufsichtsrechtlicher Zuständigkeit genügt allein allerdings noch nicht, um dem geldpolitischen Auftrag, Preisstabilität zu verwirklichen, seine prioritäre Stellung zu sichern. Sie bedarf der Ergänzung durch ein weiteres Prinzip: Die Notenbank darf – sieht sie sich mit Problemen im Bankenbereich konfrontiert – als «lender of last resort» nur solventen Banken Liquiditätshilfe gewähren. Wer entscheidet, hat auch die Konsequenzen seiner Entscheide zu tragen. Die Seite, die die Banken im Namen des Gläubigerschutzes beaufsichtigt, trägt auch die Verantwortung. «He who pays the piper calls the tune». Die Regierung – beziehungsweise der Steuerzahler – muss dort, wo die Bankenaufsicht ihr untersteht und wo die Gläubiger zu Verlust kamen, weil ihre Überwachung mangelhaft war, zur Kasse gebeten werden. Die Notenbank darf in dieser Situation keine Verluste aus Bankenkonkursen tragen. Die Nationalbank machte dies immer wieder – auch während der jüngsten Probleme in unserem Bankensektor – klar. Eine Bank hat von ihr lediglich Liquiditätshilfe, keinesfalls aber Solvenzhilfe zu erwarten.

Der Zielkonflikt, der sich zwischen den Aufgaben der Geldpolitik und der Bankenaufsicht ergibt, lässt sich – dies ist meine Folgerung – durch keine Organisationsform völlig beheben: weder durch die Trennung noch durch die Vermischung der Kompetenzen von Notenbank und Bankenaufsicht. Ich möchte abschliessend trotzdem kurz darstellen, wie die Schweiz mit diesem Konflikt fertig wurde.

3. Aufgabenteilung zwischen Notenbank und Bankenaufsicht in der Schweiz – Wie bewährte sich unsere Organisation in schwierigen Zeiten?

Ich hätte die Frage, wie die Aufgabenteilung, die wir in der Schweiz kennen, sich in der Praxis ausgewirkt habe, vor wenigen Jahren noch kaum beantworten können. Die Verhältnisse in unserem Bankensystem waren in der Nachkriegszeit ausserordentlich stabil. Die letzten zehn Jahre bescherten aber auch uns Anschauungsmaterial. Die zweite Hälfte der achtziger Jahre war durch einen konjunkturellen Boom und eine spekulative Steigerung der Immobilienpreise charakterisiert. Unsere Geldversorgung war vorübergehend zu reichlich bemessen. Dies trug – mindestens teilweise – zu dieser Entwicklung bei. Der Wettbewerb unter den Banken belebte sich gleichzeitig drastisch:

- Zahlreiche inländische Bankenkonvenien mussten – erstens – teils unter dem wachsenden Druck der Marktkräfte, teils auf Initiative der Eidgenössischen Kartellkommission aufgegeben werden.
- Die weltweite Liberalisierung des Kapitalverkehrs, die das internationale Bankgeschäft belebte, verschärfte – zweitens – den Wettbewerb auch auf dem schweizerischen Finanzplatz. Die Margen der Banken wurden enger. Die Banken versuchten deshalb, ihre Stellung im Heimmarkt über einen aggressiven Verdrängungswettbewerb auszubauen.

Viele Banken gewährten unter diesem Wettbewerbsdruck allzu grosszügig Kredite. Sie wurden vor allem im Hypothekarbereich unvorsichtig. Die Nationalbank schlug, als die Anzeichen steigender Inflation sich mehrten, in ihrer Geldpolitik eine restriktivere Gangart ein. Die Zinsen stiegen. Der Immobilienboom flachte ab. Er mündete schliesslich in einen Immobiliencrash. Einige Banken gerieten dadurch in Schwierigkeiten. Was bedeutete dies aber für Notenbank und Bankenaufsicht?

- Die Nationalbank fühlte sich – auf der einen Seite – ihrem prioritären Ziel, die Inflation zu bekämpfen, verpflichtet. Sie vermochte die Preisstabilität durch ihre Beharrlichkeit zurückzugewinnen. Dies setzte aber die Bereitschaft, einer breiten Kritik – nicht zuletzt aus den betroffenen Bankenkreisen – Widerstand zu leisten, voraus. Die Nationalbank musste – neben einer vorübergehenden wirtschaftlichen Stagnation – auch die Korrektur der überhöhten Immobilienpreise in Kauf nehmen.
- Die Eidgenössische Bankenkommission hatte – auf der anderen Seite – die Suppe, die die Nationalbank zwar nicht allein gekocht, durch ihren konsequenten Kampf gegen die Teuerung aber doch gepfeffert hatte, auszulöffeln. Sie sah sich nicht nur mit Fusionen und Übernahmen konfrontiert. Sie war vereinzelt genötigt, der Gefahr eigentlicher Bankenpleiten zu begegnen.

Die Nationalbank hätte, wäre sie in dieser schwierigen Zeit auch für die Bankenaufsicht verantwortlich gewesen, in der Bekämpfung der Inflation möglicherweise eine mässigere Gangart eingeschlagen. Dies ist keine allzu kühne Behauptung. Ein Notenbankleiter, der sich täglich mit heiklen Bankenproblemen befassen muss, bleibt in seinen Entscheiden von dieser Erfahrung nicht unberührt. Die Eidgenössische Bankenkommission blieb dagegen darauf beschränkt, das Instrumentarium, das ihr als Aufsichtsbehörde zur Verfügung steht, einzusetzen. Sie vermochte den Banken nur wenige Erleichterungen zu bieten. So erlaubte sie ihnen zum Beispiel, Immobilien, die sie in ihre Eigenbestände aufnahmen, statt mit 30% vorübergehend nur mit 10% Eigenmitteln zu unterlegen.

Hat sich – im Rückblick – die Trennung zwischen Geldpolitik und Aufsicht in der Schweiz bewährt? Ich zögere keinen Augenblick, diese Frage zu bejahen. Die Bekämpfung der Inflation behielt in der Geldpolitik unangefochten ihre Priorität. Wir wissen heute, dass es verfehlt gewesen wäre, den Prozess der Strukturbereinigung in unserm

Bankenbereich mittels einer grosszügigeren Geldversorgung zu verzögern. Dieser Prozess ist nötig. Er stärkte das schweizerische Bankensystem. Wir hätten als Preis einer unerwünschten – gefährlichen – Strukturerhaltung erst noch eine anhaltend hohe Inflation in Kauf nehmen müssen.

Konflikte, die sich im Zusammenhang mit dem Zahlungsverkehr ergeben könnten, rufen in der Schweiz glücklicherweise nicht nach einer Überwachung der Banken durch die Notenbank. Das Swiss Interbank Clearing System (SIC) ist ein Echtzeitsystem. Jede Zahlung wird – ist Deckung vorhanden – sofort ausgeführt. Probleme einer einzelnen Bank können damit nicht zu einem Systemproblem, das die Notenbank zu einer zu grosszügigen Liquiditätsversorgung veranlassen müsste, führen. Ein sogenannter «gridlock», der entsteht, wenn alle Banken auf eingehende Zahlungen warten, bevor sie ihre Zahlungen ausführen, kann im SIC nicht auftreten. Die Zahlungen lassen sich im SIC aufsplitten. Die Reihenfolge der Zahlungen kann verändert werden. Was vermögen unsere europäischen Partner aus unseren Erfahrungen im Zahlungsverkehr zu lernen? Konflikte, die sich hier ergeben könnten, lassen sich am ehesten durch eine geeignete Organisation des Zahlungsverkehrssystems vermeiden.

4. Die schweizerischen Erfahrungen sprechen für die Trennung der Aufgaben

Rund die Hälfte der OECD-Länder trennt die Verantwortung für die Geldpolitik und die Bankenaufsicht und verteilt sie auf zwei voneinander unabhängige Instanzen. Die andere Hälfte – darunter die Mehrheit der EU-Mitgliedstaaten – beauftragt die Notenbank auch mit der Bankenaufsicht. Die Finanzstrukturen der OECD-Länder zeigen keine stringenten Unterschiede, die die eine oder die andere Lösung erzwingen würden. Unsere schweizerischen Erfahrungen sprechen aber deutlich für die Trennung. Der Gesetzgeber der dreissiger Jahre kannte diese Erfahrung allerdings noch nicht. Er errichtete eine von der Notenbank unabhängige Bankenaufsichtsbehörde, weil er – geleitet von der typisch schweizerischen Angst vor Machtkonzentrationen – der Nationalbank nicht zu viel Entscheidungsbefugnisse geben wollte. Dieser Entscheid erscheint gerade im Lichte der Forderung, in Europa unabhängige Notenbanken zu schaffen, als weise. Eine Notenbank, die für die Geldpolitik und für die Bankenaufsicht verantwortlich ist, vereint viel Macht auf sich: wahrscheinlich zu viel, um auf die Dauer unabhängig von der Regierung operieren zu können. Die Rufe nach der Kontrolle der Notenbank gewännen an Stärke. Die Autonomie der Geldpolitik würde dadurch gefährdet. Die Gefahr, die Autonomie in der Geldpolitik zu verlieren, wiegt meines Erachtens aber weit stärker als die Vorteile, die eine Verbindung von Geldpolitik und Bankenaufsicht möglicherweise zu vermitteln vermöchte. Oder anders gesagt: Eine Notenbank, die sich auf ihren geldpolitischen Auftrag beschränkt, hat die besseren Chancen, ihre Unabhängigkeit über die Zeit zu bewahren.

Verfassung und Gesetz geben die Ziele der Geldpolitik wie der Bankenaufsicht in der Schweiz klar vor. Es ist für den Erfolg unseres Finanzplatzes zentral, dass beide Ziele optimal erreicht werden. Der Konflikt, der sich zwischen diesen Zielen ergeben kann, dürfte bei langfristiger Betrachtung dann, wenn die Nationalbank die Preisstabilität zu wahren vermag, zweitrangig sein. Eine niedrige Inflationsrate bildet den wichtigsten Erfolgsfaktor eines gesunden Finanzplatzes. Die Notenbank nützt, erreicht sie dieses Ziel, indirekt deshalb auch dem Bankgläubiger.

Wirtschaftspolitik im Spannungsfeld von Staat und Markt

1. Markt und Staat – zwei unterschiedliche Koordinationskonzepte

Wir Schweizer sind uns gewohnt, Markt und Staat als zwei einander entgegengesetzte Pole zu verstehen. Die beiden Institutionen werden aber auch in manchen andern Industriestaaten in der politischen Rhetorik wieder vermehrt gegeneinander ausgespielt: Weniger Staat – mehr Markt: so lautet die Parole einer wachsenden Bevölkerungsschicht.

«Staat» und «Markt» stehen in der Tat für zwei unterschiedliche Koordinationskonzepte: Der Markt koordiniert das wirtschaftliche Handeln der einzelnen Individuen über den Preis. Besteht an einem Markt ein Angebotsüberhang, so sinken die Preise. Dies veranlasst die Produzenten, weniger herzustellen, während es die Konsumenten zu vermehrtem Kaufen verlockt. Angebot und Nachfrage werden durch das Auf und Ab der Preise einander angeglichen. Der Staat setzt demgegenüber die Koordination des individuellen Handelns – etwa im Strassenverkehr – über Regulierungen und Sanktionen durch.

Dies ist sicherlich eine sehr technische Betrachtungsweise. Sie vermag kaum jemanden auf die Barrikaden zu treiben. Das Engagement steigt, wenn wir diese Begriffe mit Wertvorstellungen verbinden. Die Schweizer empfanden den Staat seit jeher als einengend. Sie waren immer bemüht, seine Aktivitäten in Grenzen zu halten. «Weniger Staat – mehr Freiheit»: dieser Slogan ist uns allen vertraut. Der Markt wird umgekehrt von vielen als Chance zur individuellen beruflichen Entfaltung verstanden.

Der Wirtschaftspolitiker tut jedoch gut daran, von der technischen Betrachtungsweise auszugehen. Wertungen – und damit auch

Wertvorstellungen – sind zwar ein integrierender Bestandteil der wirtschaftspolitischen Entscheidungsfindung. Ein solides Verständnis der ökonomischen Wirkungsmechanismen ist aber ebenso wichtig. Es lässt sich weder durch emotionale Pauschalurteile noch durch politische Slogans – wie eingängig sie auch sein mögen – ersetzen.

2. Nutzenmaximierung als Grundlage des wirtschaftlichen Handelns

Die heute gängigen Theorien der Nationalökonomie gehen davon aus, dass der einzelne seinen Vorteil maximiert. Er will zwischen dem angestrebten Ziel und den eingesetzten Mitteln ein möglichst günstiges Verhältnis herstellen. Die Wissenschaft leitete aus dieser und einer Reihe weiterer Prämissen – etwa der Voraussetzung der freien Konkurrenz – die Theorie des Marktes ab.

Warum sollte das Individuum aber sein maximierendes Verhalten nur auf seine Handlungen am Markt beschränken? Wer ökonomisch rational denkt, wird alle Möglichkeiten, die ihm zu Gebote stehen, zur Erhöhung seines Wohlbefindens in Erwägung ziehen. Es ist ihm gleichgültig, ob der Weg über den Markt oder am Markt vorbei führt. Der Markt ist in seinem Kalkül dem Versuch, den Staat – sei es über Subventionen oder über spezifische Regulierungen – für seine partikulären Interessen zu beanspruchen, gleichwertig. Die Frage, ob sich die Konkurrenz am Markt auszahlt oder ob besser auf deren Ausschaltung hinzuarbeiten sei, ist Teil dieses Kalküls. Das Verhältnis von Kosten und Erträgen gibt den Ausschlag. Anders gesagt: Der Markt setzt ein menschliches Verhalten voraus, das sich gegen ihn wenden – ihn ausser Kraft setzen – kann.

3. Staatshaushalt im Ungleichgewicht

Es ist deshalb kein Wunder, dass der staatliche Aktivismus sich immer mehr ausbreitet. Es erstaunt ebensowenig, dass die öffentlichen Ausgaben rascher als die Einnahmen wachsen. Das Individuum ist zwar bestrebt, seine Abgaben an den Staat so tief wie möglich zu halten. Es versucht gleichzeitig aber auch, ein möglichst grosses Stück vom Staatskuchen für sich abzuschneiden.

Die Auseinandersetzung um die Rolle von Staat und Markt konzentrierte sich kaum auf ein Thema so stark wie auf das Problem der steigenden Staatsausgaben. Es steht seit Jahren zuvorderst auf der wirtschaftspolitischen Agenda. Der Budgetausgleich wurde zum Losungswort einer wortstarken Fraktion von Wirtschaftspolitikern. Sind sie einer Lösung dieses Problems näher gekommen?

Einzelne Länder erzielten bei der Sanierung der Haushaltsdefizite zwar Fortschritte. Die Staatsausgaben – ihr Anteil am Sozialprodukt – stiegen in den meisten Industriestaaten aber weiter an. Eine klare Umkehr des Trends ist nicht erkennbar. Worte und Taten klaffen weit auseinander.

Auch unser Land zeigt deutlich, wie schwierig es ist, in der Finanzpolitik eine Wende zu erreichen. Zahlreiche Sparmassnahmen gingen über die Bühne, seit die Expertenkommission Jöhr in ihrer Schätzung der Einnahmen und Ausgaben des Bundes den Trend zu steigenden Defiziten voraussagte. Sie bescherten uns in den bald 30 Jahren – trotz vorübergehender Aufhellungen – allerdings keinen bleibenden Erfolg. Es sieht so aus, als würden die periodisch wiederkehrenden ad-hoc-Sparübungen zu einem integrierenden Bestandteil unserer Finanzpolitik.

Die regelmässigen Klagen über die Anspruchsinflation steuern wenig zur Lösung des Problems bei. Die Wünsche des Menschen sind grenzenlos. Sie waren es schon immer. Alle staatsmännischen Appelle zum Masshalten – sie gelten ohnehin immer nur dem andern – verhallen ungehört. Unsere Institutionen sind offensichtlich eher schlecht als recht auf das Faktum ausgerichtet, dass das Individuum sein Verhalten an der Maximierung des Nutzens orientiert.

Die Mehrheit der Bürger zahlt für die Leistungen des Staates nur einen Teil der effektiven Kosten. Die Staatsausgaben werden zum überwiegenden Teil über Steuern finanziert. Der Zusammenhang zwischen empfangenen Leistungen und erbrachten Abgaben ist sehr lose.

Die Nachfrage nach staatlichen Leistungen ist deshalb stärker, als sie es bei kostendeckenden Preisen wäre.

Noch schwerer wiegt, dass staatliche Leistungen zugunsten partikulärer Interessen zu billig erbracht werden. Ich denke nicht nur an die eigentlichen Subventionen. Staatliche Käufe von Gütern und Leistungen zu Preisen, die über gleichwertigen Angeboten der Konkurrenz liegen, haben ebenfalls Subventionscharakter. Der einzelne Bürger empfindet die Mehrbelastung, die er durch eine solche individuelle staatliche Begünstigung von Partialinteressen erfährt, kaum. Es lohnt sich für ihn nicht, Gegenmassnahmen – etwa ein Lobbying gegen einzelne Subventionierungen – zu ergreifen.

Der Nettoertrag der Subventionsjäger ist allerdings umso geringer, je mehr Bürger den Staat zur Verfolgung ihrer Partikularinteressen einspannen und es ebenfalls verstehen, Subventionen herauszuschlagen. All die kleinen Beträge addieren sich zu einer gepfefferten Steuerrechnung. Sie belastet schliesslich auch die Subventionsbezüger. Es ist daher nicht verwunderlich, dass selbst die fettesten Empfänger staatlicher Finanzhilfen sich in der Öffentlichkeit lauthals gegen die grassierende Subventioniererei wenden. Sie finden sich aber in der gleichen Lage wie die Opfer ihrer Umverteilungsbemühungen: Sie werden durch die einzelne Subvention nur unwesentlich belastet. Abwehraktionen lohnen sich nicht. Partikuläre Interessen, die sich um Subventionen bemühen, setzen sich daher im allgemeinen eher durch als Anstrengungen, die dem Ausgabenwachstum einen Riegel schieben sollen.

Die Ausweitung des Marktbereichs ist ein naheliegender Weg, um aus dieser Lage herauszukommen. Ich verstehe dabei unter «mehr Markt» den konsequenteren Einsatz des Preismechanismus zur Verteilung der Güter. Dies bedeutet noch nicht Privatisierung. Der sinnvolle Einsatz des Marktmechanismus und die Frage nach dem Eigentum sollten nicht – wie dies heute immer wieder geschieht – durcheinandergebracht werden, auch wenn sich zwischen den beiden Problemkreisen Berührungspunkte ergeben. Ein konzessioniertes, aber privat betriebenes Monopol – ein Monopol etwa im Bereich des Abfuhrwesens – muss nicht unbedingt günstiger als ein staatlicher Regiebetrieb arbeiten. Die Konkurrenz, die zur Effizienz zwingt, fehlt beiden.

«Mehr Markt» wäre durch die konsequentere Anwendung des Äquivalenzprinzips zu erreichen: durch die Verrechnung kostendeckender Preise bei der Verteilung staatlicher Leistungen. Das Wachstum der Staatsausgaben liesse sich auf diese Weise vermutlich wirksam bremsen. Das Äquivalenzprinzip eignet sich jedoch nicht für alle Bereiche. Es ist einem grossen Teil der Sozialpolitik fremd. Widerstände dürften ihm aber auch in jenen Gebieten, in denen es voll zum Zuge kommen könnte, erwachsen. Dies zeigten die Erfahrungen rund um die Schwerverkehrsabgabe nur zu deutlich.

Je mehr die Subventionen die Eigenschaften «wohlerworbener Rechte» annehmen, desto schwieriger sind sie aufzuheben. Eine konsequente periodische Überprüfung der Berechtigung wäre geeignet, diesen Mangel zu mildern. Es wäre zu überlegen, ob nicht eine zeitliche Beschränkung von Subventionen und Transferzahlungen sinnvoll wäre. Staatliche Subventionen haben ein grosses Beharrungsvermögen: Manch eine überlebte ihren Zweck um viele Jahre.

4. Staatliche Regulierungen im Dienste partikulärer Interessen

Nicht alle Massnahmen, die der Staat zugunsten partikulärer Interessen trifft, schlagen sich in der Staatsrechnung nieder. Sie können den Marktmechanismus trotzdem spürbar beeinträchtigen. Es gibt staatliche Zuschüsse, die am Staatshaushalt vorbeilaufen. Der Konsument bezahlt beispielsweise über die Hälfte der Umverteilungsmassnahmen, die der Staat zugunsten der Landwirtschaft traf, an der Staatsrechnung vorbei: Er berappt sie in der Form überhöhter Preise. Die Staatsrechnung ist bereits ein schwer durchschaubares Gebilde. Die Subventionen, die in ihr nicht erscheinen, sind es noch weit mehr. Sie entgehen der Kontrolle durch die Öffentlichkeit. Sie entziehen sich damit auch den Sparbemühungen des Parlaments. Die Bemühungen zur Sanierung des Staatshaushaltes werden mehr und mehr zur Farce, wo diese Art der Finanzierung staatlicher Ausgaben sich breit macht.

Die Landwirtschaftspolitik ist keine Ausnahme. Spektakulär sind höchstens die Grössenordnungen. Es gibt in andern Wirtschaftsbereichen aber durchaus vergleichbare Regelungen. Einige Kantone legen beispielsweise die Tarifordnung für die privaten Notare fest. Die Ansätze sind, wie inzwischen auch der Preisüberwacher merkte, nicht zu knapp bemessen.

Staatliche Normen und Marktordnungen schotten manchen Markt gegen unliebsame Auslandkonkurrenz ab. Diese Eingriffe müssen selbstverständlich durch übergeordnete Interessen begründet werden. Dies bietet den Privilegierten und ihren Partnern in der Verwaltung kaum Schwierigkeiten. Sicherheitstechnische und sicherheitspolitische Anliegen bieten sich als besonders geeignete Begründungen an. Sie haben zwar oft ihre Berechtigung. Die Eingriffe in den Markt gehen aber meistens weiter als nötig. Sie werden auch dann noch aufrecht erhalten, wenn die ursprünglichen Anliegen ihre Aktualität verloren haben.

Die Schweiz steht mit solchen protektionistischen Praktiken nicht alleine da. Sie trägt im Vergleich zu einigen andern Ländern, die es in dieser Kunst zu zweifelhafter Virtuosität brachten, sogar ein recht sauberes Hemd. Es wäre daher zu überlegen, ob eine Liberalisierung in diesen Bereichen nicht gleichzeitig als Instrument zur weiteren Öffnung ausländischer Märkte für schweizerische Produzenten eingesetzt werden könnte.

5. Monopole und Kartelle

Markt und Wettbewerb sind eine Geissel, von der die meisten lieber sprechen, als dass sie sich ihr unterwerfen. Es erstaunt daher nicht, dass die Versuche, die Konkurrenz ausser Kraft zu setzen, in unserem Lande häufig sind. Es braucht dazu nicht unbedingt den Staat als Helfer. Wer sich stark genug fühlt, wird es alleine wagen. Der Aufbau eines Kartells kostet aber Zeit und Geld. Kartelle sind recht fragile Gebilde. Sie beruhen in der Regel auf Freiwilligkeit. Die Entscheidungsfindung ist deshalb mühsam und aufwendig. Der Wind des Wettbewerbs rüttelt zunehmend an ihnen. Ihre Verteidigung wird kostspieliger. Die noch immer weite Verbreitung der Kartelle in der Schweiz zeigt aber, dass die Hindernisse nicht unüberwindbar sind.

Je seltener Preiskartelle in einer sonst wettbewerbsintensiven Volkswirtschaft werden, umso stärker profitieren die Kartellmitglieder: Sie selbst zahlen Konkurrenzpreise. Gleichzeitig erzielen sie aber Monopolpreise, die höher als die Preise bei funktionierendem Wettbewerb liegen. Ein jeder steht in der Öffentlichkeit gerne für freien Markt und Wettbewerb ein. Viele versuchen trotzdem, beides für sich wenn immer möglich auszuschalten. Hierin lässt sich kein Unterschied zum Verhalten gegenüber dem Staat erkennen.

Die Rechtfertigung wettbewerbsbehindernder Absprachen durch die Kartellmitglieder ist oft recht fragwürdig. Dies lässt sich an den Argumenten, die die Banken lange zur Verteidigung ihrer inzwischen weitgehend geknackten Zinskonvenien vorbrachten, besonders gut veranschaulichen.

Die Konvenien – argumentieren sie – trügen zur Verstetigung der Zinsentwicklung bei. Der Verlauf der Zinsen hängt jedoch vor allem von der Geldpolitik ab. Der beste Weg zur Glättung der Zinsentwicklung ist deshalb eine Verstetigung der Geldmengenexpansion. Die Zinskonvenien vermochten Zinsfluktuationen, die durch eine Veränderung des geldpolitischen Kurses oder durch Störungen aus dem Ausland ausgelöst wurden, jedenfalls nicht zu verhindern. Sie haben auch nichts mit dem vergleichsweise tiefen schweizerischen Zinsniveau zu tun. Die Zinssätze sind in unserem Land vor allem deshalb tief, weil die Teuerung niedrig und die Geldpolitik berechenbar ist. Die Zinsmargen waren dagegen wegen der Zinskonvenien hoch. Die Konvenien trugen zu den ansehnlichen Gewinnen der Banken bei. Sie sorgten auf diese Weise auch dafür, dass eine überholte Bankenstruktur sich recht lange zu halten vermochte. Die Erhaltung einer vielfältigen Bankenstruktur wurde vielfach sogar als selbständiger Rechtfertigungsgrund der Konvenien angesehen. Die Frage, ob Strukturerhaltung erstrebenswert sei, war verpönt. Die Banken missachteten die Erfahrungen, die wir in der Schweiz mit der Strukturerhaltungspolitik etwa beim Uhrenstatut gemacht hatten. Viele Kreditinstitute erlebten es in der Bankenkrise der frühen neunziger Jahre deshalb auf die harte Art: Branchen, die sich dem wirtschaftlichen Wandel nicht oder nur ungenügend anpassen, erhalten die Rechnung über kurz oder lang präsentiert. Eine verspätete Anpassung an veränderte Umweltbedingungen ist schmerzlicher als rechtzeitige Korrekturen.

6. «Starker Staat» oder «weniger Staat»?

Es erweist sich für den Einzelnen oft als gewinnbringend, den Markt, an dem er aktiv ist, mit Hilfe staatlicher Regulierungen oder von Kartellabsprachen vor der Konkurrenz abzuschotten. Die Volkswirtschaft als ganzes leidet auf die Dauer darunter. Ihre Strukturen erstarren. Sie verliert ihre Anpassungsfähigkeit. Damit wird sie krisenanfällig.

Die Sorge für den Wettbewerb ist deshalb eine wichtige Staatsaufgabe. Der Einzelne tut aus seinem Eigeninteresse heraus in der Regel nichts zur Erhaltung der Konkurrenz und des fragilen Marktmechanismus. Er hebt im Gegenteil den Wettbewerb für sich selbst lieber aus den Angeln. Der Staat muss deshalb verhindern, dass die staatsfreien Räume der Wirtschaft – die Bereiche, aus denen er sich im Zuge der Liberalisierungsbemühungen zurückzieht, – durch wettbewerbshemmende private Marktordnungen gefüllt werden.

Wir benötigen nicht «weniger Staat». Wir brauchen einen starken Staat, der sich auf seine Aufgabe – auf seine Ordnungsfunktion – besinnt: einen Staat, der die freiheitliche Wirtschaftsordnung gegenüber Partikularinteressen kompromisslos durchsetzt. Umgekehrt sollte sich der Staat lenkender Eingriffe ins Marktgeschehen möglichst enthalten. Er müsste selbst dort, wo ihm der sozialpolitisch motivierte Ausgleich obliegt, die Eigenheiten des Marktes vermehrt berücksichtigen oder mindestens Wege, die das Marktgeschehen nicht verzerren, beschreiten. Verzerrungen im Preis- und Mengengefüge veranlassen die Marktteilnehmer zu Anpassungsreaktionen. Sie haben nicht selten zur Folge, dass die getroffenen Massnahmen ihr angestrebtes Ziel verfehlen. Staatliche Eingriffe in den Marktmechanismus ziehen deshalb oft einen Rattenschwanz neuer Regulierungen nach sich. Diese haben die Tendenz, in weitere, vom Gesetzgeber noch unberührte Bereiche auszustrahlen.

Der Appell, bei lenkenden Eingriffen in den Marktmechanismus Zurückhaltung zu üben, richtet sich nicht nur an den Bundesstaat. Viele Kantone und sogar einzelne Gemeinden tun es ihm unter dem Signet der regionalen Wirtschaftsförderung gleich. Wir finden darunter auch Kantone, die – wenn es um die Kompetenzen des Bundesstaats geht – rasch mit liberalen und föderalistischen Parolen zur Hand sind. Sie nehmen im Rahmen der Wirtschaftsförderung für sich Instrumente, die sie dem Bund nie zugestehen würden, in Anspruch. Nicht jede Förderungsmassnahme ist jedoch marktwidrig. Die Pflege günstiger Rahmenbedingungen im Sinne einer effizienten Verwaltung und einer vertretbaren Steuerbelastung gehört zu den Pflichten des Staates. Die gezielte Unterstützung einzelner zuzugswilliger Unternehmungen – vor allem deren Unterstützung durch grosszügige Steuergeschenke oder durch Zinsverbilligungen – ist problematischer. Die Konkurrenz, die sich Kantone und Gemeinden im Kampf um finanzkräftige Steuerzahler liefern, ist kein geeigneter Weg, um die schweizerische Volkswirtschaft gesamthaft zu stärken.

7. Die Notenbank als Trägerin der Wirtschaftspolitik

Eine autonome Notenbank kann sich dem Einfluss von Partikularinteressen etwas einfacher als eine Regierung entziehen. Sie ist dem Rummel der Alltagspolitik weniger ausgesetzt. Die neuere Geschichte der schweizerischen Geld- und Währungspolitik berichtet uns trotzdem von Sündenfällen. Die Nationalbank wich in der Rezession der siebziger Jahre deutlich vom Pfad der Tugend ab. Sie bot den Unternehmungen bedrängter Industriebranchen kurz-, mittel- und langfristige Exportfinanzierung und Währungsabsicherungen zu Bedingungen, die einer Subventionierung gleichkamen, an.

Wir erlebten seither einen wirtschaftspolitischen Gesinnungswandel: eine stärkere Hinwendung zu Marktlösungen. Dieser Gesinnungswandel hinterliess in der Geldpolitik deutlichere Spuren als in andern Bereichen der Wirtschaftspolitik. Der Weg der Schweizerischen Nationalbank zu einer liberaleren Haltung wies allerdings – trotz der günstigen Voraussetzung der Notenbankautonomie – einige Krümmungen auf. Sie nahm noch in den siebziger Jahren verschiedentlich zu direkten Marktregulierungen Zuflucht. Diese reichten vom Emissionsplafond über die Konversionspflicht für Kapitalexporte bis zum Anlageverbot für Ausländer. Diese Eingriffe wurden durch die massive Höherbewertung des Schweizerfrankens, die mit der erfolgreichen Stabilisierungspolitik in einem inflationierenden Umfeld zusammenhing, ausgelöst. Die Erfahrung zeigte jedoch auch hier, dass jede Regulierung eine Plethora neuer Eingriffe nach sich zog, uns dem Ziel aber kaum näher brachte. Die Nationalbank konnte die Spekulation gegen den Franken erst wirkungsvoll eindämmen, als sie sich 1978 zu einer geldpolitischen Kehrtwendung entschied. Sie hob unter dem Eindruck dieser Erfahrungen alle ihre Regulierungen nach und nach auf.

Die Zurückhaltung der Nationalbank gegenüber Eingriffen in das Wirtschaftsgeschehen geht heute noch weiter. Sie ist überzeugt, dass das Wissen um die ökonomischen Wirkungszusammenhänge so unsicher ist, dass sich in unserer kleinen, stark exportorientierten Volkswirtschaft der Versuch einer konjunkturellen Feinsteuerung nicht rechtfertigen lässt. Die Nationalbank konzentriert sich deshalb auf eine zurückhaltende, möglichst stetige Geldmengenausweitung, die sie auf die längerfristigen Wachstumsmöglichkeiten der Wirtschaft abstimmt. Sie kann damit den wirksamsten Beitrag zu einem möglichst inflationsfreien Wachstum leisten.

Eine Notenbank kann sich dank ihrer Autonomie dem politischen Tagesgeschehen zwar besser entziehen als die Regierung. Sie bleibt mittelbar von ihm trotzdem betroffen. Anhaltend grosse Budgetdefizite nähren die Befürchtung, der Staat werde die Notenbank über kurz oder lang zur Finanzierung seiner Ausgaben einzuspannen versuchen. Dies trägt zur Bildung von Teuerungserwartungen bei und erschwert eine stabilitätsorientierte Geldpolitik.

Die Notenbanken müssen sich auch auf einen funktionstüchtigen

Markt abstützen können. Ihr Instrumentarium wirkt über die Zinssätze am Geld- und Kapitalmarkt auf die Entwicklung der Wirtschaft und – mit beträchtlicher Verzögerung – der Preise. Die Aufgabe der Notenbank wird erschwert, wenn die Anpassungsfähigkeit des Marktes durch staatliche Eingriffe, Monopole und Kartelle beeinträchtigt wird. Der Restriktionskurs der Notenbank und damit die Rezession müssen in Inflationszeiten umso stärker ausfallen, je starrer die Preise und je unverrückbarer die Preiserwartungen sind.

Eine Wirtschaftspolitik, die sich darauf konzentriert, günstige und stabile Rahmenbedingungen zu setzen, verspricht den nachhaltigsten Erfolg. Die Notenbank muss deshalb eine stetige Geldpolitik führen. Der Staat sollte bei direkten Eingriffen in das Marktgeschehen Enthaltsamkeit zeigen und das Augenmerk auf seine Ordnungsfunktion, zu der die Sorge um die Funktionsfähigkeit von Markt und Wettbewerb gehört, richten.

Der Strukturwandel der schweizerischen Volkswirtschaft im Konjunkturverlauf

Die schweizerische Wirtschaft befindet sich in einer schwierigen Phase. Die Unsicherheit über ihre längerfristigen Perspektiven ist grösser als in früheren Jahren. Die Schweiz muss sich in Europa neu orientieren. Diese Neuorientierung wird durch die tiefgreifenden Umwälzungen, die unser Kontinent durchläuft, erschwert.

Wir durchleben nicht nur eine Wirtschaftskrise. Wir befinden uns in einer eigentlichen Orientierungskrise. Diese Wirtschafts- und Orientierungskrise folgt auf die achtziger Jahre: auf ein Jahrzehnt, das allgemein als Periode wirtschaftlicher Prosperität und raschen Strukturwandels empfunden wurde:

- Ein vergleichsweise hohes Wirtschaftswachstum, das von einer überaus starken Ausdehnung der Beschäftigung begleitet war, belebte den Aufschwung der Wirtschaft.
- Der Vormarsch des Dienstleistungssektors charakterisierte – in groben Zügen – den Strukturwandel.

Der Blick zurück stellt uns vor zwei Fragen:

- Besteht – erstens – zwischen dem Strukturwandel der achtziger und den Problemen der neunziger Jahre ein Zusammenhang?
- Kann die Wirtschaftspolitik – zweitens – aus den Erfahrungen jener Jahre etwas lernen? Wie soll sie ihre Prioritäten setzen?

1. Einige grundsätzliche Bemerkungen zu Strukturwandel und Konjunkturverlauf

Der Strukturwandel der Wirtschaft ist eine der auffälligsten Begleiterscheinungen des Wachstumsprozesses. Er findet seinen Ausdruck in der Veränderung der sektoralen und branchenmässigen Zusammensetzung der Wirtschaft. Der Strukturwandel ist sowohl Ursache wie

Folge des wirtschaftlichen Wachstums. Produktivitätsfortschritte – Fortschritte, die beispielsweise durch technische Neuerungen ausgelöst werden, – legen in einem Sektor Arbeitskräfte frei: Arbeitskräfte, die in andern Sektoren eingesetzt werden können. Wirtschaftszweige und Branchen mit einem Angebot an Gütern oder Dienstleistungen, die bei steigendem Volkseinkommen unterdurchschnittlich stark nachgefragt werden, verlieren an Bedeutung. Die Schrumpfung der Landwirtschaft, die durch die Industrialisierung im 19. Jahrhundert ausgelöst worden war, bildet ein Paradebeispiel dieses Prozesses. Die Produktion je Erwerbstätigem stieg durch den Strukturwandel an. Oder anders gesagt: Die Produktivität der Wirtschaft nahm zu. Dies schuf die Basis des wachsenden materiellen Wohlstands.

Der Konjunkturverlauf rankt sich um den vom Strukturwandel begleiteten Wachstumsprozess. Strukturwandel und Konjunkturverlauf wurden zwar lange Zeit als zwei getrennte Phänomene aufgefasst: Der sozusagen von aussen – exogen – vorgegebenen, trendmässigen Entwicklung der Wirtschaft auf der einen stehen bei dieser Sicht die sich ablösenden Phasen raschen und langsamen Wachstums – oder gar die wirtschaftliche Expansion und Kontraktion – auf der andern Seite gegenüber. Wir neigen heute dagegen dazu, Wachstum und Konjunktur als zwei miteinander verbundene Phänomene zu betrachten. Der Konjunkturverlauf prägt den Wachstumsprozess. Er bestimmt damit auch den Strukturwandel. Die Struktur der Wirtschaft beeinflusst umgekehrt den Konjunkturverlauf.

Die entscheidende Frage ist damit allerdings noch nicht beantwortet: Welche Faktoren lösen die Schwankungen der Wirtschaftsentwicklung um ihren längerfristigen Trend herum aus? Diese Schwankungen wurden lange Zeit vor allem auf monetäre Schocks – auf unerwartete Veränderungen des Geldangebots oder der Wechselkurse – zurückgeführt. Die Verantwortung für das konjunkturelle Geschehen würde damit zu einem erheblichen Teil auf den Notenbanken lasten. Keine These der Wirtschaftstheorie – dies macht deren Charme aus – bleibt über längere Zeit unwidersprochen. Ein diametral entgegengesetzter Ansatz bildete sich anfangs der achtziger Jahre heraus. Er sah nicht mehr monetäre sondern vielmehr reale Schocks als Auslöser der zyklischen Bewegungen. Diese realen Schocks können vielfältigste Gestalt annehmen. Die monetären Bedingungen spielen in der «realen Konjunkturtheorie» nur noch eine untergeordnete Rolle. Die Notenbanken wären damit ihrer Verantwortung für die Entwicklung der Konjunktur enthoben. Ich erachte diese – für die Notenbanken zwar verlockende – Sicht als zu extrem, als dass sie Sinn zu machen vermöchte. Wir erlebten in der Schweiz immer wieder, dass monetäre Faktoren für den Konjunkturverlauf eine bedeutende Rolle spielen. Es ist allerdings richtig, dass andere Ursachen jeweils ebenfalls wirksam werden.

Ich will mich – nach diesen grundsätzlichen Überlegungen der konkreten Entwicklung der schweizerischen Wirtschaft in den achtziger Jahren zuwenden. Kaum eine Periode der jüngeren Vergangenheit – der Zeit seit dem zweiten Weltkrieg – vermag das Zusammenspiel von Strukturwandel und Konjunkturverlauf besser zu illustrieren. Einige wenige Kennzahlen zur Struktur- und Konjunkturentwicklung der achtziger Jahre sollen dies verdeutlichen.

2. Wirtschaftswachstum und Strukturwandel in den achtziger Jahren

Die Jahre 1980 und 1990 dienen mir als Eckdaten zur Illustration des Strukturwandels. Die Wahl dieser beiden Jahre hat zunächst praktische Gründe. Wichtige Daten zum Strukturwandel in der Schweiz sind nur in einem zehn- bzw. fünfjährigen Rhythmus verfügbar. Die Jahre 1980 und 1990 sind – abgesehen von der konkreten statistischen Datenlage – zudem besonders gut vergleichbar: Das Jahr 1980 stand mit einem realen Zuwachs des Bruttoinlandprodukts von 4,4% nahe bei einem konjunkturellen Höhepunkt. Das Jahr 1990 bildete den Kulminationspunkt des Konjunkturaufschwungs, den uns die achtziger Jahre bescherten. Dies erlaubt Aussagen über die trendmässige Entwicklung der schweizerischen Wirtschaft, die nur wenig durch konjunkturelle Sondereinflüsse verzerrt sind.

Das reale Bruttoinlandprodukt wuchs in den achtziger Jahren um durchschnittlich 2,1% pro Jahr. Dies entspricht dem schweizerischen Potentialwachstum: d.h. der durchschnittlichen Wachstumsrate, die sich in unserem Land über eine längere Zeit ohne Inflationsgefahr aufrechterhalten lässt. Das Potentialwachstum ist in der Schweiz ungefähr gleich hoch wie in den übrigen europäischen Ländern. Es liegt heute indessen deutlich tiefer als in den fünfziger und sechziger Jahren. Die Frage, weshalb es Mitte der siebziger Jahre zu einem – in allen entwickelten Industrieländern sichtbaren – Trendbruch kam, ist nicht geklärt. Die Ansicht, dass das gemässigte Wirtschaftswachstum, das wir seit Mitte der siebziger Jahre kennen, den Normalfall und die überaus starke Expansion der Jahre 1950 bis 1973 eine Ausnahmeerscheinung darstellt, überwiegt jedoch.

Die wirtschaftliche Leistungsfähigkeit eines Landes beurteilt sich jedoch nicht allein nach der Höhe der Wachstumsrate. Der Zuwachs der Produktion je Erwerbstätigem ist aufschlussreicher. Die Zahl der Erwerbstätigen erhöhte sich in der Schweiz zwischen 1980 und 1990 um durchschnittlich 1,8% pro Jahr. Sie wuchs fast gleich stark wie das reale Bruttoinlandprodukt. Dies bedeutet mit andern Worten, dass der Output je Erwerbstätigem – die Produktivität – nur minim zunahm. Es gilt dabei zu berücksichtigen, dass die Zahl der geleisteten Arbeitsstunden während jener Jahre weiter zurückging. Die Arbeitsproduktivität je Arbeitsstunde erhöhte sich damit etwas stärker. Das Produktivitätswachstum lag mit 1,3% pro Jahr dennoch deutlich unter den vor 1980 erreichten Werten. Worauf ist diese Verlangsamung zurückzuführen? Der Wandel der Wirtschaftsstruktur bietet uns eine Antwort auf diese Frage an.

Die Beschäftigung verlagerte sich in den achtziger Jahren – gemäss ihrem längerfristigen Trend – weiter in Richtung des Dienstleistungssektors. Dessen Anteil an der Gesamtbeschäftigung erhöhte sich von 1980 bis 1990 von rund 50% auf 61%. Der Vormarsch der Dienstleistungen erfolgte, da der Beschäftigungsanteil des Agrarbereichs sich nur noch geringfügig verkleinerte, fast ganz zulasten des zweiten Sektors: zulasten von Industrie und Bau. Der Dienstleistungssektor vermochte gleichzeitig auch seinen Anteil an der Bruttowertschöpfung zu steigern. Der Anteilsgewinn war hier aber deutlich geringer als bei der Beschäftigung. Dies heisst nichts anderes, als dass die durchschnittliche Produktivität im Dienstleistungssektor langsamer als in der Industrie und in der Bauwirtschaft wuchs. Der Produktivitätszuwachs des Dienstleistungssektors war von 1980 bis 1990 mit etwas über 1 % pro Jahr in der Tat nur halb so gross wie jener des zweiten Sektors. Es handelt sich dabei – ich möchte dies betonen – um Durchschnittszahlen. Der dritte Sektor ist sehr heterogen. Er kennt auch Wirtschaftszweige, die ihre Produktivität beachtlich steigerten. Umgekehrt finden wir im zweiten Sektor Branchen mit vergleichsweise bescheidenen Effizienzgewinnen. Die Produktivität ist bei den Dienstleistungen zudem schwerer als bei den Gütern zu messen. Dies ändert indessen nichts an der Grundtatsache. Der Dienstleistungssektor wies ein geringeres Produktivitätswachstum als die Industrie auf. Dies ist kein neues Phänomen. Es fällt heute aber, da der Dienstleistungssektor anteilsmässig auch in der Schweiz der grösste Wirtschaftsbereich ist, stärker ins Gewicht. Dies bedeutet, dass der gesamthafte Zuwachs des realen Pro-Kopf-Einkommens sich letztlich verlangsamt, wenn der Anteil der Erwerbstätigen, die im produktivitätsschwächeren Dienstleistungssektor beschäftigt sind, weiter wächst. Es lässt sich hier selbstverständlich einwenden, die Mehrung des materiellen Wohlstands sei nicht das Mass aller Dinge. Wer so argumentiert, mag eine arbeitsintensive Wirtschaft mit vergleichsweise geringen Produktivitätsfortschritten einer Wirtschaft mit hohem Produktivitäts- und geringerem Beschäftigungszuwachs vorziehen. Diese Sicht ist heute, da wir auch in der Schweiz mit Arbeitslosigkeit und Beschäftigungsproblemen kämpfen, weit verbreitet. Sie erscheint – auf den ersten Blick – als bestechend. Diese Argumentationsweise enthält jedoch zwei Schwachstellen:

- Die Vorstellung, eine kapitalintensive, mit wachsender Arbeitsproduktivität verbundene Produktionsweise vernichte Arbeitsplätze und bilde damit den Grund für die Beschäftigungsprobleme Europas, ist die erste Schwachstelle. Die Wirtschaftswissenschaft weist darauf hin, dass die Beschäftigung sich in entwickelten Industrieländern nur längerfristig ausweiten lässt, wenn wir mit einem hohen Einsatz an Kapital – vor allem an Humankapital, zu dem das Wissen zählt – hochqualifizierte Güter und Dienstleistungen produzieren. Wir vermögen uns nur so gegenüber der Konkurrenz aus Billig-Ländern zu behaupten: gegen die Konkurrenz von Staaten, die über viele Arbeitskräfte, die zu tiefen Löhnen produzieren, verfügen. Unser Wohlstand lässt sich – anders gesagt – auf die Länge nur durch eine Steigerung der wirtschaftlichen Effizienz sichern. Dies bedeutet keineswegs, dass die Arbeit in einer solchen Welt langsam ausgehen muss. Im Gegenteil! Die Arbeit wird uns nicht ausgehen, wenn es uns gelingt, durch ständige Innovation neue, qualitativ hochstehende Produkte – Produkte, nach denen im In- und Ausland eine Nachfrage besteht – zu entwickeln. Wir benötigen dazu Rahmenbedingungen, die Kreativität und Risikobereitschaft belohnen.

- Der Aufschwung von 1985 bis 1990 und die nachfolgende Rezession eignen sich zur Illustration einer zweiten Schwachstelle der angeführten Argumentationsweise. Sie zeigen sehr deutlich, mit welchen Gefahren eine Wachstumsphase, die durch hohe Arbeitsplatzgewinne, aber durch geringe Produktivitätsfortschritte gekennzeichnet ist, verbunden ist. Ein vergleichsweise geringer Nachfragerückgang zeitigt sofort grosse Auswirkungen auf die Beschäftigung. Ich möchte dies am konkreten Beispiel verdeutlichen.

3. Die Hochkonjunktur von 1985 bis 1990 und die Rezession der frühen neunziger Jahre

Die achtziger Jahre lassen sich in zwei Phasen unterteilen.

- Die erste Phase umfasste die Jahre 1980 bis 1985. Sie war im wesentlichen durch die Rezession von 1981/82 und durch die darauf folgende, stark vom Export getragene Erholung charakterisiert.
- Die zweite Phase erstreckte sich von 1986 bis 1990. Sie war von

> einem kräftigen Wirtschaftswachstum, das zuletzt in einen eigentlichen Boom mündete, geprägt. Das reale Bruttoinlandprodukt stieg in diesen fünf Jahren um durchschnittlich 2,8% pro Jahr. Es erreichte 1989 – auf dem Höhepunkt des Booms – sogar ein Wachstum von fast 4%. Diese Zuwachsraten überforderten die längerfristigen Möglichkeiten der schweizerischen Wirtschaft. Dies äusserte sich ab 1988 in steigenden Teuerungsraten.

Dieser Boom wurde teilweise durch eine Geldpolitik, die während einiger Zeit zu locker war, genährt. Reale Faktoren – vor allem der markante Zerfall der Erdölpreise im Jahre 1986 und die hohe Nachfrage des Auslands nach schweizerischen Exportgütern – gaben der Wirtschaft zusätzlichen Auftrieb.

Ein äusserst rasches Beschäftigungswachstum war für die Hochkonjunktur dieser Jahre besonders charakteristisch. Die Zahl der Erwerbstätigen nahm von 1985 bis 1990 um rund 400'000 Personen zu. Die Nachfrage nach Arbeitskräften stieg weit stärker als das potentielle Arbeitsangebot, das sich aus dem Wachstum der ständigen Wohnbevölkerung und der trendmässigen Zunahme der Erwerbsquote ergibt. Sie ging mit einem starken Anstieg der Zahl der ausländischen Erwerbsbevölkerung sowie mit einer raschen Erhöhung der Erwerbsquote der Frauen einher. Der Beschäftigungszuwachs konzentrierte sich klar auf die Dienstleistungen. Die Zahl der Arbeitsplätze im Dienstleistungssektor stieg um 16%. Sie erhöhte sich im zweiten Sektor dagegen nur um knapp 5%. In der Maschinenindustrie betrug der Zuwachs bloss 2,6%. Die Beschäftigung bei den Banken und Versicherungen nahm umgekehrt mit 20% besonders stark zu. Die reale Wertschöpfung im Finanzsektor hielt indessen mit der Expansion der Beschäftigung nicht Schritt. Die Arbeitsproduktivität – der Output je Erwerbstätigem – ging aus diesem Grunde markant zurück. Dazu gesellte sich ein nur schwaches Wachstum der Produktivität in den meisten übrigen Branchen des Dienstleistungssektors. Dies stand im Gegensatz zur Entwicklung in der Industrie. Sie – vor allem die Maschinenindustrie – vermochte ihre Produktivität erheblich zu steigern.

Dies bedeutet, dass ein beträchtlicher Teil der Arbeitsplätze, die in der zweiten Hälfte der achtziger Jahre geschaffen wurden, eine letztlich unwirtschaftliche – und damit auch trügerische – Basis hatte. Wir verspürten die Folgen nicht nur im Konjunkturrückgang, der zu Beginn der neunziger Jahre einsetzte. Sie beschäftigen uns noch immer. Stellen werden nicht nur in den konjunkturempfindlichen Bereichen von Industrie und Bau, sondern massiv auch im traditionellerweise resistenteren Dienstleistungssektor abgebaut. Wir erleben diesen Stellenabbau vor allem bei den Banken und Versicherungen. Er ist – mindestens teilweise – eine Folge der vorangegangenen, allzu raschen Ausdehnung der Beschäftigung. Arbeitsplätze mit einer tiefen Produktivitätsleistung sind in Zeiten eines schwachen oder gar stagnierenden Wachstums besonders stark gefährdet. Ihr Abbau äussert sich indessen nicht in einem entsprechenden Rückgang der Bruttowertschöpfung. Wir beobachten in der Tat, dass der Verlust von Arbeitsplätzen – setzen wir ihn in Vergleich zum Rückgang des realen Bruttoinlandprodukts – zur Zeit überproportional höher als während der Krise Anfang der achtziger Jahre ist.

Die Suche nach Sündenböcken, die für unsere heutigen Beschäftigungsprobleme verantwortlich gemacht werden können, feiert zur Zeit Urständ. Ich verstehe meine gerafft skizzierten Überlegungen nicht als Beitrag zu diesem populären Politspiel. Sie sollen lediglich aufzeigen, dass in der zweiten Hälfte der achtziger Jahre auch in der Schweiz ein Grundklima, das eine solche Entwicklung begünstigte, herrschte. Der Boom auf dem Immobilienmarkt und die euphorische Stimmung an den Finanzmärkten sind hier zu erwähnen. Stichworte wie Globalisierung, Liberalisierung, Securitisierung waren in aller Munde. Neue Finanzinstrumente schossen wie Pilze nach einem warmen Regen aus dem Boden. Die Immobilienpreise explodierten. Sie zogen die Wohnungsmieten in rascher Kadenz mit sich in die Höhe. Diese Entwicklungen entfalteten – genährt zunächst durch das monetäre Überangebot und die damit verbundenen zu tiefen Zinssätze – rasch eine Eigendynamik. Sie wurde durch immer unrealistischere Gewinnerwartungen vorangetrieben. Die Beschäftigung wurde auf dieser Basis kräftig ausgedehnt. Dieses Breitenwachstum steigerte wiederum die Nachfrage nach Wohnraum und Büroflächen. Die Überhitzung auf dem Immobilienmarkt wurde dadurch verstärkt.

4. Lehren für die Wirtschaftspolitik

Die Erfahrungen der achtziger Jahre zeigen deutlich, dass zwischen Konjunkturverlauf und Strukturwandel ein Zusammenhang besteht. Dies ist keine neue Erkenntnis. Bereits die Krise von 1974/75 löste innerhalb des Industriesektors einen langwierigen Prozess der Strukturanpassung aus. Die schweizerische Maschinenindustrie ging Mitte der achtziger Jahre schliesslich gestärkt aus diesem Prozess hervor. Auch der Krise von 1974/75 war eine konjunkturelle Überhitzung vorausgegangen. Sie hatte ihre Ursache im tiefen realen Wechselkurs des Schweizer Frankens und im leichten Zugang zu vergleichsweise billigen ausländischen Arbeitskräften. Diese Jahre waren nur scheinbar fett. Der Druck zu industrieller Innovation verminderte sich. Dies führte zu einem Verlust an internationaler Wettbewerbsfähigkeit.

Die wirtschaftspolitischen Behörden zogen nach der Krise von 1974/75 einige Lehren aus den gewonnenen Erfahrungen.

- Die Nationalbank – erstens – erkannte, dass der Verzicht auf eine eigenständige Geldpolitik auf die Länge kostspielig sein kann. Die Devisenkäufe, die im System fixer Wechselkurse von Bretton Woods zur Abwehr des Aufwertungsdrucks auf den Schweizer Franken notwendig waren, blähten die Geldmenge auf. Dies führte zu konjunktureller Überhitzung und zu Inflation. Die Freigabe des Wechselkurses war in dieser Situation der einzig mögliche Ausweg.
- Die politischen Behörden – zweitens – mussten erkennen, dass die grosse Verfügbarkeit vergleichsweise billiger ausländischer Arbeitskräfte sich – zusammen mit dem lange Zeit unterbewerteten Schweizer Franken – auf die Wirtschaft schädlich ausgewirkt hatte. Veraltete wirtschaftliche Strukturen wurden zementiert. Die schweizerische Wirtschaft verlor ihre Anpassungsfähigkeit. Sie

war, als die schützenden Rahmenbedingungen wegfielen, in wichtigen Branchen nicht mehr konkurrenzfähig. Die Behörden hatten zwar bereits 1970 mit einer massiven Kontingentierung auf die starke Zuwanderung ausländischer Arbeitskräfte reagiert. Sie hatten sich bei diesem Schritt indessen nur wenig von wirtschaftlichen Stabilitätsüberlegungen leiten lassen. Er erfolgte vielmehr vor dem Hintergrund der in Teilen der schweizerischen Bevölkerung zunehmenden Ausländerfeindlichkeit. Die Behörden verbanden mit der Zuteilung der Kontingente zudem eine einseitige Begünstigung einzelner Wirtschaftszweige. Dies brachte ein neues, auf die Länge strukturerhaltendes und damit – wie wir heute zu realisieren beginnen – gefährliches Element in die schweizerische Wirtschaftspolitik.

Wir dürfen diese Erfahrungen nicht ausser acht lassen, wenn wir heute daran gehen, die Lehren aus der Überhitzungsphase der achtziger Jahre – aus der ihr folgenden Teuerung und Rezession – zu ziehen.

– Die negative wirtschaftliche Entwicklung der frühen neunziger Jahre wurde durch eine vorübergehend zu expansive Geldpolitik mitverursacht. Es ist jedoch zu einseitig, diese Politik einzig auf die Schwierigkeiten, die Innovationen auf den Finanzmärkten bei der Steuerung der Geldmenge bereiteten, zurückzuführen. Die Nationalbank nahm im Jahre 1987 – vor dem Hintergrund der weitherum als zu stark empfundenen realen Aufwertung des Schweizer Frankens – vielmehr zu sehr auf den Wechselkurs Rücksicht. Es bildete sich damit ein Teuerungspotential, das unter den damaligen konjunkturellen Bedingungen rasch wirksam wurde. Welche Lehre lässt sich daraus ziehen? Die Rücksichtnahme auf den Wechselkurs birgt – dies zeigte sich nicht zum erstenmal – in einer kleinen offenen Wirtschaft, die stark von der ausländischen Konjunktur abhängig ist, grosse Gefahren in sich.

Die konjunkturelle Überhitzungsphase, die wir Ende der achtziger Jahre durchlebten, hatte allerdings nicht nur monetäre Ursachen. Das starke Beschäftigungswachstum im Dienstleistungssektor trug – zusammen mit dem Zerfall der Erdölpreise und mit der rasch anziehenden Auslandkonjunktur – ebenfalls zum Boom bei. Die schwache Produktivitätsleistung des tertiären Sektors, die mit diesem starken Wachstum verbunden war, muss uns nachdenklich stimmen. Sie könnte ein Indiz dafür sein, dass unser Dienstleistungssektor noch weite Bereiche aufweist, die sich durch Kartelle und Absprachen vor dem Wettbewerb schützen oder die von staatlichen Regulierungen profitieren. Die jüngste Entwicklung der Banken stützt diese These. Der Wettbewerb innerhalb dieser in der schweizerischen Wirtschaft besonders bedeutenden Dienstleistungsbranche verschärfte sich in den letzten Jahren massiv. Die Reduktion des überhöhten Personalbestandes, die bei den Banken 1991 einsetzte, ist eine unmittelbare Folge. Massgebende Vertreter der Maschinenindustrie fordern mit Nachdruck eine Revitalisierung der schweizerischen Wirtschaft. Sie postulieren einen Abbau staatlicher Regulierungen. Diese Forderungen sind begründet. Wir müssen staatliche Monopole, gesetzliche Regulierungen, öffentliche Protektionismen, Importhemmnisse und technische Vorschriften, die dem ungehinderten Marktzutritt entgegenstehen, resolut durchforsten. Unser Ziel muss es sein, Arbeitsplätze mit einem guten Produktivitätsausweis zu schaffen. Wir sollten gleichzeitig auch für ein Klima, das die Bildung neuer Arbeitsplätze fördert, sorgen.

Die Bundesbehörden bemühen sich gegenwärtig um eine Neukonzeption der schweizerischen Arbeitsmarktpolitik. Die Erfahrungen der achtziger Jahre mahnen zur Vorsicht. Die starke Nachfrage nach Arbeitskräften wurde im Konjunkturaufschwung der späten achtziger Jahre zu einem erheblichen Teil durch den Rückgriff auf ausländische Arbeitskräfte gespiesen. Der Lohnauftrieb wurde dadurch – insgesamt – gedämpft. Dies erscheint aus der Sicht des einzelnen Unternehmers – vor allem aus der Sicht des Unternehmers, dem die Kontingente billiger Arbeitskräfte zugeteilt wurden, – als erfreulich. Es birgt aus gesamtwirtschaftlicher Perspektive jedoch auch Risiken. Die rasche Ausweitung des Arbeitsangebots begünstigt über die steigende Nachfrage nach Gütern- und Dienstleistungen ein zu starkes Wirtschaftswachstum.

5. Die Nationalbank darf nicht allein gelassen werden – Die Finanzpolitik, die Wettbewerbspolitik und die Arbeitsmarktpolitik sind gefordert

Welche Schlüsse lassen sich aus diesen Überlegungen für die künftige Wirtschaftspolitik der Schweiz ziehen? Eine völlige Liberalisierung des Zustroms von Arbeitskräften birgt für ein kleines Land wie die Schweiz die Gefahr einer konjunkturellen Überhitzung in sich. Eine stabilitätsorientierte Geldpolitik vermag zwar zu verhindern, dass sich ein Inflationspotential aufbaut. Auch die beste Geldpolitik kann aber kurzfristig nicht vermeiden, dass die Preise auf einzelnen Märkten zu steigen beginnen. Der Wohnungs- und der Immobilienmarkt – beides Märkte, an denen das Angebot nur langsam erweitert werden kann, – sind für solche Preiserhöhungen besonders anfällig. Eine stabilitätsorientierte Geldpolitik muss sich am längerfristig tragbaren Potentialwachstum ausrichten. Ein über eine längere Frist anhaltendes, zu rasches Wachstum der Wirtschaft – zum Beispiel ein Breitenwachstum, das durch eine rasche Ausweitung des Arbeitsangebots begünstigt wird, – führt zwar zu einer Anhebung des Zinsniveaus. Der Zinsanstieg dämpft schliesslich die Nachfrage. Die Erfahrungen der späten achtziger Jahre zeigten jedoch, dass diese eingebauten Stabilisatoren in der Schweiz durch zahlreiche Indexmechanismen unterlaufen werden. Der Anpassungsprozess, der mit dem Zinsanstieg verbunden ist, verursacht zudem hohe Kosten. Diese Kosten fallen nicht zuletzt in der Form von Arbeitslosigkeit an. Wir bedürfen, wenn wir in Zukunft für ein ausgeglichenes, inflationsfreies – und damit auch langfristiges – Wirtschaftswachstum sorgen wollen, sicher in erster Linie einer stabilitätsorientierten Geldpolitik. Die Geldpolitik allein genügt aber nicht. Die Nationalbank darf von den übrigen Trägern der Wirtschaftspolitik nicht – wie dies bisher meist der Fall war – allein gelassen werden. Alle wirtschaftspolitisch Verantwortlichen sind aufgerufen, sich in ihren Bereichen stabilitätsgerecht zu verhalten. Drei wirtschaftspolitische Bereiche stehen dabei im Vordergrund: Die Finanzpolitik, die Wettbewerbspolitik und die Arbeitsmarktpolitik.

Die öffentliche Hand hat auf allen drei Ebenen die Verpflichtung, ihren Haushalt mittels ausgeglichener Budgets in Ordnung zu halten. Private Abreden und staatliche Vorschriften, die den freien Marktzutritt behindern, gehören beseitigt. Die Arbeitsmarktpolitik, die bisher vor allem strukturerhaltend wirkte, ist vermehrt in den Dienst der Stabilitätspolitik zu stellen. Die Verwirklichung dieser Forderungen stellt uns vor politisch heikle Fragen. Dies entbindet uns nicht von der Pflicht, rasch zu Ergebnissen, die unserer Wirtschaft langfristig förderlich sind, zu gelangen.

Kantonale Wirtschaftsförderung? – Die Rolle der Kantonalbanken

Die Kantone verloren mit der Errichtung des Bundesstaates auch im Bereiche der Wirtschaftspolitik wichtige Hoheitsrechte an den Bund. Die Zoll- wie – mindestens teilweise – die Steuerhoheit sind zwei Beispiele. Die Kantone verfügen inzwischen nur noch über ein stark abgerüstetes Instrumentarium zur Förderung ihrer Wirtschaft. Die Gründung der Nationalbank schloss diese Entwicklung ab. Bis Mitte des 19. Jahrhunderts zirkulierten in der Schweiz über 800 Münzsorten. Dieser Wirrwarr erheischte Abhilfe. Die Zentralisierung der Geld- und Währungspolitik auf Bundesebene entblösste die Kantone eines letzten wichtigen Instrumentes zur Steuerung ihrer regionalen Wirtschaft.

1. Regionalpolitik und kantonale Wirtschaftsförderung

Die Urner Kantonalbank blickte 1990 auf ihr fünfundsiebzigjähriges Bestehen zurück. Sie tat in dieser Zeit – teils freiwillig, teils unter mehr oder weniger eindeutigem politischem Druck – viel für die Wirtschaft des Kantons. Ich sah mich als Urner dadurch zur Frage herausgefordert: Haben wir in unserem Bundesstaat überhaupt noch einen regionalpolitischen Handlungsbedarf?

Wir sehen uns sicher mit regionalpolitischen Problemen konfrontiert. Sie manifestieren sich in räumlichen Ungleichgewichten: Ungleichgewichten bezüglich Wohlstand wie Lebensqualität. Das Wohlstandsgefälle ist vor allem auf Agglomerationsvorteile zurückzuführen. Sie lösen Wanderungen aus den Randgebieten in die wirtschaftlichen Zentren aus. Diese Wanderungen schwächen die föderalistische Struktur unseres Landes. Sie gefährden die politische und kulturelle Eigenständigkeit der Regionen. Dies droht die Vielfalt der Schweiz in Frage zu stellen. Die Zuwanderungsgebiete leiden unter Ballungsproblemen: unter hohem Verkehrsaufkommen, starken Industrieimmissionen, Lärm und schlechter Luft. Die Abwanderungsgebiete drohen wirtschaftlich zu verarmen. Wirtschaftliche Unterentwicklung ist realpolitisch mit Machtverlust verbunden.

Uri ist doppelt betroffen: Es gehört als Bergkanton zu den wirtschaftlich schwächsten Ständen. Gleichzeitig leidet es wie die grossen Städte unter dem Verkehr. Die Urner haben – für Schweizer eher atypisch – weder den Fünfer noch das Weggli!

Motive zur Regionalpolitik sind reichlich vorhanden. Sie rechtfertigen aber das Handeln noch nicht. Das Problem der Bewertung stellt sich in der Regionalpolitik schärfer als in den meisten andern Politikbereichen. Der Nutzen der Regionalpolitik sollte die Kosten der dazu ergriffenen Massnahmen übersteigen. Die meisten Kantone bezeichnen ihre Wirtschaftsförderung zwar als erfolgreich. Sie verweisen auf die Zahl neu geschaffener Betriebe und Arbeitsplätze. Zweifel an diesen Erfolgsausweisen sind aus zwei Gründen angebracht.

- Der Beweis – erstens –, dass die erhöhte wirtschaftliche Tätigkeit auf die staatlichen Förderungsmassnahmen zurückzuführen ist, lässt sich nicht erbringen. Wie sähe die Situation ohne diese Massnahmen aus? Dieser Vergleich ist unmöglich. Zu denken gibt ein anderer. Die Kantone, die keine Wirtschaftsförderung betreiben, zählen – ich verweise auf Zug oder Zürich – oft zu den reichsten. Kantone mit massiver Wirtschaftsförderung – zum Beispiel der Jura oder das Wallis – erweisen sich umgekehrt als finanzschwach.
- Finanzierungshilfen und Steuervergünstigungen an Betriebe führen – zweitens – oft zu blossen Mitnahmeeffekten. Die begünstigten Betriebe hätten die Investitionen auch ohne finanzielle Hilfe des Staates durchgeführt. Wo liegt das Problem? Die staatlichen Hilfen erhöhen den Gewinn des geförderten Unternehmens auf Kosten der Allgemeinheit. Sie führen zu Verzerrungen im Marktgefüge.

Die Regionalpolitik schafft auch einen Zielkonflikt zwischen regionalem Ausgleich und gesamtwirtschaftlichem Wohlstand. Kantonale Wirtschaftsförderung läuft oft Entwicklungen, die die gesamtwirtschaftliche Produktivität maximieren, zuwider. Dieses Problem zeigt sich am deutlichsten dort, wo kantonale Massnahmen zur Wirtschaftsförderung – die mit ihnen verbundenen Markteingriffe – zur Benachteiligung anderer Regionen führen. Die kantonalen Volkswirtschaftsdirektoren versuchten mit ihren «Empfehlungen zur Koordination der kantonalen Wirtschaftspolitik» aus dem Jahre 1982 zwar die interkantonale Standortkonkurrenz zu vermeiden und die Regionalpolitik auf marktwirtschaftliche Bedingungen auszurichten. Das Hauptproblem – das Problem der Bewertung kantonaler Wirtschaftsförderung – wird damit aber nicht gelöst. Es liegt darin, dass nur die wenigsten Kosten und Erträge sich monetär berechnen und damit vergleichen lassen.

Lassen Sie mich dies an einem den Urnern besonders vertrauten Beispiel illustrieren: an der regionalpolitischen Bewertung des Strassen- und Bahnbaus! Es genügt nicht, die direkten Kosten – die Kosten der Planung, des Landerwerbs, des Baus und des Unterhalts von Strasse und Schiene – den Geldmitteln, die im Kanton bleiben, und den Arbeitsplätzen, die neu entstehen, gegenüberzustellen. Wir müssen auch berechnen, wer – als Reisender oder als Konsument der transportierten Waren – von den Verkehrswegen profitiert. Noch weit schwieriger ist die durch monetäre Grössen kaum erfassbare Bewertung des allgemeinen Nutzens. Die kürzeren Reise- und Transportzeiten sind dabei den Belastungen durch Lärm und Abgase oder der Beeinträchtigung der landschaftlichen Schönheit gegenüberzustellen. Und die Kosten und Erträge, die Vor- und Nachteile, die wir miteinander vergleichen, müssen erst noch auf die untersuchte Region bezogen werden.

Die Massnahmen der kantonalen Wirtschaftsförderung entfalten zwar kaum so einschneidende und komplexe Wirkungen wie die über den St. Gotthard gelegten Strassen und Schienenwege. Sie stellen aber die gleichen Bewertungsprobleme. Die kantonale Wirtschaftsförderung sollte sich deshalb solange, als der Nutzen die Kosten nicht eindeutig übersteigt, auf das Setzen günstiger Rahmenbedingungen beschränken.

Mein Beispiel zeigt ein weiteres. Staatliche Massnahmen, die nationalen – oder gar internationalen – Interessen dienen, zeitigen oft stärkere regionale Auswirkungen als jene, die auf eine bestimmte Region zugeschnitten sind. Die kantonalen Behörden erweisen ihrer Bevölkerung deshalb den besten Dienst, wenn sie ihre Kraft dafür einsetzen, dass überregionale staatliche Massnahmen stärker auf ihre regionalen Konsequenzen hin überprüft werden.

2. Die Kantonalbank als Trägerin der kantonalen Wirtschaftsförderung

Was lässt sich aus meinen Überlegungen zur Regionalpolitik für die Geschäftspolitik der Kantonalbanken folgern? Die Kantonalbanken weisen eine lange Tradition als Trägerinnen der kantonalen Wirtschaftsförderung auf. Ihrer Gründung stand – wie allen regionalpolitischen Massnahmen – die Idee, die Wohlfahrt auf dem kantonseigenen Gebiet zu mehren, zu Pate. Die Motive hinter dieser Grundidee waren allerdings vielschichtig.

- Die Grossbanken investierten in der Zeit, in der die ersten Kantonalbanken entstanden, vorwiegend in den Eisenbahnbau sowie in Handel und Industrie. Das Kapital in den traditionellen Wirtschaftszweigen – in Handwerk und Landwirtschaft – wurde knapp. Die Kantonalbanken sollten diesem Kapitalmangel durch zinsgünstige Hypothekarkredite Abhilfe schaffen.
- Sie hatten gleichzeitig auch den Sparwillen der Bevölkerung zu stärken. Eine Bevölkerung, die sich auch in finanzieller Hinsicht unabhängig machte, bildete im letzten Jahrhundert eine wichtige Voraussetzung des demokratischen Durchbruchs.

Erreichten die Kantonalbanken diese ideellen Ziele? Wir dürfen diese Frage bejahen:

- Die blosse Existenz der Kantonalbanken wirkte sich – unabhängig vom Ziel der Wirtschaftsförderung – auf die wirtschaftliche

Tätigkeit günstig aus. Sie belebte dort, wo die Staatsinstitute auf private Banken stiessen, zudem die Konkurrenz. Die Kantonalbanken sorgten dadurch für marktgerechtere Kredit- und Einlagebedingungen.
- Die Kantonalbanken stellten dem Sparer in Zeiten finanzieller Instabilität überdies einen sturmsicheren Hafen zur Verfügung.

Wir dürfen aber nicht nur in die Vergangenheit, wir müssen vielmehr in die Zukunft blicken. Welchen Stellenwert soll die kantonale Wirtschaftsförderung in der Geschäftspolitik der Kantonalbanken morgen beanspruchen? Wie vertragen sich ideelle, nicht-wirtschaftliche Motive mit dem Gewinnziel einer Bank?

Jede Bank sieht sich einem klassischen Maximierungsproblem gegenüber. Sie muss innerhalb eines Zielmixes Prioritäten setzen. Zweck der Unternehmensstrategie ist es, festzulegen, ob der Gewinn, die Sicherheit oder ideelle Ziele maximiert und welche anderen Ziele als Nebenbedingungen aufgefasst werden sollen. Der freie Markt setzt dieser Flexibilität allerdings Grenzen. Eine Bank kann dem Gewinn nur solange, als die Konkurrenz dies zulässt, untergeordnete Priorität einräumen. Ihre Existenz ist gefährdet, wenn der Gewinn unter eine bestimmte Mindestgrenze fällt und notwendige Investitionen zur Sicherung der Rentabilität deshalb unterbleiben. Die Bank läuft Gefahr, durch ihre Konkurrenten vom Markt verdrängt zu werden. Ideelle Ziele lassen sich auf Märkten, auf denen die Konkurrenz spielt, nur auf Kosten des Gewinns verfolgen. Die Eigentümer haben dafür zu bezahlen. Die Kantonalbanken sind Staatseigentum. Wirtschaftsförderung über die Kantonalbanken geht damit stets zulasten der Steuerzahler.

Diese Überlegungen klingen abstrakt. Die Geschichte der Vorläuferin der Urner Kantonalbank – der Ersparnis-Kassa Uri – bietet uns eine gute Illustration. Sie lehrt uns, wohin die geschilderten Interessenkonflikte führen. Die industriellen Engagements, die die Ersparnis-Kassa einging, waren zu wenig von wirtschaftlichen Überlegungen getragen. Die Sicherung von Arbeitsplätzen stand im Vordergrund. Die zu grosse Nähe zwischen Regierung und Bank führte zu einer die Kräfte des Instituts übersteigenden Beteiligung am

Aktienkapital der Schöllenenbahn. Falsch verstandene Wirtschaftsförderung und politische Abhängigkeit verwickelten die Ersparnis-Kassa derart in immer auswegslosere finanzielle Verstrickungen. Diese führten 1915 in den Konkurs. Die auf den Trümmern der Ersparnis-Kassa errichtete Urner Kantonalbank hatte an dessen Folgen lange zu tragen. Dieses Beispiel, das anhand der Geschichte anderer Kantonalbanken mehrfach variiert werden könnte, zeigt, welche Gefahren einer Bank aus Interessenkonflikten drohen. Es macht in aller Deutlichkeit auf ein weiteres Problem, mit dem die Kantonalbanken konfrontiert sind, aufmerksam: auf den speziellen, staatlichen Status.

Die Kantonalbanken profitieren in mancherlei Hinsicht von ihrem Status als Staatsbank. Die Staatsgarantie, die mit dem Dotationskapital verbundene Privilegierung bei den Eigenmittelerfordernissen und die ihnen in vielen Kantonen gewährte Steuerbefreiung geben den Kantonalbanken einen Wettbewerbsvorsprung. Diesen Vorteilen stehen aber gewichtige Nachteile gegenüber. Die Beschränkung des Filialnetzes auf einen einzigen Kanton, das Verbot der direkten Beteiligung an privaten Unternehmen und die teils offene, teils versteckte Gewinnablieferung an die Staatskasse hemmen die Kantonalbanken im Wettbewerb. Die Ersparnis-Kassa Uri musste – um sie nochmals zu zitieren – über weite Strecken ihres Bestehens wegen staatlicher Reglementierungen unter nicht marktkonformen Bedingungen operieren. Sie hatte entscheidende wettbewerbliche Nachteile in Kauf zu nehmen. Viele Kantonalbanken machen heute ähnliche Erfahrungen. Die Vor- und Nachteile, die mit dem staatlichen – dem politischen – Einfluss verbunden sind, mögen sich bis in die fünfziger Jahre noch die Waage gehalten haben. Die Kantonalbanken verloren seither aber massiv Marktanteile. Dieser Verlust deutet darauf hin, dass ihnen das staatliche Korsett zu eng wird. Die weltweite Öffnung und Liberalisierung der Finanzmärkte machte vor der Schweiz nicht halt. Sie lässt die Gewinnmargen der Banken tendenziell schrumpfen. Der Spielraum für ideelle Ziele, mit denen die politischen Kräfte die Kantonalbanken oft hemmen, wird enger.

Ich will die Zukunft der Kantonalbanken nicht schwarz in schwarz malen. Sie weisen Stärken, die ihnen auch im härteren Wettbewerb

Chancen einräumen, auf. Die regionale Verwurzelung und die Kundennähe vermitteln ihnen kompetitive Vorteile. Das hohe Vertrauen, das sie in der Bevölkerung geniessen, spielt ihnen in einem Zeitpunkt, in dem einzelne Aspekte des internationalen Bankgeschäfts in breiten Kreisen kritischer beurteilt werden, einen weiteren Trumpf in die Hand. Der «Trumpf-Buur» ist es allerdings nicht! Anleger und Bankkunden werden zusehends renditebewusster. Die Performance wurde zum obersten Trumpf im Finanzspiel. Was macht der gute Jasser mit kleinen Trümpfen? Er setzt sie ein, um dem Gegner zusammen mit seinem Partner da und dort ein Banner oder gar ein Ass abzunehmen. Was können die Kantonalbanken daraus für den Wettbewerb von morgen ableiten?

- Sie müssen sich – erstens – bewusst werden, wie entscheidend die Kooperation mit ihren Kantonalbank-Partnern ist. Weder liebe Gewohnheiten noch historische Tabus dürfen der Zusammenarbeit im Wege stehen. Ich möchte selbst die Frage, ob eine starke und gesunde Bank im gemeinsamen Dienste mehrerer Kantone nicht eine erfolgversprechende Variante zur heutigen Kantonalbankenstruktur sein könnte, in die Diskussion der denkbaren Kooperationsmodelle miteinbeziehen.
- Ein fairer Wettbewerb setzt – zweitens – gleiche Spielregeln voraus. Die Kantone dürfen ihre Staatsinstitute deshalb nicht mit kürzeren Spiessen auf den immer kompetitiveren Finanzmärkten antreten lassen. Die kantonalen Politiker sollten ihnen bei der Suche nach neuen Strategien nicht im Wege stehen. Unkonventionelle Schritte drängen sich auf.

Die Umwandlung der Kantonalbanken in Aktiengesellschaften oder gar deren Privatisierung wird heute offen diskutiert oder sogar eingeleitet. Das Anliegen, das sich hinter diesen Stichworten verbirgt, ist dringend. Die Kantonalbank von morgen braucht wesentlich mehr Flexibilität, als ihr die Politik heute vielfach noch zugestehen will. Sie benötigt grössere unternehmerische Freiheit. Ihre Spiesse im Wettbewerb mit ihren Konkurrenten lassen sich nur über diesen Weg verlängern. Erfolg und Fortbestand der Kantonalbanken wird sich daran entscheiden.

Währungspolitik und internationale Währungskooperation

Die Europäische Union und die Schweiz – Zusammenarbeit im monetären Bereich

Europa steht im Brennpunkt des öffentlichen Interesses der Schweiz. Wie sollen – wie können – wir unsere Zusammenarbeit mit der Europäischen Union (EU) gestalten? Diese Frage interessiert auch unsere Nachbarn.

Die zwölf EG- und die sieben EFTA-Staaten – einschliesslich der Schweiz – unterzeichneten 1992 den Vertrag über den Europäischen Wirtschaftsraum (EWR). Der schweizerische Bundesrat beschloss gleichzeitig, unser Land in die EU zu führen. Er reichte in Brüssel ein offizielles Beitrittsgesuch ein. Die Schweizer lehnten in der Volksabstimmung vom 6. Dezember 1992 die Beteiligung am EWR aber mit der Mehrheit der Bevölkerung und der Kantone ab. Das Gesuch, der EU beizutreten, spielte im Abstimmungskampf eine wichtige Rolle. Der Bundesrat entschied sich deshalb dafür, das Beitrittsgesuch zu sistieren und die Annäherung an die EU über bilaterale Verhandlungen zu suchen. Sie sollen folgende Bereiche regeln: den Personenverkehr, die Zusammenarbeit im Forschungsbereich, den Abbau technischer Handelshemmnisse und die Verkehrs- und Transportprobleme.

1. Die Europäische Union (EU) als wirtschaftliche und politische Herausforderung der Schweiz

Es ist kein Zufall, dass in den bilateralen Verhandlungen erneut Wirtschaftsfragen im Vordergrund stehen. Die Handelsbeziehungen zwischen der Schweiz und der EU sind eng. Nur die USA und Japan kaufen in der EU mehr Güter. Rund drei Viertel der schweizerischen Importe stammen aus der EU. Mehr als die Hälfte unserer Exporte gehen in die Länder der Union. Diese enge Beziehung zeigt sich auch bei den Arbeitskräften. Mehr als 703'000 Staatsangehörige aus EU-Ländern arbeiten in der Schweiz. Dies entspricht rund 10% der gesamten Bevölkerung. Schweizerische Unternehmungen bieten zudem im EU-Raum 393'000 Menschen Arbeit. Die Sicherung und der Ausbau der Wirtschaftsbeziehungen liegen im beidseitigen Interesse.

Die Schweiz handelt allerdings kurzsichtig, wenn sie sich ausschliesslich auf die wirtschaftliche Zusammenarbeit konzentriert. Die EWR-Abstimmung zeigte beispielhaft, was dabei passieren kann. Gegner wie Befürworter malten im Abstimmungskampf wirtschaftliche Schreckensbilder an die Wand. Die Gegner warnten, dass ein Ja zum EWR die Zinsen und die Zahl der Arbeitslosen steigen, die Löhne und den Wohlstand aber sinken lasse. Die Befürworter zeichneten in den schwärzesten Farben das Bild einer isolierten und damit erpressbaren Wirtschaft, deren Motor – die Exportindustrie – abgewürgt werde.

Ökonomen sind – was Prognosen betrifft – selten einer Meinung. Sie können sich sogar irren. George Bernard Shaw meinte: «If all economists were laid end to end, they would not reach a conclusion». Wir können die Frage, ob unser Nein zum EWR negative wirtschaftliche Folgen zeitigen werde, erst in einigen Jahren beantworten. Unsere Wirtschaft würde heute – hätten wir dem EWR zugestimmt – kaum ein wesentlich anderes Bild bieten. Jede Entwicklung bietet Chancen wie Risiken. Wir brauchen unter jedem Szenario den Mut, die Chancen tatsächlich zu nutzen.

Chance wie Risiko wäre für die Schweiz auch der Beitritt zur EU. Der Bundesrat erblickt darin, wie er in seinem Bericht über die Aussenpolitik der Schweiz in den neunziger Jahren schreibt, weiterhin sein strategisches Ziel. Die Gegner werfen der Regierung vor, den Volkswillen zu missachten. Ich stehe positiv zum Bericht. Er trägt dazu bei, endlich auch die Auseinandersetzung über die politische Seite unserer Integration anzuregen. Unsere EU-Diskussion darf sich nicht in einem Aufrechnen von Millionen, Prozenten oder Tonnen erschöpfen. Die EU steht – trotz manchen Versagens – für Friede, Freiheit und Demokratie in Europa. Wir müssen uns schlüssig werden, ob wir mit unseren europäischen Partnern beim Aufbau dieser demokratisch abgesicherten Friedensordnung zusammenarbeiten wollen. Die EU hat der Schweiz gerade hier einiges zu bieten. Wir Schweizer können umgekehrt viel in das sich neu formierende Europa einbringen. Unsere Regierung und unsere Wirtschaft müssen die Bevölkerung für diese Tatsache offen machen. Sie sollten aufhören, ein Ja zu Europa mit wenig glaubwürdigen Prognosen wirtschaftlicher Katastrophen – oder gar mit Drohungen – ertrotzen zu wollen. Nur eine selbstbewusste – auf ihre politischen und wirtschaftlichen Leistungen stolze – Schweiz wird die Angst vor den Risiken eines EU-Beitritts aufgeben. Nur sie wird ihn als Chance begreifen.

Die Union, über die die Schweiz in einigen Jahren erneut abstimmen wird, wird nicht mehr die EU von heute sein. Sie wird sich stark verändern. Der Beitritt Österreichs, Schwedens und Finnlands stärkte die Demokratie und das föderale Element. Die Zahl der Mitgliedländer, die für Freihandel eintreten, wuchs. Diese Entwicklungen kommen der Schweiz entgegen. Der Beitritt der mittel- und osteuropäischen Staaten, der nach der Jahrtausendwende erfolgen soll, wird sie noch verstärken. Diese Länder erfreuen sich ihrer jungen politischen Freiheit. Sie neigen weniger zum Protektionismus als wir Westeuropäer.

Die Integration der Mitte und des Osten unseres Kontinents ist eine grosse Herausforderung. Westeuropa darf nicht die Fehler der Zwischenkriegszeit wiederholen. Es gelang damals nicht, die mittel- und osteuropäischen Staaten politisch und wirtschaftlich einzubinden. Der französische Ökonom Francis Delaisi beschrieb 1929 in seinem Buch «Les Deux Europes» das Trennende zwischen Ost und West. Osteuropa sei – meinte er – durch das «cheval de trait», das Zugpferd, geprägt; Westeuropa stehe dagegen unter dem Zeichen des «cheval-vapeur», der Pferdestärke. Das Trennende zwischen Ost und West ist – fast 70 Jahre später – noch nicht behoben. Wir erleben es als enormes Wohlstandsgefälle, das viel Zündstoff enthält. Tadeusz Mazowiecki warnte 1990 am KSZE-Gipfel in Paris: «Unsere gemeinsame Zukunft ist durch dunkle Wolken, hervorgebracht durch das Aufbrechen alter Konflikte, gefährdet, wenn es nicht gelingt, die Teilung Europas in solche, die haben, und solche, die nichts haben, zu überwinden.» Die EU ist die bestimmende Kraft in Europa. Ihre Verantwortung ist gross. Sie muss entsprechend ihrer Stärke zur Überwindung der Kluft zwischen West und Ost beitragen. Die Mitgliedschaft der mittel- und osteuropäischen Staaten sollte ihr Ziel sein. Die von Vaclav Klaus 1994 im schweizerischen Crans-Montana geforderte «Ost-westeuropäische Stabilitätsunion» lässt sich nur so verwirklichen. Dies wird die EU allerdings zwingen, ihre Politik zu ändern. Ein Europa der 20, 24 oder gar 30 Mitgliedstaaten lässt sich – in seiner ganzen Vielfalt – nicht unter einen institutionellen Hut zwängen. Die Mitgliedstaaten müssen frei sein zu wählen, in welchen Bereichen sie alle Integrationsschritte mitmachen und in welchen sie ihre nationale Souveränität behalten. Dies bedeutet eine Mitgliedschaft à la carte. Eine solche Union ist – als Zukunftsvorstellung – in Brüssel nicht populär. Sie trägt aber der Vielfalt Europas Rechnung. Jene Mitgliedstaaten, die eine vertiefte Integration wünschen, würden nicht gehindert, sie auch zu verwirklichen. Dieses Europa würde nicht mehr dem kartesianisch durchdachten Gebilde, an dem «Brüssel» heute noch arbeitet, gleichen. Es ähnelte vielmehr einem bunten Flickenteppich, wie wir ihn in Europa während Jahrhunderten – bis zum Aufkommen des Nationalismus – als Heiliges Römisches Reich kannten: eine Union, die – um Dantes Definition dieses Reiches zu verwenden – kleine wie grosse politische Gemeinschaften verschiedenster Sprache gleichberechtigt in einer Friedensordnung umfasst.

Diese europäische Konstruktion hätte klare Vorteile. Sie liefe weniger Gefahr, zu vereinheitlichen, wo Vielfalt besser ist. Sie würde die Chance öffnen, Integration über den Wettbewerb statt über Regulierungen zu finden und dadurch bessere Lösungen zu erzielen. Sie vermöchte zu verhindern, dass einzelne Staaten eine weitergehende Union blockieren. Sie könnte schliesslich gewährleisten, dass die demokratischen Rechte der europäischen Stimmbürgerinnen und Stimmbürger nicht weiter verwässert sondern gestärkt werden.

Die Mehrheit der Schweizer würde eine solche Union eher als

Chance denn als Risiko begreifen. Wir sind einstweilen jedoch nicht Mitglied der EU. Wir müssen, solange dies so bleibt, auch die Chancen, die uns die Nichtmitgliedschaft eröffnet, nutzen.

Dies gilt für die Politik wie für die Wirtschaft. Ich will dies an zwei Bereichen – der Geldpolitik und den Finanzmärkten – verdeutlichen.

2. Die geldpolitische Kooperation mit Europa – Beitrag zur Stärkung des Stabilitätsblocks

Die Schweizerische Nationalbank richtet ihre Geldpolitik auf das Ziel Preisstabilität aus. Dies war nicht immer so. Wir orientierten uns bis 1973 am System von Bretton Woods: an einem System fester Wechselkurse. Die Schweizerische Nationalbank sah sich dadurch – wie andere europäische Notenbanken – anfangs der siebziger Jahre gezwungen, zugunsten des Dollars am Devisenmarkt einzugreifen. Die Geldmenge blähte sich stark auf. Die Inflation stieg. Ihre Rate erreichte schliesslich mehr als 10%. Das Wechselkursziel wurde im Januar 1973 deshalb fallengelassen. Wir setzten ein Ziel für die jährliche Wachstumsrate der Geldmenge M1 an seine Stelle. Das Ziel wurde so gewählt, dass es mit einer tiefen Teuerung in Einklang stand. Die Wahl eines neuen Ankers für die Geldpolitik widerspiegelte die Kontrolle, die wir über die Entwicklung der Geldmenge und damit über den Verlauf des Preisniveaus gewannen.

Diese Politik erfuhr seither keine grossen Veränderungen. Wir orientieren uns nach wie vor an der Wachstumsrate der Geldmenge. Zwei Dinge lediglich änderten sich:

- Wir verwenden heute zum einen nicht mehr M1 als Zwischenziel. Seit 1980 benutzen wir die Notenbankgeldmenge – das von uns direkt kontrollierbare Aggregat – als Richtschnur.
- Wir geben zum anderen seit 1991 keine jährlichen Wachstumsziele für die Notenbankgeldmenge mehr bekannt. Unser Bestreben geht statt dessen dahin, diese im Zeitraum von rund fünf Jahren um durchschnittlich ein Prozent pro Jahr auszudehnen.

Der Erfolg in der Bekämpfung der Teuerung gibt uns bezüglich der Wahl des Zieles recht. Erfolg in der Geldpolitik ist keine Selbstverständlichkeit. Mehrere Faktoren müssen zusammenspielen, damit der Wunsch nach stabilen Preisen zur Realität wird. Vier erscheinen mir als besonders wichtig:

- Die Notenbank muss – erstens – unabhängig sein. Sie soll nicht dem Einfluss von Politik oder von Einzelinteressen ausgesetzt werden. Sie darf sich allein dem Allgemeinwohl – und nicht kurzlebigen Sonderwünschen – verpflichtet fühlen. Die Geldpolitik bleibt nur in einem solchen Umfeld glaubwürdig.
- Die Geldpolitik vermag – zweitens – ihr Ziel nur zu erreichen, wenn sie von einer verantwortungsbewussten Haushaltspolitik des Staates unterstützt wird. Stark wachsende Staatsdefizite und eine hohe Staatsverschuldung verunmöglichen auf die Dauer eine erfolgreiche Geldpolitik.
- Die Geldpolitik muss – drittens – stetig sein. Häufige Änderungen des Ziels oder der Mittel schaden ihrer Glaubwürdigkeit.
- Die Geldpolitik sollte – viertens – flexibel sein, damit sie auf unerwartete Entwicklungen zu reagieren vermag. Flexibilität darf jedoch nicht auf Kosten der Stetigkeit gehen. Die Glaubwürdigkeit nähme sonst Schaden.

Konflikte zwischen diesen vier Anforderungen lassen sich nicht immer vermeiden. Wir erfuhren dies auch in der Schweiz. Wir entschieden uns zweimal – Ende der siebziger wie der achtziger Jahre – für mehr Flexibilität auf Kosten der Stetigkeit. In beiden Fällen führten wir den Märkten zusätzliche Liquidität zu, um einer kräftigen Aufwertung des Schweizer Frankens zu begegnen. Wir nahmen dafür in Kauf, unser Geldmengenziel kurzfristig zu verletzen. Es gelang uns beide Male, die Aufwertung des Schweizer Frankens zu stoppen und eine Währungskrise zu verhindern. Dieser Erfolg hatte aber einen hohen Preis: einen Anstieg der Teuerung.

Wie erklärt sich dieser Konflikt zwischen Flexibilität und Stetigkeit? Wir steuern – wie bereits erwähnt – die Notenbankgeldmenge und überlassen den Wechselkurs des Schweizer Frankens in der Regel sich selbst. Diese Politik birgt – dies gilt auch hier – Chancen wie Risiken in sich. Eine zu starke Aufwertung des Schweizer Frankens kann unserer Exportindustrie Schaden zufügen. Eine starke Abwertung droht die Teuerung anzuheizen.

Die Politik flexibler Wechselkurse, die wir verfolgen, hat jedoch gewichtige Vorteile.

- Der Wechselkurs vermag sich – erstens – ohne grössere Verzögerung an aussenwirtschaftliche Ungleichgewichte anzupassen.
- Die Geldpolitik kann – zweitens – einem unterschiedlichen zeitlichen Verlauf der Konjunktur im In- und Ausland Rechnung tragen.
- Sie ist – drittens – in der Lage, eine tiefere Inflationsrate und damit auch ein tieferes Zinsniveau, als sie das Ausland ausweist, zu erreichen.

Die Schweiz verstand es, diese Vorteile in der Vergangenheit zu nutzen. Daran wird sich in den nächsten Jahren nicht viel ändern. Die Schweizerische Nationalbank besitzt in der Geldpolitik Glaubwürdigkeit. Diese Glaubwürdigkeit wird es ihr erlauben, die Vorteile einer unabhängigen Politik weiterhin zu nutzen. Die Schweiz zieht daraus nicht allein Nutzen. Unsere europäischen Partner profitieren mit uns. Wir bezeugen ihnen, indem wir mithelfen, eine europäische Stabilitätszone zu erhalten, unsere Solidarität.

Die Schweiz ist mit den stabilitätsorientierten EU-Mitgliedern in ihrer Geldpolitik solidarisch. Sie steht mit ihrer unabhängigen Geldpolitik aber zur monetären Landschaft Europas quer. Die meisten EU-Staaten beteiligen sich am Europäischen Währungssystem (EWS). Diese Politik schien zwischen 1987 und 1992 nur Vorteile zu bringen. Die Wechselkurskrisen vom Herbst 1992 und vom Sommer 1993 belehrten uns eines Besseren. Sie machten deutlich, dass sich mit Stetigkeit allein keine gute Geldpolitik betreiben lässt.

Die Paritäten im EWS waren seit 1987 nicht mehr verändert worden. Die Kosten und Preise entwickelten sich von Land zu Land jedoch unterschiedlich. Die realen Wechselkurse verschoben sich. Die deutsche Wiedervereinigung führte zu zusätzlichen aussenwirtschaftlichen Ungleichgewichten. Die D-Mark musste sich real aufwerten, um das aussenwirtschaftliche Gleichgewicht wiederherzustellen. Dies konnte auf verschiedenen Wegen erreicht werden. Die naheliegendste Lösung hätte darin bestanden, die Paritäten im EWS den neuen Umständen anzupassen. Diese Lösung wurde aus politischen Gründen ausgeschlossen. Ein anderer Weg, die reale Aufwertung zu erreichen, hätte darin bestanden, die Inflationsrate in Deutschland höher als im Ausland ausfallen zu lassen. Die Bundesbank widersetzte sich jedoch aus guten Gründen einem Anstieg der Teuerung. Sie verschärfte ihren geldpolitischen Kurs und erhöhte die Zinsen. Die reale Aufwertung der D-Mark konnte somit nur durch noch tiefere Inflationsraten in den anderen EWS-Ländern erreicht werden. Diese Staaten, die sich mit Deutschland über die Fixierung des Wechselkurses verbunden hatten, sahen sich so gezwungen, die Zügel in ihrer Geldpolitik weiter anzuziehen, obwohl sie kein Inflationsproblem hatten. Dies führte zu hohen realen Zinssätzen. Der Zinsanstieg verschärfte die wirtschaftlichen Probleme der betroffenen Länder. Die Geldpolitik wirkte deflationär.

Flexibilität in der Geldpolitik wäre in dieser Situation angebracht gewesen. Die Paritäten im EWS hätten rechtzeitig angepasst werden müssen. Die Entscheidungsträger verpassten – aus politischen Gründen – diese Anpassung. Die Märkte mussten schliesslich die notwendige Korrektur herbeiführen. Pfund und Lira verliessen den Wechselkursmechanismus. Escudo, Peseta und irisches Pfund wurden – zum Teil mehrmals – abgewertet. Das EWS musste anfangs August 1993 schliesslich die Bandbreiten von 4.5% auf 30% ausdehnen.

Ist diese Entwicklung zu bedauern? Nein, im Gegenteil! Sie führte Europa auf den Boden der währungspolitischen Realität zurück. Die EU ist noch keine Währungsunion. Die Verantwortung für die Geldpolitik liegt weiterhin bei den nationalen Notenbanken. Diese stimmen ihre Politik nur unvollständig aufeinander ab. Dies mag bedauern, wer will. Er hat sich aber bewusst zu bleiben, dass die Möglichkeit, die Wechselkurse anzupassen, so lange, als diese Situation sich nicht ändert, bestehen bleiben muss. Das «neue» EWS erfüllt diese Bedingung. Es erhöht die Flexibilität in der Geldpolitik. Es erschwert gleichzeitig die Spekulation gegen einzelne Währungen. Die Wechselkurse können sich dadurch in den nächsten Jahren auf ruhigeren Bahnen bewegen.

Die Chancen, auf längere Frist zu einer gemeinsamen Währung für Europa zu gelangen, verschlechterten sich durch den Realismus, der in das EWS einzog, nicht. Sie verbesserten sich eher. Die Argumente für und wider die Währungsunion sind uns heute alle vertraut. Ich möchte lediglich einen Punkt, der mir auch für die monetäre Integration als besonders wichtig erscheint, erwähnen. Er geht auch uns Schweizer an. Die Schweiz würde sich im Falle eines Beitritts zur EU nämlich ohne Frage an der gemeinsamen Geldpolitik im Rahmen der Währungsunion beteiligen. Wir haben daher ein grosses Interesse, dass die Währungsunion nur dann eingeführt wird, wenn sie auch funktionieren kann. Es wäre ein grosser Fehler, das Thema der Währungsunion nur aus wirtschaftlicher Warte zu betrachten. Wirtschaftliche Faktoren sind wichtig. Sie helfen zu entscheiden, ob mehrere Länder für eine gemeinsame Währung reif sind. Die EU trägt dem Rechnung. Sie macht die Teilnahme an der Währungsunion davon, dass eine Reihe von Konvergenzkriterien erfüllt sind, abhängig. Es ist letztlich aber immer ein politischer Entscheid, der zu einer gemeinsamen Währung führt. Und es ist dieser politische Wille – und nicht allein wirtschaftliches Interesse –, der eine Währungsunion zusammenhält.

Die Politiker müssen sich diesen Punkt immer wieder vor Augen halten. Europa ist – im streng ökonomischen Sinn – kein optimales Währungsgebiet. Auch andere Währungsunionen erfüllen diese Bedingung nicht immer. Sie entschärfen das Problem jedoch durch den Einsatz anderer wirtschaftspolitischer Instrumente. Diese Instrumente haben dort, wo die Regionen ihre geldpolitische Eigenständigkeit verlieren, einen Ausgleich zu schaffen. Ein zentralisiertes Steuersystem oder eine unionsweite Arbeitslosenversicherung sind Instrumente, die diese Aufgabe übernehmen können. Der Einsatz solcher Instrumente bedarf jedoch der politischen Solidarität unter allen Mitgliedern einer

Währungsunion. Jede Währungsunion läuft – fehlt diese Solidarität – Gefahr, zwischen widerstreitenden Interessen aufgerieben zu werden. Sie ist in ihrer Existenz gefährdet. Diese Entwicklung darf – ist die EU einmal zur Währungsunion übergegangen – nicht eintreten. Sie wäre ein Risiko für den Weiterbestand der EU. Es genügt folglich nicht, lediglich eine gemeinsame Währung für Europa zu fordern. Die Währungsunion ist nur lebensfähig, wenn die teilnehmenden Länder sich gleichzeitig zu einer politischen Union zusammenfinden. Eine politische Union beeinflusst das Leben der Bevölkerung allerdings noch weit stärker als eine gemeinsame Geldpolitik. Die EU muss sich daher vermehrt – sie sieht sich hier in einer ähnlichen Lage wie die Schweiz – der Diskussion über die politischen Auswirkungen der europäischen Einigung stellen. Diese Diskussion darf sich nicht auf die Politiker beschränken. Europa ist nicht nur eine Angelegenheit von Ministern und Parlamentariern. Europa geht alle an. Jean Monnet – einer der Väter der Europäischen Einigung – brachte diese Forderung auf den Punkt: «Nous ne coalisons pas des états. Nous unissons des hommes.»

Die Einführung einer gemeinsamen Währung ist weit mehr als ein technisches Prozedere, bei dem D-Mark, französischer Franc und niederländischer Gulden durch eine europäische Einheitswährung ersetzt werden. Sie wird einen Quantensprung in der Geschichte der EU bilden. Die Europäer müssen deshalb wissen, welche Konsequenzen mit der Währungsunion verbunden sind. Diese Diskussion wurde in den meisten EU-Ländern noch nicht geführt. Ich sehe darin eine grosse Gefahr. Der Erfolg der Währungsunion ist ohne breite Zustimmung höchst zweifelhaft. Die Geldpolitik ist für eine gesunde Wirtschaft jedoch zu wichtig, um sie durch ein riskantes Projekt zu gefährden. Der europäische Binnenmarkt kann auch ohne eine gemeinsame Währung blühen. Eine Währungsunion, die von der Mehrheit der Bevölkerung nicht akzeptiert wird, würde dagegen den Erfolg des Binnenmarktes in Frage stellen. Niemand kann daran ein Interesse haben.

3. Die europäischen Finanzmärkte – Integration über die Rechtsharmonisierung oder über den Wettbewerb der Systeme?

Die Banken spielen in der schweizerischen Wirtschaft eine wichtige Rolle. Sie erbringen mit bloss 3.5% der Erwerbstätigen mehr als 8% der Bruttowertschöpfung unseres Landes. Die Vielfalt an Banktypen und an Bankgeschäften, die sich hinter diesen Zahlen verbirgt, ist gross. Die drei schweizerischen Grossbanken nehmen eine weltweit führende Stellung ein. Alle haben ein festes Standbein in der EU. Sie gehören dort vor allem im Emissionsgeschäft und im Handel mit Derivaten zu den wichtigsten Instituten. Die internationalen Grossbanken stehen neben kleinen Regionalbanken, deren Bilanzsumme selten 500 Millionen Franken übersteigt. Universalbanken treten neben Spezialbanken auf, die sich auf einen Geschäftstyp konzentrieren.

Die meisten Banken befürworteten – im Vorfeld der Abstimmung von Ende 92 – die Teilnahme der Schweiz am EWR. Einzelne Banktypen waren über das Nein zum EWR jedoch nicht unglücklich. Vor allem Institute, die sich in ausländischem Besitz befinden, sind darunter zu finden. Diese Banken profitieren davon, dass der internationale Kapitalverkehr in den letzten Jahren liberalisiert wurde. Finanzkapital kann heute ohne grössere Schwierigkeiten von einem Land in ein anderes bewegt werden. Investoren legen ihr Kapital dort an, wo die Bedingungen am vorteilhaftesten sind. Das regulatorische Umfeld spielt dabei eine wichtige Rolle.

Alle Staaten versuchen, Kapital anzuziehen. Vor allem ein Instrument steht ihnen dabei zur Verfügung: der Erlass attraktiver Gesetze und Vorschriften. Die Mobilität des Kapitals verringert jedoch den Spielraum der Behörden. Sie müssen berücksichtigen, welche Spielregeln andere Länder kennen. Die Behörden der verschiedenen Staaten treten dadurch zueinander in Konkurrenz. Dieser Vorgang ist zu begrüssen. Die Konkurrenz zwischen den Regelsystemen hilft, Gesetze und Vorschriften zu verbessern.

Die Marktwirtschaft ist anderen Wirtschaftsformen überlegen. Sie führt zu einer effizienteren Allokation knapper Ressourcen. Der

Preismechanismus ist dabei ein wesentliches Instrument. Er garantiert, dass die effizientesten Produzenten sich gegen ihre Konkurrenten durchsetzen. Unternehmungen werden gezwungen, ihre Produkte ständig zu verbessern und den Wünschen der Konsumenten anzupassen. Der Markt belohnt dabei nicht nur bessere Produkte sondern auch neue, effizientere Produktionsverfahren. Der Marktmechanismus trägt auf diese Weise wesentlich dazu bei, dass die Wirtschaft nicht satt und träge wird. Er zwingt sie, sich laufend weiterzuentwickeln. Friedrich August von Hayek prägte – in diesem Zusammenhang – das Bild vom «Markt als Entdeckungsverfahren». Knappe Ressourcen werden dort, wo der Markt diese Funktion nicht ausüben kann, verschwendet. Es wird zuwenig in die Zukunft investiert. Das Fiasko sozialistischer Planwirtschaften bezeugt dieses Versagen beredt. Die Planwirtschaften leiden allerdings nicht allein unter diesem Übel. Grössere Teile der Wirtschaft sind auch bei uns im Westen vom Wettbewerb ausgenommen. Kartelle und Monopole schalten den Markt – seine Aufgabe als «Entdeckungsverfahren» – aus. Kartelle und Monopole überleben in den meisten Fällen aber nur, weil staatliche Regulierungen sie erst ermöglichen. Protektionistische Massnahmen, Vorschriften über die Zulassung zu bestimmten Berufen, Anforderungen bei öffentlichen Ausschreibungen – um nur einige Beispiele zu zitieren – tragen dazu bei, Kartelle und Monopole zu schaffen und zu schützen.

Der Markt wird ausgeschaltet, weil der regulierende Staat selbst Monopolist ist. Er allein hat das Recht, Gesetze und Verordnungen zu erlassen. Ein monopolistischer Regelsetzer läuft aber ebenfalls Gefahr – die Parallele zur Ineffizienz von Kartellen und Monopolen ist offensichtlich – ineffizient zu regulieren. Demokratien vermögen die Gefahr des ineffizienten Regulierens zwar zu verringern. Inkompetente Regierungen lassen sich abwählen. Schlechte Gesetze können – in der Schweiz sogar mittels Volksabstimmung – zurückgewiesen werden. Diese Kontrollen genügen, wie wir aus Erfahrung wissen, jedoch nicht.

Die Konkurrenz zwischen den Regelsystemen kann in diese

Lücke treten. Sie trägt dazu bei, dass sich die effizienteste Regulierung durchzusetzen vermag. Die Staaten stehen im Wettbewerb um mobile Produktionsfaktoren. Diese Faktoren verlassen ein Land, wenn die Bedingungen in einem anderen Staat vorteilhafter sind. Gesetze und Vorschriften müssen verbessert werden, um die Faktoren wieder zurückzuholen. Der Wettbewerb zwischen den Regelsystemen dient – ähnlich wie im wirtschaftlichen Bereich – als «Entdeckungsverfahren». Schlechte Produkte und veraltete Produktionsverfahren fallen dem wirtschaftlichen Wettbewerb zum Opfer. Schlechte und unbrauchbare Gesetze und Vorschriften werden durch den Wettbewerb der Systeme ausgesiebt.

Die EU kennt den Wettbewerb der Systeme in der Form des Cassis-de-Dijon-Prinzips. Ein Produkt, das in einem Mitgliedstaat der Union verkauft werden darf, kann auch in jedem anderen Mitgliedstaat angeboten werden. Schranken in der Form staatlicher Regulierungen, die einem bestimmten Gut den Zutritt zum Markt verwehren, werden beseitigt. Der verstärkte Wettbewerb senkt die Preise. Er erhöht die Auswahl der Konsumenten. Diese Entwicklung wird nicht immer willkommen geheissen. Bayern musste aufgrund des Cassis-de-Dijon-Prinzips seinen Markt auch Bieren, die – horribile dictu – nicht nach dem geheiligten deutschen Reinheitsgebot gebraut werden, öffnen.

Die Europäische Kommission verfügt über eine Alternative zum Cassis-de-Dijon-Prinzip: die Harmonisierung nationaler Regeln. Sie könnte – zum Beispiel – eine Richtlinie, die den Markt für Biere unionsweit regeln würde, erlassen. Dieses Vorgehen ist gefährlich. Es versetzt die Kommission in die Rolle eines Monopolisten. Nationale Regeln gäbe es nicht mehr. Sie könnten nicht mehr miteinander konkurrieren. Das Korrektiv in der Form des Wettbewerbs zwischen den Regelsystemen bestünde nicht mehr. Es würde leichter, Normen, die für die Konsumenten nachteilig sind, zu verabschieden.

Die EU fährt auf beiden Schienen: Sie lässt in einigen Bereichen den Wettbewerb in der Form des Cassis-de-Dijon-Prinzips spielen und harmonisiert in andern bestehende nationale Regeln. Das zweite

Vorgehen – die Rechtsharmonisierung – ist für die Schweiz vor allem von Bedeutung. Es stellt sie vor ein Dilemma:

- Sollen wir, um als Aussenstehender nicht benachteiligt zu werden, die schweizerischen Gesetze und Vorschriften jenen der EU anpassen? Soll unsere Gesetzgebung in grossem Umfang eurokompatibel werden?
- Oder soll die Schweiz dort, wo sie glaubt, über bessere Lösungen zu verfügen, mit der EU den Wettbewerb der Vorschriften aufnehmen? Sollen unsere Gesetze – statt eurokompatibel – eurokompetitiv werden?

Diese Frage ist nicht leicht – vor allem nicht einschichtig – zu beantworten. Es gibt Bereiche, in denen die Schweiz bei einem Alleingang diskriminiert würde. Wir sind gut beraten, wenn wir unsere Gesetze in diesen Fällen rasch an die europäischen Normen – an die EU-Richtlinien – anpassen. Das gleiche gilt auch für alle jene Bereiche, in denen die EU eine sinnvolle Regelung kennt. Die Schweiz vermag aber in manchen Fällen eine bessere Lösung als die EU anzubieten. Wir müssen den Mut haben, in diesen Fällen unsere Ideen zu verwirklichen. Wir würden sonst die Chancen, die uns das Fernbleiben von EU und EWR ebenfalls bietet, nicht nutzen. Es würden uns nur die Risiken, die damit verbunden sind, verbleiben.

Dieser Mut zu eigenständigen Lösungen ist nicht mit einem Mangel der Schweiz an europäischer Solidarität zu verwechseln. Er zahlt sich nämlich nicht nur für uns aus. Die EU profitiert von diesem Mut ebenfalls. Der Wettbewerb zwischen den beiden Regelsystemen kann auf beiden Seiten – nicht nur in der Schweiz – zu besseren Lösungen führen. Ich würde etwas pointiert sogar sagen: Die Schweiz vermag, solange sie nicht Mitglied der Union ist, dazu beizutragen, schlechte europäische Gesetze zu verbessern.

Die Wirklichkeit ist – leider – nicht ganz so einfach. Die Märkte für Güter und Dienstleistungen können auch ohne staatliche Eingriffe versagen. Wir haben ebensowenig eine Garantie, dass die Konkurrenz zwischen den Regelsystemen tatsächlich immer die besten Gesetze hervorbringt. Nicht nur zuviel sondern auch zuwenig Regulierung ist denkbar. Eine «competition in laxity» wäre gerade für die Finanzmärkte gefährlich. Einzelne Staaten könnten versucht sein, ihre Attraktivität für Banken durch sehr tiefe Aufsichts-Standards zu erhöhen. Sie könnten zum Beispiel keine – oder nur ungenügende – Vorschriften über die Eigenkapitalausstattung der Banken erlassen. Dies würde für die Banken Anreize, risikoreiche Geschäfte einzugehen, schaffen. Die Stabilität des Finanzsystems wäre gefährdet. Die internationale Verflechtung der Finanzmärkte würde die Begrenzung einer Krise auf deren Ursprungsland erschweren. Die Krise würde vielmehr auf andere Länder überschwappen. Eine solche Entwicklung muss verhindert werden. Einheitliche Minimalstandards sind notwendig. Sie dürfen durch den Wettbewerb nicht verwässert werden.

Die Globalisierung der Finanzmärkte erfordert globale Standards. Die Schweiz ist Mitglied verschiedener Gremien, die solche Standards erarbeiten. Die Notenbankgouverneure der G-10 – der Gruppe der elf wichtigsten Industrieländer –, die regelmässig bei der Bank für Internationalen Zahlungsausgleich (BIZ) in Basel tagen, ist das wichtigste Forum. Der «Basler Ausschuss für Bankenaufsicht» erarbeitete unter ihrer Ägide in verschiedenen Bereichen Vorschläge für international abgestimmte Aufsichtsregeln. Diese betreffen zum Beispiel die Eigenkapitalausstattung der Banken sowie Fragen im Zusammenhang mit Markt-, Währungs- und Zinssatzrisiken oder mit grenzüberschreitenden Zahlungssystemen. Die Empfehlungen des Basler Ausschusses bilden in der Regel die Grundlage für den Erlass von Finanzmarktregulierungen in der EU wie in der Schweiz.

Die Schweiz hat – als bedeutender internationaler Finanzplatz – ein vitales Interesse an der Stabilität der Finanzmärkte. Sie arbeitet deshalb mit der EG bei der Setzung von Minimalstandards eng – und solidarisch – zusammen. Wir müssen uns gerade mit Rücksicht auf dieses Stabilitätsziel aber auch dafür einsetzen, dass nur dort, wo dies unbedingt nötig ist, einheitliche Standards für die Finanzmarkt- und Bankenaufsicht eingeführt werden. Unser Ziel sollte es sein, in so vielen Bereichen wie nur möglich die Konkurrenz der Regelsysteme zu erhalten. Wir haben gleichzeitig dafür zu kämpfen, dass die Aufsichts-

Standards verhältnismässig sind und nicht über das Ziel hinausschiessen. Zuviel Regulierung ist genau so schädlich wie zuwenig Regulierung.

4. Die Union aller freien Europäer

Paul Valéry prägte den Satz: «Wir haben nur vage Hoffnungen, aber klare Befürchtungen.» Unser Handeln wird zu oft von dieser Haltung geleitet. Viele Gelegenheiten entgehen uns dadurch. Wir verharren, wo wir fortschreiten könnten. Verharren heisst in einer Welt, die sich weiterentwickelt, Rückschritt. Wir brauchen daher mehr Mut, Althergebrachtes über Bord zu werfen und neue Chancen beim Schopf zu packen. Die Schweiz muss sich in ihrer Annäherung an die EU – welchen Weg sie auch immer wählt – von dieser Haltung leiten lassen. Auch die EU hat in den nächsten Jahren ihre Fähigkeit, ausgetretene Pfade zu verlassen und neue Wege einzuschlagen, zu beweisen. Sie ist den Herausforderungen, die auf sie zukommen, sonst nicht gewachsen. Sie könnte vor allem die Chance, nicht nur eine Union der reichen Westeuropäer zu sein, sondern die Union aller freien Europäer zu werden, vertun.

Internationale Währungszusammenarbeit

Die Nationalbank kämpfte – mit dem Bundesrat – in der Abstimmungskampagne des Jahres 1992 aktiv für den Beitritt der Schweiz zu den Bretton Woods-Institutionen. Wie erklärt sich dieses ungewohnte politische Engagement der Notenbank? Sie ist unmittelbar betroffen: Ein negativer Entscheid hätte ihr die internationale Währungszusammenarbeit erheblich erschwert.

1. Die Zusammenhänge zwischen nationaler und internationaler Währungsordnung

Der Internationale Währungsfonds (IWF) ist der Grundpfeiler der internationalen Währungsordnung. Die Rolle, die er in den achtziger Jahren bei der Überwindung der Zahlungskrise zunächst Mexikos und später weiterer lateinamerikanischer Länder spielte, bezeugt es. Die internationale Währungsordnung regelt die monetären Beziehungen unter den Ländern. Diese Beziehungen werden durch das Ausmass der Kapitalmobilität, durch das Wechselkurssystem und durch Art wie Intensität der internationalen Währungszusammenarbeit bestimmt. Die Währungskooperation äussert sich vielfach in der Hilfe bei der Finanzierung von Zahlungsbilanzdefiziten. Dabei handelt es sich meistens um die Gewährung von Krediten. Es gibt daneben aber auch weniger sichtbare, jedoch nicht weniger wichtige Formen der internationalen Währungszusammenarbeit. Der Informationsaustausch im geld-, finanz- und wirtschaftspolitischen Bereich gehört dazu. Der IWF ist das wichtigste Forum dieser währungspolitischen Zusammenarbeit. Er ist häufig auch direkt – durch die Gewährung von Zahlungsbilanzhilfe – engagiert.

Der Zusammenhang zwischen der internationalen und der nationalen Währungsordnung ist eng. Die nationale Währungsordnung wird durch das Wechselkurssystem bestimmt. Es legt Art und Weise wie Ausmass der Geldschöpfung fest. Die wichtigsten Wechselkurssysteme sind

- die Goldwährung,
- der Gold/Devisen- oder der reine Devisenstandard mit festen, aber anpassungsfähigen Wechselkursen und
- die ungebundene Währung mit flexiblen Wechselkursen.

Die Wechselkurse sind bei der Goldwährung über die jeweiligen Goldpreise der Währungen festgelegt. Das Geldangebot ergibt sich – beim Gold- wie auch beim Devisenstandard – aus der Verpflichtung, feste Wechselkurse zu verteidigen. Diese Verteidigung ist dauerhaft nur durch Erhöhung oder Senkung des Geldangebots möglich. Die Geldschöpfung wird bei einer ungebundenen Währung dagegen nicht durch externe Faktoren eingeschränkt. Der Wechselkurs wird hier vielmehr durch die Marktkräfte bestimmt. Die Geldpolitik kann sich auf die binnenwirtschaftlichen Bedürfnisse ausrichten.

Die Schweizerische Nationalbank verfolgt seit dem Übergang zu flexiblen Wechselkursen – seit Mitte der siebziger Jahre – eine Geldmengenpolitik. Sie dehnt die Geldmenge im Gleichschritt mit dem Wachstumspotential der schweizerischen Wirtschaft aus. Damit schafft sie die Rahmenbedingungen für ein langfristiges, inflationsfreies Wirtschaftswachstum.

Eine kleine, offene Volkswirtschaft vermag sich aber auch bei flexiblen Wechselkursen nicht völlig vom Ausland abzukoppeln. Die Auslandseinflüsse werden über den Wechselkurs auf das Inland übertragen. Sie können sich sowohl auf den Verlauf der Konjunktur wie auf die Inflation auswirken. Die Geldpolitik in einer kleinen, offenen Volkswirtschaft nimmt deshalb auf die Entwicklung der Wechselkurse Rücksicht. Je unterschiedlicher die wirtschaftliche Entwicklung und der wirtschaftspolitische Kurs im In- und Ausland sind, desto grösser ist das Potential für Schwankungen der Wechselkurse. Geldpolitische Autonomie setzt flexible Wechselkurse voraus. Sie erfordert – zur Vermeidung störender Rückwirkungen, die sich aus starken Bewegungen der Wechselkurse ergeben, – gleichzeitig aber auch eine Koordinierung der nationalen Wirtschaftspolitiken. Diese Koordination ist ein Hauptziel der internationalen Währungszusammenarbeit.

Die internationale Währungskooperation verfolgt noch ein weiteres Ziel. Eine Volkswirtschaft kann bei stark integrierten Finanzmärkten auch durch Zahlungskrisen geschädigt werden. Dies gilt national wie international. Die Notenbank ist auf der nationalen Ebene nicht nur für die Geldschöpfung sondern auch für die Aufrechterhaltung eines reibungslos funktionierenden Finanz- und Zahlungssystems verantwortlich. Liquiditätsprobleme einer einzelnen Bank können sich wegen der engen Verflechtungen wie ein Lauffeuer auf das ganze Finanzsystem übertragen. Ein gut funktionierendes Finanzsystem ist von grosser volkswirtschaftlicher Bedeutung. Die Notenbank wird deshalb Finanzinstituten, die in eine Zahlungskrise geraten, finanziell über die Schwierigkeiten hinweghelfen. Dies gilt auch für international tätige Banken. Die Notenbank des Mutterlandes eines Instituts, dessen Aktivitäten die nationalen Grenzen überschreiten, ist für die Überwachung wie für eine allfällige Liquiditätshilfe verantwortlich. Die Notenbank übt durch die Gewährung finanzieller Hilfe an eine Bank die Funktion eines sogenannten «lender of last resort» aus.

Liquiditätskrisen können auf internationaler Ebene aber auch dadurch, dass einzelne Länder zahlungsunfähig werden – dass einzelne Länder ihre Verpflichtungen nicht mehr erfüllen –, entstehen. Das gesamte internationale Finanzsystem kann auch in diesem Falle über Kettenreaktionen in Mitleidenschaft gezogen werden. Souveräne Staaten unterstehen – im Gegensatz zu den Banken – keiner Aufsicht. Zahlungskrisen von Ländern lassen sich deshalb nur durch freiwillige internationale Währungszusammenarbeit verhindern oder beheben. Die Zahlungsbilanzhilfe auf der internationalen Ebene entspricht der «lender of last resort»-Funktion, die die Notenbank auf der nationalen Ebene zu wahren hat. Sie kann bilateral – durch ein einzelnes Land – oder multilateral – durch den IWF – gewährt werden. Ziel der Zahlungsbilanzhilfe ist es, ein gut funktionierendes internationales Finanzsystem aufrechtzuerhalten und einen reibungslosen internationalen Handel zu gewährleisten.

Die internationale Währungszusammenarbeit weist bedeutende Vorteile gegenüber einer rein einzelstaatlich ausgerichteten Währungspolitik auf.

2. Die Vorteile der internationalen Währungszusammenarbeit

Wie lässt sich die Überlegenheit der internationalen Währungszusammenarbeit gegenüber einer einzelstaatlich ausgerichteten Währungspolitik beweisen? Der Nachweis beruht – ökonomisch ausgedrückt – darauf, dass die internationale Währungsordnung ein öffentliches Gut darstellt. Öffentlich ist ein Gut, von dessen Nutzen niemand ausgeschlossen werden kann. Für diese Güter kann deshalb kein Preis verlangt werden. Sie müssen vom Staat angeboten werden. Und sie werden über Staatseinnahmen finanziert.

Die Feuerwehr ist – um es an einem Beispiel zu verdeutlichen – ein öffentliches Gut. Sie steht der ganzen Bevölkerung zur Verfügung. Es wäre kontraproduktiv, Bürgern, deren Haus in Brand gerät, ihre Dienste zu verweigern, weil sie nicht zur Beschaffung von Löschmaterial und zur Entlöhnung der Feuerwehrleute beitrugen. Der Brand würde auf die Nachbarhäuser übergreifen. Der einzelne Bürger verliert damit aber den Anreiz, freiwillig einen Beitrag zur Feuerwehr zu leisten. Sie wird ihm im Brandfall ohnehin beistehen. Lassen sich allerdings alle Bürger von dieser Überlegung leiten, wird nie eine Feuerwehr geschaffen. Der Schaden für den einzelnen wird die Kosten, die er zur Feuerwehr beitragen müsste, bei weitem übersteigen. Der Markt versagt in dieser Situation. Der Staat übernimmt auf nationaler Ebene deshalb die Produktion öffentlicher Güter. Er zwingt – kraft rechtlicher und polizeilicher Befugnisse – seine Bürger, über Steuern zur Finanzierung dieser Güter beizutragen.

Ähnliche Probleme treten auf internationaler Ebene auf. Es gibt globale Gefahren. Die Weltgemeinschaft vermag sich vor ihnen oft nur noch global zu schützen. Ich denke hier wiederum an internationale Finanzkrisen: an Krisen, die sich daraus ergeben, dass ein Land seinen Zahlungsverpflichtungen gegenüber seinen ausländischen Gläubigern nicht nachkommt. Handelt es sich um einen wichtigen Schuldner oder gar um eine ganze Gruppe von Schuldnern, geraten vielfach auch die Gläubiger – Banken wie öffentliche Körperschaften – in Bedrängnis. Die Gläubiger vermögen möglicherweise ihre Zahlungsverpflichtungen ebenfalls nicht mehr einzuhalten. Eine Zahlungskrise breitet sich aus. Sie kann letztlich zum Zusammenbruch des internationalen Finanzsystems führen. Im Extremfall ist mit Konkursen und Schliessungen von Banken zu rechnen. Die Notenbanken müssten mit Liquiditätshilfen eingreifen. Eine länger anhaltende Finanzkrise würde selbst den internationalen Güter- und Dienstleistungsaustausch in Mitleidenschaft ziehen.

Dieses Katastrophenszenario unterstellt, dass das überschuldete Land von aussen keine Unterstützung zur Überwindung seiner Schwierigkeiten erhält. Ist es aber realistisch, zu glauben, ein einzelnes Gläubigerland finde sich bereit, den bedrängten Schuldner zu unterstützen, um eine Finanzkrise – möglicherweise sogar eine weltweite Wirtschaftskrise – abzuwenden.? Ein solcher Altruismus ist wenig wahrscheinlich. Das zur Hilfe eilende Land wäre nicht der alleinige Nutzniesser seiner guten Tat. Alle Gläubiger würden Vorteile daraus ziehen. Die internationale Währungszusammenarbeit ist ein öffentliches Gut. Stellt einer das öffentliche Gut her, können es alle nutzen.

Zahlungskrisen weisen tatsächlich – ich nehme mein Bild nochmals auf – viel Ähnlichkeit mit Brandkatastrophen auf. Es gibt jedoch auch einen wesentlichen Unterschied. Eine Behörde – eine supranationale Instanz –, die die rechtliche und polizeiliche Kompetenz hätte, alle Länder zu zwingen, sich an der internationalen Zusammenarbeit zur Überwindung der Krise zu beteiligen, fehlt. Ein anderer Mechanismus ist deshalb erforderlich. Er liegt in der Einsicht, dass die Beteiligung an der internationalen Währungszusammenarbeit im Interesse jedes einzelnen Landes liegt. Dürfen wir uns aber mit ausreichender Sicherheit auf die kooperative Haltung aller verlassen? Der IWF wurde nicht zuletzt deshalb als ständige Einrichtung geschaffen, um diese Sicherheit zu erhöhen.

Die internationale Zusammenarbeit ist aber nicht nur zur Überwindung von Zahlungskrisen nötig. Sie dient auch der Koordinierung der Wirtschaftspolitik. Ein Defizit in der Ertragsbilanz kann grundsätzlich auf zwei Arten überwunden werden. Das Defizitland kann einseitige Massnahmen ergreifen oder aber sein Vorgehen mit anderen Staaten konzertieren. Ein Land, das sich zu einseitigen Massnahmen entschliesst, wird in erster Linie zu einer restriktiven Geld- und Fiskalpolitik übergehen. Diese Politik ist meistens unumgänglich. Sie kann jedoch stark rezessiv wirken. Die Überschussländer erleiden Exporteinbussen, die auch andere Bereiche der Wirtschaft negativ beeinflussen. Am Schluss resultiert ein neues aussenwirtschaftliches Gleichgewicht auf einem für das Defizitland wie für die Überschussländer tieferen Niveau wirtschaftlicher Aktivität. Mehrere Länder versuchten in den dreissiger Jahren, ihr Ertragsbilanzdefizit durch kompetitive Abwertung zu aktivieren. Dies veranlasste ihre Partnerländer, ebenfalls abzuwerten, um keine Passivierung ihrer Ertragsbilanz hinnehmen zu müssen. Der Abwertungswettlauf verschärfte – in Verbindung mit Beschränkungen des Handels- und Zahlungsverkehrs – die Wirtschaftskrise der dreissiger Jahre. Diese Erfahrung führte nach dem Zweiten Weltkrieg zur Schaffung des IWF. Das gleichzeitig eingeführte System fester, aber anpassungsfähiger Wechselkurse bestand bis Anfang der siebziger Jahre. Es erleichterte den Wiederaufbau der kriegsgeschädigten europäischen Volkswirtschaften entscheidend.

Welches wäre die kooperative Lösung des geschilderten Ertragsbilanzproblems? Sie könnte darin bestehen, dass die Überschussländer, die noch über freie Produktionskapazitäten verfügen, expansive geld- und fiskalpolitische Massnahmen ergreifen. Das Defizitland vermag in der Folge mehr zu exportieren. Seine Ertragsbilanzsituation verbessert sich. Das aussenwirtschaftliche Ungleichgewicht wird – im Idealfall – ohne negative Wirkungen auf Wirtschaftsaktivität und Beschäftigung reduziert. Die Bemühungen der Vereinigten Staaten, die andern Industrieländer – vor allem aber Japan – zu einer expansiveren Politik anzuhalten, zielten in den letzten Jahren verschiedentlich in diese Richtung.

Eine Steuerung der Gesamtnachfrage verspricht allerdings nicht in jeder Situation Erfolg. Die internationale Währungszusammenarbeit im Rahmen des IWF geht – nicht zuletzt aus diesem Grunde – nicht so weit, Mitgliedländern wirtschaftspolitische Massnahmen zu verordnen. Der IWF folgt einem bescheideneren, aber realistischeren Weg. Er beschränkt sich auf die multilaterale Überwachung. Sie beinhaltet in erster Linie den Austausch von Informationen über die wirtschaftliche Lage und über die wirtschaftspolitischen Absichten der Mitgliedländer.

Die Welt ist gegenwärtig mit einem besonders hohen Bedarf an wirtschafts- und währungspolitischer Zusammenarbeit konfrontiert. Ich denke an den Übergang der mittel- und osteuropäischen Länder von der Plan- zur Marktwirtschaft. Ein Misslingen der Reformen würde im Osten unseres Kontinents die Gefahr kriegerischer Auseinandersetzungen erhöhen. Dies hätte auch für Westeuropa kaum abschätzbare Folgen. Eine Auswanderungswelle grossen Ausmasses, die dem Westen hohe wirtschaftliche und soziale Kosten aufbürden würde, wäre nicht auszuschliessen. Die enormen Kosten des Umweltschutzes und der Sanierung der Atomkraftwerke – beides wurde in Osteuropa über Jahrzehnte vernachlässigt – lassen sich ebenfalls nur von einer leistungsfähigen Wirtschaft tragen. Misslingen die Wirtschaftsreformen, fallen die Kosten des Umweltschutzes – ebenfalls ein öffentliches Gut – der ganzen Welt zur Last. Alle Länder – die europäischen Staaten vorab – haben deshalb ein vitales Interesse am Gelingen der Reformen in Mittel- und Osteuropa. Viele finden die Kosten der Unterstützung trotzdem hoch. Sie könnten versucht sein, darauf zu warten, dass andere Länder den ersten Schritt tun. Dies würde leicht zu einem Patt, bei dem kein Land die erforderlichen Massnahmen ergreift, führen. Wir müssen deshalb froh sein, dass eine Instanz, die schon frühzeitig Vorkehren traf, existiert. Der IWF ist in allen mittel- und osteuropäischen Ländern an der Konzipierung und Durchführung der Reformen aktiv beteiligt. Diese Länder sind den Institutionen von Bretton Woods nach dem Zusammenbruch des kommunistischen Systems – teilweise schon vorher – beigetreten.

Die Hilfe an die Länder Mittel- und Osteuropas darf sich aber nicht auf die Finanzhilfe, die eines Tages zurückbezahlt werden muss, beschränken. Wir haben den Gütern aus diesen Ländern vielmehr unsere Grenzen zu öffnen. Sie vermögen sonst keine eigenständige Wirtschaft aufzubauen. Viele Güter aus Mittel- und Osteuropa entsprechen zwar noch nicht unseren Ansprüchen. Dies macht es noch wichtiger, dass ihnen die beschränkten Absatzchancen, die im Westen bestehen, nicht durch protektionistische Massnahmen verbaut werden. Ein dauerhaftes Wirtschaftswachstum lässt sich im Osten unseres Kontinents ohne die Impulse der Auslandnachfrage und ohne die Marktöffnung der Industrieländer nicht erzielen.

Die Vorteile der wirtschaftlichen Zusammenarbeit zeigen sich nicht zuletzt im Bereiche des internationalen Handels. Ertragsbilanzdefizite lassen sich zwar auch durch Importrestriktionen der Defizitländer oder durch freiwillige Exportbeschränkungen der Überschussländer abbauen. Beides reduziert aber das internationale Handelsvolumen. Die kooperative Lösung geht einen andern Weg. Sie baut Beschränkungen des Marktzugangs in den Überschussländern ab. Dies führt zu einer Zunahme der Exporte der Defizitländer. Die kooperative Lösung trägt damit ebenfalls – jedoch auf einem höheren Niveau des internationalen Handels – zum Abbau aussenwirtschaftlicher Ungleichgewichte bei. Diese Überlegungen liessen nach dem Zweiten Weltkrieg das Allgemeine Zoll- und Handelsabkommen (GATT) – als Ergänzung zu den Bretton Woods-Institutionen – entstehen. Es ging inzwischen in der Welthandelsorganisation (WTO) auf.

Die internationale Währungsordnung darf nicht zerfallen. Dies setzt voraus, dass alle Länder eine kooperative Haltung einnehmen. Sie müssen im Währungsbereich ihren Beitrag an die Institutionen, die das internationale Finanzsystem und die internationalen Handelsströme durch Liquiditätshilfe vor Zahlungskrisen schützen, leisten. Ein einzelnes Land, das abseits steht, kann sich zwar Vorteile ausrechnen. Wählen andere Länder aber die gleiche Strategie, so kommt letztlich auch dieses Land schlechter als bei einer kooperativen Lösung weg. Oder anders gesagt: Ein Land, das abseits steht, setzt entweder auf die Dummheit der übrigen Länder oder aber auf deren Unfähigkeit, Retorsionsmassnahmen zu ergreifen. Oder es verhält sich schlicht irrational: Es verzichtet auf die Suche nach der optimalen Lösung.

3. Formen und Institutionen der internationalen Währungszusammenarbeit

Die internationale Währungszusammenarbeit wird im wesentlichen auf drei Arten organisiert: bilateral, multilateral von Fall zu Fall oder aber multilateral im festen Rahmen einer Institution. Die wichtigsten Institutionen im Dienste der Währungszusammenarbeit sind die Bank für Internationalen Zahlungsausgleich (BIZ) und der IWF. Die Mitgliedstaaten der Europäischen Union (EU) finden sich zur monetären Zusammenarbeit im Rahmen des Europäischen Währungssystems (EWS) und des Europäischen Währungsinstituts. Die OECD, zu deren Mitgliedern die Schweiz seit langem zählt, ist vor allem ein Forum der Diskussion. Sie bemüht sich im realwirtschaftlichen – im nichtmonetären – Bereich darüber hinaus um die wirtschaftspolitische Koordination.

Die Währungskooperation im Rahmen multilateraler Institutionen erlaubt es, im Bedarfsfall rasch zu handeln. Diese Institutionen dienen ausserdem der Beschaffung und dem regelmässigen Austausch von Informationen. Sie üben schliesslich einen permanenten Druck zu Gunsten eines kooperativen statt isolierten Handelns aus.

Die BIZ, bei der die Schweizerische Nationalbank Mitglied-Aktionärin ist, gruppiert die Notenbanken der Industrieländer. Sie fördert die Zusammenarbeit unter den Währungsbehörden. Als Bank der Notenbanken betreibt sie gleichzeitig Bankgeschäfte, die die Noteninstitute nicht selber durchführen wollen oder können. Die BIZ erwies der internationalen Gemeinschaft – seit ihrer Gründung im Jahre 1933 – immer wieder wichtige Dienste. Sie spielte auch bei der Überwindung internationaler Zahlungskrisen eine wichtige Rolle. Sie koordinierte verschiedentlich die Gewährung von Überbrückungskrediten oder von Garantien der Notenbanken. Diese Kredite gewährten dem IWF die erforderliche Zeit, um komplexe Finanzierungsvereinbarungen, die auch die Ausarbeitung von Wirtschaftsprogrammen zum Inhalt hatten, abzuschliessen.

Die BIZ ist ein wichtiges Zentrum des Informationsaustauschs. Die Präsidenten und weitere Vertreter der Notenbanken der wichtigsten Industrieländer treffen sich zu diesem Zweck praktisch jeden Monat. Das Basler Institut publiziert auch zahlreiche Statistiken über das internationale Bankengeschäft. Diese Veröffentlichungen tragen wesentlich zur Transparenz des Geschehens an den Finanzmärkten bei. Gute persönliche Kontakte und ein permanenter Austausch von Informationen erlauben den Notenbanken, im Falle einer Krise rasch und koordiniert zu handeln. Informationsaustausch ist dabei in einem sehr weiten Sinne zu verstehen. Er reicht von der Problemerkennung bis zur Konzipierung gemeinsamer Massnahmen. Der Basler Ausschuss für Bankenaufsicht, dessen Sekretariat die BIZ führt, illustriert dies sehr gut. Die Notenbanken der Zehnergruppe setzten sich im Rahmen dieses Ausschusses für die Konvergenz der Eigenkapitalbemessung und -anforderungen an die Banken ein. Diese Richtlinien verbesserten den Systemschutz: Sie erhöhten die Sicherheit des Finanzsystems. Die Vereinheitlichung wesentlicher Rahmenbedingungen des Bankgeschäfts baute gleichzeitig Wettbewerbsverzerrungen ab.

Die Währungszusammenarbeit im Rahmen der EU gewann über die letzten Jahre immer mehr Bedeutung. Sie findet teils im Rahmen des Europäischen Währungssystems (EWS), teils in jenem des Europäischen Währungsinstituts – des Vorläufers der geplanten Europäischen Zentralbank – statt. Das EWS ist im wesentlichen ein System fester, aber anpassungsfähiger Wechselkurse innerhalb der Gemeinschaft. Es funktioniert ähnlich wie das Fixkurssystem von Bretton Woods. Dieses strebte bis 1973 weitgehend feste Wechselkurse unter den wichtigsten Weltwährungen an. Fixkurssysteme beruhen auf einer Ankerwährung. Der amerikanische Dollar bildete im Fixkurssystem von Bretton Woods den Anker. Die Geldpolitik der Industrieländer stand damit unter dem Einfluss der amerikanischen Politik. Die D-Mark entwickelte sich im EWS zum Anker des Systems. Das Vorhandensein eines Ankers allein garantiert allerdings noch keine Stabilität. Der Anker kann an Sand befestigt sein. Alle Währungen, die an einem solchen Anker vertäut sind, driften in die gleiche Richtung ab. Das Fixkurssystem von Bretton Woods zeigte es eindrücklich. Es brach im Jahre 1973 zusammen, weil der amerikanische Anker nicht stabil war. Die amerikanische Geldpolitik war zu expansiv geworden. Die Inflationsrate der USA war für die damaligen Verhältnisse hoch. Die Situation im EWS ist heute eher umgekehrt: Der deutsche Stabilitätsanker wird von einigen EG-Ländern als zu rigid empfunden.

Die Schweiz kann sich, solange sie nicht Mitglied der EU ist, auch am EWS nicht beteiligen. Sie könnte ihre Währung jedoch jederzeit einseitig an eine EG-Währung oder an den ECU – den Korb der Währungen der EG-Länder – binden. Dies würde eine Rückkehr zu festen Wechselkursen bedeuten. Sie erscheint mir nicht als sinnvoll. Ich halte – aus geld- und währungspolitischer Sicht – die gegenwärtige Währungsordnung, die auf flexiblen Wechselkursen und auf einer pragmatischen Geldmengenpolitik beruht, für vorteilhafter. Sie gibt der Nationalbank die nötige Flexibilität, ein eigenes Stabilitätsziel zu verfolgen. Eine Bindung an das EWS hätte der Schweiz in der Vergangenheit kaum einen Stabilitätsimport gebracht. Wir kennen in unserem Wirtschaftssystem zuviele preistreibende Mechanismen – ich denke vor allem an die Mietpreisindexierung, an weitere Preisindexierungen oder an bestimmte administrierte Preise –, die durch eine Wechselkursbindung nicht beseitigt würden. Ich glaube schliesslich, dass die Schweiz angesichts der grossen Unsicherheiten, denen Europa in nächster Zeit ausgesetzt sein wird, mit flexiblen Wechselkursen und einer an der Geldmenge orientierten, aber pragmatischen Geldpolitik vorderhand besser fahren wird. Sie sollte ihre geldpolitische Autonomie deshalb nicht früher als notwendig aufgeben.

4. Der Internationale Währungsfonds (IWF)

Der IWF ist die wichtigste internationale Währungsinstitution. Er wurde zusammen mit seiner Schwesterorganisation – der Weltbankgruppe – am Ende des Zweiten Weltkriegs geschaffen. Der IWF soll die Stabilität des internationalen Währungssystems stärken und ein freies Zahlungs- und Handelssystem fördern. Er gewährt seinen Mitgliedländern Kredite zur Finanzierung von Zahlungsbilanzdefiziten. Die Kreditgewährung wird an wirtschaftliche Sanierungsprogramme geknüpft. Diese Programme helfen, die Zahlungsbilanzprobleme zu beseitigen. Damit ermöglichen sie gleichzeitig die spätere Rückzahlung der Kredite. Regelmässige Rückzahlungen setzen den IWF in die Lage, möglichst vielen Ländern Kredite zu gewähren. Die Ressourcen des IWF – sie werden durch die Mitgliedländer zur Verfügung gestellt und sind entsprechend begrenzt – lassen sich dank der revolvierenden Natur der Kredite effizient einsetzen. Das IWF-Kapital wird zudem aus Währungsreserven bereitgestellt. Sie können naturgemäss nicht langfristig verpflichtet werden. Der IWF eignet sich deshalb schon aufgrund seiner Finanzstruktur nicht für entwicklungspolitische Finanzierungen. Diese Aufgabe obliegt im wesentlichen der Weltbankgruppe.

Die Hauptfunktion des IWF liegt in der Verhütung internationaler Finanzkrisen. Auch er vermag solche Krisen aber oft nicht zu verhindern. Er wird meist erst gerufen, wenn der Schaden schon da ist. Er kann jedoch – der Feuerwehr ähnlich – den Schaden mindern. Der IWF ist – nicht nur für Industrie- sondern zunehmend auch für Entwicklungsländer – eine Art «lender of last resort». Er ist allerdings ein Kreditgeber besonderer Art. Der IWF zahlt Kredite nur tranchenweise aus, versieht sie mit wirtschaftspolitischen Auflagen und nimmt weitere Kreditgeber mit in die Pflicht. Ich meine damit auch Regierungen. Vor allem aber denke ich an die Banken. Sie sind in der Regel nur bereit, Kredit zu gewähren, wenn der Schuldner Wirtschaftsprogramme mit dem IWF ausgehandelt hat. Die Kredite des IWF bilden so die Voraussetzung für die Kreditgewährung der Banken. Sie üben eine starke Hebelwirkung aus.

Die Nationalbank ist in unserem Land – in erster Linie – für die internationale Währungszusammenarbeit zuständig. Sie hat – gemäss Bundesverfassung – eine den Interessen des Landes dienende Geld- und Währungspolitik zu verfolgen. Dieser Auftrag setzt, soll er richtig erfüllt werden, ein gut funktionierendes Finanzsystem voraus: ein System, das nicht durch Liquiditätsprobleme bedroht wird. Die Nationalbank erhöht durch ihre Beteiligung an der internationalen Währungszusammenarbeit den Systemschutz der Banken. Sie baut gleichzeitig das Risiko, als «lender of last resort» einspringen zu müssen, ab.

Der IWF schuf im Laufe der Jahre verschiedene spezielle Kreditinstrumente. Er finanziert diese Instrumente durch Kreditaufnahme bei den Mitgliedländern. Die Nationalbank beteiligte sich schon vor der Mitgliedschaft der Schweiz im IWF an diesen Kreditfazilitäten.

Die schweizerische Beteiligung an den Allgemeinen Kreditvereinbarungen (AKV) des IWF ist ein besonders gewichtiger Beitrag unseres Landes. Er geht auf ein bereits im Jahre 1964 getroffenes Assoziationsabkommen zurück. Die Schweiz wurde im Jahre 1984 Vollmitglied der AKV. Sie schuf damit gleichzeitig die Voraussetzung für ihre Mitgliedschaft – als elftes Mitglied – in der sogenannten Zehnergruppe. Die Nationalbank wurde in den AKV als teilnehmende Institution bezeichnet. Die AKV sind eine Kreditzusage. Die elf wichtigsten Industrieländer räumen sie dem IWF zur Finanzierung von Zahlungsbilanzdefiziten, die Systemrisiken beinhalten, ein. Die AKV bilden eine Art eiserne Reserve des IWF. Sie sollen verhindern, dass der Fonds seine Mittel ausschöpfen muss und als Kreditgeber damit an Glaubwürdigkeit einbüsst. Die Mittel aus den AKV können seit 1984 auch IWF-Mitgliedländern, die nicht zum Kreise der Zehnergruppe gehören, zur Verfügung gestellt werden. Der Grund dieser Ausweitung liegt darin, dass die Transformations- und Entwicklungsländer seit mehreren Jahren zu den wichtigsten – heute sogar den einzigen – Benutzern von IWF-Krediten wurden.

5. Kosten und Nutzen eines Beitritts zu den Bretton Woods Institutionen

Die Gegner des Beitritts der Schweiz zu den Institutionen von Bretton Woods hatten ihre Haltung im Abstimmungskampf von 1992 im wesentlichen mit den Beitrittskosten begründet. Der Kostenaspekt hat zwei Dimensionen: die Höhe der Kosten auf der einen und das Kosten/Nutzen-Verhältnis unserer Mitgliedschaft auf der andern Seite.

Die Kosten unserer Mitgliedschaft bei den Bretton Woods-Institutionen dürfen nicht mit der Kapitalbeteiligung, die für beide Institutionen zusammen rund 10 Mrd Franken beträgt, verwechselt werden. Wir bezahlten in Tat und Wahrheit nur einen kleinen Teil des Kapitals ein. Kreditzusagen und Garantien bilden den Löwenanteil. Bei der Weltbank sind weniger als 10% des Kapitals einzubezahlen. Beim IWF muss knapp ein Viertel der Quote sofort in Devisen zur Verfügung gestellt werden. Das Kreditrisiko lässt sich vernachlässigen. Es erfordert keine Abschreibung der Kapitalbeteiligung. Die Weltbank geniesst auf den Finanzmärkten die bestmögliche Bonitätseinstufung. Der IWF würde, wollte er sich auf den Finanzmärkten finanzieren, gleich gut bewertet. Die Kapitalbeteiligung beim IWF bedeutet eine Umschichtung von Währungsreserven der Nationalbank. Die Forderungen der Nationalbank gegenüber dem IWF werden verzinst.

Die Kosten unserer Mitgliedschaft in den Bretton Woods-Institutionen müssen deren Nutzen gegenübergestellt werden. Praktisch alle Länder sind heute Mitglieder der Bretton Woods-Institutionen. Wir profitieren politisch von unserer Mitgliedschaft. Die Intensivierung des Güter-, Kapital- und Personenverkehrs globalisierte die Wirtschaft. Diese Globalisierung liess den Planeten Erde zum Dorf werden. Der IWF bildet das Forum – den Marktplatz – dieses Weltdorfes. Wir wären als Nichtmitglied einem Bürger, der auf die Ausübung seiner Bürgerrechte verzichtet, vergleichbar.

Die unmittelbaren Vorteile einer Mitgliedschaft bei der Weltbank sind leicht zu erkennen. Die Beteiligung an Weltbankprojekten bringt Aufträge. Sie sichert Arbeitsplätze.

Die Vorteile der internationalen Währungszusammenarbeit – die Vorteile der Mitgliedschaft im IWF – sind abstrakter. Die Auswirkungen sind trotzdem sehr konkret. Der IWF trägt, da er die Stabilität der internationalen Währungsordnung verstärkt, zur Schaffung stabiler monetärer Rahmenbedingungen bei. Sie begünstigen auch in unserem Lande eine ausgeglichene wirtschaftliche Entwicklung.

Die Schweiz im Internationalen Währungsfonds (IWF)

Der Internationale Währungsfonds (IWF) und die Weltbank – die beiden Bretton Woods-Institutionen – legten seit ihrer Gründung vor gut 50 Jahren einen weiten Weg zurück. Der wirtschaftliche Wiederaufbau und die Schaffung eines stabilen Weltwährungssystems standen – nach dem Zweiten Weltkrieg – im Vordergrund. Der Übergang zu flexiblen Wechselkursen im Jahre 1973 führte zu einer Neuorientierung. Die Überwindung der Schuldenkrise der achtziger Jahre und die Verlagerung der Finanzierungshilfe von den Industrie- auf die Entwicklungsländer rückten in das Zentrum der Tätigkeit der beiden Institutionen. Sie richten ihr Augenmerk in jüngster Zeit vermehrt auf die Staaten Mittel- und Osteuropas. IWF und Weltbank begleiten die Transformationsländer im schwierigen Übergang von der Plan- zur Marktwirtschaft.

Der IWF ist als währungspolitische Institution mit den Notenbanken besonders eng verbunden. Er will durch die Förderung des internationalen Handels das Einkommen und die Beschäftigung in den Mitgliedländern steigern. Stabile Währungsverhältnisse sowie die Liberalisierung der grenzüberschreitenden Zahlungen und Devisentransaktionen bilden dafür wichtige Voraussetzungen. Das Ziel des IWF änderte sich – trotz des Wandels der Verhältnisse – nicht. Die wechselkurspolitische Überwachung, die Finanzierungshilfen bei Zahlungsbilanzdefiziten und die technische Hilfe sind die Mittel, die dem IWF zu dessen Erreichung zur Verfügung stehen.

1. Ein Rückblick auf gut 50 Jahre IWF

Kam der IWF in seiner gut fünfzigjährigen Tätigkeit seinem Ziel näher? Das Spektrum der Antworten ist breit.

- Die Neue Zürcher Zeitung attestierte dem IWF zum fünfzigjährigen Jubiläum, die «Hauptsache geleistet» zu haben. Sie schrieb im Juli 1994: «Dem Welthandel erwachsen heute kaum noch tarifäre Hürden, die internationalen Kapitalmärkte sind rundum integriert, und multinationale Unternehmen umspannen den ganzen Globus. Nur die Wechselkurse wollen nicht stabil bleiben, aber das ist weniger ein konzeptioneller Fehler als die Folge ungenügender Konvergenz.»
- Die Arbeitsgemeinschaft der schweizerischen Hilfswerke kommt zu einem entgegengesetzten Urteil: «Am ‹russischen Roulette› sind – schreibt sie – viele Akteure beteiligt. Auch die Bretton Woods-Institutionen – seit der Schuldenkrise vor allem Disziplinierungsinstrument gegenüber dem Süden – haben in Osteuropa ein neues Betätigungsfeld gefunden, auf dem die im Süden gemachten Fehler vielfach schlicht wiederholt werden.»

Welches der beiden Urteile kommt der Wahrheit näher? Der IWF war – messen wir ihn an den Zielen, die im IWF-Übereinkommen formuliert sind, – erfolgreich. Die Zahl seiner Mitglieder stieg von ursprünglich 29 auf rund 180 Länder. Der IWF entwickelte sich zu einer globalen Institution. Die weltweite Produktion von Gütern und Dienstleistungen ist heute fünfmal höher als 1950. Der Welthandel stieg im gleichen Zeitraum um das Zwölffache. Wir erreichten gleichzeitig – dies ist ebenso eindrücklich wie das Wachstum der Weltwirtschaft – weitgehende Einigkeit über die wirtschaftspolitischen Konzepte. Die Liberalisierung der Märkte, der Abbau von Zahlungs- und Devisenrestriktionen und die Förderung der Privatisierung sind Postulate, die kaum mehr bestritten werden. Sie sind in vielen Ländern bereits verwirklicht. Die Stärkung des privaten Sektors steht heute auch in der Entwicklungshilfe im Zentrum. Schwierigkeiten tauchen erst auf der Ebene der Umsetzung der Konzepte auf. Sie reflektieren in der Regel Verteilungsprobleme.

Das starke Wachstum der Wirtschaft war selbstverständlich nicht das alleinige Verdienst des IWF. Dies lässt sich an den erheblichen regionalen Unterschieden ablesen. Die asiatischen Länder – Japan nicht mitgerechnet – weisen seit 1975 ein durchschnittliches Jahreswachstum ihrer Wirtschaft von nahezu 7% auf. Die Einkommensverteilung wurde in der selben Zeit gleichmässiger. Das durchschnittliche Wachstum der Wirtschaft Afrikas liegt in der gleichen Periode dagegen nur leicht über 2%. Diese Unterschiede sprechen nicht gegen die Programme des IWF. Jene Länder Afrikas, die Empfehlungen des IWF über längere Zeit befolgten, weisen nämlich ebenfalls ein überdurchschnittliches Wachstum auf. Der Wille eines Landes, die wirtschaftliche Leistung zu erbringen, bleibt letztlich massgebend. Der IWF vermag lediglich zur Förderung günstiger Rahmenbedingungen beizutragen. Er kann das Pferd zur Tränke führen; trinken muss es selber.

Der Zusammenbruch des Fixkurssystems von Bretton Woods wird oft als die grosse Zäsur in der Tätigkeit des IWF beklagt. Ich erachte ihn nicht als tragisch.

- Der Wechselkurs ist – erstens – kein Ziel sondern lediglich ein Instrument der Wirtschaftspolitik. Die Ziele sind ein inflationsfreies Wachstum der Wirtschaft und ein hoher Beschäftigungsstand.
- Es lässt sich – zweitens – wissenschaftlich nicht nachweisen, dass flexible Wechselkurse den internationalen Handel beeinträchtigen.

Die Kritiker werfen dem IWF häufig vor, er tue zu wenig für die Entwicklungsländer. Sie beanstanden die harten Anpassungsprogramme. Der IWF wird gelegentlich direkt an den wirtschaftlichen Ergebnissen gemessen. Alle dieser Kritiken hängen meines Erachtens mit falschen Vorstellungen zusammen:

- Die Finanzierungshilfe des IWF wird seit den achtziger Jahren zwar ausschliesslich von den Entwicklungs- und zunehmend von den Transitionsländern – den Staaten, die sich im Übergang von der Plan- zur Marktwirtschaft befinden – beansprucht. Der IWF schuf im Bestreben, auch ärmeren Entwicklungsländern zu helfen, die sogenannte Erweiterte Strukturanpassungsfazilität (ESAF). Die ESAF wird über ein separates Treuhandkonto finanziert. Sie ermöglicht die Gewährung langfristiger, von den Mitgliedsländern über Subventionen stark verbilligter Kredite. Der IWF unterstützt so die Entwicklungsländer. Er arbeitet dabei eng mit der Weltbank zusammen. Der IWF ist aber – hier besteht ein erstes Missverständnis der Kritiker – keine Entwicklungsorganisation.

- Es führt auch in den Entwicklungs- und Transitionsländern – hier pflegen allzu blauäugige Kritiker oft ein zweites Missverständnis – kein Weg an harten Anpassungsprogrammen vorbei. Ertragsbilanzdefizite lassen sich nur so auf ein sinnvolles Mass abbauen. Eine zu grosszügige Kreditgewährung – verbunden mit weichen wirtschaftspolitischen Auflagen – würde lediglich die Schuldenlast erhöhen, ohne ausreichende Exporterlöse zu generieren. Exporterlöse sind aber notwendig. Das kreditnehmende Land vermag sonst den künftigen Schuldendienst nicht zu leisten. Die Zahlungsunfähigkeit von Schuldnern hätte eine Reihe negativer Folgen. Die knappen Mittel könnten – erstens – anderen, ebenfalls auf Hilfe angewiesenen Ländern nicht zur Verfügung gestellt werden. Die Mitgliedsländer würden – zweitens – ihre Währungsreserven aufs Spiel setzen. Die Glaubwürdigkeit des IWF wäre – drittens – in Frage gestellt. Andere Geldgeber, die ein Engagement des IWF heute als Garantie für die Qualität eines Schuldners ansehen, wären – viertens – nicht mehr bereit, Mittel zur Verfügung zu stellen. Der IWF würde seine katalytische Wirkung einbüssen.
- Die Kritiker, die – ein drittes Missverständnis – den IWF direkt an den wirtschaftlichen Ergebnissen messen, übersehen, dass er über keine Kompetenzen zur Umsetzung der Anpassungsprogramme verfügt. Der IWF ist keine supranationale Institution. Er kann gegenüber Ländern, die seine Finanzierungshilfe beanspruchen, die Auszahlung weiterer Kredittranchen zwar von der Erfüllung wirtschaftspolitischer Auflagen abhängig machen. Er vermag diese Auflagen aber nicht aus eigener Kraft durchzusetzen. Seine Macht schwindet vollends, sobald die Zahlungsbilanzhilfe ausläuft. Der IWF kann Ländern, die keine Zahlungsbilanzhilfe beanspruchen, lediglich Empfehlungen geben.

2. Ausgangslage für die Zukunft – Neue Tendenzen

Die heutige Ausgangslage gibt uns Hinweise auf die Herausforderungen, mit denen sich der IWF in den kommenden Jahren konfrontiert sehen wird. Ich sehe fünf Tendenzen, die seine künftige Tätigkeit massgeblich beeinflussen werden.

2.1 Wachsende Bedeutung der Entwicklungs- und Transitionsländer

Die Entwicklungs- und Transitionsländer werden – dies ist eine erste Tendenz – noch an Bedeutung gewinnen. Die globale Einkommens- und Machtverteilung wird – sind die Wachstumsziele auch in diesen Ländern einmal erreicht – eine grundlegend andere sein. China bietet uns das eindrücklichste Beispiel. Es ist mit einer Bevölkerung von 1,2 Milliarden doppelt so gross wie die Vereinigten Staaten und Westeuropa zusammengenommen. Die chinesische Wirtschaft wächst seit Ende der siebziger Jahre mit einer jährlichen Rate von mehr als 9%. Das Sozialprodukt vervierfachte sich in dieser Periode.

2.2 Steigender Finanzbedarf

Die wirtschaftliche Unterstützung der Entwicklungs- und vor allem der Transitionsländer wird – dies ist eine zweite Tendenz – in den nächsten Jahren enorme finanzielle Mittel erfordern. Die meisten Industrieländer – auch die Staaten der Siebner-Gruppe – müssen jedoch eigene Staatsdefizite abbauen. Sie werden deshalb stärker auf die internationale Gemeinschaft zurückgreifen. Der IWF – die Finanzierung über den IWF – wird damit mindestens vorübergehend eine wachsende Rolle spielen. Seine Position wird damit aber auch schwieriger. Er wird sich einer zunehmenden Politisierung ausgesetzt sehen.

Einzelne Länder – ganze Ländergruppen – werden vermehrt versuchen, den IWF für ihre politischen Ziele einzusetzen. Sie werden gleichzeitig aber auch alles tun, um die Kosten auf die internationale Gemeinschaft abzuwälzen.

2.3 Aufteilung der Welt in drei Währungsblöcke

Wir kennen zum ersten Mal in der neueren Geschichte – dies ist eine dritte Tendenz – keine Hegemonialmacht mehr: keine Macht, die bereit ist, politisch und wirtschaftlich globale Verantwortung zu übernehmen. Wir haben auch keine Vormacht, die allein die Leitwährung zur Verfügung stellt. Die Welt ist heute in drei Währungsblöcke aufgeteilt. Die Währungen dieser drei Blöcke sind der Dollar, die D-Mark und der Yen. Wir müssen auf absehbare Zeit davon ausgehen, dass zwischen den Währungen und Währungssystemen Wettbewerb besteht. Systeme mit festen Wechselkursen werden sich höchstens auf regionaler Ebene verwirklichen lassen.

2.4 Weltweiter Sieg der Marktwirtschaft

Der Zusammenbruch des planwirtschaftlichen Systems verhalf – dies ist eine vierte Tendenz – der Einsicht in die Überlegenheit der Marktwirtschaft weltweit zum Sieg. Private Initiative und freie Märkte ersetzen Planung und Staatskontrolle. Diese Konzepte sind zwar allgemein anerkannt. Sie sind aber noch nicht überall umgesetzt. Knapp die Hälfte der Mitgliedsländer des IWF liberalisierte die grenzüberschreitenden Zahlungen und Devisentransaktionen noch nicht vollständig. Sie beanspruchen die im IWF-Übereinkommen vorgesehene Ausnahmeklausel (Artikel VIII). Das Tempo der Liberalisierung beschleunigte sich jedoch deutlich. Der IWF trug wesentlich zum Durchbruch der Marktwirtschaft bei. Seine künftige Aufgabe wird es sein, das marktwirtschaftliche Wirtschaftssystem zu verteidigen. Wir dürfen diese Aufgabe nicht unterschätzen. Die Verlockung, sich durch protektionistische Massnahmen Vorteile zu verschaffen, wird immer wieder neu aufleben. Die Industriestaaten erweisen sich gegenüber der süssen Droge des Protektionismus nicht weniger anfällig als die Entwicklungs- und Transitionsländer. Die Inflation lässt sich ebenfalls nicht ein für allemal ausrotten. Sie ist eine verdeckte Form der Umverteilung. Der IWF wird eng mit der Welthandelsorganisation

(WTO) – der Nachfolgeorganisation des GATT –, die sich für eine liberale Handels- und für eine globale Wettbewerbspolitik einsetzt, zusammenarbeiten müssen. Offene Grenzen für den internationalen Handel sind nicht nur die billigste sondern auch die weitaus wirkungsvollste Entwicklungs- und Transitionshilfe.

2.5 Erhöhte Mobilität von Arbeit und Kapital

Die Mobilität von Arbeit und Kapital wird angesichts ungleicher wirtschaftlicher Chancen – dies ist eine fünfte Tendenz – zu Wanderungsbewegungen führen. Die bisherigen Erfahrungen – die Erfahrungen beispielsweise der Europäischen Union – deuten allerdings nicht darauf hin, dass wir uns beim Faktor Arbeit auf eine Massenmigration einzustellen hätten. Die wirtschaftlichen Faktoren geben bei der Wahl des Wohnortes nicht allein den Ausschlag. Politische Verfolgung oder wirtschaftliches Elend lösen in der Regel erst Massenwanderungen aus. Ich hoffe, dass wir beides für Osteuropa ausschliessen dürfen. Wir wären von einer grossen Wanderbewegung aus diesem Teil unseres Kontinents unmittelbar betroffen. Kapital ist ausserordentlich mobil. Es reagiert bereits auf kleine Ertragsunterschiede. Die weitere Liberalisierung des Kapitalverkehrs, der technologische Fortschritt vor allem im Kommunikationsbereich und die Verringerung der Informations- und Transaktionskosten werden diese Tendenz noch verstärken. Die Mobilität des Kapitals hat verschiedene Konsequenzen:

- Sie führt – erstens – dazu, dass Länder mit einem guten Schuldnerruf sich ohne weiteres auch auf privaten Finanzmärkten finanzieren können. Ein Land, das seine Wirtschaftspolitik am Ziel der Stabilität orientiert, verbessert im gleichen Ausmass auch seine Schuldnerqualität. Die Finanzierungshilfe des IWF sollte sich deshalb langfristig weitgehend erübrigen. Die Entwicklungs- und Transitionsländer werden sich – wie dies heute die Industrieländer tun – auf den Finanzmärkten finanzieren. Sie unterwerfen sich damit den disziplinierenden Anforderungen des Marktes.
- Die Mobilität des Kapitals und die Globalisierung der Finanz-

märkte schaffen – zweitens – in Industrie-, Entwicklungs- und Transitionsländern einen zunehmenden Bedarf nach Finanzmarktüberwachung. Die globale Überwachung der Finanzmärkte ist eine Aufgabe, die der IWF heute schon wahrnimmt. Er vermöchte sie noch auszubauen.
- Wachsende Finanzmärkte führen – drittens – dazu, dass die Notenbanken Wechselkursvorstellungen je länger je weniger gegen die Marktkräfte durchsetzen können. Ihre Devisenbestände sind im Vergleich zu den privaten Vermögensbeständen verschwindend klein. Ihre Interventionen am Devisenmarkt wirken deshalb nur, wenn sie glaubwürdig Änderungen der Geldpolitik signalisieren

3. Empfehlungen für die Zukunft

Der IWF ist in der nächsten Zukunft mit einem grossen Doppelziel konfrontiert: Er muss helfen, den Wohlstand, den wir in den Industrieländern errangen, zu bewahren. Und er sollte gleichzeitig dazu beitragen, dass die Entwicklungs- und Transitionsländer einen vergleichbaren Wohlstand erreichen. Der IWF hat – sind diese Wachstumsziele in einer ferneren Zukunft einmal erreicht – das Schwergewicht seiner Tätigkeit auf den Informationsaustausch, die Überwachungsfunktionen und die Behebung von Systemkrisen zu legen.

Die skizzierten Tendenzen – wachsende Bedeutung der Entwicklungs- und Transitionsländer, hoher temporärer Finanzierungsbedarf, Wettbewerb der Währungen, Dominanz der Marktwirtschaft und wachsende Mobilität des Kapitals – werden die künftige Tätigkeit des IWF prägen. Er verfügt über drei Mittel zur Erreichung seiner Ziele:
- die Gestaltung der Währungsordnung,
- die Finanzierungshilfe und
- die technische Hilfe.

Die Gewährleistung stabiler Währungsverhältnisse bleibt die Grundaufgabe des IWF. Sie erfordert nicht zwingend – wie die Gründerväter des IWF noch glaubten – ein Fixkurssystem. Die Währungsverhältnisse können auch in einem System flexibler Wechselkurse stabil sein. Die Möglichkeit der freien Wahl des Währungssystems ist deshalb zu begrüssen. Diese Freiheit wurde bei der zweiten Revision des IWF-Übereinkommens – im Jahre 1978 – rechtlich verankert. Sie entspricht dem Wesen einer Marktwirtschaft. Die Stabilität der Wechselkurse hängt weniger vom Wechselkurssystem als von der stabilitätsorientierten Ausrichtung der Wirtschaftspolitik ab. Flexible Wechselkurse gewähren einem Land die Freiheit, die Geldpolitik in den Dienst der Preisstabilität zu stellen.

Ich bestreite nicht, dass die feste Bindung des Wechselkurses an eine stabile Währung die Durchführung der Geldpolitik in bestimmten Situationen erleichtern kann. Lateinamerika nutzt feste Wechselkurse – es handelt sich in der Regel um Dollar-Bindungen – beispielsweise als entscheidende Bestandteile seiner gegenwärtigen Stabilisierungsprogramme. Die Währungsbehörden der lateinamerikanischen Länder erhoffen sich von der Wechselkursbindung – nach zahlreichen Fehlschlägen in den achtziger Jahren – eine erhöhte Glaubwürdigkeit.

Wir stellen dagegen – betrachten wir die gesamte Gruppe der Entwicklungsländer – seit Mitte der siebziger Jahre eine deutliche Verlagerung von festen zu flexiblen Wechselkursen fest. 45% dieser Länder kennen heute grundsätzlich flexible Wechselkurse; 1976 waren es erst 14%.

Die Anfälligkeit der flexiblen Wechselkurse auf Schwankungen wird trotz deren starken – und noch wachsenden – Verbreitung allerdings immer wieder beklagt. Die Vorschläge zur Reform der Währungsordnung zielen in der Regel deshalb auf die Einführung sogenannter Zielzonen für die Entwicklung der Wechselkurse. Diese Vorschläge werden – angesichts des Erstarkens des Schweizer Frankens – heute auch bei uns Anhänger finden. Ich halte wenig davon.

Ein System der Zielzonen läuft – ist es flexibel gestaltet – auf eine bürokratisch aufwendigere Form der bestehenden Ordnung hinaus. Die Anhänger der Einführung von Zielzonen werden mir entgegenhalten, ihr Hauptziel sei es, der Wirtschaftspolitik in den teilnehmenden Ländern engere Grenzen zu stecken. Sie übersehen, dass die Teilnehmer eines solchen Systems, denen die Einschränkung ihrer Autonomie zu weit geht, rasch ausscheren werden. Wir erlebten es bereits im System fester Wechselkurse von Bretton Woods. Es war aber auch das Schicksal des weit homogeneren Europäischen Währungssystems.

Ein häufiges Postulat zielt auf die Verstärkung des sog. surveillance – auf die Verstärkung der wechselkurspolitischen Überwachung – ab. Diese Überwachung dient der Angleichung der Wirtschaftspolitiken der verschiedenen Staaten. Sie erfolgt im IWF auf zwei Arten: durch

- die jährlichen Konsultationen mit den Mitgliedsländern und die Abgabe von Empfehlungen gemäss Artikel IV des IWF-Übereinkommens – durch die sogenannten Artikel IV-Konsultationen – sowie durch
- die halbjährlichen Überprüfungen der weltwirtschaftlichen Aussichten («World Economic Outlook»).

Warum bemüht sich der IWF, die nationalen Wirtschaftspolitiken einander verstärkt anzugleichen? Er will auf diese Weise die Voraussetzungen für eine erhöhte Stabilität der Wechselkurse schaffen. Die Grundidee ist richtig. Unterschiedliche nationale Wirtschaftspolitiken bilden in der Tat die Hauptursache von Schwankungen der Wechselkurse. Wir dürfen allerdings keine übertriebenen Erwartungen in die Überwachung des IWF setzen. Deren Möglichkeiten sind begrenzt. Kein souveränes Land wird sich vom IWF zu einem Verhalten, das nicht seinen nationalen Interessen entspricht, zwingen lassen. Es wehrt sich mit Recht. Die Gefahr, dass grosse Länder die kleineren Mitglieder zu einer Wirtschaftspolitik, die nur ihren eigenen Interessen dient, veranlassen, ist gross. Wir Schweizer haben deshalb besonders Grund, immer wieder daran zu erinnern, dass wirtschaftspolitische Koordination nur funktioniert, wenn sie im Interesse aller Beteiligten liegt. Sie sollte vor allem in den Dienst des Austausches von Informationen und der Verwirklichung langfristiger Ziele gestellt werden. Der Informationsaustausch verbessert die Grundlagen der Wirtschaftspolitik. Er verhindert im Extremfall, dass die verschiedenen Länder wirtschaftspolitische Ziele, die untereinander unvereinbar sind, verfolgen. Der Druck von aussen kann den Verantwortlichen in Regierung und Notenbank überdies die Durchsetzung unpopulärer Massnahmen, die im langfristigen – aber nicht im kurzfristigen – Interesse eines Landes liegen, erleichtern. Das Morgen – das Interesse der künftigen Generationen – liegt uns in der Regel weniger am Herzen als das Heute. Die Bevorzugung der Gegenwart – das Abschieben von Kosten auf die nachfolgenden Generationen – bildet oft auch den Nährboden einer expansiven Geld- und Fiskalpolitik wie der hohen Verschuldung im Ausland. Der IWF hat hier eine wichtige Rolle zu spielen. Er muss diese Rolle auch in Ländern, die keine Zahlungsbilanzhilfe beanspruchen und damit keine Wirtschaftsprogramme einzuhalten haben, erfüllen.

Es gibt Währungsreformer, die das Heil in der Schaffung von Sonderziehungsrechten (SZR) – dem vom IWF Ende der sechziger Jahre geschaffenen internationalen Zahlungsmittel und Reservemedium – suchen. Ich sehe in der gegenwärtigen Währungsordnung, die durch Wettbewerb der Währungen und durch freie Wahl des Wechselkurssystems charakterisiert ist, allerdings keinen Bedarf nach einer Neuzuteilung von SZR. Ein solches Reservemedium macht lediglich in einem System fester Wechselkurse Sinn. Die Situation änderte sich mit dem Übergang zum System flexibler Wechselkurse grundlegend. Ein langfristiger, weltweiter Reservenmangel, der für eine Neuzuteilung gemäss IWF-Übereinkommen erforderlich ist, kann überdies solange, als global Inflation besteht, nicht nachgewiesen werden. Der Reservenmangel einzelner Länder muss durch wirtschaftspolitische Massnahmen behoben werden. Die Mitglieder des IWF können zu diesem Zweck IWF-Kredite beanspruchen.

Das Ausmass der Finanzierungshilfe, die in der Zukunft erforderlich sein wird, lässt sich heute noch nicht abschätzen. Eines ist aber sicher: Die Finanzierungshilfe des IWF wird in den nächsten Jahren massiv zunehmen. Die Transitionsländer werden als Hauptkreditnehmer auftreten. Die mitteleuropäischen Staaten erzielten auf dem Wege zur Marktwirtschaft zwar bereits beachtliche Fortschritte. Sie weisen mehrheitlich ein positives Wirtschaftswachstum auf. Der Prozess der Umstrukturierung befindet sich dagegen in den Ländern der früheren Sowjetunion – in den FSU-Staaten – erst in den Anfängen. Sie beanspruchen einen grossen Teil der neu gewährten IWF-Kredite.

Die Finanzierungshilfe an die Transitionsländer wirft auch unter einem anderen Gesichtspunkt schwerwiegende Probleme auf. Die FSU-Länder sind noch kaum in der Lage, die normalen Bedingungen für die Kreditgewährung des IWF zu erfüllen. Der IWF schuf mit der befristeten Systemübergangs-Fazilität deshalb ein neues Kreditinstrument, das ihm erlaubte, diesen Staaten gleichwohl zu helfen. Die Transitionsländer sollten durch Finanzierungshilfe zu weicheren Bedingungen möglichst rasch auf einen Entwicklungsstand, unter dem ihnen bei der Kreditgewährung die normale Konditionalität zugemutet werden kann, gebracht werden.

Der Übergang von der Plan- zur Marktwirtschaft macht in den Ländern der FSU bisher vor allem zwei Dinge deutlich:

- Die Stabilisierungspolitik zeitigte – erstens – bislang nur beschränkte Erfolge. Wo liegen die Ursachen dieses unbefriedigenden Resultats? Es wurde unterlassen, die Stabilisierungspolitik gleichzeitig mit Strukturreformen zu verbinden. Eine Reduktion der Staatsausgaben – und damit letztlich auch eine erfolgreiche Geldpolitik – ist nur möglich, wenn die Privatisierung radikaler vorangetrieben wird. Die Unternehmungen müssen dann nicht mehr direkt durch den Staat finanziert werden.
- Der Transitionsprozess dauert – zweitens – länger, als wir alle anfänglich erwarteten. Die Reformen greifen nicht tief genug. Die

völlig ungenügende Umstrukturierung des Unternehmenssektors erweist sich als Hauptproblem. Das Sozialprodukt ging in den FSU-Ländern seit 1991 stark zurück. Es wäre dringend nötig, mit nachhaltigen Investitionen im Unternehmensbereich endlich den Kern künftigen Wirtschaftswachstums zu legen. Die Lage ist von aussen – ich bin mir dessen bewusst – nur schwer zu beurteilen. Ich glaube aber nicht, dass bisher ausreichende Voraussetzungen für eine nachhaltige Investitionstätigkeit geschaffen wurden. Die Zurückhaltung ausländischer Investoren bestätigt dieses Urteil. Die Kapitalflucht aus Russland erhärtet es leider noch.

Das Gelingen der Transition – der Erfolg des Übergangs von der Plan- zur Marktwirtschaft – ist nicht primär eine Frage der Finanzierung durch das Ausland. Nicht jeder Kredit ist sinnvoll. Nicht jede Finanzierungslücke ist so, wie sie in der Planung aufscheint, durch Kredite zu schliessen. Es drängen sich an Stelle der Finanzierung unter Umständen mehr Anpassungsleistungen auf. Die Schuldenindikatoren für die Transitionsländer mahnen schon heute – und wir stehen erst am Anfang des Prozesses des Übergangs zur Marktwirtschaft – zu höchster Vorsicht. Die Schuldenquote der Transitionsländer – das Verhältnis ihrer Schulden zum Total ihrer Exporte – ist bereits höher als jene der Entwicklungsländer ohne Afrika südlich der Sahara. Der IWF wird deshalb gegenüber den Transitionsländern nachdrücklich auf der sogenannten Konditionalität beharren müssen. Diese Länder schaffen nur so die Voraussetzungen, um in Zukunft die Exporterlöse, die zur Leistung des Schuldendienstes notwendig sind, zu erzielen. Eine Aufweichung der Kreditkonditionalität würde unverantwortbare Kreditrisiken schaffen. Die Währungsreserven der Mitgliedsländer des IWF wären gefährdet. Dessen Glaubwürdigkeit erlitte Schaden. Die katalytische Wirkung ginge verloren. Die Transition liefe Gefahr, im finanziellen und moralischen Ruin des IWF zu enden.

3.3 Die technische Hilfe

Die technische Hilfe des IWF gewann – auch wenn sie nicht zu dessen klassischen Aufgaben gehört – in den letzten Jahren stark an Bedeutung zu. Sie beansprucht heute rund 13% der Betriebsausgaben. Der IWF setzt den Akzent auch hier richtig. Die technische Hilfe ist vor allem in der Anfangsphase des Übergangs von der Plan- zur Marktwirtschaft bedeutsam. Sie ist wichtiger als die finanzielle Hilfe. Technische Hilfe schafft nämlich die elementaren Voraussetzungen für Reformen. Sie spielt deshalb auch in einer Reihe von Entwicklungsländern eine grosse Rolle.

Der IWF ist beim Aufbau von Fiskalsystemen und von Notenbanken besonders aktiv. Seine Ressourcen sind allerdings beschränkt. Er greift bei der technischen Hilfe deshalb auf die Mitgliedsländer zurück und übernimmt vor allem die Funktion der Koordination. Die Schweizerische Nationalbank leistet im Rahmen von IWF-Programmen ebenfalls technische Hilfe. Sie legt das Schwergewicht dabei auf die Mitgliedsländer der schweizerischen Ländergruppe.

4. Die Schweiz und der IWF – Eine erste Bilanz unserer Erfahrungen

Welche Erfahrungen, konnten wir – die Schweiz – in den ersten Jahren unserer Mitgliedschaft im IWF sammeln? Unser Land integrierte sich gut. Der schweizerische Exekutivdirektor wird gehört. Wir bauten innerhalb der Ländergruppe gute Arbeitsbeziehungen auf.

Das Eidgenössische Finanzdepartement und die Schweizerische Nationalbank arbeiten bei der Durchführung der IWF-Mitgliedschaft eng zusammen. Diese Kooperation spielte sich gut ein. Gelegentliche Meinungsverschiedenheiten sind nicht zu vermeiden. Sie ergeben sich daraus, dass die Nationalbank den währungspolitischen Charakter des IWF in den Vordergrund stellt.

Der Bund möchte den IWF dagegen – mindestens teilweise – auch in den Dienst entwicklungspolitischer Anliegen stellen. Wir dürfen jedoch nicht vergessen, dass der IWF aus den Währungsreserven der Mitgliedländer finanziert wird. Er kann deshalb nur währungspolitische Aufgaben erfüllen.

Der IWF führte mit der Schweiz schon dreimal – 1993, 1994 und 1995 – eine Artikel IV-Konsultation durch. Die Geldpolitik wurde mit dem Hinweis auf die im allgemeinen sehr tiefe Inflationsrate und die niedrigen Zinssätze – sie gehören zu den die tiefsten in Europa – positiv beurteilt. Die wirtschaftspolitischen Empfehlungen konzentrierten sich auf die dringende Reduktion des Staatsdefizits. Der IWF forderte angesichts der hohen Arbeitslosenraten ferner eine aktivere Arbeitsmarktpolitik.

Der Beitritt der Schweiz zu den Bretton Woods-Institutionen fiel in eine äusserst aktive Phase des IWF. Der Übergang der ehemaligen Planwirtschaften zur Marktwirtschaft war – und ist – das dominierende Ereignis. Wir dürfen die Bedürfnisse der ärmeren Entwicklungsländer darob aber nicht vernachlässigen. Die «Erweiterte Strukturanpassungsfazilität» – sie sieht Kredite zu Vorzugsbedingungen vor – wurde verlängert, um diese Bedürfnisse weiter abdecken zu können. Die Schweiz beteiligte sich mit einem Anteil von 3,3% an diesem besonderen Kreditinstrument. Die Nationalbank übernahm den Beitrag an das Darlehenskonto. Der Bund finanzierte die Zinssubvention.

Unser Beitritt zu den Bretton Woods-Institutionen verfolgte einen doppelten Sinn: Die Zusammenarbeit mit diesen beiden globalen Organisationen liegt – erstens – im Interesse unserer ausgesprochen offenen Volkswirtschaft. Sie bildet in einer Zeit grosser und schwieriger Umwälzungen – zweitens – aber auch einen Beitrag an die internationale Solidarität. Der Übergang Mittel- und Osteuropas von der Plan- zur Marktwirtschaft – das vorrangige Problem der nächsten Jahre – betrifft uns als Europäer in besonders hohem Masse. Die Auswirkungen eines Misserfolgs würden uns Schweizer in vielen Bereichen hart treffen. Wir wären auch ohne Beitritt zu den Bretton Woods-Institutionen aufgerufen, den Transitionsprozess durch finanzielle Mithilfe zu unterstützen. Unsere Mitgliedschaft im IWF und

Weltbank gibt uns das Recht, bei der Gestaltung der Währungsordnung wie der finanziellen und der technischen Hilfe mitzuentscheiden.

Das Ja vom 17. Mai 1992 – die Zustimmung des Schweizervolkes zum Beitritt zu den Bretton Woods-Institutionen – lohnte sich.

Die Europäische Währungsunion: Voraussetzungen – Auswirkungen auf die internationalen Finanzmärkte

Die Europäische Union (EU) steht vor einem epochalen Projekt. Sie will eine Wirtschafts- und Währungsunion verwirklichen und damit ihren Integrationsprozess, der Westeuropa – nach zwei schrecklichen Kriegen – während bald eines halben Jahrhunderts Frieden und Wohlstand sicherte, zu einem vorläufigen Abschluss bringen. Die Perspektive einer gemeinsamen europäischen Währung ist für unsere Generation neu. Es ist eine Perspektive voll Chancen und voll Risiken: eine Perspektive, die unter Europas Bürgern deshalb Hoffnungen wie Ängste weckt. Die Unsicherheiten sind – auf den ersten Blick – erstaunlich. Währungsunionen sind nämlich keine Erfindung unserer Zeit. Währungen kommen, gehen und machen neuen Platz. Es gab immer und immer wieder Versuche, den wirtschaftlichen Verkehr durch die Schaffung einheitlicher Währungsräume zu erleichtern und zu fördern. Der Blick zurück zeigt aber auch, dass viele dieser Versuche scheiterten.

Die Wirtschafts- und Währungsunion der EU darf nicht scheitern. Die Auswirkungen eines Scheiterns wären verheerend: verheerend nicht nur für die Geldpolitik. Die ganze wirtschaftliche Zusammenarbeit in Europa würde erschwert. Die Prosperität unseres gesamten Kontinents wäre – über die EU-Grenzen hinaus – gefährdet. Soweit darf es nicht kommen. Ich teile deshalb die Meinung all jener, die die gemeinsame europäische Währung – die die gemeinsame europäische Geldpolitik – erst verwirklichen wollen, wenn die dafür notwendigen Bedingungen erfüllt sind.

1. Politische und wirtschaftliche Voraussetzungen einer auf Erfolg angelegten Währungsunion

Die Geschichte zeigt: Die Währungsunionen, die Erfolg und Bestand hatten, waren politisch abgesichert. Die erfolglosen Währungsunionen scheiterten in der Regel daran, dass ihnen diese politische Basis fehlte. Wirtschaftliche Faktoren spielten für den Erfolg oder den Misserfolg von Währungsunionen erstaunlicherweise nur eine zweitrangige Rolle. Es war stets der fehlende politische Wille der Regierungen der Unionsländer, die nationalen Interessen hinter jene der übergeordneten Einheit zurückzustellen, der Währungsunionen – selbst wirtschaftlich sinnvolle Währungsunionen – zum Scheitern brachte.

Der 1857 abgeschlossene Wiener Münzvertrag versuchte das Kaiserreich Österreich, die Mitgliedstaaten des Deutschen Zollvereins und das Fürstentum Liechtenstein in einer Währungsunion zu verbinden. Diese Union machte viel Sinn. Alle beteiligten Staaten waren aus historischen Gründen wirtschaftlich eng miteinander verbunden. Der Grad der Industrialisierung war überall relativ gering. Alle verzeichneten den gleich grossen Aufholbedarf. Sie wollten mit dem Münzvertrag – mit der Vereinheitlichung der Währungen – ihre wirtschaftliche Entwicklung gemeinsam fördern. Kurz: Österreich und Preussen stimmten als wichtigste Mitglieder der Union zwar in ihren wirtschaftlichen Interessen überein. Sie vermochten sich aber über die politische Ausgestaltung und die Führung des Deutschen Bundes nicht zu einigen. Die monetäre Union überlebte die politischen Spannungen, die 1866 zum österreichisch-preussischen Krieg führten, nicht.

Die Versuche, die Währungsvielfalt der alten Eidgenossenschaft durch Münzverträge zwischen Kantonen oder Städten zu verringern, waren zahlreich. Alle scheiterten an politischen Differenzen. Die Schweiz vermochte ihre Münzordnung erst 1848 – mit der Gründung des Bundesstaates – dauerhaft zu vereinheitlichen. Es dauerte nochmals fast 60 Jahre, bis eine Mehrheit der Stimmbürger – Stimmbürger, die sich endlich nicht mehr nur als Berner, Zürcher oder Genfer, sondern auch als Schweizer verstanden – sich für die vollständige Zentralisierung des Geldwesens gewinnen liess. Die Notenemission wurde 1907 mit der Gründung der Schweizerischen Nationalbank vereinheitlicht.

Wieso spielen politische Faktoren eine so entscheidende Rolle für den Erfolg einer Währungsunion? Eine Währungsunion bedeutet nicht einfach, dass ein Zahlungsmittel durch ein anderes ersetzt wird. Sie bedeutet, dass nationale Geldpolitiken durch eine gemeinsame, übernationale Geldpolitik abgelöst werden: durch eine Geldpolitik, die nicht mehr den nationalen Interessen der einzelnen Länder sondern nur noch jenen der Gesamtheit dienstbar gemacht werden kann. Wir müssen uns bewusst sein: Die Geldpolitik ist ein mächtiges wirtschaftspolitisches Instrument. Sie vermag die Anpassung einer nationalen Volkswirtschaft an veränderte Umstände zu erleichtern. Dies kann auf verschiedene Weise geschehen: durch die Veränderung des Wechselkurses oder durch die Anpassung des Restriktionsgrades der Geldpolitik an den Verlauf der Konjunktur. Dieser Gedanke wird in der ökonomischen Literatur durch die Theorie optimaler Währungsgebiete verdeutlicht. Diese Theorie zeigt auf, dass einzelne Länder – oder Regionen – desto eher auf eine eigenständige Geldpolitik verzichten können, je mobiler ihre Produktionsfaktoren sind, je offener ihre Wirtschaft gegenüber dem Ausland ist, je stärker ihre Industrien diversifiziert sind, je flexibler ihre Preise und Löhne reagieren und je eindeutiger ihre wirtschaftlichen Probleme mit jenen der Unionspartner übereinstimmen.

Stellt die EU ein optimales Währungsgebiet dar oder nicht? Die Studien, die dieser Frage nachgehen, sind nur noch schwer zu überblicken. Ihre Ergebnisse weisen fast durchwegs in die gleiche Richtung: Die EU ist – insgesamt gesehen – kein optimales Währungsgebiet. Die Indikatoren weisen darauf hin, dass im besten Fall eine kleine Gruppe von Mitgliedstaaten der EU die Voraussetzungen einer gemeinsamen Geldpolitik im Sinne der Theorie des optimalen Währungsraums zu erfüllen vermag. Ich behaupte damit nicht, dass nur diese Länder eine Währungsunion bilden können. Viele bestehende Währungsunionen – ich denke an die Vereinigten Staaten, an Deutschland oder selbst an die Schweiz – bilden ebenfalls kein optimales Währungsgebiet. Sie hatten trotzdem Bestand.

Was hält diese Währungsunionen zusammen? Es sind zwei Klammern:

- Der politische Wille – erstens –, regionale den unionsweiten Interessen unterzuordnen, und
- eine hohe politische Solidarität – zweitens –, aus der die Bereitschaft erwächst, jenen Regionen, die durch diese Unterordnung in Schwierigkeiten geraten, helfend unter die Arme zu greifen. Diese Bereitschaft nimmt in den bestehenden Währungsunionen normalerweise die Form des direkten Fiskaltransfers oder aber der automatisch wirkenden Stabilisatoren, die in das Steuersystem eingebaut sind, an.

Ich will meine Überlegungen am Beispiel Italiens verdeutlichen. Italien ist sicher kein optimaler Währungsraum. Die Arbeitslosigkeit beträgt im Norden der Halbinsel rund sieben, in deren Süden dagegen zwanzig Prozent. Die durchschnittliche Arbeitsproduktivität liegt im Mezzogiorno gut zwanzig Prozent tiefer als im Norden. Wie lassen sich derart grosse Ungleichgewichte in einem gleichen Währungsraum aufrechterhalten? Die hohen Summen, die im Rahmen des Steuersystems und des Systems des Fiskaltransfers vom Norden in den Süden fliessen, gleichen den Mangel an Konvergenz aus. Dies lässt sich an einigen weiteren Zahlen ablesen. Das Verhältnis der Staatsausgaben zum Sozialprodukt beträgt im Mezzogiorno fast siebzig Prozent. Konsum und Investitionen übertreffen das Sozialprodukt um fünfzehn Prozent. Süditalien würde auf sich allein gestellt ein Leistungsbilanzdefizit in der Höhe von fünfzehn Prozent des Bruttoinlandproduktes ausweisen. Ein Vergleich mit Mexiko macht deutlich, was dies bedeutet. Das Leistungsbilanzdefizit Mexikos – eine der Hauptursachen der Peso-Krise von Anfang 1995 – belief sich auf rund sieben Prozent des Bruttoinlandproduktes. Der reine Anhänger der Theorie optimaler Währungsgebiete wäre vermutlich versucht, Italien vorzuschlagen, zwei getrennte Währungen einzuführen: eine «Lira

Nord» und eine «Lira Süd». Der Wechselkurs der «Lira Süd» müsste sich – würde er argumentieren – gegenüber der «Lira Nord» so einpendeln, dass er der unterschiedlichen Arbeitsproduktivität und Industriestruktur der beiden Regionen Rechnung trüge. Ungleichgewichte liessen sich, wenn auch nicht vollständig beseitigen, so doch abbauen. Fiskaltransfers wären nicht mehr – oder doch nicht mehr in der bisherigen Höhe – notwendig. Soweit die Theorie. Die Praxis beweist etwas ganz anderes: Italien bildet trotz aller Schwierigkeiten einen einheitlichen Währungsraum. Die politische Solidarität unter seinen wirtschaftlich so verschiedenen Teilen spielt. Der Konsens, schwächeren Regionen des Landes zu helfen, gründet in dieser politischen Solidarität.

Besteht ein politisch ähnlich stark abgestützter Konsens auch bereits in der EU? Würde er gar in einer die ganze EU umfassenden Währungsunion bestehen? Ich masse mir als aussenstehender Beobachter kein Urteil an. Ich bin aber überzeugt, dass ein solcher Konsens die notwendige Voraussetzung einer auf Dauer angelegten Europäischen Währungsunion ist. Die EU ist – ähnlich wie mehrere ihrer Mitgliedstaaten – kein optimales Währungsgebiet. Sie wird, wagt sie den Übergang zur Einheitswährung, deshalb ohne Finanzausgleich nicht bestehen können.

Der Maastrichter Vertrag macht um dieses Thema einen Bogen. Er sieht weder ein ausgebautes System von Transferzahlungen noch die Verlagerung von steuerrechtlichen Kompetenzen auf die Unionsebene vor. Wo liegt der Grund dieses Schweigens? Ich weiss es nicht. Ich hoffe nur, er keime nicht aus der Furcht, keine politische Mehrheit für diese Massnahmen zu finden. Dies hiesse, dass der EU nach der Meinung ihrer politischen Führer der politische Wille und die politische Solidarität, die die Grundlage jeder erfolgreichen Währungsunion bilden, fehlten.

Der Erfolg von Währungsunionen hängt nach der geschichtlichen Erfahrung in erster Linie von politischen und erst in zweiter Linie von wirtschaftlichen Faktoren ab. Die EU sollte dieser Erfahrung Rechnung tragen. Die Intergouvernementale Konferenz, die im nächsten Jahr beginnt, wäre ein geeignetes Forum. Die Regierungen und die Notenbanken der EU stellten bisher allerdings nicht diese politischen Aspekte sondern praktisch ausschliesslich die wirtschaftlichen Voraussetzungen der Währungsunion in das Zentrum ihrer Auseinandersetzungen: die Konvergenzkriterien des Maastrichter Vertrags. Diese Konvergenzkriterien werden von offizieller Seite immer und immer wieder als die Garanten der Stabilität der europäischen Einheitswährung und der Dauerhaftigkeit der Europäischen Währungsunion bezeichnet. Ich stimme zu: Die Konvergenzkriterien sind von erstrangiger Bedeutung. Jede Notenbank sollte ihre Geldpolitik auf das Ziel der Preisstabilität ausrichten. Jede Regierung müsste ihren öffentlichen Haushalt in Ordnung bringen. Regierung und Notenbank können ihrem Land nur mit dieser Politik langfristig wirtschaftliche Stabilität und wirtschaftliches Wachstum garantieren. Es ist das Verdienst der Konvergenzkriterien, diese Zusammenhänge – die Bedeutung einer stabilitätsorientierten Geld- und Haushaltspolitik – bewusst zu machen. Sie drücken in Zahlen aus, was der gesunde Menschenverstand jedem Geld- und Finanzpolitiker ohnehin gebietet. Dies heisst allerdings auch, dass es nicht genügt, die Konvergenzkriterien lediglich an einem bestimmten Stichtag zu erfüllen. Sie müssen – der Geist von Maastricht bedarf auch hier der Nachbesserung – im Sinne einer dauerhaften Verpflichtung eingehalten werden.

Die Beachtung der Konvergenzkriterien ändert allerdings nichts an der Tatsache, dass die Mitgliedstaaten der EU kein optimales Währungsgebiet bilden. Ich glaube auch nicht, dass zwei oder mehrere Staaten, die die Konvergenzkriterien erfüllen, unbedingt eine gemeinsame Geldpolitik führen müssen. Die Verantwortlichen dieser Staaten haben zunächst noch einige weitere wichtige Fragen zu beantworten: Sind die Preise und Löhne flexibel? Sind die Produktionsfaktoren mobil? Reagieren die an der Währungsunion interessierten Länder gleich oder unterschiedlich auf wirtschaftliche Störungen? Über welche Kanäle wirkt die Geldpolitik? Existieren – ich wiederhole mich – Mechanismen, die zu einem Ausgleich zwischen den Regionen führen? Die Konvergenzkriterien beantworten alle diese Fragen nicht.

Sie werden deshalb auch nicht alleine über das Gelingen oder über das Scheitern der Europäischen Währungsunion entscheiden. Wo sehe ich die primäre Bedeutung der Konvergenzkriterien? Ihre Einhaltung – oder im ungünstigen Fall ihre Aufweichung – ist ein wichtiges Signal für die Märkte. Die Märkte beurteilen gestützt auf dieses Signal, ob die Länder, die sich an der Europäischen Währungsunion beteiligen werden, bereit oder eben nicht bereit sein werden, eine stabilitätsorientierte Geld- und Haushaltpolitik zu betreiben. Jede Aufweichung der Konvergenzkriterien – jede grosszügige Interpretation der Vorschriften des Maastrichter Vertrags – wäre aus der Sicht der Märkte ein negatives Signal. Sie würden die Bereitschaft, der EU und deren Mitgliedstaaten die Politik stabilitätsorientiert zu gestalten, in Zweifel ziehen. Solche Markterwartungen müssten das Vertrauen in die europäische Währung untergraben. Sie würden Unruhe an den Devisenmärkten auslösen.

Die Verantwortung für die gemeinsame Geldpolitik wird beim Europäischen System der Zentralbanken – genauer bei der Europäischen Zentralbank – liegen. Der Maastrichter Vertrag gibt ihr zwei Grundsätze vor:

- Er weist der Europäischen Zentralbank – erstens – die vorrangige Aufgabe, die Preisstabilität zu sichern, zu.
- Er bestimmt – zweitens –, dass die Europäische Zentralbank den Kurs der Geldpolitik frei von politischer Einflussnahme gestalten soll: frei von Einflussnahme der EU-Behörden wie der nationalen Regierungen und Parlamente der Mitgliedstaaten.

Diese beiden Grundsätze tragen den weltweiten Erfahrungen der letzten Jahrzehnte Rechnung. Die Geldpolitik vermag nur ein Ziel – das Ziel der Preisstabilität – mit Erfolg anzustreben. Eine Notenbank hat umso bessere Aussichten, dieses prioritäre Ziel zu erreichen, je unabhängiger vom tagespolitischen Geschehen sie ist.

Die Unabhängigkeit der Europäischen Zentralbank in der Festlegung der Geldpolitik geht weit. Sie ist jedoch nicht vollständig. Einige Kanäle, über die die Politik Einfluss auf die Geldpolitik der Europäischen Zentralbank gewinnen kann, bleiben offen. Die Währungspolitik ist ein Beispiel. Der Ministerrat der EU – nicht das geldpolitische Leitungsgremium der Europäischen Zentralbank – entscheidet, ob die gemeinsame europäische Währung in ein System fester Wechselkurse mit Drittländern eintreten soll oder nicht. Diese Kompetenzzuteilung ist verständlich. Der Ministerrat bestimmt aber auch, zu welchem Kurs dies allenfalls zu geschehen hat. Politischer Einfluss auf die Paritäten führt erfahrungsgemäss selten zu Wechselkursen, die mit den wirtschaftlichen Gegebenheiten in Einklang stehen. Die Unabhängigkeit der Europäischen Zentralbank sollte deshalb auch deren Kompetenz, die Paritäten in einem System fester Wechselkurse zu bestimmen, enthalten. Sie würde damit an Glaubwürdigkeit gewinnen.

Ich gebe der Europäischen Zentralbank zum voraus einen hohen Vertrauensbonus: Sie ist nämlich verpflichtet, ihre Geldpolitik ganz in den Dienst der Preisstabilität zu stellen. Dieser Leitgedanke muss jedoch umgesetzt werden. Dies ist letztlich nur auf der Grundlage eines breiten Konsenses der Bevölkerung aller Mitgliedstaaten der Europäischen Währungsunion möglich. Die beste Notenbankleitung kann nicht im politisch luftleeren Raum handeln. Die Praxis muss zeigen, ob dieser Konsens – ob ein in der ganzen europäischen Bevölkerung breit abgestützter Wille zur Erhaltung der Preisstabilität – tatsächlich besteht. Dies bringt mich ein letztes Mal zu meinem «ceterum censeo»: Die EU muss alles tun, um ihre gemeinsame Geldpolitik auf eine solide politische Basis zu stellen.

Die Politiker und die Unternehmer der EU-Mitgliedstaaten werden bei wirtschaftlichen Schwierigkeiten, sollte in der Anfangsphase der Währungsunion noch keine funktionierende politische Union bestehen, ihre Augen auf die Europäische Zentralbank richten. Sie werden sie mit ihren Forderungen und mit ihren Hilfsbegehren unter Druck setzen. Die EU würde in diesem Fall nämlich noch über keine fiskalpolitische Behörde, die in heiklen Lagen normalerweise Massnahmen zur Konjunkturstützung ergreifen kann, verfügen. Die Europäische Zentralbank hätte es in einem solchen Umfeld schwer, ihre unabhängige, auf das Ziel der Preisstabilität ausgerichtete Geldpolitik unbeschadet durchzuhalten.

2. Die möglichen Auswirkungen auf die internationalen Finanzmärkte

Welche Auswirkungen kann die Europäische Währungsunion auf die internationalen Finanzmärkte zeitigen? Wir müssen zwei Phasen unterscheiden:

- Die erste Phase umfasst die Zeit bis zur Einführung der gemeinsamen europäischen Währung.
- Die zweite Phase nimmt ihren Anfang, sobald die Verantwortung für die gemeinsame Geldpolitik auf die Europäische Zentralbank übergeht.

Ich lege meinen Überlegungen für beide Phasen jeweils zwei Extremszenarien – ein Konvergenz- und ein Divergenzszenario – zu Grunde.

2.1 Die Phase vor der Einführung der gemeinsamen Währung

Ich beginne mit der Phase vor der Einführung der gemeinsamen Währung.

Das Konvergenzszenario sieht in diesem Fall wie folgt aus: Alle Mitgliedstaaten der EU richten ihre Anstrengungen darauf aus, die Konvergenzkriterien genau, getreu dem Geiste des Maastrichter Vertrags, zu erfüllen. Das Europäische Währungsinstitut entwickelt ein glaubwürdiges geldpolitisches Konzept für die geplante Europäische Zentralbank. Es präsentiert gleichzeitig einen klaren Plan für den Übergang zur gemeinsamen Währung. Dieser Plan wird von den Marktteilnehmern akzeptiert und mitgetragen. Die Marktteilnehmer – grosse wie kleine Banken, international tätige wie regionale Institute und weitere Akteure auf den Finanzmärkten – wissen nämlich zuverlässig, wie, wann und zu welchen Bedingungen der Übergang zur neuen europäischen Währung stattfinden wird. Die Intergouvernementale Konferenz schafft es schliesslich, der Währungsunion eine politisch solide Basis zu geben.

Die Erwartungen der Marktteilnehmer werden in diesem positiven Szenario konvergieren. Sie werden auf der Zuversicht, dass die gemeinsame Geldpolitik stabilitätsorientiert sein wird, gründen. Die Marktteilnehmer werden zudem davon ausgehen, dass nur jene Länder, die wirtschaftlich auch tatsächlich dazu in der Lage sind, in die Währungsunion aufgenommen werden. Diese positive Beurteilung der Währungsunion durch die Marktteilnehmer könnte aber leicht in ihr Gegenteil umschlagen. Politiker, führende Unternehmer und Banken vermögen zum Beispiel durch unvorsichtige Äusserungen über die Strenge, mit der die Konvergenzkriterien angewendet werden sollen, rasch negative Marktreaktionen hervorzurufen. Die politischen Entscheidungsträger haben hier eine grosse Verantwortung. Ihr Verhalten entscheidet, ob wir im Vorfeld der Währungsunion ein Konvergenz- oder ein Divergenzszenario erleben werden.

Was aber würde geschehen, wenn nicht das Konvergenz- sondern das Divergenzszenario einträte? Das Divergenzszenario würde denkbar, wenn die Zahl der EU-Mitgliedstaaten, die die volkswirtschaftlichen Kosten einer strikten Einhaltung der Konvergenzkriterien des Maastrichter Vertrags als zu hoch erachten, signifikant steigen sollte. Der politische Druck, die Konvergenzkriterien beim Eintritt in die Währungsunion flexibel zu interpretieren und damit aufzuweichen, würde wachsen. Verunsicherung über die Modalitäten des Übergangs zur gemeinsamen Währung würde sich breit machen. Die öffentliche Meinung wäre gespalten. Wir sähen uns, sollte schliesslich auch noch der Versuch, an der Intergouvernementalen Konferenz die politische Dimension der Europäischen Währungsunion zu vertiefen, misslingen, einem recht explosiven Gemisch gegenüber. Es könnte die Devisenmärkte in Aufregung stürzen. Was wären die Folgen dieser Entwicklungen? Was könnten sie vor allem für den Schweizer Franken bedeuten?

Die Wahrscheinlichkeit, dass das Divergenzszenario alle stabilen Währungen, die nicht in die Europäische Währungsunion eingebunden sind, – neben dem US-Dollar, dem japanischen Yen und weiteren Währungen auch den Schweizer Franken – für die Anleger attraktiver machen würde, ist gross. Die Wechselkurse dieser Währungen würden sich aufwerten. Die Gefahr, dass sie dabei ihre Gleichgewichtswerte überschiessen, ist nicht auszuschliessen.

Die Schweizerische Nationalbank griff bei der letzten grossen Welle von Kapitalzuflüssen in den Schweizer Franken – in den siebziger Jahren – zu drastischen Mitteln, um einer dramatischen Aufwertung Herr zu werden. Sie führte auf Depotkonti in Schweizer Franken, die von Ausländern eröffnet wurden, Negativzinsen ein. Diese «Strafzinsen» beliefen sich zuerst auf 3 Prozent pro Quartal. Sie wurden 1975 auf 10 Prozent pro Quartal erhöht. Diese Zahlen erscheinen uns heute als unglaublich. Die Negativzinsen blieben aber trotzdem weitgehend wirkungslos.

Dies ist höchstens auf den ersten Blick verwunderlich. Die geschilderte Episode der schweizerischen Geldpolitik weist auf ein allgemeineres Problem hin: Kapitalverkehrsrestriktionen sind nicht geeignet, die Richtung oder den Umfang von Kapitalflüssen zu steuern. Schlupflöcher – Ausweich- und Umgehungsmöglichkeiten – sind unvermeidbar. Die Finanzmärkte sind jederzeit in der Lage, den Bedürfnissen der Anleger, die durch Beschränkungen des Kapitalverkehrs in ihrer Anlagefreiheit behindert werden, entgegenzukommen: Sie entwickeln neue Instrumente. Und sie entdecken neue Anlagemöglichkeiten. Kapitalverkehrsrestriktionen sind aber nicht nur weitgehend wirkungslos. Sie verursachen auch hohe volkswirtschaftliche Kosten. Ressourcen werden verschwendet und für volkswirtschaftlich ineffiziente Zwecke eingesetzt. Die Kapitalverkehrsrestriktionen bewirken schliesslich Unsicherheiten über die Wirkungsweise der geldpolitischen Instrumente. Ein Rückgriff auf diese Restriktionen kommt deshalb heute nicht mehr in Frage.

Die Schweizerische Nationalbank griff in den siebziger Jahren – nicht zuletzt wegen der Wirkungslosigkeit der administrativen Massnahmen – noch zu einem anderen Mittel, um der exzessiven Aufwertung Herr zu werden: Sie kündigte im Herbst 1978 an, dass sie den DM-Kurs des Schweizer Frankens deutlich über achtzig Rappen halten werde. Diese Ankündigung zwang sie allerdings zu einer sehr expansiven Geldpolitik. Dies hatte seinen Preis. Die Inflationsrate stieg anfangs der achtziger Jahre auf über sieben Prozent. Eine länger andauernde Überbewertung der Währung ist kostspielig. Die Inflation, die aus einem geldpolitischen Kurswechsel zur Bekämpfung dieser Überbewertung resultiert, verursacht aber ebenfalls hohe volkswirtschaftliche Kosten. Sie verzerrt die relativen Preise und beeinträchtigt dadurch den Marktmechanismus. Fehlallokation und Verschwendung von Ressourcen sind die Folge. Die Inflation führt überdies zu einer Umverteilung von den Gläubigern zu den Schuldnern. Sie trifft die wirtschaftlich Schwächsten am empfindlichsten.

Eine starke Aufwertung des Schweizer Frankens im Divergenzszenario würde die Schweizerische Nationalbank erneut vor eine grosse Herausforderung stellen. Wechselkursschocks würden sie zwingen, den Restriktionsgrad der Geldpolitik kurzfristig anzupassen. Sie müsste sich jedoch der Risiken, die eine solche Politik für die Preisstabilität bedeuten könnte, bewusst sein.

Die Schweiz hat ein grosses Interesse daran, dass das Divergenzszenario vermieden wird. Ich bin zuversichtlich, dass dem so sein wird. Die Schweiz wäre nämlich nicht das einzige Land, das unter den ungünstigen Auswirkungen zu leiden hätte. Die Mitgliedstaaten der Europäischen Union wären ebenfalls negativ betroffen. Die Wechselkurse ihrer Währungen würden sich von ihren Gleichgewichtskursen entfernen. Das Zinsniveau würde sich aufgrund der gesteigerten Unsicherheit und der Notwendigkeit, an den Devisenmärkten stützend einzugreifen, erhöhen. Dies müsste es mehreren Ländern erschweren, die Staatsverschuldung abzubauen. Die Verwerfungen im Wechselkursgefüge könnten den wichtigsten Bestandteil der Europäischen Union – den Binnenmarkt – unter Druck setzen. Der Ruf der Exporteure, die sich wegen der Aufwertung ihrer Währung ihrer Märkte beraubt sehen, nach Unterstützung könnte eine Runde von Staatsinterventionen auslösen. Sie würde dem Geiste des gemeinsamen Marktes und der Idee der marktorientierten Wirtschaftsordnung diametral entgegenstehen.

Niemand kann eine solche Entwicklung anstreben. Ich bin deshalb fest überzeugt, dass die Verantwortlichen der EU alles unternehmen werden, um dem Konvergenzszenario zum Durchbruch zu verhelfen.

2.2 Die Phase der verwirklichten Währungsunion

Welche Entwicklungen sind in der Phase nach der Einführung der gemeinsamen Geldpolitik zu erwarten?

Ich beginne wieder mit dem Konvergenzszenario. Alles läuft unter diesem Szenario nach Plan. Die gemeinsame Währung ist stabil. Die durchschnittlichen Zinssätze bewegen sich in der Europäischen Union auf einem tiefen Niveau: jedenfalls auf einem tieferen Niveau, als viele EU-Länder es heute kennen. Der Binnenmarkt vermag die Vorteile der gemeinsamen Währung voll zu nutzen. Die tieferen Zinssätze und die Dynamik des Binnenmarktes bilden die Grundlage eines nachhaltigen Wachstums in ganz Europa. Es wäre allerdings ein Fehler anzunehmen, dass Schwankungen an den Devisenmärkten unter diesem günstigen Szenario gänzlich ausbleiben. Die Märkte werden gerade in der Anfangszeit der Währungsunion die Bereitschaft der Europäischen Zentralbank, ihre Politik wirklich voll auf das Ziel der Preisstabilität auszurichten, testen. Die Europäische Zentralbank wird sich ihre Glaubwürdigkeit am Markt erst erwerben müssen.

Die Situation unter dem Divergenzszenario wäre ganz anders. Es würde Europa in eine recht schlimme Lage versetzen. Unsicherheit über den Kurs der Europäischen Zentralbank liesse sowohl die nominalen wie die realen Zinssätze ansteigen. Hohe Zinssätze und hohe Inflation hemmen aber das Wachstum. Der Ruf, wieder nationale Währungen einzuführen, würde in verschiedenen EU-Mitgliedstaaten laut. Die EU sähe sich vor eine Zerreissprobe gestellt. Die Gefahr, dass diese sich auf die wirtschaftliche Zusammenarbeit negativ auswirken würde, wäre gross. Ökonomischer Nationalismus schlägt leicht in politischen Nationalismus um.

Auch die Länder, die nicht Mitglied der EU sind, hätten wenig Grund, sich über eine solche Entwicklung zu freuen. Die Schweiz am wenigsten! Sie wird von den Problemen in der EU erfahrungsgemäss ähnlich stark wie deren Mitglieder betroffen. Unsere Möglichkeit, eine stabilitätsorientierte Geldpolitik zu führen, wäre aufgrund der Verwerfungen an den Devisenmärkten, die mit dem Divergenzszenario einhergehen würden, eingeschränkt.

3. Der «Fahrplan» für den Übergang zur Währungsunion

Die Perspektiven der Divergenzszenarien sind für alle – ob Mitglieder der EU oder nicht – unerfreulich. Die Europäische Währungsunion muss deshalb ein Erfolg werden. Sie darf auf keinen Fall scheitern. Dies heisst möglicherweise, dass der ambitiöse Fahrplan, den die EU sich für den Übergang zur gemeinsamen Währung setzte, überdacht werden muss. Viele massgebende Kreise in der EU wagen dies heute zu sagen: meist leise, gelegentlich aber auch laut. Das Ziel kann in der Tat nicht darin liegen, die Währungsunion an einem bestimmten Tag in Kraft zu setzen: schon gar nicht, wenn die Konvergenzkriterien zu diesem Zwecke aufgeweicht werden müssten. Das Ziel muss vielmehr heissen, eine gute, funktionsfähige und politisch solid abgestützte Währungsunion zu verwirklichen: eine Europäische Währungsunion, die Bestand verspricht. Die Verschiebung des Beginns der Währungsunion auf ein späteres Datum müsste aus dieser Sicht das Vertrauen der Märkte in das Projekt der Währungsunion eher stärken als schwächen. Alle politisch wichtigen Länder gewännen genügend Zeit, die Konvergenzkriterien zu erfüllen. Die Gefahr, dass diese Kriterien aus politischen Gründen aufgeweicht werden könnten, würde sich verringern. Der Übergang zur gemeinsamen Währung wäre mit weniger Unsicherheit behaftet. Die Devisenmärkte würden sich beruhigen.

Finanzplatz Schweiz –
Nationale und internationale Aspekte

Die Banken und das Image der Schweiz – Gefährdet der Finanzplatz das Ansehen unseres Landes?

Die Schweizerische Verkehrszentrale lud mich im Oktober 1981 ein, vor der Konferenz ihrer Agenturchefs – ihnen ist die touristische Werbung im Ausland anvertraut – über die «Banken und das Image der Schweiz» zu sprechen. Zweierlei gab mir zu denken:

Ich fragte mich erstens: Sieht unser Tourismus im Finanzplatz Schweiz eine Gefahr für das Bilderbuch-Image der Schweiz mit Edelweiss, Matterhorn und blauen Seen? Die unerwartet heftige Reaktion auf meinen Vortrag zeigte mir – zweitens –, dass Bankiers wie Politiker Schwierigkeiten bekunden, diesen Problemkreis rational anzugehen. Mein Hinweis, die Banken könnten durch eine über Standesregeln verstärkte, grössere Selektivität bei der Auswahl ihrer Kunden einen Beitrag zur Verbesserung des Images unseres Landes leisten, erregte zweifachen Widerspruch: Sozialdemokraten verurteilten ihn als Versuch, die Banken aus der schweizerischen Rechtsordnung in Richtung einer willkürlichen Selbstjustiz zu entlassen. Prominente Bankiers «demaskierten» ihn als Absicht, die internationale Tätigkeit der Schweizer Banken mit unvernünftigen und in der Praxis nicht applikablen Regulierungen strangulieren zu wollen.

Diese Erfahrungen reizten mich, mich mit der Frage, ob der Finanzplatz Schweiz das politische – mehr noch als das touristische – Image unseres Landes belaste, auseinanderzusetzen.

1. Kleines Land – grosser Bank- und Finanzplatz

Es gibt im Zentrum Europas ein Land: hüglig und eher karg; bewohnt von einer mehrheitlich in einem deutschen Dialekt heimischen und doch sprachgewandten, der germanischen und romanischen Kultur gleichermassen offenen Bevölkerung; keine Steueroase mehr, aber auch noch keine «Steuerhölle»; traditionsreicher Werkplatz mit Anpassungsproblemen; dominiert von einer Wirtschaftsmetropole, deren mittelalterliches Stadtbild von Bankpalästen beherrscht wird – von Banken, die aus einem kleinen Land einen grossen internationalen Bank- und Finanzplatz machten.

Der flüchtige Geschäftsreisende erlebt so Luxemburg: ein Bankplatz, dessen Vitalität und Wachstum imponiert; ein Bankplatz aber auch, der aus zwei Gründen etwas künstlich anmutet:

- Die Grösse dieses Finanzplatzes steht – erstens – in einem offensichtlichen Missverhältnis zur Kleinheit des Landes und seiner wirtschaftlichen Gegebenheiten.
- Die Grundlagen dieses Finanzplatzes wirken – zweitens – insofern etwas brüchig, als sie zu einem wesentlichen Teil in Besonderheiten der monetären oder fiskalischen Regulierungen des Auslandes, die von Luxemburg aus kaum beeinflussbar sind, liegen. Es ist zum Beispiel eindeutig auf die Mindestreservepflicht der Bundesrepublik Deutschland zurückzuführen, dass die Deutschen Banken, die Luxemburg zum internationalen Finanzplatz machten, ihr ausländisches Kreditgeschäft zum grössten Teil über ihre luxemburgischen Töchter betreiben. Die Tatsache, dass die schweizerischen Banken in Luxemburg die Rolle des wichtigsten Geldgebers spielen, erklärt sich aus den Eigenheiten unserer Fiskalgesetzgebung im Bereiche der Verrechnungs- und Stempelsteuer.

Keinem Schweizer wird es schwerfallen, dieser kritischen Beurteilung des Finanzplatzes Luxemburg zuzustimmen. Meine Vorstellung des «kleinen Landes im Zentrum Europas» kann einigen aber zum «Aha-Erlebnis» bezüglich der Rolle, die der Finanzplatz Schweiz spielt, werden. Die Vorbehalte, die das Ausland gegenüber dem Finanzplatz Schweiz erhebt, sind oft auf die gleichen Tatsachen, die ich in groben Strichen bezüglich der Luxemburgischen Situation zeichnete, zurückzuführen:

- Der Finanzplatz Schweiz sprengt – erstens – die Dimensionen unseres Landes und unserer Wirtschaft.

- Die Grundlagen, auf denen unser Finanzplatz aufbaut, gelten – zweitens – nicht mehr in gleichem Masse als gesichert, wie dies über viele Jahre der Fall war. Die Standortsvorteile der Schweizer Banken, die wir gemeinhin unter den Oberbegriff der Sicherheit stellen – die Neutralität, die politische und wirtschaftliche Stabilität, das Bankgeheimnis – veränderten ihren Charakter oder werden von ausländischen Konkurrenzplätzen in ähnlicher Qualität angeboten.

2. Das schweizerische Bankensystem – Image und Wirklichkeit

Das Image der Banken ist unscharf und ambivalent. Jedermann ist Kunde einer Bank. Und jedermann ist als Kunde «seiner» Bank gegenüber positiv gestimmt. Er schätzt die Integrität und die Zuverlässigkeit «seiner» Bank. Er verlässt sich auf deren Fachkunde. Er bringt ihr Vertrauen entgegen: ein Vertrauen, das sich nicht zuletzt auch auf die Überzeugung stützt, auf die Verschwiegenheit «seiner» Bank zählen zu können. Dieses Vertrauen schlägt rasch in Misstrauen – in Ablehnung – um, wenn wir nicht mehr von «unserer» Bank, sondern von den Banken sprechen. Weshalb fällt die Banken-Kritik und -schelte so leicht? Wir finden am Grunde dieses Verhaltens mehr emotionale Stimmung als rationale Überlegung. Der Bankier ist der Geldmensch. «Das Geld» – sagt schon Sophokles – «ist der grösste Fluch der Menschheit.» Die Frustrationen, die wir im Umgang mit dem Geld erleben, werden leicht zu Aggressionen gegen den, bei dem das Geld sich anhäuft. «Und so wie einer kein Geld mehr hat,» – meinte Heinrich Heine – «wird er Rothschilds Feind».

Dic ambivalente Haltung, die wir den Banken gegenüber an den Tag legen, wird durch unsere Unfähigkeit, die Funktion der Banken in unserer Wirtschaft richtig zu verstehen, verstärkt. Der gebildete Schweizer erfährt während seiner Ausbildung noch heute mehr über das Zinsverbot der alten Kirche und Martin Luthers Bannflüche gegen die Fugger als über die elementaren Zusammenhänge der Bankwirtschaft. Unser Erkenntnisstand geht selten über die Definition

Erich Kästners hinaus: «Die Konsumenten sind die linke Hand des geschäftlichen Organismus, die Produzenten sind die rechte Hand: die Bankiers sind die Heimlichkeiten zwischen den beiden.»

Das Malaise, dem die Schweizer Banken in der Öffentlichkeit einmal stärker, einmal schwächer begegnen, nährt sich auch aus diesen Zusammenhängen. Sie lassen sich in der seinerzeitigen Bankeninitiative der sozialdemokratischen Partei, in den Angriffen von Entwicklungsorganisationen und kirchlichen Kreisen wie in den regelmässigen Diskussionen über Banken- oder Bankkundensteuern orten. Die Diskussion um die konkreten Anliegen dieser Vorstösse mündet rasch in den Vorwurf der Profitgier, für die der Bankier als «Geldmensch» verantwortlich gemacht wird. Das Bankgeheimnis wird rasch zum Schleier doppelter Moral verkürzt. Kreditentscheide und Beteiligungspolitik der Banken sehen sich von böswilligen Kritikern auf nacktes Machtstreben reduziert.

Es ist erstaunlich, dass die Schweizer Banken in erhöhtem Masse zu Opfern dieser emotionalen Bankenkritik wurden. Das schweizerische Bankensystem ist, auch wenn es auf dem Hintergrund unseres Landes als übergross erscheinen mag, kein künstliches, unüberblickbares Gebilde. Es wurde unserem Lande nicht aufgepfropft. Es ist organisch mit unserem Lande gewachsen. Das schweizerische Bankensystem widerspiegelt trotz unverkennbarer und anhaltender Konzentrationstendenzen den föderalistischen Aufbau und die geographische Vielfalt unseres Landes.

3. Stärke dank internationalem Geschäft

Die Schweizer Banken sind eng in unser nationales Wirtschaftssystem verflochten. Sie danken ihre Stärke aber zum wesentlichen Teil der Entwicklung des internationalen Geschäftes. Das internationale Geschäft wird vorwiegend von drei Gruppen – den Grossbanken, den Auslandbanken und den Privatbankiers – getragen. Diese Banken machten die Schweiz zum Finanzzentrum von weltweiter Geltung.

Die Banken schufen den Finanzplatz Schweiz. Die starke Entwicklung des internationalen Geschäftes, das seit Beginn der sechziger Jahre stürmisch zunahm, gründet in ihrem internationalen Ansehen, in ihrer Zuverlässigkeit und in ihrer Leistungsfähigkeit. Die Rahmenbedingungen, die die Banken unserem Staate, seinen Institutionen und unserem Volke verdanken, trugen allerdings ebenso stark zu diesem Erfolg bei: die politische, rechtliche und wirtschaftliche Stabilität, deren sich unser Land erfreut; die Neutralität, die uns die Verwicklung in zwei Weltkriege ersparte; die Arbeitskraft unseres Volkes und der Arbeitsfriede, den wir seit den dreissiger Jahren kennen; das hohe inländische Sparaufkommen und die vorteilhaften Zinsbedingungen; das Bankgeheimnis; unsere Währung, die dank ihrer im internationalen Vergleich hohen Stabilität weltweites Ansehen geniesst.

Die starke Stellung des Finanzplatzes Schweiz – und der international tätigen Schweizer Banken – lässt sich an den Bilanzsummen allein nicht messen. Sie ergibt sich vielmehr aus der Spezialisierung der international tätigen Schweizer Banken auf bestimmte Geschäfte. Die Vermögensverwaltung – vor allem in der Form des «private banking» – steht im Vordergrund. Die weltweit dominierende Rolle unserer Banken in dieser Dienstleistung lässt sich leider nicht zuverlässig quantifizieren. Die Nationalbank vermag keine umfassende Depotstatistik zu erheben. Schätzungen, die den Wert der von den Schweizer Banken verwalteten offenen Depots einschliesslich der Treuhandanlagen auf 2000 bis 2500 Mrd Franken veranschlagen, erscheinen aber – bei allen angebrachten Vorbehalten – kaum als unhaltbare Übertreibungen.

Die Schweizer Banken spielen auch im internationalen Emissionsgeschäft eine führende Rolle. Der potente schweizerische Kapitalmarkt stand seit jeher ausländischen Schuldnern offen. Unsere Banken wurden zudem zu den wichtigsten Kapitalvermittlern auf dem Eurokapitalmarkt. Das Devisengeschäft unserer Banken ist bedeutend. Als Handelsplatz für Banknoten nimmt die Schweiz eine Ausnahmestellung ein.

Die Dimensionen dieser internationalen Geschäfte unserer Banken sind – gemessen an den Gegebenheiten unseres Landes – ungewöhnlich. Sie sind aber nicht «unschweizerisch». Das internationale Bankgeschäft ist historisch gewachsen. Schweizerische Handelshäuser und Regierungen einzelner Stände traten schon im 16. Jahrhundert als internationale Geldverleiher auf. Die Schweiz ist das älteste Kapitalexportland nördlich der Alpen. Sie wurde im 18. Jahrhundert vollends zum «Weltbankier». Wir finden unter ihren Schuldnern jener Zeit den Kaiser in Wien, französische und britische Könige, deutsche Duodez-Fürsten und europäische Städte. Der Zweck der ersten Bankgründungen in der Schweiz lag darin, dem Sparer die verzinsliche Anlage auch kleinerer Summen im Ausland zu ermöglichen. Der Finanzplatz Schweiz ist aus diesen Anfängen organisch zu seiner heutigen Bedeutung herangewachsen.

4. Finanzplatz Schweiz – Licht und Schatten

«Denn kann man anders das Licht sehen ohne den Schatten, die Stille vernehmen ohne den Lärm, die Weisheit erreichen ohne die Narrheit?» Dieses Wort von Carl Gustav Jung fällt mir ein, wenn ich den Bogen zurück zu meiner einleitenden Frage schlage: Wie soll dieser Finanzplatz Schweiz, der organisch und über lange Jahre in seine heutige internationale Rolle hineinwuchs, Schatten auf das Image der Schweiz werfen?

4.1 Überdimensionierter Bank- und Finanzplatz Schweiz?

Wir sehen uns spätestens hier mit der Frage, wie das Ausland denn überhaupt die Schweiz sieht, konfrontiert. Ist das Image der Schweiz das heile Ferienparadies? Ist es das Land der Hirten oder doch «kein einfach Volk der Hirten», sondern ein «heimliches Wirtschaftsimperium»? Ist es die Schweiz der demokratischen Institutionen, die verschiedenen Kulturen, Sprachen und Konfessionen ein freies Zusammenleben ermöglicht? Ist es die verkrustete Schweiz ohne jedes Sensorium für Proteste und neue Wege? Ist es die neutrale und eigennützige Schweiz, die sich als «Alleingänger» von UNO und Europäischer Union egoistisch fernhält oder die solidarische Schweiz, die das Ausland immer wieder an ihrem Wohlstand teilhaben lässt? Für alle diese Bilder gilt das Rilke Wort: «Ruf ist nichts als die Summe der Missverständnisse, die sich um einen Namen sammeln.» Das treffende Image des Auslandes über die Schweiz vermittelt uns wohl Albert Weitnauer. Der grossse Diplomat, der sich intensiv mit der Schweiz auseinandersetzte und sie während vieler Jahre durch die Brille des Auslandes sehen lernte, sagt in seinem Buch «Rechenschaft»: «Was ihnen – den Ausländern – an der Schweiz in allererster Linie auffällt, ist ihre Kleinheit, ihre offenbare Bedeutungslosigkeit für das Weltgeschehen. Trotz Banken ….. ist sie für die Mehrzahl unserer Gäste ein im Grunde unwichtiges Land.»

Die Schweiz ist vom Ausland aus gesehen – die Analogie zu Luxemburg drängt sich auf – ein kleines Land. Sie ist gleichzeitig ein grosser internationaler Bank- und Finanzplatz. Politischer Kleinstaat – industrielle Mittelmacht – finanzielle Grossmacht: Ein Kern von Wahrheit steckt in diesem Klischee. Der Amerikaner, der «Schweiz» für den Namen einer Währung hielt und erstaunt war, dahinter ein Land zu finden, ist möglicherweise nicht atypisch. Erfolge von Banken und Fehlleistungen von Banken gibt es in jedem Land der Welt. Sie dem Image eines ganzen Landes gleichzusetzen, fällt kaum jemandem ein. Oder es fällt ihm nur bezüglich der Schweiz ein. Dies ist offensichtlich ein weiterer schweizerischer Sonderfall: ein Sonderfall, der nur aus der Kleinheit unseres Landes erklärbar wird. Die Bürger der Vereinigten Staaten oder Grossbritannien diskutieren ebenfalls engagiert und kontrovers über den Einfluss, den Wall Street oder die City of London in ihren Staaten ausüben. Sie kämen aber nie auf die Idee, ihre Kritik an diesen Institutionen zum Anlass, sich ihres Landes zu schämen, zu nehmen. Ein schweizerischer Bankier würde deshalb auch einwenden, es sei ehrlicher und realistischer, nicht über Image-Probleme des Finanzplatzes Schweiz und deren negative Auswirkungen auf das politische Image unseres Landes, sondern über den Neid, mit dem die Welt den internationalen Erfolg unserer Banken betrachtet, zu sprechen. Es ist richtig: Die Vorteile, die ein internationaler Finanzplatz einem Land und dessen Wirtschaft unbestreitbar bringt, werden einem grossen Land wie den USA und Grossbritannien eher als einem Kleinstaat wie der Schweiz zugestanden. Es wäre trotzdem falsch, die Kritik am Finanzplatz Schweiz blossem Neid des Auslandes gleichzusetzen. Es könnte uns davon abhalten, über die Grundlagen des Finanzplatzes, die – im Gegensatz zum Problem seines Grössenverhältnisses zu unserem Land – veränderbar sind, nachzudenken.

4.2 Die Schweiz als sichere Insel – Fragwürdig gewordene Grundlage des Finanzplatzes

Die Rahmenbedingungen, die ich bereits unter dem Stichwort der «Sicherheit» zusammenfasste, halfen dem Finanzplatz Schweiz, seine heutige Stärke zu gewinnen. Er vermag diese Sicherheiten allerdings nur solange als Trumpfkarten auszuspielen, als unser Land willens und in der Lage ist, sie als schweizerische Besonderheit auch gegenüber einer Umwelt, die andere Wege geht, durchzuhalten. Der Wille zur Verteidigung gerade jener Sicherheiten, die zum Erfolg des Finanzplatzes Schweiz beitrugen, erschien bis vor kurzem kaum als angefochten. Der Wandel ist heute nicht mehr zu übersehen. Einige Vorteile des Finanzplatzes Schweiz wurden von der weltpolitischen Entwicklung überholt. Das Ausland holte auf. Die schweizerischen Kräfte, die bereit sind, Institutionen, die zu den Fundamenten des Finanzplatzes Schweiz gehören, ausländischen Entwicklungen anzupassen, wurden stärker. Das Ausland registriert derartige innenpolitische Entwicklungen vor allem dort, wo es sich an unsern Institutionen reibt, aufmerksam. Es verspricht sich von der internationalen Unterstützung inländischer Kritik mindestens Teilerfolge. Ich will dies an den Diskussionen um das Bankgeheimnis verdeutlichen.

4.3 Das Bankgeheimnis – missverstandene Institution

Alle Kritiken an den Schweizer Banken zusammengenommen beeinflussten das Image der Schweiz weit weniger als eine einzige bankenrechtliche Institution: das meist missverstandene schweizerische Bankgeheimnis. Viele, die sich mit Aktionsfilmen und Kriminalromanen als Informationsmitteln begnügen, setzen das Bankgeheimnis simplizistisch der Steuerdefraudation, der Kapitalflucht und dem Reinwaschen schmutziger Gelder gleich. Sie machen es sich zu leicht. Die Schweizer Banken verstehen – in Übereinstimmung mit unserer Rechtsordnung – das Bankgeheimnis nicht als ein Recht, sondern als eine Pflicht der Bank: als Pflicht, die Geheimnisse, die ihnen der Kunde im Rahmen ihrer beruflichen Tätigkeit anvertrauen musste, zu wahren. Diese Geheimhaltepflicht ist auch keine schweizerische Eigenart. Sie ist ein unabdingbarer Teil des Bankgeschäftes. Das Berufsgeheimnis gehört – über alle Zeiten und in allen Ländern – zum Berufsethos und zu den zivilrechtlichen Pflichten des Bankiers.

Das typisch Schweizerische am Bankgeheimnis reduziert sich auf drei Punkte:

- auf den strafrechtlichen Schutz des Bankgeheimnisses,
- auf die Entbindung der Banken von der direkten Auskunftspflicht gegenüber in- und ausländischen Steuerbehörden und
- auf den Ausschluss der internationalen Rechtshilfe bei ausländischen Devisendelikten.

Die Schweiz gehört zum kleinen Kreis der Länder, die die Verletzung des Bankgeheimnisses unter Strafe stellen (Artikel 47 Bankengesetz). Der Ursprung dieser Strafnorm wird zu Unrecht oft auf die Absicht des schweizerischen Gesetzgebers, die Verfolgten des Nazi-Regimes zu schützen, zurückgeführt. Hitler kam tatsächlich im Zeitpunkt, als das schweizerische Parlament das Bankengesetz beriet, zur Macht. Innenpolitische Überlegungen waren trotzdem entscheidender. Unser Land misst wegen der Enge unserer Verhältnisse, unter denen jeder von jedem fast alles weiss, dem Schutz der Geheimsphäre traditionell einen hohen Stellenwert bei. Der strafrechtliche Schutz des Bankgeheimnisses ist in dieser Tradition zu sehen. Die Aufhebung des Bankgeheimnisses steht deshalb nicht zur Diskussion. Die Ausgestaltung der Strafnorm lässt sich diskutieren.

Die Frage nach den Grenzen des Bankgeheimnisses ist jedoch

weit bedeutender. Die Missverständnisse sind hier besonders gross. Das Bankgeheimnis ist, da es ja nur Geheimnisse des einzelnen Kunden schützen kann, keine Barriere gegenüber legitimen Informationsbedürfnissen der Öffentlichkeit über das Gebaren der Banken. Die Rechtsordnung unseres Landes – Staatsverträge, Bundesgesetze, kantonale Erlasse – begrenzt das Bankgeheimnis aber auch durch gesetzliche Auskunftspflichten der Banken. Gesetzliche Auskunftspflichten bestehen vor allem im Strafverfahren, im Zivilprozess und im Zwangsvollstreckungsverfahren. Bilaterale Auslieferungs- und Rechtshilfeverträge, das Europäische Rechtshilfeübereinkommen und das Rechtshilfegesetz stellen sicher, dass diese Auskunftspflichten auch im Kampfe gegen die Kriminalität im Ausland zum Tragen kommen.

Diese gesetzlichen Auskunftspflichten werden – die Strafnormen zur Ahndung von Insiderdelikten oder der Geldwäscherei beweisen es – laufend an die gesellschaftliche Entwicklung angepasst. Ausländische – auch inländische – Kritiker des Bankgeheimnisses wenden hier ein, all dies trage zur Lösung von zwei Problemen noch nichts bei:

- zur Bekämpfung der Steuerhinterziehung und
- zur Unterbindung der Kapitalflucht.

Das Bankgeheimnis wird vor allem in Entwicklungsländern – aber auch in einzelnen Industriestaaten mit ungelösten politischen, sozialen und wirtschaftlichen Konflikten – als Ursache der Steuer- und Kapitalflucht denunziert. Diese Kritiker müssen sich entgegenhalten lassen: Die Kapital- und Steuerflucht aus ihren Ländern ist zuerst in der mangelhaften Ordnung ihres eigenen Hauses begründet. Die Gesundung muss hier beginnen. Versagen und Schuld der Verantwortlichen dieser Länder vermöchte allerdings eine Mitschuld der Schweiz noch nicht zu rechtfertigen. Wir müssen uns deshalb der Frage, ob die heutige Handhabung des Bankgeheimnisses eine solche Mitschuld begründet, stellen.

Der Betrug gegenüber dem Staat ist nicht weniger verwerflich als der Betrug gegenüber Privaten. Die Schweiz liess sich etwas zu viel Zeit, bis sie den Steuerbetrug auch in ihrer Rechtsordnung verfahrenstechnisch der gemeinen Kriminalität gleichstellte. Steuerbetrugsfälle begründen heute aber ebenfalls eine Auskunftspflicht der Banken. Das Rechtshilfegesetz bestimmt diese Pflicht auch bezüglich des Steuerbetrugs zum Nachteil ausländischer Staaten.

Die Schweizer Banken haben den in- und ausländischen Straf- aber nicht den fiskalischen Verwaltungsbehörden gegenüber eine direkte Auskunftspflicht. Die Steuerbehörden erhalten damit weder im Veranlagungsverfahren noch bei der Abklärung einfacher Hinterziehungsfälle direkte Auskünfte. Diese Regelung steht mindestens teilweise – auch andere Staaten kennen oft keine umfassenden Auskunftspflichten der Banken zum Zwecke der Steuerveranlagung – im Gegensatz zur Ordnung im Ausland. Sie erklärt sich aber stärker aus unserem Steuersystem als aus dem Bankgeheimnis. Das schweizerische Steuerrecht ist beherrscht vom Grundsatz der Selbstveranlagung. Der Steuerpflichtige hat die Urkunden und Belege, die der Erhärtung seiner Steuerdeklaration dienen, selbst beizubringen. Die Banken trifft dementsprechend die Verpflichtung, dem Steuerpflichtigen Bescheinigungen über beidseitige Ansprüche und Leistungen auszustellen.

Die Kapitalflucht in die Schweiz wird durch den mit dem Rechtshilfegesetz bekräftigten Ausschluss der Rechtshilfe bei Devisenvergehen erleichtert. Dies erscheint in den Fällen, in denen Mitglieder der regierenden Oberschicht armer Länder Kapitalien, auf die ihre Wirtschaft dringend angewiesen wäre, in die Schweiz verschieben, als besonders stossend. Der Gesetzgeber lehnte es aber ab, in der Zusammenarbeit mit dem Ausland zur Bekämpfung solcher Missstände weiter zu gehen. Es gibt dafür legitime Gründe. Die Devisenregimes verschiedener Staaten – es werden immer weniger – sind mit unserer Rechtsordnung nicht vereinbar. Eine Rechtshilfe, die gegenüber einem Lande zwar moralisch als gerechtfertigt erscheint, wäre, einem andern Staate geleistet, oft unmoralisch. Die Schweiz mit ihren weitmaschigen politischen und wirtschaftlichen Verflechtungen kann die Welt nicht in Länder mit moralisch vertretbaren und moralisch nicht vertretbaren Devisenordnungen einteilen.

Staatliche Absenz braucht – und darf – jedoch nicht Kapitulation vor dem Problem der Kapitalflucht – der Steuerflucht – zu heissen. Die Alternative liegt in der Selbstverantwortung. Die Banken haben einen wichtigen Schritt in diese Richtung getan. Sie verpflichteten sich durch eine Vereinbarung, von jeglicher aktiven Unterstützung der Steuer- und Kapitalflucht Umgang zu nehmen.

5. Aufgaben von Staat und Banken

Verschiedene Elemente, die den Finanzplatz Schweiz als sicheren Fluchthafen für Kapitalien erscheinen liessen, sind international angefochten. Wir müssen dies sehen. Wir dürfen unter Druck geratene institutionelle Rahmenbedingungen des Finanzplatzes Schweiz aber nicht unbesehen aufgeben. Es ist vielmehr unsere Pflicht, den Finanzplatz in einer rauheren Zeit kompetitiv zu halten.

Der Staat schafft den ordnungspolitischen Rahmen, in dem sich die Tätigkeit unserer Banken – auch deren internationale Aktivität – abspielt. Der Staat hat Missbräuche – auch Fälle des widerrechtlichen Missbrauchs des Bankgeheimnisses – zu stoppen. Der Weg führt über eine zweckmässige Ausgestaltung der Auskunftspflichten. Die strafrechtliche Ahndung von Verhalten, die in den meisten Ländern, aber noch nicht in der Schweiz als kriminell gelten, bringt uns weiter als eine Änderung des Bankgeheimnisses. Der Staat hat den Banken innerhalb des ordnungspolitischen Rahmens, hat er ihn einmal gesetzt, aber eine freie Entfaltung zu ermöglichen. Die Banken müssen umgekehrt erkennen, dass freie Entfaltungsmöglichkeit nicht Expansion um jeden Preis heissen kann. Die Banken wissen nach schmerzlichen Erfahrungen: Ein Wachstum, das Quantität über Qualität stellt, ist nicht allein unter dem Gesichtspunkt der Image-Pflege problematisch. Es birgt die Gefahr in sich, dass der eigene Kontrollapparat nicht mitzuwachsen vermag. Dies führt zu Fehlleistungen, Schäden und Vertrauensverlust bei der Kundschaft.

Die Eigenverantwortung jeder einzelnen Bank – jeder Bankleitung – ist angesprochen. Ich will den Banken keineswegs eine wirtschaftliche – oder gar politische – Gesamtverantwortung, die ihnen in unserem System auch nicht zukommt, überbinden. Es gehört aber zur Verantwortung der Leitung einer Bank, sich Gedanken darüber zu machen, mit welchen Kunden sie welche Geschäfte machen will und welche Kunden und Geschäfte sie grundsätzlich ablehnt. Die Eigeninteressen gebieten es einer Bank, auf Geschäfte mit erkennbar dubiosen Figuren, mit offensichtlichen Steuerdefraudanten und mit Leuten, deren Kapitalflucht in die Schweiz vor unseren Anstandsvorstellungen nicht standhält, zu verzichten. Die gesetzliche Pflicht zur sorgfältigen Abklärung der Identität und des wirtschaftlichen Hintergrundes jedes Kunden erleichtert diese selektive Kundenauswahl. Die Frage, wieweit eine Bank von bestimmten, im Rahmen unserer Gesetzgebung nicht verbotener Kundenbeziehungen und Geschäften absehen will, ist moralischer Natur. Sie lässt sich nicht in generelle, für das ganze Bankgewerbe einheitliche Normen fassen. Ein bankinterner «Moralkodex» vermöchte aber mit praktikablen Richtlinien klar zu zeigen, welche Geschäfte eine Bank prinzipiell nicht tätigt. Er würde sicherstellen, dass die ethisch begründeten geschäftspolitischen Grundsätze der Geschäftsleitung den Angestellten auf allen Stufen im täglichen Geschäft bewusst wären. Er würde ihnen im Verkehr mit den Kunden den Rücken stärken.

Letztlich kommt es aber auch in der Bank auf den Menschen an. Der Fortbestand des Finanzplatzes Schweiz – nicht nur dessen Image – hängt von den fachlichen und den menschlichen Qualitäten des Bankiers ab. Beide lassen sich in sorgfältiger Weiterbildung fördern. Unser Finanzplatz vermag nicht mehr von der Rolle einer sicheren Insel in weltpolitischen Verwicklungen und eines abgeschirmten Fluchthafens für Kapital- und Steuerflüchtlinge zu leben. Seine heutigen Kunden haben in ihrer Mehrheit nichts zu verbergen. Sie wählen ihn, weil sie ihre Geschäfte fachlich und menschlich hochstehenden, integren Bankiers anvertrauen wollen. Das Image des Finanzplatzes Schweiz wird sich in dem Masse, in dem die Banken sich auf diesen neuen Kunden ausrichten, verbessern.

Finanzzentren und «Neben»-Finanzplätze – Konkurrenz oder Arbeitsteilung?

Einige Überlegungen am Beispiel der Schweiz und des Fürstentums Liechtenstein

1. Die Konkurrenzfähigkeit von Finanzplätzen als Thema der wirtschaftspolitischen Diskussion

Das Problem der Wettbewerbsfähigkeit internationaler Finanzzentren steht im Mittelpunkt der öffentlichen Diskussion. Die Regierungen überprüfen die Rahmenbedingungen ihrer Finanzplätze. Eine Woge der Liberalisierung rollte – als Folge dieser Überprüfungen – über die internationalen Finanzmärkte. Selbst Länder, in denen das Vertrauen in Marktregulierungen traditionell hoch ist, vermochten sich dieser Entwicklung nicht zu entziehen.

Die Diskussion über die Bedeutung des Finanzplatzes Schweiz ist für diesen Gesinnungswandel symptomatisch. Sie war Mitte der siebziger Jahre noch durch die Konfrontation «Werkplatz gegen Finanzplatz» geprägt. Die Frage, ob der Finanzplatz Schweiz nicht überdimensioniert sei und die Arbeitsplätze in der Exportindustrie gefährde, wurde kontrovers behandelt. Sie vermag mittlerweile die Gemüter kaum mehr zu erhitzen. Die Auseinandersetzung dreht sich heute, da die Banken ebenfalls Arbeitsplätze abbauen, um die Qualität der Rahmenbedingungen dieses Finanzplatzes. Die Sorge, sie könnten ihre Anziehungskraft eingebüsst haben, verdrängt die Furcht vor einem zu starken Finanzplatz.

Mehrere – vielfach exotische – Off-Shore-Zentren versuchten bereits in den siebziger Jahren, Teile des internationalen Finanzgeschäfts durch sehr günstige Rahmenbedingungen an sich zu ziehen. Es erstaunt im Rückblick, wie lange die etablierten Finanzplätze diese Bemühungen kaum beachteten. Das wirtschaftspolitische Interesse wandte sich erst Ende der siebziger Jahre dem Thema der Wettbewerbsfähigkeit von Finanzplätzen zu.

2. Die Anziehungskraft günstiger Rahmenbedingungen auf internationale Finanzgeschäfte – Liechtenstein und Luxemburg als Beispiele von Off-Shore-Plätzen

Das Fürstentum Liechtenstein setzte schon sehr früh – bald nach dem ersten Weltkrieg – auf die Karte der Liberalisierung. Vier Stationen auf diesem Weg waren besonders wichtig.

- Liechtenstein schloss 1923 einen Zollvertrag mit der Schweiz ab und lehnte sich eng an seinen westlichen Nachbarn an. Es weitete mit diesem Schritt seinen eigenen Wirtschaftsraum stark aus.
- Ein Jahr später erklärte das Fürstentum den Schweizerfranken zur liechtensteinischen Landeswährung. Es legte damit einen wichtigen Grundstein zur Ausweitung seiner Kapitalbasis.
- Ein äusserst liberales Gesellschaftsrecht unterstützte diese Schritte. Das liechtensteinische Personen- und Gesellschaftsrecht bietet einen sehr weitgehenden Geheimnisschutz. Es gewährt dem Firmeninhaber grosse Bewegungsfreiheit. Das Land ist damit zu einem begehrten Sitz für Domizilgesellschaften und Briefkastenfirmen geworden.
- Ein mildes Steuerklima rundet diese wirtschaftlichen Anreize ab. Die Steuerbelastung ist für juristische wie für natürliche Personen tief. Quellensteuern auf Kapitalerträgnissen gibt es nicht. Rechtshilfe in Fiskalverfahren wird nicht gewährt.

Liechtensteins Politik des Finanzfreihafens war erfolgreich. Das Fürstentum wurde zwar nicht zu einem selbständigen Finanzplatz. Das Land ist dazu zu klein. Seine Wirtschaft wäre – trotz der starken Industrialisierung – für einen voll ausgebildeten Finanzplatz nicht tragfähig genug. Die Politik des Finanzfreihafens führte das Land jedoch aus der früheren Armut heraus.

Der Finanzplatz Luxemburg weist einige Ähnlichkeiten mit Liechtenstein auf. Das Grossherzogtum zog mit Hilfe einer zurückhaltenden Steuer- und Regulierungspolitik einen Teil des Euromarktgeschäftes an sich. Beide – Grossherzog- und Fürstentum – leben vom Geschäft in fremden Währungen.

Luxemburg zeigt – besonders aus deutscher Sicht – wichtige Eigenschaften eines Off-Shore-Platzes: Es kennt keine Mindestreservevorschriften. Die deutschen Banken nutzen diesen Umstand, um der Pflicht zur Haltung von Mindestreserven in der Bundesrepublik zu entgehen. Sie gaben dem Finanzplatz Luxemburg dadurch wichtige Wachstumsimpulse.

Es gibt neben diesen Ähnlichkeiten aber auch einige bedeutsame Unterschiede zwischen den beiden Finanzplätzen: Während das Kreditgeschäft in Luxemburg eine bedeutsame Rolle spielt, beschränkt sich Liechtenstein auf die Vermögensverwaltung. In Luxemburg sind denn auch weit über hundert Kreditinstitute vertreten, während Liechtenstein nur fünf Banken zählt. Luxemburg verfügt – im Gegensatz zu Liechtenstein – auch über eine eigene Wertschriftenbörse.

3. Die zentrale Bedeutung der Elektronik für den Wandel an den Finanzmärkten

Die Prosperität solcher Finanzplätze – hier wären auch die Erfolge der karibischen und ostasiatischen Off-Shore-Zentren anzuführen – veranlassten manchen Finanzplatz, seine eigene Wettbewerbsfähigkeit zu überprüfen und geeignete Fördermassnahmen zu ergreifen. Die Konkurrenz unter den Finanzplätzen verstärkte sich aber auch aus einem weiteren Grund: Wegen der grossen technischen Erfolge auf dem Gebiet der Datenverarbeitung und der Telekommunikation. Der Stellenwert dieser Entwicklungen für die Finanzmärkte ist kaum zu überschätzen. Er lässt sich am ehesten mit dem Eisenbahnbau – einem der folgenreichsten Ereignisse des vorigen Jahrhunderts – vergleichen. Die Auswirkungen der drastischen Reduktion der Transportkosten auf die Entwicklung der Industrie und auf die räumliche Struktur der Wirtschaft waren nachhaltig. Die Kostenreduktion, die mit der Überwindung von Distanzen verbunden ist, rückt die Wirtschaftsräume näher zusammen. Eine starke Intensivierung der Konkurrenz geht damit einher. Die Reduktion von Transport- oder Informationskosten macht nämlich eine Neuabgrenzung der Märkte notwendig. Der Siegeszug der Elektronik leitete mehr als ein Jahrhundert nach dem Eisenbahnbau – durch die massive Senkung der Informationskosten die Globalisierung der internationalen Finanzmärkte ein. Die Informationskosten sanken dank der neuen Technologien empfindlich. Sie verloren ihre marktbegrenzende Wirkung.

4. Standortvorteile – ihre Bedeutung für Finanzplätze

Welche Finanzplätze werden im Rennen um Aufträge, Umsatz und Gewinn am besten abschneiden? Es werden die Plätze sein, die sich besonders günstiger Standortfaktoren erfreuen. Standortvorteile sind für einen Finanzplatz umso wertvoller, je ausgeprägter ihre Ortsgebundenheit ist. Naturbedingte Wettbewerbsvorteile – vergleichbar etwa der Bedeutung der Kohle- oder Erzvorkommen für die Entwicklung der Stahlindustrie – spielen für Finanzplätze praktisch keine Rolle. Finanzplätze haben ihre wichtigsten Standortvorteile zu «erwerben». Der Zeitaspekt spielt eine hervorragende Rolle.

- Es gibt Faktoren – Standortvorteile –, die sich innert vergleichsweise kurzer Zeit verändern lassen. Dazu gehören Spezialsteuern wie etwa die schweizerische Stempelsteuer. Direkte Markteingriffe sind ein weiteres Beispiel.
- Andere Standortvorteile sind traditionsgebunden. Sie bilden sich erst im Laufe von Jahrzehnten – oft gar von Jahrhunderten – heraus. Die politische und gesellschaftliche Stabilität eines Landes, die Grundeinstellung der massgeblichen Kreise zu wirtschaftspolitischen Grundsatzfragen und – damit zusammenhängend – das ordnungspolitische Grundkonzept gehören zu diesen Standortvorteilen. Dem Stil der Geld- und Finanzpolitik kommt ein besonderer Stellenwert zu. Diese Rahmenbedingungen lassen sich nicht kurzfristig aufbauen.
- Ähnliches gilt für die Agglomerationsvorteile. Die Nähe zu Banken, Versicherungsgesellschaften, Welthandelsfirmen, Wirtschaftsanwälten und Treuhändern sowie zu Finanzspezialisten aller Art bietet einem Finanzunternehmer Vorteile in der Form von ver-

mehrter Nachfrage, von Kosteneinsparungen und von Informationen. Verschiedene hochspezialisierte Tätigkeiten finden nur an ganz grossen Finanzplätzen einen genügend weiten Markt, um die Existenzgrundlage für ein Unternehmen zu sichern. Agglomerationsvorteile sind für die Standortwahl von Finanzunternehmungen von ausschlaggebender Bedeutung. Die Grösse und die Vielfältigkeit eines Finanzzentrums ist deshalb eine wichtige Voraussetzung für dessen weiteres Wachstum.

- Ein bedeutender Standortfaktor ist schliesslich das Angebot an gut ausgebildeten Fachkräften. Die Anforderungen an die Mitarbeiter sind in Zeiten des raschen Wandels besonders hoch. Ohne gute Fachkräfte können keine qualitativ einwandfreie Leistungen erbracht werden. Ein Finanzplatz vermag das Angebot an Fachkräften in gewissem Ausmass zu bestimmen. Ein gut ausgebautes Schulungssystem bietet das wichtigste Instrument. Das Angebot an Arbeitskräften wird allerdings durch die Grösse des Landes begrenzt. Finanzplätze, die in kleineren oder mittleren Ländern etabliert sind – die Schweiz ist unter ihnen zu erwähnen – finden hier ihre entscheidende Grenze.

5. Konkurrenz und Arbeitsteilung

Starker Wettbewerb veranlasst die verschiedenen Finanzplätze, ihre Standortbedingungen zu verbessern. Traditionsgebundene Rahmenbedingungen und Agglomerationsvorteile eignen sich dazu nicht. Verbesserungen müssen bei den kurzfristig veränderlichen Rahmenbedingungen ansetzen. Die Deregulierung der Märkte und die Abschaffung von Spezialsteuern sind solche Möglichkeiten. Die Liberalisierungswelle der letzten Jahre ist – unter diesem Blickwinkel – kein Zufall.

Die Wirkung von Liberalisierungen wird allerdings umso schwächer, je breiter sie verwirklicht wird. In einer völlig liberalisierten Welt stellen die traditionsgebundenen Rahmenbedingungen und die Agglomerationsvorteile die wichtigsten Standortfaktoren dar.

Es erstaunt deshalb nicht, dass London sich in unsern Breitengraden zum führenden Finanzzentrum entwickelte. Diese Stadt verfügt – als Metropole eines ehemaligen Weltreiches – im Dienstleistungssektor über gewaltige Agglomerationsvorteile. London wurde im Laufe der Jahrhunderte zu einem Mittelpunkt des weltweiten Beziehungsnetzes. Die Rahmenbedingungen des Finanzplatzes London erfreuen sich indessen nicht in jeder Beziehung hoher Attraktivität. Die Wirtschaft des Landes sieht sich mit strukturellen Schwierigkeiten konfrontiert. Die einheimischen Märkte litten lange unter starker Regulierung. Arbeitskonflikte waren häufig: Das Pfund zählt aus diesen Gründen nicht mehr zu den ganz grossen Währungen. Die Bedeutung Londons als Finanzplatz beruht denn auch weniger auf dem Pfund als auf dem US-Dollar und weiteren international wichtigen Währungen: Die Standortvorteile Londons kommen vor allem im Euromarktgeschäft zum Tragen.

Das Beispiel Londons zeigt noch einen weiteren Aspekt des Wandels an den internationalen Finanzmärkten auf. Die Zeitzonen werden in einem globalen Finanzmarkt zu einer natürlichen Marktgrenze. Der Globus wird – entsprechend der Dauer der Arbeitszeit – in drei Marktabschnitte unterteilt: London, New York und Tokio sind deren natürliche Zentren.

Der Wettbewerb unter den Finanzplätzen dürfte innerhalb dieser Marktabschnitte besonders heftig sein. Dies gilt vor allem für den Handel mit Devisen, Edelmetallen oder Wertschriften. Der genaue Zeitpunkt spielt hier wegen der Kursabhängigkeit der Transaktionen eine entscheidende Rolle für den Geschäftserfolg.

Die Kooperation bietet sich dagegen beim Handel über die Grenzen der Marktabschnitte hinweg als Möglichkeit an. Finanzplätze können durch eine solche Zusammenarbeit einen unterbruchslosen 24-Stunden-Handel organisieren. Es ist auch denkbar, dass mehrere solche «Finanzmarkt-Ketten», die sich gegenseitig konkurrenzieren, entstehen.

Die genaue Tageszeit ist in den Geschäftssparten, die mit Handel weniger zu tun haben, nicht von gleich ausschlaggebender Bedeutung. Der Wettbewerb unter den Finanzplätzen spielt deshalb im Kredit-

und Emissionsgeschäft sowie in der Vermögensverwaltung sowohl innerhalb wie zwischen den Zeitzonen eine wichtige Rolle.

Was lässt sich aus diesen skizzenhaften Überlegungen ableiten? Finanzplätze wie beispielsweise jene der Schweiz und Deutschlands – beide dürften in unserer Zeitzone neben London eine wichtige Rolle spielen – werden in einem Konkurrenzverhältnis stehen. Für Symbiosebeziehungen ist wenig Raum. Die ähnliche Wirtschaftspolitik der beiden Länder – vor allem die ähnliche Geldpolitik von Bundesbank und Schweizerischer Nationalbank – sichert ihnen günstige Standortvorteile für Finanzmarktgeschäfte. Unterschiede ergeben sich dagegen aus der historischen Entwicklung und aus den Grössenverhältnissen. Die Schweiz wies politisch, gesellschaftlich und wirtschaftlich stets eine grosse Stabilität auf. Deutschland erfreut sich eines bedeutend stärkeren wirtschaftlichen Potentials und eines grösseren Reservoirs an geeigneten Mitarbeitern. Eine beschränkte Arbeitsteilung kann sich auf Grund dieser Unterschiede allenfalls durch die Spezialisierung auf bestimmte Finanzmarktsegmente herauskristallisieren.

Ein Zwang zur Zusammenarbeit ergibt sich auf dem Gebiet der Telekommunikation. Der weitere Ausbau und der Unterhalt der Kommunikationssysteme ist für alle Finanzplätze – trotz der ihr Verhältnis beherrschenden Konkurrenz – von vitalem Interesse. Es geht dabei nicht nur um Marktinformationen, sondern auch um Transfermechanismen und Clearing-Fazilitäten. Ein internationaler Finanzplatz wird ohne Anschluss an das internationale Kommunikationsnetz vom Geschehen abgeschnitten. Er muss um sein Überleben bangen.

Besondere Aspekte ergeben sich, wenn zwei Finanzplätze – die Schweiz und Liechtenstein sind ein gutes Beispiel – vom Geschäft in der gleichen Währung leben. Die Alpenrepublik und die kleine Alpenmonarchie konkurrenzieren sich vor allem in der Vermögensverwaltung. Beide Länder sind von ihren Rahmenbedingungen her für dieses Geschäft prädestiniert. Der Wettbewerb hält sich trotzdem in Grenzen. Die Grössenverhältnisse sind sehr ungleich. Die Kundensegmente decken sich nur zu einem kleinen Teil. Das Symbioseverhältnis zwischen den beiden Finanzplätzen ist demgegenüber recht vielfältig. Die Banken und Finanzgesellschaften Liechtensteins profitieren vom Ansehen, das der Schweizer Franken als stabile Währung international geniesst. Das schweizerische Bankensystem dient ihnen als Refinanzierungsquelle. Es ist gleichzeitig auch ihr Anlagemarkt. Der Finanzplatz Schweiz profitiert umgekehrt vom Kapitalzustrom aus dem Fürstentum. Es befindet sich dank seines gut entwickelten Vermögensverwaltungsgeschäfts gegenüber den schweizerischen Banken in der Position eines Nettogläubigers.

6. Aufsichtsrechtliche Aspekte – Grenzen einer sinnvollen Förderung von Finanzplätzen

Eine aktive Politik der Förderung des Finanzplatzes ist grundsätzlich legitim. Sie stellt indessen Probleme, wenn aufsichtsrechtliche Belange zum Wettbewerbsinstrument gemacht werden. Die large Handhabung – oder gar ein gänzliches Fehlen – der Banken- und Finanzmarktaufsicht, wie wir sie in einigen Off-Shore-Zentren feststellen, beeinträchtigt die Wirksamkeit der Aufsicht auch in jenen Ländern, die über ein gut ausgebautes Aufsichtsrecht und eine schlagkräftige Aufsichtsorganisation verfügen. Zweifelhafte Geschäfte und Gesetzesumgehungen werden erleichtert. Der Wettbewerb unter den Finanzplätzen sollte deshalb beim Aufsichtsrecht seine Grenzen finden. Das Sicherheitsnetz der internationalen Finanzmärkte ist nur so stark wie seine schwächste Masche. Ein Off-Shore-Platz, der vorwiegend von Umgehungsgeschäften lebt, ruht auf einem schlechten Fundament. Er gefährdet tendenziell die internationalen Finanzmärkte.

Aufsichtsrechtliche Belange spielten bisher glücklicherweise meist keine wesentliche Rolle als Wettbewerbsinstrument. Die Aufsichtsbehörden sind sich der Risiken, die der tiefgreifende Wandel an den Finanzmärkten birgt, bewusst. Sie geben sich über die Anforderungen, die dieser Wandel an sie selber stellt, Rechenschaft.

Probleme aufsichtsrechtlicher Natur spielten im Verhältnis zwischen der Schweiz und Liechtenstein allerdings verschiedentlich eine Rolle. Liechtensteinische Umgehungsgesellschaften waren in den grössten schweizerischen Bankenskandal der Nachkriegszeit – in die Chiasso-Affäre – involviert. Liechtenstein zog daraus gesetzliche Folgerungen. Es stopfte die offensichtlichsten Lücken seines Gesellschaftsrechtes.

Die Gesellschaftskonstruktionen des Fürstentums boten in den sechziger und siebziger Jahren auch immer wieder die Möglichkeit, die währungspolitischen Massnahmen der Schweizerischen Nationalbank zu unterlaufen. Die Nationalbank begann daher, ihren kleinen östlichen Nachbarn in entsprechenden Situationen als «Ausland» zu behandeln. Diese Massnahme traf den Off-Shore-Platz empfindlich. Liechtenstein vollzog die währungspolitischen Massnahmen der Schweiz zwar jeweils nach. Die Anpassung des liechtensteinischen an das schweizerische Recht beanspruchte indessen jedesmal viel Zeit. Es fehlte zudem immer noch ein direkter Amts- und Rechtshilfeverkehr. Eine gegenseitige Vollstreckung von Verwaltungsentscheidungen existierte nicht. Diese schwierige Situation wurde mit dem Währungsvertrag von 1980 grundlegend bereinigt. Die schweizerischen Rechtsvorschriften auf dem Gebiet der Geld- und Währungspolitik gelten seither auch für das Fürstentum. Die Schweizerische Nationalbank verfügt bei der Durchsetzung ihrer Politik in Liechtenstein über die gleichen Befugnisse wie in der Schweiz.

7. Die Rolle der Notenbanken

Das Beispiel Liechtensteins zeigt deutlich, welch grosse Bedeutung der Währung, von der ein Finanzplatz lebt, zukommt. Das Fürstentum traf mit der Wahl des Schweizerfrankens als Basis für den Aufbau seines Finanzmarktes einen klugen und weitsichtigen Entscheid. Es begab sich dadurch allerdings auch in eine recht starke Abhängigkeit. Die Kündigungsklausel im Währungsvertrag, den das Fürstentum mit der Schweiz abschloss, ändert daran nichts. Ein Finanzplatz, der sich auf eine fremde Währung stützt, ist gegenüber dem «Mutterland» der Währung stets im Nachteil. Er liefert sich dessen Wirtschaftspolitik – und der sich aus ihr ergebenden Zins- und Währungsentwicklung – aus, ohne Einfluss darauf zu haben.

Finanzplätze, die sich ihre Währung «ausborgen», haben gegenüber dem «Mutterland» der Währung auch den Nachteil, dass ihnen der «lender of last resort» fehlt. Ihr Bankensystem ist weniger krisenresistent. Liechtenstein behob diesen Nachteil durch den Abschluss des Währungsvertrages von 1980. Das Fürstentum musste dabei einige Konzessionen machen. Eine Notenbank wird die Rolle des «lender of last resort» für einen ausländischen Finanzplatz nämlich nur übernehmen, wenn sie sicherstellen kann, dass sie über das Geschehen an diesem Platz genügend informiert wird. Sie wird ferner verlangen, dass der Finanzplatz einer angemessenen Aufsicht untersteht. Jedes Land trägt die Verantwortung für die Integrität seines Finanzplatzes selbst. Die «lender of last resort»-Funktion ist kein Ersatz für eine griffige Finanzmarktaufsicht. Sie ist lediglich ein Auffangnetz, das in Krisenzeiten den Zusammenbruch des Zahlungssystems verhindern soll.

Ein Off-Shore-Zentrum vermag in der Regel das Geschäft nur dann aus dem «Mutterland» der Währung an sich zu ziehen, wenn es besonders günstige Standortvorteile bietet. Es handelt sich dabei meistens um kurzfristig veränderbare Standortfaktoren: um eine geringere Regulierungsdichte oder um gewichtige Steuervorteile. Das «Mutterland» der Währung könnte einem solchen Off-Shore-Zentrum jederzeit die Grundlage entziehen. Es müsste lediglich seine Rahmenbedingungen jenen des Off-Shore-Zentrums anpassen. Der Off-Shore-Finanzplatz vermag sich gegen eine solche Politik nur in der langen Frist abzusichern: Er kann versuchen, ortsgebundene Standortvorteile zu schaffen. Die Förderung von Agglomerationsvorteilen oder die breite Integration in das internationale Beziehungsgeflecht sind solche Möglichkeiten. Ihnen sind allerdings enge Grenzen gesetzt. Übertrieben rasches Wachstum ist der Integrität eines Finanzplatzes nämlich selten förderlich.

Überlegungen ähnlicher Art gelten für Finanzzentren, deren eigene Währung zu schwach ist, um die Basis für ein ausgedehntes Vermögensverwaltungs- oder Emissionsgeschäft zu bilden. Diese Zentren sehen sich ebenfalls genötigt, das internationale Finanzgeschäft – statt in der eigenen Valuta – in begehrten fremden Währungen zu betreiben. Das Finanzzentrum London, dessen Ausrichtung auf das Euro-Dollar-Geschäft ich bereits ansprach, ist – infolge seiner enormen Agglomerationsvorteile und seiner traditionellen Einbettung in das internationale Netz der Finanzbeziehungen – allerdings ein Spezialfall.

Luxemburg, das seine Ausgangsposition in den vergangenen 35 Jahren stark ausbauen konnte, illustriert meine These dagegen recht gut. Die Basis seines Finanzplatzes erscheint nach wie vor als verletzlich. Das Eurokreditgeschäft hängt in starkem Masse von der Regulierungspolitik anderer Länder – besonders von der Mindestreservepolitik der Bundesrepublik – ab. Die Bestrebungen, das Vermögensverwaltungsgeschäft am Finanzplatz Luxemburg noch stärker auszubauen, sind daher verständlich.

Die Bedeutung der Währung als Standortfaktor von Finanzzentren rückt die Notenbankpolitik in unser Blickfeld. Die Notenbank vermag vor allem zwei wichtige Einflussgrössen zum Vorteil oder zum Schaden des Finanzplatzes zu beeinflussen: die Stabilität der Währung und die Höhe der Zinssätze.

– Eine stabile Währung ist die Voraussetzung dafür, dass das Geld seine Wertaufbewahrungsfunktion erfüllt. Ist diese Voraussetzung nicht gegeben, so fehlt dem Finanzplatz eine entscheidende Grundlage für das Geschäft der Vermögensverwaltung. Das Emissionsgeschäft wird ebenfalls beeinträchtigt. Es wird durch ein blühendes Vermögensverwaltungsgeschäft begünstigt. Die wichtigste Voraussetzung einer stabilen Währung ist eine Geldpolitik, die auf die Stabilität des Preisniveaus ausgerichtet ist. Sie erreicht ihr Ziel am besten, wenn sie sich einer zurückhaltenden und möglichst gleichmässigen Ausweitung der Geldmenge befleissigt. Der Geldmengenzuwachs richtet sich nach dem Wirtschaftswachstum, das auf mittlere Frist erwartet werden darf. Eine derart angelegte Geldmengenpolitik wirkt wie ein Stabilisator. Wächst die Wirtschaft sehr stark und ist die Liquiditätsnachfrage somit rege, so führt die auf Verstetigung ausgerichtete Geldpolitik zu einer Liquiditätsverknappung. Zinssätze und Aussenwert der Währung steigen. Das Wirtschaftswachstum wird gedämpft. Durchläuft die Wirtschaft umgekehrt eine Flaute und ist die Liquiditätsnachfrage mithin bescheiden, so bilden sich Zinssätze und Aussenwert der Währung zurück. Die Nachfrage belebt sich.

- Eine zurückhaltende, auf Verstetigung ausgerichtete Geldmengenpolitik bewirkt gleichzeitig tiefe Zinssätze. Sie bilden einen weiteren Vorteil des Emissionsgeschäfts. Die zurückhaltende Ausweitung der Geldmenge baut – zum einen – Inflationsängste ab. Dies drückt auf die nominellen Zinssätze. Der rationale Anleger baut seine Teuerungserwartungen nämlich in den Zins ein. Die Verstetigung der Geldpolitik beeinflusst – zum andern – den Verlauf der Zinssätze. Die Fluktuationen des Zinsniveaus sind vergleichsweise gering. Das Zinsrisiko – ein Bestandteil des Zinssatzes – liegt tief.

Die Attraktivität eines Finanzplatzes hängt auch von den Instrumenten ab, mit denen die Notenbank ihre Politik verfolgt. Eine Strategie, die Zinssätze und Kreditvolumen direkt durch hoheitliche Vorschriften zu beeinflussen sucht, veranlasst die Marktteilnehmer zu Umgehungsversuchen und Ausweichmanövern. Neue, noch weitergehende Eingriffe sind in der Regel die Folge. Es ist kein Zufall, dass Länder, die dieser interventionistischen Tradition folgten, keine Finanzplätze von internationaler Bedeutung beherbergen. Notenbanken, die – wie die Schweizerische Nationalbank – der Wirtschaft die Geldmenge vorgeben und die Anpassung den Märkten überlassen, kommen ohne nennenswerte Regulierungen aus. Dies erleichtert den Kapitalverkehr und ist eine Grundvoraussetzung für das Gedeihen eines internationalen Finanzplatzes.

Der Erfolg der Geldpolitik hängt entscheidend vom Umfeld ab. Zu einem günstigen Umfeld gehört eine möglichst weitgehende Autonomie der Notenbank. Sie entrückt die Geld- und Währungspolitik dem auf kurzfristige Vorteile bedachten Gerangel der Alltagspolitik. Dem Staat ist es schon seit jeher leichter gefallen, Ausgaben zu beschliessen als die dafür erforderlichen Einnahmen zu beschaffen. Dies ist in den modernen Demokratien nicht anders als im mittelalterlichen Fürstenstaat. Und welcher Fürst hat in der Not seine Münzstätten nicht auf Hochtouren laufen lassen? Nur eine Notenbank, die mit ausreichender Autonomie ausgestattet ist, vermag sich der Begehrlichkeit des Staates mit Aussicht auf Erfolg entgegenzustellen.

Selbst eine autonome Notenbank ist aber vor Anfechtungen nicht gefeit. Sie bleibt trotz ihrer Autonomie Adressat für Druckversuche der Politiker wie der Vertreter der Wirtschaft. Das Vertrauen, das das Publikum ihrer Politik entgegenbringt, kann der autonomen Notenbank dabei sogar zum Verhängnis werden. Je höher der Vertrauensvorschuss ist, den sich eine Behörde durch ihren klaren und erfolgreichen wirtschaftspolitischen Kurs erwarb, desto stärker wird die Versuchung, diesen Bonus um eines kurzfristigen politischen Vorteils willen zu verspielen. Die realwirtschaftliche Wirkung einer abrupten wirtschaftspolitischen Kehrtwendung dürfte nämlich nach einer längeren Phase der Stabilität besonders gross sein. Das Publikum wird den neuen Kurs nicht sofort durchschauen. Es passt seine Inflationserwartungen nicht sogleich an.

Es ist eine alte Erfahrung, dass das Bewährte auch in der Wirtschaftspolitik meist nicht von langer Dauer ist. Die Versuchung, die Früchte der Stabilitätspolitik der Vergangenheit zugunsten von Wachstumsgewinnen in der Zukunft aufs Spiel zu setzen, ist beträchtlich. Die Wahrscheinlichkeit wirtschaftspolitischer Fehler wächst damit. Die Folgen abrupter wirtschaftspolitischer Kehrtwendungen schlagen sich auch in Wechselkursschwankungen nieder, die der Notenbank eines Kleinstaates mit offener Wirtschaft die Verfolgung eines konsequenten geldpolitischen Kurses erschweren. Finanzplätze, deren Notenbanken ihre Stabilitätspolitik trotzdem beharrlich weiter verfolgen, dürften aus dieser Entwicklung aber Nutzen ziehen.

Finanzplatz Schweiz – Chancen in einem globalen Finanzmarkt

Die Globalisierung – welche Herausforderung bildet sie für den Finanzmarkt Schweiz? Der Finanzplatz – seine internationale Ausstrahlung – wirkt fast als Symbol der Schweiz. Wir übersehen darob vielfach, dass die Schweiz ein junger Finanzplatz ist. Er entwickelte sich erst in den letzten Jahrzehnten zu seiner heutigen Stärke. Wir dürfen trotzdem nicht vergessen: Das schnelle Wachstum des Finanzmarktes Schweiz war nur innerhalb eines besonderen kulturellen, sozialen und politischen Umfeldes möglich. Ich spreche damit nicht allein die Stabilität der Schweiz an. Ich denke ebenso sehr an die bemerkenswerte Auslandverflechtung der schweizerischen Wirtschaft. Diese Auslandorientierung hat Tradition. Sie wurzelt in alten Handelshäusern wie in den bis in das 18. Jahrhundert zurückgehenden Banquierfamilien aus Basel, Genf und Zürich. Die Industrialisierung verstärkte diese Tradition noch. Die «sechste Schweiz» – die Aktivitäten unserer Unternehmungen im Ausland – lässt unsere Ertragsbilanz regelmässig mit Überschüssen schliessen. Unser Nettovermögen im Ausland ist dank ihrer Investitionen ungefähr gleich gross wie unser Bruttosozialprodukt.

Institutionelle und rechtliche Faktoren trugen entscheidend zur Entwicklung des Finanzplatzes Schweiz bei. Diese Faktoren dürfen nicht von ihrem wirtschaftlichen, sozialen und politischen Hintergrund isoliert werden. Ihre volle Wirkung entfalteten sie erst im Zusammenspiel. Die institutionellen und rechtlichen Rahmenbedingungen der Finanzmärkte müssen, wenn die wirtschaftlichen Bedingungen sich in einem Ausmass wandeln, wie dies unter dem Einfluss der Globalisierung gegenwärtig der Fall ist, ebenfalls verändert werden. Sie drohen – wird ihre rechtzeitige Anpassung versäumt – hemmend statt fördernd zu wirken.

1. Die Globalisierung der Finanzmärkte – Ursachen und Wirkungen

Die Finanzmärkte sind einem tiefgreifenden Wandel unterworfen. Ihre Globalisierung – die aktuelle Herausforderung aller internationalen Finanzplätze – ist der wichtigste Aspekt dieses Wandels. Sie ist – jedenfalls der Tendenz nach – mit einer Verwischung der meisten traditionellen Grenzen identisch. Fünf Entwicklungen erscheinen mir als besonders bedeutend:

- Die Grenzen zwischen den Segmenten der Finanzmärkte – die Grenzen beispielsweise zwischen dem kurzfristigen Geld- und dem langfristigen Kapitalmarkt – verschwinden. Schranken, die die nationalen Finanzmärkte trennten, werden durchlässiger. Die nationalen Geld- und Kapitalmärkte wachsen – dies ist eine erste Entwicklung – tendenziell zu einem einzigen internationalen Finanzmarkt zusammen.
- Die verschiedenen Typen von Finanzinstituten vermengen sich – dies ist eine zweite Entwicklung – mehr und mehr. Es wird schwierig, finanzielle Transaktionen wie das Emissionsgeschäft, den Wertpapier-, Edelmetall- und Devisenhandel, die Kreditvermittlung oder das Versicherungsgeschäft spezifischen Unternehmungstypen zuzuordnen. Diese Entwicklung ist in den angelsächsischen Ländern besonders deutlich sichtbar. Deren Spezialbankensystem war im Gegensatz zum Universalbankensystem – wie wir es in der Schweiz kennen – branchenmässig stark gegliedert. Die Konturen der Finanzinstitute beginnen sich aber auch bei uns zu verwischen. Wir stossen zunehmend auf Finanzgesellschaften, die das eine oder andere Geschäft aus der breiten Palette der Finanztransaktionen auswählen und sich darauf spezialisieren. Diese Unternehmungen entgehen – aufgrund ihrer Spezialisierung – oft der Bankenaufsicht. Sie entfalten zwar eine breite bankmässige Aktivität. Gleichzeitig klammern sie aber gewisse, bisher als typische Bankgeschäfte angesehene Transaktionen aus ihrem Geschäftsbereich aus. Aber auch Versicherungen,

institutionelle Anleger und sogar industrielle Unternehmungen erscheinen – jedenfalls in einzelnen ihrer Tätigkeiten – mehr und mehr als Teil des Finanzmarktes. Es wird damit schwieriger, den Begriff des Finanzmarktes eindeutig abzugrenzen.

- Die Arten der finanziellen Kontrakte lassen sich – dritte Entwicklung – nicht mehr mit der früher gebräuchlichen Klarheit trennen. Alle Merkmale eines Finanzkontraktes gingen noch vor wenigen Jahren üblicherweise mit dem Verkauf auf den Erwerber über. Neue Techniken erlauben es heute, finanzielle Kontrakte in einzelne handelbare Elemente zu zerlegen. Nicht nur Zinscoupons und Mantel, die einst eine Einheit bildeten, werden getrennt gehandelt. Zins- und Währungsrisiken werden vielmehr ohne Kapitalengagement und unabhängig von periodischen Zinszahlungen – bzw. ohne Devisentransaktion – als Futures und Optionen von einem Träger auf den andern übertragen.
- Direkte und bloss vermittelte Markttransaktionen verwischen sich – eine vierte Entwicklung – immer mehr. Die Banken lösen einzelne Merkmale aus ihren finanziellen Verpflichtungen oder Ansprüchen heraus, um sie getrennt zu veräussern oder anzukaufen. Kredite – die Banken hielten sie früher bis zum Verfall – werden durch handelbare Finanzmarktinstrumente ersetzt.
- Der Wandel erfasst schliesslich auch – dies die fünfte Entwicklung – die Struktur der Anleger. Das Anlagegeschäft und mit ihm die Techniken des Portfoliomanagements befinden sich in einer Phase rascher Veränderung. Der private Anleger verliert an Bedeutung. Der institutionelle Anleger rückt in den Vordergrund. Diese Entwicklung ist wesentlich auf Veränderungen im Aufbau der öffentlichen Altersvorsorge zurückzuführen. Das Umlageverfahren, das in den sechziger und siebziger Jahren die Szene beherrschte, tritt in den Hintergrund. Es wird – nicht zuletzt unter dem Zwang zählebiger Budgetdefizite – durch Systeme der privaten Vorsorge, die mit dem Kapitaldeckungsverfahren verkoppelt sind, abgelöst. Die Kollektivanleger übernehmen im Zuge dieser Entwicklung die Funktion des Mittlers zwischen Anleger und Kreditnehmer.

Sie wachsen in eine Stellung, die bisher den Banken vorbehalten war, hinein. Die Internationalisierung der Nachfrage verstärkt sich. Inländische Wertpapiere werden vermehrt von Ausländern nachgefragt. Sie werden auch auf ausländischen Märkten gehandelt.

Wo liegen die Ursachen dieser Entwicklung? Ich möchte zwei – sie erscheinen mir als besonders wichtig – herausgreifen:

- Die nationalen Finanzmärkte waren – erstens – bis vor wenigen Jahren von einem dichten Netz direkter Marktregulierungen überzogen. Die Marktteilnehmer versuchten, diese Regulierungen durch Innovationen zu unterlaufen. Die Finanzmärkte wurden – nicht zuletzt unter dem Eindruck solcher Umgehungen – von einer Deregulierungswelle erfasst. Sie kommt einer eigentlichen Umorientierung gleich.
- Neue Kommunikationstechnologien ermöglichen es – zweitens –, Informationen in kürzester Zeit und zu immer geringeren Kosten weltweit zu verbreiten und auszuwerten. Viele Finanzoperationen wären ohne Hilfe des Computers kaum denkbar. An den Märkten werden laufend Erwartungen gebildet. Diese Erwartungen werden mit den neuesten Informationen verglichen, abgeändert und in Marktdispositionen umgesetzt. Was an irgendeinem Markt geschieht, beeinflusst in Kürze die Entwicklungen an allen andern Märkten rund um den Globus. Geographische und nationale Grenzen sind durchlässig geworden. Selbst die Zeitzonen hören auf, Barrieren zu sein. Immer mehr Institute bieten ihre Dienste weltweit – und rund um die Uhr – an.

Dieser Wandel des wirtschaftlichen Umfeldes eröffnet den Finanzmarktteilnehmern neue Chancen. Er konfrontiert sie aber auch mit neuen Risiken. Die Zukunft der verschiedenen Finanzmärkte wird sich daran, ob die Marktteilnehmer die neuen Risiken in neue Chancen umzugestalten vermögen, entscheiden. Behaupten wird sich nur der Finanzplatz, der es versteht, seine Stärken zu halten und seine Schwächen zu eliminieren.

2. Stärken und Schwächen des Finanzmarktes Schweiz

Dies gilt auch für den Finanzmarkt Schweiz. Seine Stärken und Schwächen werden sich im geschilderten Strukturwandel verändern. Traditionelle komparative Vorteile verlieren an Gewicht. Alte – bisher verdeckte – Schwächen werden offenkundig. Neue Problemfelder entstehen. Marktteilnehmer wie öffentliche und private Institutionen, die die Rahmenbedingungen des Finanzplatzes Schweiz setzen, stehen vor einer neuen Herausforderung. Sie haben die Stärken des Finanzplatzes auszubauen und die Schwächen zu beheben.

Mehrere traditionelle komparative Standortvorteile der Schweiz änderten in den letzten Jahren ihre Bedeutung. Ich möchte diese Veränderungen mit drei Beispielen, nämlich mit

- der sozialen und politischen Stabilität der Schweiz,
- ihrer wirtschaftlichen Stabilität und
- der prominenten Rolle, die sie im Geschäft der Vermögensverwaltung und der Emission von Wertpapieren spielt, illustrieren.

2.1 Soziale und politische Stabilität

Die soziale und politische Stabilität – das erste Beispiel – bildet seit langer Zeit eine der Stärken des Finanzplatzes Schweiz. Diese Stabilität fiel uns nicht als Geschenk des Himmels zu. Sie gründet in unserer schwierigen Geschichte. Die kulturelle – die sprachliche wie die konfessionelle – Vielfalt der Schweiz führte in der Vergangenheit immer wieder zu Konflikten. Sie erschwerte die Bildung unseres Bundesstaates. Dieses Ringen – der schwierige Übergang vom Staatenbund zum Bundesstaat – ist die wichtigste Ursache der heutigen sozialen und politischen Stabilität. Die Konfliktbewältigung durch Aushandeln, die wir dabei entwickelten und bis heute laufend verfeinern, ist zwar ausgesprochen schwerfällig. Dieser typisch schweizerische Stil der politischen Ausmarchung erlaubt – dies ist seine Schwäche – nur den langsamen Wandel. Er sichert aber gleichzeitig die Stabilität.

Die meisten übrigen europäischen Staaten – vorab die Nachbarländer der Schweiz – erzielten in der Konsolidierung ihrer politischen und gesellschaftlichen Verhältnisse inzwischen ebenfalls beträchtliche Erfolge. Der Finanzplatz Schweiz vermag die Sicherheit, die aus der politischen und sozialen Stabilität unseres Landes fliesst, zwar noch immer als Trumpf auszuspielen. Er hat das Monopol auf diesen Trumpf aber verloren.

2.2 Wirtschaftliche Stabilität

Die politische und soziale Stabilität der Schweiz hat im wirtschaftlichen Bereich ihr Gegenstück. Die wirtschaftliche Stabilität – mein zweites Beispiel – beruht auf der hohen Preisstabilität, dem Ansehen des Schweizer Frankens und der liberalen Wirtschaftsverfassung. Die auf die Stabilität des Preisniveaus ausgerichtete Geldpolitik der Schweizerischen Nationalbank hält die im Zinssatz eingebaute Inflationsprämie tief. Wirtschaftliche Unsicherheiten, die durch Regulierungen und Budgetdefizite mit anschliessender Stop-and-Go-Politik verursacht werden, blieben in der Schweiz stets geringer als in den meisten anderen Ländern. Alle diese Faktoren machten in ihrem Zusammenspiel den Schweizer Franken zu einer internationalen Anlage- und Emissionswährung: zu einem der wichtigsten Pfeiler des Finanzplatzes.

Wieso verlor auch die wirtschaftliche Stabilität im internationalen Wettbewerb der Finanzmärkte an Bedeutung? Wir liessen in unseren Anstrengungen nicht nach. Andere Länder verstanden es aber, ihre wirtschaftliche Situation durch die vermehrte Ausrichtung der Geldpolitik auf das Ziel der Preisstabilität, durch die Einleitung von Deregulierungen und durch eine erhöhte Budgetdisziplin ebenfalls zu verbessern. Die Schweiz ist nicht mehr die einsame Stabilitätsinsel im stürmischen Meer wirtschaftspolitischer Experimente. Sie behält immerhin einen Vorteil. Andere Länder müssen den Beweis, dass ihre Anstrengungen um erhöhte Stabilität nicht nur vorübergehender Natur sind, erst noch erbringen. Sie haben ihre Bereitschaft, auf Schwierigkeiten nicht mit einem radikalen Herumwerfen des Steuers – mit einem Rückfall in den Interventionismus – zu reagieren, auch in kritischer Zeit zu bestätigen. Der Prozess wirtschaftlicher Stabilität und ordnungspolitischer Konstanz entwickelte sich dagegen in der Schweiz über eine lange Frist. Dies spielt für die Beurteilung eines Finanzplatzes die entscheidende Rolle.

2.3 Hohe Spartätigkeit der Schweizer – Hohes Vertrauen der Ausländer

Die hohe Spartätigkeit der schweizerischen Bevölkerung und das Vertrauen der ausländischen Anleger sichern dem Finanzplatz Schweiz – mein drittes Beispiel – eine prominente internationale Stellung im Geschäft der Vermögensverwaltung. Die Backoffice-Dienstleistungen der Schweizer Banken gehören zu den besten und zuverlässigsten der Welt. Dies zog schon früh bedeutende in- und ausländische Vermögen an. Deren Verwaltung bildet – zusammen mit den regelmässigen Überschüssen der Ertragsbilanz – die Grundlage der grossen Plazierungskraft des schweizerischen Bankensystems. Diese wiederum ist der Eckpfeiler des internationalen Emissionsgeschäfts. Der Kapitalmarkt wird eine der Stärken des Finanzplatzes Schweiz bleiben. Er ist sehr flexibel. Die Aufnahme von Anleihen durch ausländische Schuldner stösst auf keine Restriktionen. Anleihensprojekte können innert kurzer Zeit bereitgestellt und ebenso problemlos wieder zurückgenommen werden. Der schweizerische Emissionsmarkt für ausländische Schuldner verlor aber seine lange gehaltene, fast monopolartige Stellung. Er muss sich gegenüber der wachsenden Konkurrenz neuer Märkte, die sich durch gezielte Liberalisierungen Ausländern ebenfalls zunehmend öffnen, behaupten.

Politische, soziale und wirtschaftliche Stabilität auf der einen, traditionelle Stärke und langjährige Erfahrung der Schweizer Banken in der Vermögensverwaltung und im Emissionsgeschäft auf der andern Seite bleiben – trotz dieser Relativierungen – das Rückgrat des Finanzmarktes Schweiz. Diese Stärken setzen den Finanzplatz Schweiz in die Lage, die sich abzeichnenden Schwächen mit Erfolg anzugehen.

Dies wird ihm vor allem dort, wo die Probleme hausgemacht sind, leicht fallen. Aber nicht alle Probleme des Finanzplatzes Schweiz sind hausgemacht.

2.4 Das Bankgeheimnis

Die Sicherheit und die im schweizerischen Bankgeheimnis verkörperte Diskretion – bisher fast ein Markenzeichen des Finanzplatzes Schweiz – verlieren an Bedeutung. Dieser Bedeutungsverlust ist eine Folge des Wandels an den Finanzmärkten. Das schweizerische Bankgeheimnis hat für ehrliche Kunden zwar nichts von seiner Substanz eingebüsst. Institutionelle Anleger unterscheiden sich in ihrem Anlageverhalten aber stark vom traditionellen Kunden des Finanzplatzes Schweiz. Der traditionelle Kunde legt Wert auf Diskretion und Sicherheit. Der institutionelle Kunde, um den sich die Schweizer Banken vermehrt bemühen müssen, betont die Professionalität des Portfoliomanagements. Er misst vor allem einer sauber definierten Anlagestrategie, der Konsequenz, mit der diese Strategie durchgehalten, und dem Erfolg, der dabei erzielt wird, Bedeutung bei. Die risikobereinigte Rendite steht für ihn im Vordergrund. Die Lage eines Finanzplatzes wird – zusammen mit dessen Spezialitäten – nebensächlich.

2.5 Enger Arbeitsmarkt

Der Mangel an geeignetem Personal – dieser Problemkreis ist weniger eine Folge des Wandels als des bisherigen Erfolgs des Finanzplatzes Schweiz – verschärft die Situation. Der Arbeitsmarkt für hoch qualifizierte Finanzmarktspezialisten ist nach einer langen Wachstumsperiode ausgetrocknet. Die Rekrutierung nicht schweizerischer Spezialisten stösst an die Grenzen einer Politik, die ausländische Arbeitskräfte nur in beschränktem Masse zulässt. Wir werden dem Entscheid, ob wir bei der Erteilung von Arbeitsbewilligungen an Ausländern wie bis anhin faktisch Strukturerhaltungspolitik betreiben oder aber vermehrt die Wachstumsbranchen unterstützen wollen, zwar nicht mehr lange ausweichen können. Die Förderung der Ausbildung bietet sich einstweilen aber als einzigen Ausweg an. Sie wird von allen Beteiligten – Banken, Versicherungsgesellschaften, Anlagefonds und Pensionskassen auf der einen und interessierten Berufsverbänden auf der andern Seite – im Verein mit den spezialisierten Instituten unserer Hochschulen entschieden vorangetrieben.

2.6 Die Fähigkeit zur Innovation

Die professionellen Vermögensverwalter und Anlageberater entwickelten im Verlaufe der letzten zwanzig Jahre – besonders jenseits des Atlantiks – ein ganzes Arsenal neuer Instrumente. Diese Entwicklungen trafen grosse Teile des Finanzplatzes Schweiz zunächst unvorbereitet. Die neuen Instrumente des Portfoliomanagements wurden inzwischen zwar auch von den Schweizer Banken übernommen. Sie müssen aber stets auf den neuesten Stand der Kunst gebracht werden. Warum liess sich die Schweiz mit der Übernahme von Finanz-Innovationen mehr Zeit als einige ihrer Konkurrenten? Ist es die sprichwörtliche Vorsicht – der Konservatismus – der Schweizer Banken? Diese Erklärung trifft nur zum Teil zu. Entscheidend ist ein vergleichsweise geringer Innovationsbedarf. Die Ursachen sind nicht weit zu suchen. Die Kreditaufnahme der öffentlichen Hand hält sich – dank bis vor kurzem geringer Haushaltsdefizite – in Grenzen. Der Staat musste nicht neue Instrumente zur Finanzierung eines grossen Mittelbedarfes entwickeln. Die Wirtschaftspolitik ist auf Verstetigung ausgerichtet. Eine aktivistische konjunkturpolitische Feinsteuerung vermochte sich in der Schweiz weder in der Finanz- noch in der Geldpolitik durchzusetzen. Die Regulierungsdichte am Geld- und Kapitalmarkt war stets gering. Die Skepsis gegenüber Eingriffen in den Preismechanismus blieb weit verbreitet. Zinshöchstgrenzen für wenige ausgewählte Sätze wurden nur vorübergehend – im Rahmen des konjunkturpolitischen Notrechts der sechziger und siebziger Jahre – erlassen. Mengenmässige Eingriffe waren etwas gebräuchlicher, wurden jedoch ebenfalls vor langer Zeit aufgehoben. Der Verzicht auf wirtschaftspolitischen Aktivismus und die damit verbundene beachtliche Stabilität des Zinsniveaus liessen keinen Bedarf an Instrumenten zur Umgehung von Regulierungen oder zur Absicherung vor Zinsrisiken entstehen.

Ein Teil der Probleme des Finanzplatzes Schweiz ist allerdings hausgemacht. Die Verantwortung liegt nicht immer bei den staatlichen Instanzen. Sie trifft teilweise auch die Banken. Die Korrekturen, die zur Stärkung der Konkurrenzfähigkeit des schweizerischen Finanzmarktes nötig sind, lassen sich auf einen Nenner bringen: Wir müssen dafür sorgen, dass der Wind der Liberalisierung auch durch bis anhin noch geschützte Bereiche bläst. Diese berechtigte Forderung nach freieren Rahmenbedingungen droht in der Schweiz allerdings oft in Ungeduld und in eine übertriebene Kritik auszuarten. Nicht nur Massenmedien und Politiker, sondern auch einzelne Bankiers werfen – enttäuscht über Verzögerungen bei der Behebung erkannter Mängel – gar die Frage nach der Überlebenschance des Finanzplatzes Schweiz auf.

Banken und Behörden machten in der Anpassung des Finanzmarktes Schweiz an die Herausforderung der Globalisierung tatsächlich grosse Fortschritte.

2.7 Aufbau eines transparenten und liquiden Wertpapiermarktes

Die grossen Finanzplätze bemühen sich heute weltweit, ihren Wertpapiermarkt transparenter und liquider zu gestalten. Ein grosser Wertpapiermarkt soll auch in der EG entstehen. Der Finanzplatz Schweiz steht hier vor der wohl entscheidendsten Herausforderung. Der schweizerische Effektenmarkt ist zwar – auch im internationalen Vergleich – recht bedeutend. Er ist aber zu wenig durchsichtig. Die Marktteilnehmer sind nicht verpflichtet, ihre Börsengeschäfte am Ring abzuwickeln. Die Statistik über Umsätze und Preise der Titel, die an den schweizerischen Börsen gehandelt werden, wurde zwar deutlich verbessert. Ihre Aussagekraft lässt sich aber noch erhöhen.

Die Anleger vermögen die Liquidität des schweizerischen Wertpapiermarktes nicht umfassend zu beurteilen. Sie haben keine ausreichende Möglichkeit, die Abwicklung ihrer Aufträge nachzuvollziehen. Damit fehlt ihnen die Gewissheit, dass ihnen ihre Bank – wozu sie gesetzlich verpflichtet ist – den besten Kurs verrechnete. Die Forderung nach weiterer Verbesserung der Transparenz unserer Börsen ist – auch unter den massgebenden Bankiers – unbestritten. Sie zu verwirklichen, ist schwieriger. Die naheliegendste Lösung wäre die Einführung des Börsenzwangs. Er würde eine umfassende Umsatz- und Preisstatistik ermöglichen. Die Transparenz der Auftragsabwicklung wäre gewahrt. Ich will ob dieser offensichtlichen Vorteile aber die Schwierigkeiten, die der Übergang zum Börsenzwang nach sich ziehen würde, nicht verschweigen. Unsere Börsen werden zur Zeit zur Erhöhung der Effizienz Schritt für Schritt auf eine elektronische Basis umgestellt. Die Realisierung der elektronischen Börse führt nach und nach zum Verschwinden des Systems «à la criée». Dies setzt voraus, dass «Market makers» in die Bresche springen: Wertpapierhändler, die bereit sind, für einzelne Titel – oder für Gruppen von Titeln – Kurse zu stellen. Diese grosse Reform wird sich positiv auf den schweizerischen Wertpapiermarkt auswirken. Der Wertpapierhandel gewinnt an Effizienz. Die Börse wird transparent. Die Marktliquidität wird vertieft. Das neue Börsengesetz ist geeignet, die von den Banken eingeleitete Reform zu unterstützen. Das Gesetz ist freiheitlich und flexibel. Es setzt damit den Rahmen für eine am Reformwerk ausgerichtete Selbstregulierung der Börsen, die es den Banken erlaubt, den Effektenhandel in der Schweiz für in- und ausländische Anleger wieder attraktiver zu gestalten. Es sollten schliesslich aber auch noch finanzielle – fiskalische – Anreize, die die Händler ermuntern, «Market maker»-Funktionen zu übernehmen, geschaffen werden.

2.8 Die Abwehr feindlicher Übernahmen

Eine offene Rechnungslegung vermöchte die Gefahr der feindlichen Übernahmen am wirksamsten zu vermindern. Die Diskussion um die

Ausgestaltung geeigneter Abwehrmassnahmen, die mit der Regelung des Börsengesetzes kaum beendet ist, würde entschärft. Eine erhöhte Transparenz wäre nämlich der wirksamste Beitrag zur Korrektur der oft chronischen Unterbewertung einiger schweizerischer Aktien. Diese Unterbewertung animiert Spekulanten und Finanzjongleure, Unternehmungen zu Billigpreisen aufzukaufen. Die Leitungen vieler schweizerischer Unternehmungen glauben, sich durch ihre Vinkulierungspraxis – durch die damit verbundene Begrenzung des Eintrags der Namenaktien je Aktionär – besser wehren zu können. Wie lange werden sie damit Erfolg haben? Unternehmensleitungen sollten nicht – ob kompetent oder inkompetent – eine unbegrenzte Möglichkeit haben, jegliche Übernahme durch neue Aktionäre zu verhindern. Diese Auffassung setzt sich auch in schweizerischen Industrie- und Bankenkreisen zunehmend durch. Sie ging Hand in Hand mit der Einsicht, dass die Vinkulierung von Namenaktien die internationale Konkurrenzfähigkeit des Finanzplatzes Schweiz längerfristig schädigen müsste. Die lange Zeit systematisch praktizierte Diskriminierung ausländischer Aktionäre, die ausländische Anleger davor abschreckte, schweizerische Finanzdienstleistungen in Anspruch zu nehmen, ist dank dieses Meinungsumschwungs gefallen. Das revidierte Obligationenrecht bewirkte nicht nur diesen Umschwung. Es räumte auch mit der früher üblichen «Verwaltungsrats-Willkür» bei der Eintragung von Namenaktien auf. Die Statuten haben heute klare und verbindliche Eintragungsrichtlinien festzulegen. Diese Liberalisierung wird, auch wenn die meisten grossen Firmen sich von der mengenmässigen Beschränkung des Eintrags von Namenaktien in das Aktienregister nicht trennen wollen, den Wertpapierhandel fördern. Ausländische Kunden haben vollen Zugang zum schweizerischen Wertschriftenmarkt. Die Finanzmarktteilnehmer können im Handel mit den international attraktiven schweizerischen Wertschriften ihren Heimvorteil verstärkt wahrnehmen. Die neu geschaffene börsenrechtliche Meldepflicht bei Aktienkäufen, die zur Überschreitung einer bestimmten Quote am Kapital einer Gesellschaft führt, ergänzt die liberalere Vinkulierungspraxis in sinnvoller Weise. Sie schafft die auch hier erwünschte Transparenz.

Die Globalisierung macht den Wettbewerb härter. Sind die Schweizer Banken der rauheren Konkurrenz gewachsen? Die hohe Kartellfreudigkeit der schweizerischen Wirtschaft – eine Kartellfreudigkeit, die lange Zeit auch deutlich in den Bereich der Banken und Börsen hineinreichte – hätte sich in der Tat als Hindernis erwiesen. Die Einstellung der Banken zum Wettbewerb wurde mit der wachsenden internationalen Konkurrenz aber positiver. Das starke Wachstum der Zahl ausländischer Banken – es wurde anfangs der siebziger Jahre noch als Bedrohung unseres Bankensystems empfunden – wird heute als Ausdruck der internationalen Bedeutung des Finanzplatzes Schweiz verstanden. Die innovatorische Kraft der Auslandsbanken findet Anerkennung. Der Markt für Auslandanleihen, auf dem ausländisch beherrschte Banken eine bedeutende Stellung einnehmen, gehört in der Tat zu den innovativsten Bereichen. Dies überzeugte die schweizerischen Banken, dass sie die Zukunft der Schweiz als anpassungsfähiger internationaler Finanzplatz am ehesten sichern, wenn sie die Wettbewerbskräfte in weiteren Finanzbereichen ähnlich breit zum Zuge kommen lassen. Die Schweizer Banken setzten Ende der achtziger Jahre ein positives Signal. Sie schlossen sich der Argumentation der Kartellbehörden an und entschieden sich zur Aufhebung der meisten im Bankenbereich bestehenden Absprachen. Sie machten den Bankensektor damit zu einer der am wenigsten kartellisierten Branchen unserer Wirtschaft.

3. Senkung der Transaktionskosten durch die Eliminierung überholter Kapitalverkehrssteuern

Nicht nur überholte Regulierungen, sondern auch ungünstige Steuerverhältnisse, die die Finanztransaktionen verteuern, schwächen einen Finanzmarkt in seiner Wettbewerbsfähigkeit. Die Schweiz bot dafür lange Zeit deutlichen Anschauungsunterricht. Ihre Stempelsteuer, die sich auf kurzfristigen Papieren besonders prohibitiv auswirkte, verhinderte bis vor kurzem das Entstehen eines schweizerischen Geldmarktes. Die Geldmarkttransaktionen der schweizerischen Banken wurden an den Euromarkt abgedrängt. Die Schweizerische Nationalbank bedauert dies immer wieder, da sie an einem schweizerischen Geldmarkt, den sie für geldpolitisch motivierte Operationen nutzen könnte, interessiert war. Die schweizerischen Behörden reagierten aber erst, als die Liberalisierungen und der schrittweise Abbau der Börsenumsatzsteuern im Ausland die Konkurrenzfähigkeit des Finanzplatzes ernsthaft bedrohten. Sie beschlossen ein Paket fiskalischer Massnahmen, die den Finanzplatz mindestens teilweise – von den für Finanztransaktionen prohibitivsten Abgaben – entlasten.

4. Fazit: Intakte Chancen für den Finanzmarkt Schweiz

Die Globalisierung der Märkte bindet die Finanzplätze enger zusammen. Der Wettbewerb wird intensiver. Neuartige Finanzinstrumente verbreiten sich rasch rund um den Globus. Die Banken bekommen diese Entwicklung zunehmend zu spüren. Kartelle werden aufgebrochen. Die Gebühren für finanzielle Dienstleistungen müssen unter dem Druck der Konkurrenz gesenkt werden. Die Anforderungen an das Personal – besonders an die Führungskräfte – steigen.

Diese Entwicklungen gelten global. Wie wirken sie sich aber auf den Finanzplatz Schweiz aus? Er droht in einigen Bereichen an die Grenzen seiner Möglichkeiten zu stossen. Die Entwicklungen an den internationalen Finanzmärkten relativieren einige seiner Standortfaktoren. Die Banken und Finanzinstitute auf dem Finanzplatz Schweiz werden dadurch vermehrt auf den Weg, den die schweizerische Industrie seit langem mit Erfolg geht, gedrängt. Sie müssen Marktnischen aufspüren, ausbauen und verteidigen. Dies wurde für viele industrielle Betriebe zum Erfolgsrezept. Es kann im komplexen Finanzgeschäft ebenfalls eine zukunftsträchtige Strategie bilden. Auch Banken können durch Produktedifferenzierung eine solide Zukunftsbasis finden. Diese Strategie bietet besonders mittelgrossen Finanzinstituten – sie sind auf dem Finanzplatz Schweiz recht zahlreich – eine Überlebenschance im härteren Wettbewerb. Diese Institute sind oft zu gross für den regionalen Markt. Sie sind gleichzeitig zu klein, um es den Grossbanken gleich zu tun und als internationale Schwergewichte aufzutreten. Sie vermögen sich aber mit qualitativ hochstehenden, spezialisierten Leistungen ihren Marktanteil zu sichern.

Die Schweizer Banken haben dank der sozialen, politischen und wirtschaftlichen Stabilität unseres Landes, dank seiner als internationales Anlagemedium gesuchten Währung, dank der guten Ausbildung ihres Personals sowie dank ihrer langen Erfahrung und gesunden finanziellen Struktur eine gute Ausgangslage, um die neuen Risiken zu meistern und die sich bietenden Chancen zu nutzen. Banken und Behörden unternahmen in jüngster Zeit zudem viele Anstrengungen, die es dem Finanzplatz erlauben sollten, den Wandel der Finanzmärkte mit Aussicht auf Erfolg zu nutzen. Einiges bleibt trotzdem zu tun. Der Markt für versierte Bankfachleute ist in der Schweiz sehr eng. Gute Schulungsmöglichkeiten sind – vor allem in den neuen Disziplinen und Techniken – noch zu knapp. Banken und Universitäten müssen deshalb der Ausbildung qualifizierter Bankkader ihre volle Aufmerksamkeit schenken. Anpassungen drängen sich auch im institutionellen Bereiche auf. Wir haben unsere Fiskalabgaben auf ihre Wettbewerbsneutralität hin zu überprüfen. Spezialsteuern, die den Wettbewerb verzerren, sollten durch allgemeine Steuern ersetzt werden. Auch die allgemeinste indirekte Steuer bildet im internationalen Wettbewerb der Finanzmärkte allerdings solange ein Hemmnis, als der Bankensektor im Ausland von einer analogen Besteuerung ausgenommen bleibt. Der Ausgleich zwischen dem Bemühen um die Konkurrenzfähigkeit unseres Finanzplatzes, dem Interesse an einer möglichst gleichmässigen indirekten Besteuerung und – dies sei nicht vergessen – einem ausgeglichenen Staatshaushalt wird sich nicht leicht finden lassen. Er ist vielleicht das schwierigste Unterfangen, das wir im Rahmen der Anpassung an die Globalisierung zu lösen haben.

Finanzmärkte
Finanzinstrumente
Finanzmarktaufsicht

Innovationen an den Finanzmärkten – Plage oder Segen?

1. Vier wichtige Aspekte des Wandels an den Finanzmärkten

Die internationalen Finanzmärkte erfahren seit einigen Jahren einen tiefgreifenden Wandel. Die Entwicklung weist vier wichtige Merkmale, die eng miteinander verflochten sind, auf:

- Die Globalisierung – erstes Merkmal – verwischt die traditionellen Grenzen zwischen den einzelnen Segmenten der nationalen Finanzmärkte und verschmilzt diese zunehmend zu einem einzigen internationalen Finanzmarkt.
- Zahlreiche Liberalisierungen sind ein zweites Merkmal des Wandels an den internationalen Finanzmärkten. Es blieb allerdings nicht bei Deregulierungen. Die Regulierungstätigkeit gewann ebenfalls an Intensität. In der Regulierungs- und Deregulierungstätigkeit lassen sich Schwerpunkte, die von Land zu Land eine gewisse Konstanz aufweisen, erkennen. Die Liberalisierungen zielten auf die Aufhebung direkter Eingriffe in das Mengen- und Preisgefüge der Märkte. Die Beseitigung von Zinshöchstgrenzen ist ein Beispiel. Neue Regulierungen wurden vorwiegend im Bereiche der «prudential supervision» getroffen. Beide Entwicklungen sind eine Folge des Marktgeschehens: Die Deregulierungen wurden durch die zunehmende Konkurrenz an den internationalen Finanzmärkten massiv gefördert. Die neuen Regulierungen hängen mit der Einführung neuer Instrumente am Markt zusammen.
- Die sogenannte Securitization – die Verdrängung des traditionellen Bankkredits durch handelbare Forderungen in der Form von Wertpapieren – ist ein drittes Merkmal des Wandels. Das Volumen international emittierter Obligationenanleihen und Notes

vervielfachte sich in den letzten Jahren. Die internationalen syndizierten Bankkredite verloren an Bedeutung.
- Die Flut von Innovationen – die Entwicklung zahlreicher neuer Finanzmarktinstrumente – ist ein viertes Merkmal, dem ich mich vor allem zuwende.

2. Der Wandel an den schweizerischen Finanzmärkten

Die wichtigsten Innovationen verdanken wir den Dollarmärkten. Sie wurden in den USA oder am Eurodollarmarkt entwickelt.

Die schweizerischen Finanzmärkte sind vergleichsweise weniger innovativ. Die Schweiz lässt sich auch bei der Übernahme der im Ausland bereits etablierten Innovationen oft Zeit. Worauf ist die oft zögernde Übernahme von Neuerungen durch die schweizerischen Finanzmärkte zurückzuführen?
- Einige lasten das gelegentlich gemächliche Tempo dem Konservatismus der schweizerischen Banken an. Sie verbinden damit pessimistische Prognosen für die Zukunft des Finanzplatzes Schweiz.
- Bankenkreise monieren – als weitere Erklärung – oft einen Mangel an Ausbildungsmöglichkeiten.
- Steuerliche Hindernisse werden als weiteres Hindernis genannt. Sie standen bis zur letzten Revision des Stempelsteuerrechts vor allem im Kurzfristbereich der Einbürgerung neuer Instrumente, die sich im Ausland bewährten, entgegen.

Alle diese Hinweise erklären die Zurückhaltung, die unsere Märkte gegenüber Innovationen oft an den Tag legen, nur zum Teil. Ich erblicke den Hauptgrund in dem geringeren Innovationsbedarf, der unsere Finanzmärkte kennzeichnet. Wo wirklich ein Bedarf besteht, gab und gibt es auch an den konservativen schweizerischen Finanzmärkten immer wieder Neuerungen. Ich möchte dies an drei innovativen Bereichen – dem Devisenmarkt, dem Markt für Schweizerfrankenanleihen ausländischer Schuldner und den steuerbedingten Finanzmarktinnovationen – belegen.
- Die Termingeschäfte bürgerten sich am schweizerischen Devisen-

markt – sozusagen als Vorläufer der Devisenfutures – schon vor Jahren ein. Das Optionengeschäft hatte ebenfalls seinen Vorläufer: Die Nationalbank bot in den späten, von enormen Fluktuationen der Wechselkurse gekennzeichneten siebziger Jahren den Exporteuren sogenannte Devisenbezugsrechte an. Die Preissetzung dieses neuartigen Instruments war leider nicht marktgerecht. Sie lief auf eine Subventionierung einzelner Branchen hinaus. Die Nationalbank schaffte das Instrument daher nach kurzer Zeit wieder ab. Die schweizerischen Grossbanken nahmen den Anstoss jedoch auf. Sie gehören heute im Geschäft mit Devisenoptionen und -futures zu den ganz grossen Akteuren an den internationalen Märkten.
- Der Markt für Schweizerfrankenanleihen und -notes ausländischer Schuldner ist ein zweites Beispiel. Es werden an diesem Markt immer wieder neue Instrumente vorgestellt. Einzelne dieser Innovationen sind recht kurzlebig. Sie entstehen aus einer speziellen Marktkonstellation. Sie verschwinden, ändern sich die Marktverhältnisse, ebenso rasch, wie sie erschienen. Andere Neuerungen bürgerten sich dagegen endgültig ein, auch wenn sie – je nach Marktverhältnissen – nicht in jeder Periode gleich intensiv benützt werden. Ich denke an die Doppelwährungsanleihen, die in zahlreichen Unterformen auftauchen, oder an die Optionsanleihen, die die Wandelanleihen mehr und mehr verdrängen.
- Einzelne der ganz typisch schweizerischen Finanzmarktinnovationen sind schliesslich schlicht dazu bestimmt, Steuern zu vermeiden.

Die Unterschiede im Innovationsbedarf – und damit in der Innovationsintensität verschiedener Finanzmärkte – verlangen nach einer Erklärung. Sie werden verständlich, wenn wir uns die Innovationsursachen vergegenwärtigen.

3. Fünf zentrale Innovationsursachen

Fünf Innovationsursachen erscheinen mir als besonders bedeutsam:

3.1 Die Fortschritte in der Elektronik und in der Telekommunikation

Die enormen technischen Erfolge auf dem Gebiet der Elektronik machten die tiefgreifenden Umwälzungen an den internationalen Finanzmärkten erst möglich. Die Fortschritte in der Telekommunikation erlauben es, Neuigkeiten innert kürzester Zeit weltweit zu verbreiten und auszuwerten. Die Elektronik machte geographische Grenzen durchlässig. Die Zeitzonen bilden nicht mehr Barrieren. Manche der neuen Instrumente sind ohne Computerhilfe gar nicht mehr denkbar.

Die moderne Computertechnologie senkte die Informationskosten massiv. Diese Entwicklung ist nicht hoch genug einzuschätzen. Ich möchte ihre Bedeutung mit der massiven Reduktion der Transportkosten, die der Eisenbahnbau im vorigen Jahrhundert auslöste, vergleichen. Wer sich mit der Geschichte der Industrialisierung beschäftigte, weiss, welch nachhaltigen Einfluss der Eisenbahnbau auf Entwicklung und Struktur der Wirtschaft ausübte. Die Kostenreduktion, die mit der Überwindung von Distanzen verbunden ist, rückt die Wirtschaftsräume näher zusammen. Dieser Prozess geht – wie wir dies heute auch an den internationalen Finanzmärkten beobachten – mit einer Intensivierung der Konkurrenz einher. Die Verbilligung der Informationskosten macht eine Neuabgrenzung der Märkte notwendig. Sie wird nur gefunden, wenn die Marktteilnehmer sich im Wettbewerb miteinander messen. Die Konkurrenz zwingt die Behörden, die Rahmenbedingungen neu zu überdenken und anzupassen. Wird ein Geschäft an einem Markt durch Regulierungen verteuert, wandert es an einen Markt mit günstigeren Voraussetzungen ab. Die Liberalisierungswelle, die in den letzten Jahren über die internationalen Finanzmärkte hinwegrollte und zahlreiche Regulierungen niederriss, findet darin ihren Grund.

Die massive Reduktion der Informationskosten macht auch Arbitragegeschäfte zwischen den Märkten – rund um die Welt – in einem Ausmass, das sich vor 15 oder 20 Jahren noch niemand vorzustellen wagte, lohnend. Einige der neuen Instrumente dienen ausschliesslich – oder vorwiegend – diesem Zweck: Swapvereinbarungen erlauben es, ungleiche Reaktionsweisen verschiedener Märkte auf Bonitätsunterschiede auszunützen, um die Kapitalkosten zu senken. Die Konditionen auf den verschiedenen Märkten nähern sich auf diese Weise an.

Arbitragemöglichkeiten werden auch durch unterschiedliche nationale Regulierungen geschaffen. Hat ein Schuldner problemlosen Zugang zu einem bestimmten Finanzmarkt, aber keinen Bedarf nach dessen Währung, ein anderer Schuldner dagegen einen Bedarf nach dieser Währung, jedoch keinen Zugang zum entsprechenden Markt, lohnt sich für beide der Abschluss eines Swapgeschäfts. Solche Situationen können akzentuiert werden, wenn sich der Gang der Liberalisierungen oder das Tempo der Einführung neuer Regulierungen von Land zu Land unterscheiden.

3.2 Regulierungen und Sondersteuern

Regulierungen und Spezialsteuern sind eine zweite wichtige Ursache von Innovationen. Jede Regulierung, die greift, tendiert dazu, wirkungslos zu werden. Der Markt wird früher oder später versuchen, sie zu umgehen. Neue Instrumente sind allerdings nur eine Form solcher Ausweichbewegungen. Regulierungen können Geschäfte auch aus regulierten in nicht oder weniger stark regulierte Märkte abdrängen. Die Aufsichtsbehörden werden allerdings auf ein Minimum an Regulierung der Finanzmärkte nie verzichten können. Es ist deshalb immer mit Ausweichmanövern des Marktes – mit Innovationen – zu rechnen.

3.3 Preisschwankungen

Die heftigen Preisschwankungen, die das Geschehen an den Finanzmärkten in den letzten Jahrzehnten prägten, sind eine dritte, besonders wichtige Ursache von Innovationen. Sie schufen eine starke Nachfrage nach Absicherungsmöglichkeiten und gaben damit Impulse zur Entwicklung neuer Instrumente: Flexible Rate Notes, Futures und Optionen.

Die erratischen Preisfluktuationen brachen allerdings nicht wie eine unberechenbare Naturgewalt über die internationalen Finanzmärkte herein. Sie sind auf die Wirtschaftspolitik der späten sechziger und der siebziger Jahre zurückzuführen. Die Staaten waren unfähig, ihre Wirtschaftspolitik zu koordinieren. Wichtige westliche Industrieländer betrieben eine Stop-and-go-Politik. Die Konsequenzen sind bekannt: starke Produktions- und Beschäftigungsschwankungen, ein massiver Anstieg der Inflationsraten und ein enormes Auf und Ab der Zinssätze wie der Wechselkurse.

3.4 Verschlechterte Kreditwürdigkeit

Ich sehe eine vierte – ebenfalls sehr bedeutende – Ursache der Innovation in der rapiden Verschlechterung der Kreditwürdigkeit ganzer Wirtschaftssektoren. Zwei Ereignisse trugen dazu wesentlich bei:

- Die Wende am Erdölmarkt von einer Situation der Übernachfrage zu einer des Überangebots – eine Folge des enormen Anstiegs der Erdölpreise während der siebziger Jahre – führte zum Kollaps des Booms im Energiesektor. Daraus resultierte eine Entwertung von Investitionen in grossem Umfang.
- Der Ausbruch der internationalen Schuldenkrise erschütterte in den achtziger Jahren einige nationale und internationale Kreditmärkte tief.

Beides – die Wende am Erdölmarkt und die Verschuldungskrise – beeinträchtigte den Bankensektor während der achtziger Jahre stark. Die Bonität zahlreicher – und gerade grosser, international tätiger – Banken verschlechterte sich.

Erstklassige Unternehmungen realisierten, dass sie als Folge dieser Entwicklung billiger fuhren, wenn sie das benötigte Kapital direkt am Markt – in der Form von Schuldverschreibungen – aufnahmen, als wenn sie den Weg über einen Bankkredit einschlugen. Die Banken traten ebenfalls – sei es zur Aufnahme von Mitteln, weil andere Quellen weniger reichlich sprudelten, sei es als Händler von Problemkrediten – vermehrt an den Kapitalmärkten auf. Die Securitization erfuhr dadurch neue Anstösse.

3.5 Hohe Staatsdefizite

Die horrenden Staatsdefizite, mit denen einige Industriestaaten zu kämpfen haben, bilden einen fünften Innovationsgrund. Hohe Defizite und Staatsschulden können die Plazierung von Schuldtiteln am Markte spürbar erschweren. Das Finanzministerium der Vereinigten Staaten – beispielsweise – versuchte, die Kapitalaufnahme seitens des Staates durch die Schaffung neuer, attraktiverer Finanzierungsinstrumente, zu denen CATS und STRIPS gehören, zu erleichtern.

4. Stabile Rahmenbedingungen – Ursache eines vergleichsweise geringeren Innovationsbedarfs

Die Aufzählung macht deutlich, dass wir die Ursachen des vergleichsweise geringeren Innovationsbedarfs an den schweizerischen Finanzmärkten nicht weit zu suchen haben. Es sind vorab die günstigen Rahmenbedingungen der Schweiz, die die Entwicklung oft aufwendiger Umgehungsmöglichkeiten nicht zu einer dringlichen Angelegenheit werden liessen.

- Die Kreditaufnahme durch den Staat hält sich bei uns – dank des bei längerfristiger Betrachtung geringen Haushaltsdefizits – in Grenzen.
- Die Wirtschaftspolitik ist auf Verstetigung ausgerichtet. Eine aktivistische konjunkturpolitische Feinsteuerung konnte sich in der

Schweiz – im Gegensatz zu vielen andern westlichen Industriestaaten – nie durchsetzen. Dies gilt selbst für die sechziger und siebziger Jahre, in denen der Glaube an die Machbarkeit der Wirtschaftsentwicklung weitherum – auch bei uns – ungebrochen war. Die Schweiz konnte sich daher auch den Folgen des Stop-and-go besser als andere OECD-Länder entziehen. Die Zinsschwankungen am Kapitalmarkt hielten sich in vergleichsweise engem Rahmen. Die Variabilität der schweizerischen war im Durchschnitt der Jahre geringer als jene der deutschen, japanischen oder amerikanischen Kapitalmarktsätze.

- Die geringe Regulierungsdichte des schweizerischen Geld- und Kapitalmarktes gab wenig Anlass zur Entwicklung neuer Instrumente. Die Skepsis gegenüber Eingriffen in den Preismechanismus ist unter schweizerischen Wirtschaftspolitikern weit verbreitet. Zinshöchstgrenzen wurden nur für einzelne ausgewählte Sätze – und auch dies nur vorübergehend und zurückhaltend – erlassen. Mengenmässige, konjunkturpolitisch motivierte Eingriffe waren im Bereich des internationalen Kapitalverkehrs eine Zeitlang eher gebräuchlich. Sie wurden – angesichts ihrer Wirkungslosigkeit – jedoch wieder durchwegs aufgehoben.
- Wir verfügen – trotz unserer vergleichsweise zurückhaltenden Regulierungspolitik – über ein gutes und flexibles Bankenaufsichtsrecht und eine effiziente Bankenaufsicht. Sie trugen zusammen mit der insgesamt zurückhaltenden Geschäftspolitik der schweizerischen Banken massgeblich zur Gesundheit des Bankensystems bei. Unsere Grossbanken erfreuen sich an den internationalen Finanzmärkten eines ausgezeichneten Ratings. Sie haben nicht mit den schwerwiegenden Problemen, die einige ihrer ausländischen Konkurrenten belasten, zu kämpfen.

Es gibt indessen auch an den schweizerischen Finanzmärkten Bereiche, in denen die Innovationstätigkeit rege ist. Drei solche Bereiche erwähnte ich bereits: den Devisenmarkt, den Anleihensmarkt für ausländische Schuldner und die steuerbedingten Innovationen. Diese Beispiele sind – ich nehme sie nochmals auf – keine zufälligen Ausnahmen. Sie bestätigen vielmehr, dass es in der Schweiz überall dort, wo die Bedürfnisse vorhanden sind, zu Innovationen kommt.

- Die Schweiz ist als kleines, rohstoffarmes Land auf den internationalen Handel angewiesen. Die Entwicklung der Wechselkurse ist für unsere Exportwirtschaft – seit jeher – von grosser Bedeutung. Dies schafft in Zeiten starker Wechselkursschwankungen, wie wir sie seit 1973 immer wieder erlebten, ein Bedürfnis nach vielseitigen Absicherungsmöglichkeiten. Der Devisenmarkt deckt dieses Bedürfnis sehr breit ab.
- Der Markt für Schweizerfrankenanleihen ist für ausländische Schuldner vor allem wegen der traditionell tiefen Zinsen attraktiv. Der Schweizer Franken als Währung interessiert die Schuldner in der Regel nicht. Die Geldaufnahme in der Schweiz ist deshalb immer mit einem Wechselkursrisiko verbunden. Die Schuldner versuchen, sich gegen dieses Risiko abzusichern. Dies schafft Anreize zu Innovationen. Die Bereitschaft, neue Instrumente zu akzeptieren, ist auch unter den Anlegern an diesem Markt stärker als am Markt für Inlandanleihen verbreitet. Das Anlegerspektrum reicht viel weiter. Ein beachtlicher Teil der Emissionen wird bei ausländischen Anlegern plaziert.
- Die Innovationen, die spezifisch auf die Besteuerung einzelner Finanztransaktionen oder -anlagen zurückzuführen sind, haben auch in der Schweiz eine beachtliche Bedeutung. Die Treuhandanlagen sind eine innovatorische Reaktion der Banken auf die vergleichsweise hohe schweizerische Verrechnungssteuer. Die sogenannten Edelmetallkonti waren die Antwort des Marktes auf die – am 1. Oktober 1986 wegen dieser «Umgehung» wieder aufgehobenen – Besteuerung des An- und Verkaufs von Goldbarren und -münzen im Publikumsverkehr. Die Geldmarktbuchforderungen sind die eigentliche Rosine unter den steuerbedingten Innovationen an den schweizerischen Finanzmärkten: Sie sind eine Erfindung der eidgenössischen Finanzverwaltung, die es dem Bund erlaubt, bei der Aufnahme kurzfristiger Mittel dem – noch bis vor kurzem prohibitiv hohen – eidgenössischen Umsatzstempel zu entgehen.

Der Innovationsdruck, der vom Ausland her auf die schweizerischen Finanzmärkte einwirkt, ist stärker als der hausgemachte Innovationsbedarf. Die Globalisierung der Finanzmärkte bindet die nationalen Geld- und Kapitalmärkte enger zusammen. Neuartige Instrumente verbreiten sich deshalb rasch rund um die Welt. Der internationale Wettbewerb wurde infolge der sinkenden Informationskosten äusserst hart. Weltweite Arbitrage kennzeichnet das Geschehen an den Finanzmärkten. Wer in diesem Umfeld mithalten will – wer international wettbewerbsfähig bleiben will –, muss die wichtigsten Neuerungen in seine Angebotspalette übernehmen. Der Finanzplatz Schweiz konnte und kann sich diesem Trend nicht entziehen.

5. Der Wandel im Geschäft der Vermögensverwaltung

Das Geschäft der Vermögensverwaltung ist mit dem Geschehen an den Finanzmärkten eng verknüpft. Es unterliegt ebenfalls einem tiefgreifenden Wandel. Die auf Kosten der privaten Anleger wachsende Bedeutung der institutionellen Anleger ist ein wichtiger Auslöser neuer Entwicklungen. Pensionskassen, Anlagefonds, Versicherungen und Finanzmanager privater Unternehmer konzentrieren einen beträchtlichen Teil der Anlage suchenden Vermögen auf sich. Diese Ballung geht mit einer fortschreitenden Professionalisierung der Vermögensverwaltung einher: Neue Instrumente zur Analyse der Finanzmärkte, neue Organisationsstrukturen und Instrumente der Portfolioverwaltung sowie des Reporting und neue Investitionsstrategien wurden entwickelt.

Kontinentaleuropa weist im Vergleich mit den Vereinigten Staaten auf diesem Gebiet noch immer einen Nachholbedarf auf. Die neuen Instrumente und Organisationsformen fanden noch nicht bei allen Banken und Vermögensverwaltern Eingang. Der Kampf um Anlagemandate amerikanischer Fonds hilft ihnen aber auch bei uns zum Durchbruch. Diese Mandate werden praktisch nur an Institute, die über genügend Kenntnisse auf dem Gebiete der neuesten Portfolioinstrumente und Analysetechniken verfügen und die überzeugende Erfolge vorweisen, vergeben.

Der Finanzplatz Schweiz, für den die Vermögensverwaltung eine der tragenden Säulen darstellt, darf den Anschluss an diese Entwicklungen nicht verpassen. Er wird die internationale Konkurrenz im Vermögensverwaltungsgeschäft nämlich in zunehmendem Masse zu spüren bekommen. Unsere Banken und Vermögensverwalter schätzen die Situation mehrheitlich richtig ein und unterlassen keine Anstrengung, um mit der internationalen Konkurrenz gleichzuziehen.

6. Umwälzungen an den Finanzmärkten: Plage oder Segen?

Die Umwälzungen an den Finanzmärkten – die fortlaufenden Innovationen – stellen hohe Anforderungen an die Führungskräfte und an das Personal der Banken, an die Anleger, an die Aufsichtsbehörden und an die Notenbanken.

- Die Banken und Emissionshäuser sind in erster Linie gefordert. Sie müssen fähig sein, die Risiken der neuen Instrumente richtig einzuschätzen und zuverlässig gegen die Erträge abzuwägen. Dies ist kein leichtes Unterfangen.
- Die Anleger vermögen die neuen Konstruktionen – sie wachsen oft aus einer ganz bestimmten Marktkonstellation heraus – nicht immer innert nützlicher Zeit zu durchschauen. Je spezifischer ein Finanzmarktnovum auf die aktuelle Marktsituation zugeschnitten ist, desto schwerer lässt es sich bei veränderten Verhältnissen ohne Kurseinbussen verkaufen. Die enge Abstimmung neuer Konstruktionen auf die gerade obwaltenden Kapitalmarktverhältnisse führt nicht selten zu sehr kurzlebigen Gebilden. Diese Eintagsfliegen können bald als wenig liquide Ladenhüter die Portefeuilles füllen. Die Grenze zwischen Innovation und Übertölpelung des überforderten Anlegers ist nicht immer leicht zu ziehen. Die Emissionshäuser haben hier eine besondere Verantwortung. Es ist schwer vorstellbar, dass die Märkte ohne eine intensive Pflege der Transparenz ihre Ergiebigkeit auf die Dauer behalten werden.
- Wandel und Innovationsdruck an den Finanzmärkten setzen auch die Aufsichtsbehörden unter Anpassungszwang. Sie erfordern in

doppelter Hinsicht einen Ausbau der Aufsichtskonzepte: Die traditionelle Bankenaufsicht wird in eine übergreifende Finanzmarktaufsicht hineinwachsen müssen. Die nationalen Aufsichtskonzepte sind auf internationaler Ebene mehr und mehr zu koordinieren. Wir laufen sonst Gefahr, dass riskante Geschäfte – dem Weg des geringsten Widerstandes folgend – auf unregulierten Märkten oder in Ländern mit unzureichender Aufsicht abgewickelt werden.

- Probleme ergeben sich auch für die monetären Behörden: Die Innovationen können die Steuerungsaggregate der Geldpolitik berühren. Die Zusammenhänge zwischen Geldversorgung, Entwicklung des Sozialprodukts und Teuerung werden dadurch verzerrt. Die Richtung, in der die Verzerrung wirkt, ist in der Regel zu ermitteln. Das Gleiche gilt – mangels historischer Erfahrung – aber nicht für das Ausmass der Verzerrungen. Die Probleme sind zu bewältigen. Die Überprüfung dieser Zusammenhänge gehört aber zur Daueraufgabe einer Notenbank. Wir dürfen dabei nicht übersehen, dass die Notenbanken einen Teil der Probleme, die ihnen die Innovationen heute bereiten, selbst verschuldeten. Die Notenbanken trugen mit ihrer Politik nicht selten zur Entstehung oder Verschärfung der Marktfluktuationen, die sich später als Innovationsursachen entpuppten, bei. Vorbeugen im Sinne der Verstetigung der Geldpolitik ist auch hier die beste Hilfe.

Sind Innovationen mithin eine Plage? Die Frage ist rhetorisch. Die Innovationen wären – sehen wir von Marktübertreibungen und Eintagsfliegen einmal ab – kaum entstanden, wenn sie nicht einen ökonomischen Sinn hätten. Ein Produkt, das keinen Bedürfnissen entspricht, lässt sich nicht verkaufen. Zahlreiche Instrumente dienen Absicherungszwecken: dem Bedürfnis nach Umverteilung von Risiken. Andere Instrumente dienen der Arbitrage. Sie leisten einen Beitrag zur Erhöhung der Markteffizienz.

Die internationale Konkurrenz bedeutet für den einzelnen Finanzplatz eine Herausforderung. Diese Herausforderung beinhaltet Risiken wie Chancen. Verluste an Marktanteilen können nicht ausgeschlossen werden. Es eröffnen sich aber auch neue Marktchancen. Die Internationalisierung der Finanzmärkte ist keine Einbahnstrasse. Die Märkte durchdringen sich gegenseitig.

Wie weit es einem Finanzplatz gelingt, sich zu behaupten und die neue Situation zu nutzen, hängt massgeblich von seinen Standortvorteilen ab. Die Schweiz steht in dieser Hinsicht nicht schlecht da. Einige steuerliche Hemmnisse sollten zwar noch beseitigt werden. Die Ausbildungsmöglichkeiten für Finanzfachleute sind verbesserungsfähig. Wichtige Trümpfe unseres Finanzplatzes bleiben die wirtschaftliche, monetäre und gesellschaftliche Stabilität – Standortvorteile, die nicht über Nacht entstehen.

Finanzderivate – Nutzen und Risiken

Der ionische Naturphilosoph Thales von Milet sah sich seiner Armut – seines brotlosen, unnützen Wissens – wegen oft als weltfremder «Philosoph» geschmäht. Er war – berichtet uns Aristoteles – nicht gewillt, diese Schmach auf sich sitzen zu lassen. Und er brachte mit einem Schlag alle Spötter zum Schweigen. Thales bediente sich zum Beweis, dass vermeintlich brotloses Wissen sich sehr wohl zum Gewinn von Reichtum nutzen lässt, eines derivativen Instruments. *«Er sah»* – so die aristotelische Überlieferung – *«unter Zuhilfenahme der Gestirnkunde voraus, dass es eine reiche Olivenernte geben werde, und habe, als es noch Winter war, ausgestattet mit ein wenig Geld ein Handgeld auf alle Ölpressen in Milet und Chios geleistet und sie um einen geringen Betrag gemietet, weil niemand noch höher ging. Als aber die Erntezeit gekommen war, und viele Ölpressen zugleich und plötzlich gesucht wurden, habe er sie vermietet, so hoch er nur wollte, viel Geld eingeheimst und so gezeigt, dass es leicht ist für die Philosophen, reich zu werden, wenn sie nur wollten...» (ARISTOTELES, Politik, 1259a).*

Der raffinierte Handel des Denkers aus Milet zeigt – betrachten wir ihn durch die Brille des Finanzmarkttheoretikers – die klar umrissenen Züge eines Derivatgeschäftes. Wir unterscheiden zwei Arten derivativer Instrumente: die festen Terminverträge und die Optionen. Beide haben künftige Geschäfte mit im voraus vereinbarten Preisen zum Inhalt. Sie unterscheiden sich aber in der Art der Verpflichtung, die die Parteien eingehen.

- Feste Termingeschäfte – Futures, Forwards, Swaps oder Forward Rate Agreements – sind für beide Parteien bindend.
- Optionen bieten dem Käufer dagegen die Wahl, das erworbene Recht auszuüben oder nicht auszuüben.

Für welche Geschäftsart entschied sich Thales? Wir dürfen, sollte er eine feste Verpflichtung eingegangen sein, auf einen klassischen Terminkontrakt – ein sogenanntes Forward-Geschäft – schliessen. Thales erwarb sich mit seinem Handgeld möglicherweise aber auch das Recht, die Ölpressen je nach Marktlage zu übernehmen oder nicht zu übernehmen. Er wäre dann einen Optionsvertrag eingegangen und er hätte, falls er mit seiner Ernteprognose falsch gelegen und der Ansturm auf die Ölpressen ausgeblieben wäre, auf die Erfüllung des Vertrags verzichtet. Thales hätte, da die Marktmieten in diesem Falle den vereinbarten Mietpreis kaum erreicht hätten, die Option nicht eingelöst. Er hätte das geleistete Handgeld – die von ihm bezahlte Prämie – zwar verloren, den drohenden Schaden aber erheblich begrenzt.

1. Geschichte und Wachstum des finanziellen Derivatgeschäftes

Wer sich in den letzten zwanzig Jahren nicht ausschliesslich mit antiken Philosophen befasste, weiss um die eindrückliche Entwicklung, die die internationalen Finanzmärkte in dieser kurzen Zeitspanne durchliefen. Die Umsätze wuchsen markant. Das Angebot an Finanzinstrumenten weitete sich stark aus. Die Schweizerische Nationalbank trug mindestens in einem Bereich zu dieser Entwicklung bei. Sie brach, als die Krise der Währungsordnung von Bretton Woods sich im Frühjahr 1973 unerträglich zuspitzte, als eine der ersten Notenbanken aus dem Fixkurs-System aus. Sie gab den Schweizer Franken gegenüber dem US-Dollar frei. Die Folgen dieses Entscheides sind bekannt: Der Systemwechsel führte zu teils heftigen Schwankungen der Wechselkurse. Das Verlangen der Märkte, sich vor diesen Ausschlägen zu schützen, wuchs. Dies gab den Impuls für zahlreiche Finanzinnovationen. Die Derivatmärkte haben an dieser Entwicklung einen hohen Anteil. Swaps, Futures, Optionen und verwandte Instrumente, die an ihnen gehandelt werden, sind Produkte, deren Wert vom Preis der Basiswerte – vom Preis von Aktien, Rohwaren, Zinsen oder Devisen – abgeleitet wird. Die Geschwindigkeit der Expansion der Derivatmärkte ist am ehesten mit der raschen Entwicklung der Computertechnologie vergleichbar. Der Vergleich ist nicht zufällig. Die

Fortschritte in der Datenverarbeitung – die Erweiterung der Speicher- und Rechenkapazitäten – bildeten eine Voraussetzung des Durchbruchs, den der Handel mit derivativen Instrumenten erlebte.

Die Derivate sind allerdings wesentlich älter als die Computertechnologie. Dies gilt vor allem für den klassischen Zeit- oder Terminkontrakt. Der vorzeitige Verkauf einer Ernte ist ein altbekanntes Geschäft. Verwandte Geschäfte wurden seit dem 16. Jahrhundert – zunächst in der Form des Waren- und später auch des Effektenhandels – an der Börse getätigt. Optionen fanden spätestens seit dem 17. Jahrhundert an allen führenden Handelsplätzen Eingang. Die Grundinstrumente – sozusagen die Basiswerkzeuge – sind nicht neu. Der innovative Einsatz dieser Werkzeuge – die Vielfalt der verfügbaren Kontrakte, die daraus resultiert – ist aber beispiellos. Das Handelsvolumen ist enorm. Es weist trotzdem weiterhin Wachstumsraten, von denen bis vor kurzem kein Händler zu träumen wagte, auf.

Diese rasante Entwicklung – Geschäftsvolumen und Wachstum der Derivatmärkte – lässt sich mit Zahlen eindrücklich belegen. Mark Twain warnt uns zwar vor allzuviel Vertrauen in statistische Angaben. Er kennt drei Arten von Lügen: gewöhnliche Lügen, verdammte Lügen und Statistiken. Ich möchte trotzdem einige wenige Daten anführen. Das Volumen der weltweit ausstehenden Derivativkontrakte betrug Ende März 1995 – an den Grundbeträgen (Nominalwerten) gemessen – rund 40'700 Mrd. US-Dollar. Das Derivatgeschäft spielt auch auf dem Finanzplatz Schweiz eine wichtige Rolle. Unsere drei Grossbanken gehören im Swapmarkt, im Devisentermin- und im Optionsgeschäft zu den international führenden Adressen, wobei sie einen wesentlichen Teil des Geschäftes ausserhalb unseres Landes tätigen. Sie wiesen Ende 1994 ausstehende Kontrakte mit einem aggregierten Grundbetrag von knapp 7'000 Mrd. Franken aus. Dies bedeutet gegenüber dem Vorjahr – trotz ungünstigem Börsenklima – eine Geschäftszunahme um 13 Prozent. Der Marktwert der ausstehenden Kontrakte – eine zuverlässigere Grösse zur Bewertung dieser Aktivitäten – entsprach Ende 1994 mit 82 Mrd. Franken rund einem Achtel der gesamten Bilanzsumme der drei Institute.

2. Vorteile und Gefahren der Derivate

2.1 Hauptvorteil: Erhöhte Effizienz der Finanzmärkte

Die Explosion des Derivatgeschäftes, die diese eindrücklichen Zahlen widerspiegeln, erklärt das Unbehagen, mit dem viele Beobachter die Ausweitung dieser Märkte verfolgen. Die Expansion des börslichen – aber noch mehr des ausserbörslichen – Derivathandels erscheint als grenzenlos. Sie ist vor allem deshalb auch so heftig umstritten. Jede Zeitung, jede Fachpublikation nimmt sich des Themas der Derivate an. Die Diskussion wird allerdings kontrovers geführt. Die eine Seite glaubt, in den Finanzderivaten das Ei des Kolumbus gefunden zu haben. Die andere Seite will an der Wand bedrohlich die Geisterschrift, die den Zusammenbruch des Finanzsystems ankündigt, aufleuchten sehen.

Ich stehe der Entwicklung der Finanzderivate grundsätzlich – wenn auch nicht vorbehaltlos – positiv gegenüber. Dabei leitet mich die Erfahrung, dass fachmännisch eingesetzte Finanzderivate die Effizienz der Finanzmärkte erhöhen. Die Derivate steigern auf diese Weise das aggregierte Volkseinkommen.

Derivative Instrumente sind in erster Linie eine neue «Verpackung» für Risiken. Risiken – Risiken beispielsweise im Zins- oder Wechselkursbereich – lassen sich mit ihrer Hilfe leicht aufteilen, neu abpacken und handeln. Die tiefen Transaktionskosten und der Umstand, dass je Risikoeinheit ein deutlich geringerer Kapitaleinsatz erforderlich ist, spielen eine wichtige Rolle. Sie machen die Derivate im Vergleich zu den herkömmlichen «Verpackungen» des gleichen Risikos – im Vergleich zu den Grundkontrakten, von denen sie abgeleitet werden – leichter handelbar. Die bessere Risikosteuerung ist die eigentliche «raison d'être» des Derivatgeschäftes. Die Erleichterung des Risikohandels bietet zwei Vorteile: Die Risiken lassen sich zum einen besser absichern und damit verringern. Sie lassen sich zum andern aber auch vorteilhafter verteilen. Ein Risiko kann auf einfache Weise auf jene Investoren, die es am besten zu übernehmen vermögen, übertragen werden. Die Widerstandskraft der Finanzmärkte gegen unerwünschte Schocks wird dadurch gestärkt. Die Derivatmärkte zeichnen sich gegenüber andern Möglichkeiten, das selbe Risiko zu handeln, auch durch ein grösseres Handelsvolumen aus. Sie sind liquider. Dies hat zur Folge, dass die Marktpreise die vorhandenen Informationen besser und schneller wiedergeben. Die Signale der Märkte werden verlässlicher. Entscheidungen können mit grösserer Bestimmtheit getroffen werden. Fehlinvestitionen lassen sich eher vermeiden.

Die Wohlfahrtssteigerung, die durch die Derivatgeschäfte erzielt wird, ist allerdings kaum zu beziffern. Wir verfügen über keine Angaben darüber, wie die aufgewendeten Ressourcen sonst eingesetzt würden. Die Wertschöpfung bildet jedoch ein sinnvolles Mass für die volkswirtschaftliche Bedeutung eines Wirtschaftszweigs. Schätzungen legen den Schluss nahe, dass die schweizerischen Grossbanken im Jahre 1995 durch Derivatgeschäfte eine Wertschöpfung zwischen einer und zwei Milliarden Franken erwirtschafteten. Dieser Betrag entspricht immerhin rund einem halben Prozent des Sozialprodukts.

Alles hat zwei Seiten. Thales von Milet, den Platon als einfallsreichen Erfinder neuer Techniken pries, erwies sich oft als tolpatschig. Er fiel eines Abends, als er mit himmelwärts gerichtetem Blick die Sterne beobachtete, in einen Brunnen. Eine «artige und witzige» thrakische Magd, die seinen Fall beobachtet hatte, mahnte ihn, er sehe, zu sehr mit den Dingen am Himmel beschäftigt, nicht, was vor ihm zu seinen Füssen liege (PLATON, Theaitetos, 174a). Diese Warnung der thrakischen Magd ist auch im Umgang mit Derivatgeschäften angebracht. Der Vorbehalt, den ich mit meiner positiven Würdigung der derivativen Instrumente verband, gilt den Gefahren, die vor unseren Füssen lauern. Wir dürfen sie gerade wegen der alle Grenzen sprengenden Expansion der Derivatmärkte nicht ausser Acht lassen. Andernfalls laufen wir Gefahr, wie Thales in den Brunnen zu fallen.

Wir dürfen eines allerdings nicht vergessen: Die Risiken, die in den Derivaten enthalten sind, sind aus der Sicht der Marktteilnehmer nicht grundsätzlich unerwünscht. Wer Derivatgeschäfte tätigt, vermag sich seine Risikoposition sozusagen masszuschneidern. Risiken werden umverteilt. Der Marktteilnehmer tauscht Risiken, die ihm ungelegen kommen, gegen andere, die seinen individuellen Neigungen besser entsprechen, um. Er setzt sich willentlich einem Risiko aus, weil er sich davon Vorteile verspricht. Risiko eröffnet – und ist deshalb oft erwünscht – die Möglichkeit einer Gewinnrealisierung. Es handelt sich dabei in der Regel um Preisrisiken: um Risiken, die sich aus den Schwankungen von Wechselkursen, von Zinssätzen, von Rohstoffpreisen oder von Wertpapierkursen ergeben.

Der Derivathandel birgt allerdings auch Gefahren, die nicht zu den gewollt eingegangenen Risiken gehören, in sich. Diese Risiken bedürfen einer besonderen Aufmerksamkeit. Sie stehen im Zentrum der öffentlichen Diskussion. Ich möchte vor allem die Gegenparteirisiken, die rechtlichen Risiken, die Marktliquiditätsrisiken sowie die operationellen Risiken, zu denen nicht zuletzt die Risiken im Bereich der Rechnungslegung gehören, ansprechen.

- Die Gegenparteirisiken – erstens – ergeben sich aus der Gefahr, dass eine Vertragspartei ihren Verpflichtungen nicht nachzukommen vermag. Es handelt sich beim Gegenparteirisiko um ein gewöhnliches Kreditrisiko. Dieses bildet nicht eine spezielle Eigenschaft derivativer Instrumente. Kreditrisiken – und deren Management – gehören zum täglichen Brot des Bankiers. Das Bild, das wir uns im Falle des Derivathandels von den Kreditrisiken machen, ist jedoch häufig verzerrt. Die Statistiken, die vorwiegend den diesem Handel zugrundliegenden Nominalwert ausweisen, tragen – Mark Twain würde sich darüber amüsieren – zu den Fehlinterpretationen bei. Dieser Nominalwert – das heisst der Wert der Grundkontrakte – vermittelt zwar ein aussagekräftiges Bild der Marktaktivität. Er ist für die Beurteilung der Risiken, die

die Marktteilnehmer eingingen, aber ungeeignet. Relevant dafür ist der Marktwert der derivativen Instrumente. Lassen Sie mich an den bereits erwähnten Zahlen der drei schweizerischen Grossbanken illustrieren, wie weit diese beiden Werte auseinanderklaffen können! Der Marktwert der derivativen Instrumente liegt in ihrem Falle bei gut 80 Mrd. Franken. Der aggregierte Wert der Grundkontrakte macht dagegen knapp 7'000 Mrd. Franken aus. Der Marktwert ist mit lediglich gut einem Prozent des Nominalwertes wesentlich niedriger als der Wert der Grundkontrakte. Eine Unterscheidung zwischen börslich und ausserbörslich gehandelten Derivaten vermittelt zusätzliche Einsichten: Das Gegenparteirisiko ist in der Regel gering, wenn eine Börse als Vertragspartner auftritt. Die Beurteilung der ausserbörslichen Geschäfte – des sogenannten Over-the-counter-Handels – führt zu andern Schlüssen. Die Kreditrisiken, die auf diesen Märkten entstehen – ich denke an die Risiken von Transaktionen, bei denen der ganze Nominalwert exponiert ist –, können beträchtlich sein. Dieses Problem wird insofern relativiert, als die Marktteilnehmer am ausserbörslichen Handel in der Regel über eine hohe Bonität verfügen.

- Die rechtlichen Risiken – zweitens – verdienen fast noch mehr Aufmerksamkeit. Die Unsicherheiten, die hier – allerdings erneut nicht im Derivathandel allein, sondern im gesamten internationalen Bankgeschäft – bestehen, liessen sich bisher nicht in befriedigender Weise ausräumen. Grenzüberschreitende Finanzgeschäfte werfen stets komplexe rechtliche Fragen auf. Sie lassen sich oft nicht zweifelsfrei beantworten. Dies gilt in besonderem Masse im Falle eines Konkurses. Die Probleme sind aber erkannt. Auch in der Schweiz. Der revidierte Art. 211 des Bundesgesetzes über Schuldbetreibung und Konkurs (SchKG) schafft eine verlässliche Grundlage für die Behandlung der Derivate im Konkursfall.
- Das Marktliquiditätsrisiko – drittens – bedeutet, dass die Handelbarkeit einzelner Instrumente aufgrund unvorhergesehener Ereignisse empfindlich gestört sein kann. Wir sehen uns hier erneut ei-

nem nicht ausschliesslich derivatbezogenen Risiko gegenüber. Das Marktliquiditätsrisiko besteht bei jeder Anlage. Der Markt für Anleihen mit variabler Verzinsung brach 1987 zusammen, weil die Marktmacher wegen erhöhter Unsicherheit keine Preise zu stellen wagten. Ähnliche Szenarien werden auch mit Blick auf den Derivathandel oft diskutiert. Einige Derivatmärkte werden ebenfalls nur von wenigen Marktmachern getragen. Der Ausfall eines massgeblichen Mitspielers könnte auf einem solchen Markt in der Tat unliebsame Folgen nach sich ziehen: Folgen etwa in Form einer Kettenreaktion.

- Das Versagen einer im Derivatgeschäft engagierten Unternehmung, das möglicherweise eine Kettenreaktion auszulösen vermöchte, gründet – viertens – häufig im operationellen Bereich: in den Risiken, die in diesem Bereich verborgen sind. Die mangelnde Kenntnis der derivativen Instrumente ist ein erster Gefahrenherd. Die nachlässige Risikokontrolle bildet einen zweiten. Der Handel mit Derivaten ist wegen der anspruchsvollen Kontrollaufgaben besonders anfällig für Kompetenzüberschreitungen und gesetzeswidrige Handlungen. Das dritte und wohl grösste operationelle Risiko liegt bei der betrieblichen Rechnungslegung.

2.3 Die Problematik der Rechnungslegung

Ich möchte auf diese Problematik wegen der zentralen Bedeutung, die ihr für die Derivatmärkte zukommt, näher eingehen. Die herkömmliche Rechnungslegung vermag die Derivatgeschäfte nur unzureichend darzustellen. Die Derivatgeschäfte werden von den Marktteilnehmern aus diesem Grunde nicht einheitlich verbucht. Das Bild der involvierten Risiken wird dadurch verfälscht. Dies kann nicht der Sinn der Buchführung sein. Er besteht gemäss Schweizerischem Obligationenrecht (Art. 957 OR) – vor allem – darin, «*die Vermögenslage des Geschäftes und die mit dem Geschäftsbetriebe zusammenhängenden Schuld- und Forderungsverhältnisse (...) festzustellen.*» Die Buchführung begnügt sich heute mit einer Momentaufnahme. Eine vorausschauende

Darstellung des Zustands einer Unternehmung entspräche der Forderung des Art. 957 OR in idealerer Weise. Sie würde eine einheitliche und aussagekräftige Rechnungslegung sämtlicher Risikopositionen erfordern. Die Derivatgeschäfte müssten dazu – dem Postulat der Vollständigkeit gehorchend – ebenfalls umfassend in der Bilanz erscheinen. Die Realität ist anders. Die derivativen Instrumente werden – mindestens zum Teil – ausserbilanzlich verbucht. Dies birgt die Gefahr einer unzureichenden Publizität in sich: unzureichend vor allem hinsichtlich der Risiken, die die Unternehmung einging. Ich frage mich im Bewusstsein, damit über die heutige Praxis hinauszuweisen, ob eine solche Darstellung der Ratio des in Art. 959 OR festgehaltenen Grundsatzes der Bilanzwahrheit und -klarheit entspricht. Betriebsrechnung und Jahresbilanz sind nach diesem Grundsatz nämlich *«vollständig, klar und übersichtlich aufzustellen, damit die Beteiligten einen möglichst sicheren Einblick in die wirtschaftliche Lage des Geschäftes erhalten.»* Eine beschränkte Offenlegung der Schuld- und Forderungsverhältnisse und der involvierten Risiken birgt viele Gefahren in sich. Die Märkte sehen sich eines wichtigen Informations- und Beurteilungsinstruments beraubt. Ihre Fähigkeit, ermutigende oder disziplinierende Signale auszusenden, ist nachhaltig beeinträchtigt. Die Einschätzung einer potentiellen Gegenpartei wird erschwert.

Das Rechnungswesen sieht sich vor drei zentrale Herausforderungen gestellt:

- Die geschilderte Unvollständigkeit der Bilanzierung – die unzureichende Darstellung vor allem der Risiken – ist eine erste Herausforderung.
- Die Frage der Bewertung bildet die zweite Herausforderung.
- Grosse Probleme bereiten drittens die Ansprüche an die Aktualität der einzelnen Positionen.

Wie lässt sich eine sachdienliche Modernisierung der Rechnungslegung, die dem Derivatgeschäft gerecht zu werden vermag, umsetzen?

- Der direkteste und umfassendste Weg wäre eine Überarbeitung des Obligationenrechts. Sie allein könnte die einheitliche Darstellung des Derivatgeschäftes und der damit verbundenen Risiken durch alle in diesem Bereich aktiven Unternehmungen sicherstellen. Eine solche Revision steht gegenwärtig nicht zur Diskussion. Wir sollten sie langfristig aber im Auge behalten.

- Die Banken stehen bei beiden Anstrengungen, die um eine verbesserte Rechnungslegung im Derivatgeschäft kreisen, im Vordergrund. Die Dringlichkeit ist hier tatsächlich besonders gross. Unsere Bankenverordnung geht heute ausführlich auf dieses Anliegen ein. Unser Land regelt damit die Bewertung von Derivaten erstmals konkret und recht umfassend. Wir brauchen auf dem Gebiet der Rechnungslegung damit – jedenfalls im Bankenbereich – den internationalen Vergleich nicht mehr zu scheuen.
- Das langfristige Ziel muss darin bestehen, innerhalb der «Buchführungszunft» eine international anerkannte Grundlage für eine sinnvolle, vereinheitlichte Offenlegungspraxis zu finden.

Die Bank für Internationalen Zahlungsausgleich (BIZ) weist meines Erachtens einen gangbaren Weg zur schrittweisen Erreichung dieses Ziels (BIZ «Fisher Report»). Sie regt einen marktgesteuerten Prozess an: Die Marktteilnehmer sollen durch geeignete Anreize motiviert werden, die erforderlichen Informationen über ihr Derivatgeschäft auf freiwilliger Basis offenzulegen. Sie träten dadurch in eine darwinistisch geprägte Konkurrenz der Systeme ein. Dieser Prozess der Selbstregulierung setzt allerdings eine verstärkte Sensibilisierung der Marktteilnehmer wie der Öffentlichkeit für die Dringlichkeit einer verbesserten Offenlegung des Derivatgeschäftes voraus. Die Notenbanken, die Aufsichtsbehörden, die Anleger und die Presse können zu dieser Sensibilisierung beitragen.

2.4 Stärkung oder Schwächung der Stabilität des Finanzsystems?

Prometheus brachte das Feuer, das der zürnende Göttervater den Menschen versagt hatte, durch eine List auf die Erde zurück. Zeus sandte dem Menschengeschlecht – als Strafe für diesen Raub – Pandora mit ihrer Büchse voll unheilbringender Gaben. Pandora öffnete auf seinen Befehl ihre Büchse. Das darin verborgene Unheil verbreitete sich blitzschnell über die Erde. Ist das Derivatgeschäft eine neue «Büchse der Pandora»? Droht der verstärkte Einsatz derivativer Instrumente die Funktionsweise des Finanzsystems zu beeinträchtigen? Wird er gar weltweit Verderb über die Finanzmärkte bringen? Die Fachkreise sind sich nicht einig.

- Die eine Seite argumentiert, der ausgedehnte Derivathandel führe dazu, dass die wahre Finanzlage der involvierten Unternehmungen an Transparenz einbüsse. Sie befürchtet, die Risiken, die diese Unternehmungen eingingen, würden wegen ihrer hohen Komplexität falsch eingeschätzt. Sie weist schliesslich auf die relativ geringe Anzahl der Marktmacher, auf die Gefahr unzureichender Marktliquidität und auf eine mögliche Erhöhung der Abwicklungsrisiken hin.
- Die andere Seite erachtet eine Erhöhung dieses Gefahrenpotentials als wenig wahrscheinlich. Sie macht geltend, die Risiken könnten mit Hilfe derivativer Instrumente gesamthaft besser bewirtschaftet werden. Die Effizienz des Finanzsystems lässt sich nach ihrer Meinung durch eine qualifizierte Handhabung derivativer Produkte verbessern. Sie befürchtet nicht, dass die Schwankungsbreite der Märkte sich dadurch zwangsläufig erhöht.

Ich neige der zweiten Schule zu. Die derivativen Produkte müssten die Stabilität des Finanzsystems tendenziell eher stärken. Die Frage, in welche Richtung der Nettoeffekt zeigt, lässt sich allerdings nicht mit letzter Bestimmtheit beantworten. Gibt er eher eine Erhöhung oder eine Senkung der systemgefährdenden Wirkung an? Indizien einer nachhaltig destabilisierenden Wirkung lassen sich bis heute nicht ausmachen.

Wir dürfen allerdings nicht übersehen, dass das Derivatgeschäft mit Risiken verbunden ist. Diese Risiken sind im Vergleich zu den herkömmlichen Gefahren des Bankgeschäftes zwar nicht grundlegend neu. Es wäre trotzdem töricht, sie zu unterschätzen.

Die laufende Risikokontrolle eines Derivatportfeuilles erfordert ein hochentwickeltes Überwachungssystem. Es setzt qualifiziertes

Personal voraus. Viele Banken und Wertschriftenhäuser sind sich dessen bewusst. Sie verfolgen ihre Derivatpositionen mit wachsamen Augen. Die beträchtlichen Verluste, die einige Marktteilnehmer in jüngster Zeit auf den Derivatmärkten erlitten, sollten die Wachsamkeit noch erhöhen. Weitere Einbussen sind trotzdem nicht auszuschliessen. Das Gegenparteirisiko und die Gefahr einer Marktilliquidität kann den Mitspielern auf diesen Märkten nicht abgenommen werden. Das Management dieser Risiken gehört allerdings zum täglichen Brot der «normalen» Banktätigkeit. Die Verbindung von innovativer Technik mit einer gesunden Portion Vorsicht bringt mich nochmals zu meiner «Brunnenanekdote» zurück. Thales schreckte vor innovativen Gedanken nie zurück und verlor darüber manchmal den Bezug zur Realität. Die thrakische Magd vertraute nur auf das, was sie kannte. Sie verkörpert den traditionellen Bankier. Der moderne Bankier muss Thales und thrakische Magd in einem sein. Die Attribute beider Figuren – das innovative und das vorsichtig-konservative – sind im schweizerischen Bankwesen stark ausgeprägt. Die Schweiz hält damit eine Trumpfkarte in der Hand. Unser Finanzplatz könnte eine internationale Vorbildfunktion übernehmen, wenn es unsern Banken gelingt, die beiden Kulturen auf gedeihliche Weise zu verschmelzen.

3. Die Rolle der Schweizerischen Nationalbank

Die Vorteile des Derivatgeschäftes nutzen, ohne von den Gefahren überrollt zu werden. Welche Rolle kann – welche Rolle soll – dabei die Schweizerische Nationalbank übernehmen? Was soll sie tun? Was soll sie lassen?

Die Frage, ob das Derivatgeschäft die Wirksamkeit der Geldpolitik beeinträchtigen könnte, steht für die Notenbank im Vordergrund. Dessen Kritiker behaupten in der Tat, die Geldpolitik der Notenbanken verliere wegen der expandierenden Derivatmärkte an Durchschlagskraft. Dies würde konkret heissen, dass der Einfluss der Geldpolitik auf das Preisniveau empfindlich gestört würde. Diese Befürchtung spricht vor allem den Transmissionsmechanismus – die

Art und Weise, wie monetäre Impulse auf den realwirtschaftlichen Bereich und auf das Preisniveau übertragen werden – an. Die Kenntnis der verschiedenen Übertragungsmechanismen ist in der Tat eine wesentliche Voraussetzung jeder wirkungsvollen Geldpolitik. Eine erhebliche Schwächung oder gar ein Reissen des «Übertragungsriemens» würde wenig Gutes verheissen. Diese Befürchtung ist nach dem heutigen Stand der Erkenntnisse jedoch unbegründet. Die Finanzderivate erlauben den einzelnen Wirtschaftssubjekten eine kostengünstige Umwandlung der finanziellen Risiken. Die Wirtschaftssubjekte vermögen ihre Anfälligkeit gegenüber Zinssatz- oder Wechselkursänderungen zu verringern. Das Verhalten individueller Akteure gegenüber den geldpolitischen Massnahmen der Notenbank kann sich dadurch verändern. Nicht alle Wirtschaftssubjekte vermögen jedoch der Wirkung der geldpolitischen Massnahmen zu entgehen. Jede Vertragspartei benötigt eine Gegenpartei. Wer sich gegen Zinssatz- oder Wechselkursveränderungen absichern will, braucht eine Gegenpartei, die bereit ist, ihrerseits das Risiko der Zins- oder Wechselkursschwankung zu übernehmen. Es ist gesamtwirtschaftlich gesehen deshalb nicht möglich, den geldpolitischen Aktionen der Notenbank mittels Rückgriffs auf derivative Instrumente auszuweichen. Monetäre Impulse lassen sich nicht neutralisieren. Die Geldpolitik bleibt wirksam. Es trifft dagegen zu, dass die relative Bedeutung der einzelnen Übertragungskanäle sich verändern kann. Ähnliches gilt vermutlich für die Geschwindigkeit einiger Anpassungsprozesse. Diese Veränderungen dürften insgesamt aber gering bleiben. Ich würde auch den Einfluss des Derivatgeschäftes auf die Aussagekraft geldpolitischer Zwischenziele und Indikatoren nicht überbewerten.

Die Notenbanken werden die Vorgänge an den Derivatmärkten selbstverständlich aufmerksam verfolgen. Sie würden auch, sollte sich ein Bedarf ergeben, nicht zögern, gezielte Anpassungen ihrer Politik vorzunehmen. Veränderungen des geldpolitischen Prozesses können aber nicht allein durch Derivate, sondern durch alle Finanzinnovationen ausgelöst werden.

Die Derivate – die Derivatmärkte – bringen den Notenbanken

auch Nutzen. Sie verschaffen ihnen zusätzliche Informationen. Sie stellen ihnen neue Instrumente zur Durchführung der Geldpolitik zur Verfügung. Die Wirksamkeit geldpolitischer Massnahmen kann dadurch sogar verstärkt werden. Die Schweizerische Nationalbank steuert die Notenbankgeldmenge beispielsweise seit Jahren zu einem beträchtlichen Teil über Devisenswaps. Sie profitiert dabei von der Flexibilität und den niedrigen Transaktionskosten dieses Instruments.

Die Wirksamkeit der Geldpolitik wird – dies ist mein vorläufiges Fazit – durch die Derivatmärkte nicht wesentlich beeinträchtigt. Der heutige Wissensstand lässt diesen Schluss jedenfalls nicht zu. Das Gegenteil scheint eher der Fall zu sein. Die Derivate dürften die Effizienz und die Widerstandskraft der Finanzmärkte jedenfalls in «normalen» Zeiten stärken. Sie sollten sich – trotz der hier unbestreitbar bestehenden Gefahren – auf das Bankensystem ähnlich günstig auswirken. Dies müsste es den Notenbanken erlauben, ihre Politik sogar noch entschiedener durchzusetzen.

Die Welt kennt leider nicht nur «normale» Zeiten. Sie sieht sich auch mit Krisen und mit Unsicherheiten konfrontiert. Ich kann nicht ausschliessen, dass die derivativen Instrumente die Schwankungsbreite der Finanzmärkte in kritischen Phasen erhöhen. Die Derivate sind dabei allerdings nur die Übermittler bestehender Unsicherheiten. Sie sind unter Umständen Vermittler mit verstärkender Wirkung. Sie sind aber nicht die Ursache der Unsicherheiten. Das Ziel muss es deshalb sein, Unsicherheiten schon gar nicht entstehen zu lassen. Das politische System vermag dazu einen wichtigen Beitrag zu leisten. Die Notenbanken sind ebenfalls gefordert. Sie vermögen mit einer stetigen, geradlinigen Geldpolitik, die auf die Stabilität des Preisniveaus ausgerichtet ist, Vertrauen zu schaffen. Eine solche Geldpolitik lässt unter den Marktteilnehmern stabile Erwartungen entstehen.

Die Weltpresse berichtete in jüngster Zeit verschiedentlich über Unternehmungen, die wegen hoher Verluste im Derivatgeschäft in Schwierigkeiten gerieten. Es handelte sich mehrheitlich um Industrie- und Handelsfirmen. Finanzinstitute waren aber ebenfalls betroffen. Was geschähe, wenn eine schweizerische Bank ähnlich hohe Verluste erleiden sollte? Dies ist konkret die Frage nach der Rolle der Schweizerischen Nationalbank als «Retterin in letzter Not». Die Nationalbank vermag die Funktion des «lender of last resort» bloss innerhalb klarer Grenzen wahrzunehmen. Sie würde einer Bank grundsätzlich nur unter der Voraussetzung, dass diese nicht überschuldet ist und eine entsprechende Deckung vorweisen kann, Kredite zur Überbrückung eines Liquiditätsengpasses gewähren.

Die Nationalbank müsste die Konsequenzen jedes Entscheides selbstverständlich auch stets im grösseren volkswirtschaftlichen Zusammenhang betrachten. Die Kosten und die Nutzen der unterschiedlichen Szenarien wären gegeneinander abzuwägen. Es gälte, ein ganzes Spektrum schwer quantifizierbarer Belange, das von der Gefahr der Zementierung ineffizienter Strukturen über die Funktionsfähigkeit des Finanzsystems bis hin zum Ansehen des Finanzplatzes Schweiz reicht, zu berücksichtigen. Ich messe einer weiteren Überlegung aber noch mehr Gewicht zu: Die Schweizerische Nationalbank sollte möglichst selten als «lender of last resort» – als letzte Kreditquelle – auftreten. Liquiditätshilfen gefährden die Geldwertstabilität. Sie können ausserdem die Vorsicht der Banken untergraben. Eine Bank, die ein Auffangnetz unter sich weiss, lässt sich leichter zu unbedachten Schritten verleiten. Wagnisse gehen aber gerade im Derivatgeschäft rasch schief. Die Abwicklung dieses Geschäftes muss deshalb wirksam beaufsichtigt werden. Diese Aufsicht obliegt in erster Linie der Leitung der Banken. Sie gehört aber auch zum Pflichtenheft der Aufsichtsbehörde. Beide – Bankleitung wie Bankenaufsicht – müssen Gewähr bieten, dass die Engagements im Derivatgeschäft keine Klumpenrisiken in sich bergen. Beide haben sicherzustellen, dass diese Verpflichtungen ausreichend mit eigenen Mitteln unterlegt sind.

4. Die Regulierung des Derivatgeschäftes – Zweck und Grenzen

Regulatorische Eingriffe werden in der Regel mit der Eindämmung potentieller Gefahren begründet. Gefahren, die nicht nur den direkt Beteiligten, sondern auch Dritten Kosten verursachen könnten, stehen im Vordergrund. Eine mögliche Benachteiligung Dritter bildet ein notwendiges, für sich allein aber noch nicht ein ausreichendes Kriterium für oder gegen eine Regulierung des Derivathandels.

Regulierungen im Derivathandel können auf verschiedenen Ebenen ansetzen: bei den Instrumenten, bei den Marktteilnehmern oder bei den Märkten.

- Regulatorische Eingriffe – erstens – bei den Instrumenten erscheinen mir nicht als zweckmässig. Sie beeinträchtigen die Effizienz der Finanzmärkte und führen zu ungewollten gesamtwirtschaftlichen Effekten.
- Der Blick auf die Marktteilnehmer – zweitens – führt schon eher zu sachdienlichen Ergebnissen. Es ist dabei aber zu überprüfen, ob die anvisierten Marktteilnehmer institutionell bedingte Eigenschaften, die ein allfälliges Gefahrenpotential noch verstärken könnten, aufweisen. Eine grobe Aufgliederung in Banken und Nichtbanken erweist sich als zweckmässig. Die Banken befinden sich aus zwei Gründen in einer besonderen Lage: zum einen wegen des Einlegerschutzes, zum andern wegen der sofortigen Abrufbarkeit eines Teils der Einlagen und der sich daraus ergebenden Gefahr einer Bankenkrise. Wir können vom einzelnen Einleger – vor allem aber vom Kleinsparer – nicht erwarten, dass er eine sorgfältige Überprüfung seiner Bank vorzunehmen vermag. Treu und Glauben im Geschäftsverkehr müssen dennoch geschützt werden. Die Banken unterliegen deshalb einer staatlichen Kontrolle. Sie hat sicherzustellen, dass die Guthaben der Sparer durch die Geschäftstätigkeit der Bank nicht gefährdet werden. Die zweite Eigenheit des Bankensektors – die Abrufbarkeit der Einlagen und die Möglichkeit einer systemweiten Problemübertragung – ruft nach ähnlichen Massnahmen. Die Bankenaufsicht und die Bankenregulierungen haben auch den Zweck, solche Entwicklungen und die damit verbundenen hohen Kosten zu vermeiden. Dies gibt uns – im Blick auf das Derivatgeschäft – ein Argument, an die Banken weiterreichende Anforderungen bezüglich Rechnungslegung und Eigenmittelausstattung zu stellen. Die

kürzlich revidierte Bankenverordnung zielt im einen wie im andern Bereich klar in diese Richtung. Die Situation bei den Nichtbanken sieht anders aus. Die Anleger haben hier – im Gegensatz zu den Banksparern – andere Möglichkeiten der Informationsbeschaffung: die Überprüfung einzelner Unternehmungen verursacht niedrigere Kosten. Das Fremdkapital ist ausserdem längerfristig gebunden. Der Ausfall einer einzelnen Unternehmung lässt keine weiterreichenden Folgewirkungen erwarten. Verlustreiche Firmen werden, den marktwirtschaftlichen Regeln gehorchend, eingehen. Die disziplinierende Wirkung des Verlustrisikos müsste ausreichen, um die Akteure zur nötigen Vorsicht zu mahnen. Einschränkende Vorschriften für den Umgang mit Derivaten drängen sich aus diesen Gründen bei den Nichtbanken nicht auf.

- Wir wollen uns in unseren Überlegungen aber nicht auf die Betrachtung der Mitspieler auf den Derivatmärkten beschränken. Wir müssen – drittens – das «Spielfeld» in unsere Überprüfung miteinbeziehen. Können von den Märkten volkswirtschaftlich unerwünschte Wirkungen ausgehen? Gibt es Anzeichen dafür, dass der Derivathandel die Preisschwankungen an den Finanzmärkten verstärkt? Der aktuelle Stand der Forschung deutet nicht darauf hin. Es macht deshalb wenig Sinn, mittels gesetzlicher Vorgaben direkt in das Marktgeschehen einzugreifen. Eine Regulierung von Märkten, die so dynamisch und innovativ wie die Derivatmärkte sind, könnte sich sogar als kontraproduktiv erweisen. Die Gefahr, dass sie das Gegenteil dessen, was beabsichtigt war, erreicht, ist gross.

Eine sinnvolle Regulierung des Derivatgeschäftes muss bei den Rahmenbedingungen ansetzen. Sie sollte zudem auf internationalen Richtlinien basieren. Die Rahmenbedingungen hätten gleichzeitig eine Marktstruktur, die es erlaubt, derivative Instrumente zweckmässig und nutzbringend einzusetzen, zu ermöglichen.

Zurückhaltung empfiehlt sich bei allen gesetzlichen Eingriffen: Es kann – es darf – nicht der Sinn einer Regulierung sein, alle Marktteilnehmer vor allen Risiken zu schützen.

Internationale Harmonisierung von Banken und Finanzmarktaufsicht: Ziele und Probleme

Die Aufsicht über die Banken – die Aufsicht über die Finanzmärkte generell – gehört nicht zum Pflichtenheft der Schweizerischen Nationalbank. Sie wird von einer besonderen Behörde wahrgenommen. Sollten Notenbankvertreter, die sich in dieser Lage befinden, das Thema der Überwachung der Banken ausschliesslich den Exponenten der Aufsichtsbehörde überlassen? Ich glaube es nicht. Ich bin überzeugt, dass jede Notenbank – habe sie nun unmittelbar aufsichtsrechtliche Pflichten oder nicht – verpflichtet ist, auf Mängel in der Überwachung des Finanzsektors hinzuweisen. Sie benutzt die Finanzmärkte täglich. Sie ist mit ihnen deshalb wie keine andere staatliche Instanz vertraut. Sie ist von der Art und Weise, in der die Finanzmärkte und die Banken überwacht werden, aber auch wesentlich betroffen.

- Die Notenbank ist – erstens – der «Lender of last resort» des Bankensystems. Die Aufsichtsregeln – besonders die Regeln über die eigenen Mittel und die Liquidität der Banken – und deren Handhabung sind entscheidend dafür, ob und wann die Notenbank helfend einzuspringen hat.
- Die Notenbank ist – zweitens – für ihre direkte Tätigkeit auf gut funktionierende Finanzmärkte angewiesen. Marktstörungen wirken sich auf den Erfolg der Geld- und Währungspolitik stets nachteilig aus.

1. Internationale Finanzmärkte – nationales Aufsichtsrecht

Die internationale Verflechtung der Finanzmärkte ist schon heute eine Tatsache. Sie beschleunigt sich aber zunehmend. Diese Entwicklung begann mit der Förderung des freien Zahlungsverkehrs, mit der –

als zentrales Anliegen des Abkommens von Bretton Woods – die Voraussetzungen für einen ungehinderten internationalen Handel geschaffen werden sollten. Die Freiheit der Kapitalströme erschien schon damals als unerlässliche Ergänzung des freien Güterverkehrs. Anlagen und Investitionen sollten dort, wo sie am meisten Ertrag versprachen, getätigt werden. Wirtschaftspolitische Massnahmen – staatliche Interventionen –, die die freie Allokation der Mittel behinderten, wurden seit dem zweiten Weltkrieg Schritt für Schritt abgebaut. Eine eigentliche Deregulierungswelle beseitigte schliesslich in der ersten Hälfte der achtziger Jahre vor allem in den Industrieländern den Grossteil der noch verbliebenen Hindernisse. Diese Liberalisierung erstreckte sich nicht nur auf den Handel mit Waren und auf den Kapitalverkehr. Sie erfasst seit einiger Zeit auch den internationalen Dienstleistungsverkehr. Wir können heute Freiheiten, die wir lange nur auf nationaler Ebene kannten, über die Grenzen hinaus beanspruchen. Ich denke besonders an die Freiheit, grenzüberschreitend Finanzdienstleistungen zu erbringen. Sie bedingt die Freiheit, sich zu diesem Zwecke in anderen Staaten ohne Einschränkung – zu gleichen Bedingungen wie Inländer – niederzulassen. Die enormen Fortschritte in der elektronischen Datenverarbeitung und in der Telekommunikation überlagern diese Entwicklungen. Sie beschleunigen die Globalisierung der Märkte für Finanzdienstleistungen zusätzlich.

Ich beurteile diese Entwicklungen – insgesamt – als positiv. Ihre Vorteile überwiegen. Sie liegen in einer effizienten Allokation des Kapitals. Die Schuldner vermögen sich frei und zu optimalen Bedingungen mit Mitteln zu versorgen. Die Investoren können ihre Risiken durch eine weltweite Diversifizierung ihrer Anlagen besser eingrenzen.

Wir dürfen ob dieser Vorteile aber die Gefahren nicht übersehen. Die Interdependenz der Märkte wächst. Störungen, die von einzelnen Volkswirtschaften – oder von Teilmärkten – ausgehen, drohen sich wellenförmig auf andere Märkte auszubreiten. Sie können sich wechselseitig noch verstärken. Der Vorteil einer weltweiten Diversifikation von Anlagen – die angestrebte Risikominderung – wird dadurch relativiert.

Es gibt ein Rezept, diesen Gefahren zu begegnen. Es heisst Prävention. Sie muss bei den nationalen Teilmärkten beginnen. Ein Teilmarkt wird solange kaum zur Quelle internationaler Störungen, als er auf einem soliden Fundament steht. Die Prävention wirkt allerdings nur, wenn wir davon ausgehen dürfen, dass alle Teilmärkte – und deren Akteure – auf einem stabilen Fundament stehen. Die Banken- und Finanzmarktaufsicht stösst trotz beachtlicher Anpassungen gerade hier an ihre Grenzen. Das Aufsichtsrecht erfasst im wesentlichen bloss nationale Sachverhalte. Seine Reichweite ist auf einen einzelnen Staat beschränkt. Es vermag internationale Sachverhalte nur mit Mühe einzufangen. Die nationalen Unterschiede in der Ausgestaltung der Aufsicht bilden ein zusätzliches Erschwernis.

- Die Aufsichtsbehörden sind – erstens – nicht in allen Ländern auf nationalem Niveau angesiedelt. Ich erwähne als Beispiel die Börsenaufsicht. Sie lag auch in der Schweiz bis zum kürzlichen Erlass eines eidgenässischen Börsengesetzes nicht in der Kompetenz des Bundesstaates, sondern der Gliedstaaten. Die Kantone beanspruchten diese Kompetenz in unterschiedlichem Ausmass. Einige Länder kennen noch heute ähnliche Regelsysteme. Die Qualität der Aufsicht kann deshalb bereits innerhalb eines einzelnen Staates beträchtlich variieren.
- Die Organisation der Aufsicht ist – zweitens – von Land zu Land unterschiedlich ausgestaltet. Einige Staaten stützen sich stark auf private Organe ab. Ihr Stichwort heisst Selbstregulierung. Andere vertrauen ausschliesslich auf staatliche Behörden. Die Schweiz und – in einem gewissen Ausmass – die Bundesrepublik gehören zur ersten, die USA und Japan zur zweiten Ländergruppe.
- Die Aufsicht geht – drittens – unterschiedlich weit. Sie erfasst im einen Staat – Grossbritannien ist ein Beispiel – praktisch sämtliche Finanzdienstleistungen. Sie konzentriert sich in anderen Ländern – zu ihnen gehört die Schweiz – auf die klassische Bank- und Börsentätigkeit und lässt weite Bereiche wie etwa die Anlageberatung oder den ausserbörslichen Handel unreguliert.

Diese Unterschiede sind zum einen Teil traditionsbedingt. Sie lassen sich zum andern Teil mit dem von Land zu Land anders gearteten Regulierungsbedarf begründen. Wir dürfen aber die Gefahr, dass einzelne Staaten aufsichtsrechtliche Freiräume bewusst als wettbewerbspolitisches Instrument nutzen, nicht übersehen. Sie versuchen, Unternehmen, Märkte und Geschäfte durch aufsichtsrechtliche Erleichterungen anzulocken. Viele «Offshore-Zentren» wurden auf dieser Grundlage errichtet. Verwandte Tendenzen sind gelegentlich auch auf etablierten Finanzplätzen zu beobachten. Diese Art des Wettbewerbs – die «competition by laxity» – birgt Gefahren in sich.

2. Die internationale Harmonisierung der Finanzmarktaufsicht – Notwendigkeit und Ziele

Welche Folgerung haben wir aus der Diskrepanz zwischen Finanzmärkten von internationaler Reichweite und einem Aufsichtsrecht mit bloss nationaler Geltung zu ziehen? Die Folgerung ist klar: Vernetzte Finanzmärkte erfordern eine vernetzte Aufsicht. Die Vernetzung allein genügt aber nicht. Die Maschen des Netzes müssen eng genug gezogen sein. Die gefährlichen Finanzhaie werden andernfalls die grossen Maschen, durch die sie das Netz – nach angerichtetem Unheil – passieren können, mühelos finden. Die Kooperation zwischen den nationalen Aufsichtsbehörden – die Verknüpfung der nationalen Netze – ist nur ein erster Schritt. Die Globalisierung der Finanzmärkte ruft nach einem zweiten Schritt: der Harmonisierung von aufsichtsrechtlichen Mindestanforderungen. Die Maschen des gesamten internationalen Sicherheitsnetzes müssen gleich eng und gleich stark geknüpft sein. Diese internationale Vernetzung dient drei Zielen:

- Der Anlegerschutz wird – erstens – verstärkt. Lücken im globalen Finanzmarkt, die immer wieder zum Nachteil der Anleger ausgenützt werden, werden geschlossen.
- Der Funktionsschutz wird – zweitens – verbessert. Schwachstellen der Finanzmärkte werden behoben.
- Die Marktteilnehmer aus den verschiedenen Ländern vermögen – drittens – mit gleich langen Spiessen zum Wettbewerb anzutreten.

Sie sehen sich durch staatliche Vorschriften weder benachteiligt noch begünstigt.

3. Wie weit sind wir auf dem Weg zur harmonisierten Finanzmarktaufsicht fortgeschritten?

Wo stehen wir auf dem Weg zur harmonisierten Finanzmarktaufsicht? Wer diese Fragen beantworten will, muss differenzieren.

3.1 Harmonisierungserfolge im Rahmen der Zehnergruppe – Die drei «C» einer globalen Bankenaufsicht: cooperation, coordination, convergence

Wir erreichten in der Bankenaufsicht einiges. Die Arbeiten des «Basler Ausschusses für Bankenaufsicht» (Basler Ausschuss), der 1974 auf Initiative der Notenbankgouverneure der Zehnergruppe ins Leben gerufen wurde, waren wegweisend. Sie lösten Impulse zur Verbesserung der Bankenaufsicht nicht nur in den grossen Industrieländern, die in der Zehnergruppe vereinigt sind, sondern rund um den Globus aus. Die Notenbanken und Bankenaufsichtsbehörden der Zehnergruppe stellten ihre Anstrengungen unter ein dreifaches Leitbild. Es lässt sich mit drei «C» umschreiben.

- Das erste «C» steht für «cooperation»: Der «Basler Ausschuss» dient seit Beginn seiner Aktivitäten als Instrument der gegenseitigen Information über Belange der Bankenaufsicht und über Entwicklungen im Finanzbereich. Seine Empfehlungen an die nationalen Bankenaufsichtsbehörden lösten – trotz ihrer rechtlichen Unverbindlichkeit – wichtige Impulse für eine vertiefte internationale Kooperation aus. Sie fanden ihren Niederschlag vor allem im «Basler Konkordat», das 1975 von den Notenbankgouverneuren der Zehnergruppe verabschiedet wurde. Die Empfehlungen des Konkordats für die Zusammenarbeit bei der Zulassung von Banken und für den Informationsaustausch im laufenden Aufsichtsprozess setzten sich weit über den Kreis der Zehnergruppe hinaus durch.

- Das zweite «C» steht für «coordination»: Der Verstärkung der Koordination diente die Revision des «Basler Konkordats» vom Jahre 1983. Diese Erweiterung legte die Grundsätze, die bei der Überwachung der international tätigen Banken Anwendung finden sollen, fest. Die Aufsichtsbehörde des Herkunftslandes wurde mit der Hauptverantwortung für die Beaufsichtigung seiner Institute im In- und Ausland betraut. Es wurde gleichzeitig geordnet, wie sie sich in der Bankenkontrolle mit den Aufsichtsbehörden der Gastländer koordiniert, um aufsichtsrechtliche Überschneidungen oder Lücken zu vermeiden. Die Aufsicht über die Bankkonzerne erfolgt auf konsolidierter Basis.
- Das dritte «C» steht für «convergence»: Der «Basler Ausschuss» strebt – es ist seine anspruchsvollste Aufgabe – eine verstärkte internationale Angleichung der bankenaufsichtlichen Vorschriften an. Ein wichtiger – wenn nicht der wichtigste – Schritt bilden dabei die Empfehlungen zur Messung des Eigenkapitals und zu den Anforderungen an das Eigenkapital der internationalen Banken. Die Ausstattung der Banken der Zehnergruppe mit Eigenmitteln wird damit nicht nur messbar, sondern auch vergleichbar. Die Unterschiede werden transparent. Die Empfehlungen legen gleichzeitig – dies ist entscheidend – einen Mindeststandard für die Eigenmittel fest. Diese Harmonisierung machte es erforderlich, sich auf eine gemeinsame Definition des Begriffs des Eigenkapitals, auf die Gewichtung des Risikos der Bankaktiven und auf die Art und Weise, in der die nicht bilanzwirksamen Geschäfte sowie die Marktrisiken in die Anforderungen an die Eigenmittel einbezogen werden, zu einigen.

Das Eigenmittelkonzept des «Basler Ausschusses» stiess im Laufe seiner Entwicklung von der Unterlegung der klassischen Kreditrisiken bis hin zum recht sophistischen Einbezug der Marktrisiken auf Vorbehalte. Ich teile diese Vorbehalte nur teilweise. Der «Basler Ausschuss» versucht aber vielleicht minutiös, mit seiner Eigenmittelanforderung jedem Teilrisiko gerecht zu werden. Er läuft damit Gefahr, das Hauptziel aus den Augen zu verlieren: Eine möglichst hohe Kapitalausstattung aller Banken. Sein Konzept verdient insgesamt aber gute Noten. Die Anhebung der Anforderungen an die Eigenmittel erhöht die Resistenz der Banken gegenüber Fehlentwicklungen an den Finanzmärkten. Der Schutz der Gläubiger wird verstärkt. Die Stabilität des Bankensystems wird erhöht. Die Chancen der internationalen Banken im grenzüberschreitenden Wettbewerb gleichen sich an. Banken, die – wie jene der Schweiz – in ihrem nationalen Aufsichtsrecht bereits strenge Anforderungen an die Eigenmittel kannten, profitieren von der Harmonisierung.

3.2 Die Harmonisierung der Bankenaufsicht in der Europäischen Union (EU)

Die Harmonisierung der Bankenaufsicht geht innerhalb der Europäischen Union (EU) noch über die Bestrebungen der Zehnergruppe hinaus. Die EU-Richtlinien sind zwar ebenfalls nicht direkt anwendbares Recht. Die Mitgliedländer sind aber verpflichtet, sie in innerstaatliches Recht umzusetzen. Einheitliche Normen über die Anforderungen an die Eigenmittel und an die Liquidität der Banken, über die Behandlung der Grossrisiken und über die Konsolidierung der Bankbilanzen sind zentrale Punkte der Harmonisierung. Die EU-weite Harmonisierung der Bankenaufsicht ist eine wesentliche Voraussetzung der völligen Freizügigkeit der Bankdienstleistungen. Niemand wird ihr deshalb widersprechen. Ich wünsche mir aus schweizerischer Sicht dennoch, dass sie – mit Rücksicht auf die Globalisierung der Finanzmärkte – nicht zu neuen Spaltungen führt. Der «Basler Ausschuss» bemüht sich – ich kann es nur begrüssen – um weitgehende Übereinstimmung seiner Eigenmittelmodelle mit jenen der EU. Die «Basler Modelle» sind allerdings auf internationale Banken ausgerichtet. Die EU-Richtlinien erfassen dagegen sämtliche Kreditinstitute innerhalb der Union.

3.3 Auswirkungen der internationalen Harmonisierung der Bankenaufsicht auf die Schweiz

Die Schweiz ist Mitglied der Zehnergruppe. Sie gehört aber der EU nicht an. Wo steht sie im Harmonisierungsprozess? Vier Punkte erscheinen mir von Bedeutung:

- Die Eidgenössische Bankenkommission arbeitet mit den anderen Aufsichtsbehörden seit der Gründung des «Basler Ausschusses» nach den Regeln des «Basler Konkordats» zusammen. Es fehlte ihr dabei allerdings über lange Zeit eine einwandfreie gesetzliche Grundlage für die gegenseitige Amtshilfe. Diese rechtliche Lücke konnte erst kürzlich mit der im Rahmen von Swisslex durchgeführten Revision des Bankengesetzes geschlossen werden. Dies war unbedingt nötig. Die Bestimmungen über den Geheimnisschutz, die sowohl das schweizerische Bankengesetz wie das Strafrecht kennen, belasteten die Zusammenarbeit nämlich mit Unsicherheiten. Diese Unsicherheiten über die Tragweite der Geheimhaltepflichten müssen künftig – dies ist mein erster Punkt – rascher als bisher durch eine Anpassung des schweizerischen Rechts an weitere Entwicklungen der internationalen aufsichtsrechtlichen Kooperation im Interesse der Behörden wie der Banken ausgeräumt werden. Dies gilt um so mehr, als der «Basler Ausschuss» zur Zeit Kooperationsformen, die aus schweizerischer Sicht recht heikel sind, verspricht. Ich erinnere etwa an die Inspektionen vor Ort durch ausländische Behörden.
- Ich begrüsse als Vertreter der Notenbank einer kleinen, gegenüber der Weltwirtschaft offenen Volkswirtschaft – dies ist mein zweiter Punkt – die Verstärkung der Anforderungen an die Eigenmittel internationaler Banken. Unser Finanzplatz ist traditionell offen. Er ist in besonderem Masse mit anderen Finanzzentren verflochten. Ich verspreche mir von der höheren Stabilität des internationalen Bankensystems, die aus der Verstärkung der Eigenmittel resultiert, positive Auswirkungen auch auf die Stabilität der schweizerischen Banken. Die Schweizer Banken standen bezüg-

lich der Höhe ihrer Eigenmittel lange an der Spitze der Banken der Zehnergruppe. Die übrigen internationalen Banken holten inzwischen allerdings auf. Die schweizerischen Institute fielen ins Mittelfeld der Zehnergruppe zurück. Ich bedaure diese Entwicklung. Unsere internationalen Banken sollten – notfalls unter sanftem Druck der Bankenkommission – den traditionellen Spitzenrang zurückerobern. Ich betrachte ihn auch unter dem Aspekt des Wettbewerbs als Vor- und nicht als Nachteil.

- Wir haben in der Schweiz – dies ist mein dritter Punkt – einen Anpassungsbedarf in bezug auf die Rechnungslegung der Banken. Die letzten Revisionen der Bankenverordnung brachten hier zwar eindeutige Fortschritte. Die Banken bemühen sich zudem von Jahr zu Jahr, ihren Geschäftsberichten mehr Aussagekraft zu verleihen. Sie sind aber noch nicht voll «europafähig». Der Mangel an Publizität und Transparenz wird auf die Dauer auch durch hohe Eigenmittel nicht aufzuwiegen sein.
- Die Niederlassungsfreiheit der Banken ist innerhalb der EU gewährleistet. Die freie Niederlassung bedingt allerdings eine weitgehende Harmonisierung der Aufsichtsregeln. Die Umschreibung des Erfordernisses der Reziprozität – dies ist mein vierter Punkt – gehört in diesen Rahmen. Das Beharren auf voller Reziprozität gegenüber Drittländern erschiene mir allerdings nicht als geeignet, die Freizügigkeit der Dienstleistungen zu fördern. Im Gegenteil! Es käme einer Abschottung gleich. Die Schweiz kennt die Reziprozitätsregel ebenfalls. Sie handhabt sie aber in sehr liberaler Weise. Sie hat in dieser Beziehung – so oder so – keine Nachteile zu befürchten.

3.4 Von der Banken- zur umfassenden Finanzmarktaufsicht – die Aufgabe von morgen

Die Bemühungen zur Harmonisierung der Aufsicht über die Finanzmärkte setzten bisher schwergewichtig bei den Banken an. Es wäre falsch, hier stehen zu bleiben. Die Globalisierung der Märkte erstreckt sich auf die ganze Breite der Finanzdienstleistungen. Sie hält nicht bei den Banken an. Die Globalisierung ist an den Kapitalmärkten besonders ausgeprägt. Die Beteiligung an Wertpapieremissionen und an Börsengeschäften über die Grenzen hinweg ist an der Tagesordnung. Eine Harmonisierung – oder mindestens eine engere Zusammenarbeit – erscheint mir auf diesem Gebiet deshalb als nötig. Sie ist aber schwieriger als die Kooperation im Bankenbereich. Das Objekt «Bank» ist – trotz nationaler Unterschiede – gut definierbar. Alle Staaten kennen nationale Bankenaufsichtsbehörden, die als Partner einer internationalen Kooperation ansprechbar sind. Die Landschaft auf dem Gebiet der Wertpapiermärkte ist heterogener. Wir haben in der Regel bereits auf nationaler Ebene eine Reihe unterschiedlicher Gremien, die sich mit der Überwachung und Ordnung der Kapitalmärkte befassen. Deren Zuständigkeit gründet zum Teil auf privatem Recht – auf Selbstregulierungen –, zum Teil auf gliedstaatlichem oder nationalem öffentlichen Recht. Die Zuständigkeiten sind unterschiedlich abgegrenzt.

Harmonisierungserfolge sind trotzdem auch im Bereiche der weitergefassten Finanzmarktaufsicht auszumachen. Die EU ist an erster Stelle zu nennen. Ihre Harmonisierung der Aufsicht über die Wertpapiermärkte konzentriert sich auf drei Teilbereiche: auf die gehandelten Instrumente, auf die Märkte und auf die Marktteilnehmer.

- Die Bestimmungen, die die am Wertpapiermarkt gehandelten Instrumente regeln, verstärken die Transparenz für den Anleger. Die europäischen Bilanzrichtlinien stellen eine vergleichbare und transparente Rechnungslegung sicher. Die Prospektrichtlinien garantieren dem Anleger eine ausreichende Orientierung.
- Einheitliche Richtlinien für die Zulassung aller gehandelten Instrumente stehen bei der Regelung der Märkte im Vordergrund. Die Schaffung eines einheitlichen, europäischen Wertpapiermarktes ist das Fernziel dieser Angleichungen.
- Die Bankenrichtlinien regeln die Anforderungen an die Marktteilnehmer.

Weiterreichende Bestrebungen zur multilateralen Harmonisierung der Aufsicht über die Wertpapiermärkte sind erst in Ansätzen auszumachen. Die Versuche, die Arbeiten des «Basler Ausschusses» und der IOSCO – des Koordinationsgremiums der Überwacher der Wertpapiermärkte – zu koordinieren, sind noch nicht weit gediehen. Einige Staaten nahmen deshalb zu bilateralen Vereinbarungen Zuflucht. Die Aufsichtsbehörden führender Finanzplätze – zu nennen sind hier vor allem London, New York und Tokio – verbanden sich durch sogenannte «Memoranda of Understanding». Grossbritannien – die Initiative zu dieser bilateralen Harmonisierung ging von dessen Handels- und Industrieministerium aus – verstand es dabei, das Ziel einer fruchtbaren Zusammenarbeit geschickt mit der Wahrung staatlicher Eigenheiten zu verknüpfen. Diese bilaterale Harmonisierung ist für abseits stehende Länder – für Finanzplätze wie die Schweiz – nicht unproblematisch. Wir könnten den Anschluss verlieren und uns später gezwungen sehen, die angelsächsisch geprägten Aufsichtsmodelle unverändert – ohne Rücksicht auf bewährte eigene Traditionen – zu übernehmen.

4. Versuch einer ersten Bilanz

Die Bilanz aus diesen Überlegungen lässt sich in drei Punkten zusammenfassen:

- Eine internationale Koordination der Banken- und Finanzmarktaufsicht ist – erstens – wegen der zunehmenden Verflechtung der nationalen Märkte unerlässlich.
- Der Prozess der Harmonisierung konnte – zweitens – mit Aussicht auf Erfolg in Gang gebracht werden. Er erweist sich vor allem dort, wo – wie im Bankenbereich – nationale Behörden mit klar umschriebenen Befugnissen bestehen, als erfolgreich. Er ist umgekehrt dort schwierig, wo die Zuständigkeiten – wie dies beispielsweise oft bei der Überwachung der Wertpapiermärkte noch der Fall ist – aufgesplittert ist.
- Die internationale Harmonisierung ist – drittens – derart wichtig, dass national die Voraussetzungen, die für deren Förderung erforderlich sind, möglichst rasch geschaffen werden sollten.

Die Probleme, die die international koordinierte und harmonisierte Banken- und Finanzmarktaufsicht in der Zukunft zu bewältigen hat, werden nicht einfacher. Die Vielfalt der Finanzinstrumente wird noch zunehmen. Neue, international zugängliche Märkte werden entstehen. Die Ausserbilanzgeschäfte werden an Bedeutung noch gewinnen. Die Zahl der Anbieter von Finanzdienstleistungen wird sich – dies ist die Konsequenz des Wachstums der Ausserbilanzgeschäfte – erhöhen. Das traditionelle Sparkonto hat zwar nicht ausgedient. Dem Anleger werden aber zahlreiche weitere Möglichkeiten angeboten. Und er wird sie – zunehmend renditebewusster – nutzen. Herkömmlich klare Grenzen zwischen Bank- und anderen Finanzgeschäften – zum Beispiel Abgrenzungen gegenüber dem Handels- oder Versicherungsgeschäft – werden verwischt. Banken bieten Geschäfte mit Versicherungscharakter an. Ich denke nicht nur an «Finanzversicherungen» wie Optionen und Futures. Ich denke auch an Personenversicherungen wie an Instrumente der Alters- und Invaliditätsvorsorge. Versicherungen – im Aktivgeschäft seit jeher Konkurrenten der Banken – preisen ihrerseits Policen an, bei denen der Spar- den Versicherungscharakter überwiegt. Weshalb sollten sie in einem nächsten Schritt nicht in weitere Bankgeschäfte – z.B. in die ihnen von ihrer eigenen Anlagetätigkeit her naheliegende Vermögensverwaltung – vorstossen? Dies wird neue aufsichtsrechtliche Probleme schaffen. Die Aufsichtssysteme für Banken und Versicherungen weisen heute grosse Unterschiede auf. Die Bankenaufsicht konzentriert sich wesentlich darauf, durch Mindestanforderungen an die Geschäftsleitung die Organisation, die Eigenmittel und die Liquidität die Solidität der Banken zu gewährleisten. Sie räumt den Banken für ihre geschäftlichen Aktivitäten im übrigen aber einen weiten Spielraum ein. Die Versicherungsaufsicht operiert in der Regel mit viel spezifischeren Reglementierungen. Sie greift – beispielsweise über Anlagevorschriften – direkt in die Geschäftstätigkeit der Versicherer ein. Sollten die beiden Aufsichtssysteme nicht harmonisiert werden? Die Konkurrenten Bank und Versicherer können erst dann mit gleich langen Spiessen auf vergleichbarer Grundlage kämpfen. Ein umfassendes

Konzept der Finanzmarktaufsicht, das alle Finanzdienstleistungen einschliesst, müsste von diesem Leitgedanken ausgehen. Ich spreche damit nicht einer allumfassenden – einer allmächtigen – Aufsichtsbehörde das Wort. Die Finanzmarktaufsicht hätte vielmehr frei von jedem Bürokratismus zu bleiben. Ihre Maximen müssten sein: Freiheitlichkeit der Regelung, Abkehr von der Einmischung in Einzelgeschäfte, Förderung der Solidität der Unternehmen des Finanzbereiches. Eine solche Konzentration auf das Wesentliche würde den Interessen der Anleger wie dem marktwirtschaftlichen System am ehesten gerecht. Die Bemühungen um die internationale Harmonisierung der Aufsichtsregeln bieten die Chance, traditionelle, oft eingefahrene und verkrustete Aufsichtsstrukturen zu überdenken. Sie eröffnen die Möglichkeit, zu Neuem und Besserem aufzubrechen.

Die Maximen der Konzentration der Kräfte auf das Wesentliche und der Freiheitlichkeit der Regelung müssen – wenn sie schon für den nationalen Gesetzgeber gelten – erst recht im Prozess der internationalen Harmonisierung der Bank- und Finanzmarktaufsicht beachtet werden. Der Versuch, bei der Harmonisierung möglichst vielen Besonderheiten der nationalen Regelungen der beteiligten Staaten Rechnung zu tragen, könnte rasch in einen Überperfektionismus münden. Regelungen, die jedes Detail aufsichtsrechtlich zu erfassen versuchen, beeinträchtigen den geschäftlichen Erfolg. Sie lähmen die private Initiative. Gleichzeitig verstellen sie der Aufsichtsbehörde den Blick auf das Ganze. Jeder aufsichtsrechtliche Perfektionismus führt zu unerträglichen Formalismen. Er gefährdet letztlich die Durchsetzung der Kontrolle. Internationale Regelungen treffen auf unterschiedliche Rechtskulturen. Fallen sie zu perfektionistisch aus – orientieren sie sich an Detailfragen – ist ihre einheitliche Befolgung in Frage gestellt. Die Harmonisierung bleibt Fiktion. Sie eignet sich bestenfalls noch als protektionistische Waffe, mit der den Konkurrenten von aussen die Geschäftsabwicklung erschwert werden kann.

Deregulierung versus Regulierung

Die schweizerischen Finanzunternehmungen dürfen sich mit ihren Leistungen sehen lassen. Ihre Wertschöpfung ist hoch und ihre Innovationskraft ist ungebrochen. Sie gehören – erst recht, wenn wir sie an ihrer kleinen Heimbasis messen – zu den Grossen der Finanzwelt. Wie sieht aber ihre Zukunft aus? Die Antwort hängt von ihrer eigenen Leistung ab. Sie wird aber auch von den Rahmenbedingungen unseres Finanzplatzes bestimmt.

Die Geldpolitik der Schweizerischen Nationalbank steht im Dienste der ganzen Wirtschaft. Ihre Ausrichtung auf die Preisstabilität ist auch dem Finanzplatz förderlich. Die Gesetzgebung – die Regulierung der Finanzmärkte – ist eine weitere, wichtige Rahmenbedingung, die über Erfolg oder Misserfolg im Wettbewerb entscheidet.

Alle Länder, die über eine bedeutende Finanzindustrie verfügen, bemühten sich, die Wettbewerbsfähigkeit ihrer heimischen Unternehmungen zu verbessern. Sie bedienten sich dazu des Zauberspruchs der Deregulierung. Die Gralshüter des Gläubiger-, Anleger- und Funktionsschutzes formierten sich aber bald zur Abwehr dieser ökonomischen Deregulierung. Sie traten mit ihrem Bannspruch gegen das Risiko einer «competition in laxity» zur Reregulierung an. Ihre Zauberformel lautet: «Levelling the playing field». Wir befinden uns heute auf einer Gratwanderung zwischen Regulierung und Deregulierung: Auf der einen Seite dräut unter einem Nebelmeer möglicherweise das Chaos der «laxity». Auf der anderen Seite sehen sich die Finanzunternehmen von der Gefahr, im Schlund der Überregulierung eingeklemmt zu werden, bedroht.

Wie gut sind – im Vergleich zu ihrer ausländischen Konkurrenz – die schweizerischen Finanzunternehmungen auf dieser Gratwanderung unterwegs?

1. Die schweizerische Gesetzgebung im Finanzbereich – eine Bestandesaufnahme

Die ausgeprägtesten Deregulierungen der Finanzmärkte finden wir im internationalen Kapitalverkehr. Die künstlichen Grenzen wurden hier derart durchlässig, dass alle Beschränkungen entweder wirkungslos blieben oder zu gefährlichen Spannungen im internationalen Finanzgefüge führten.

1.1 Regulierung des Kapitalexports – Abschluss des Liberalisierungsprozesses

Die Schweiz spielte bei der Beseitigung der Hindernisse im Kapitalverkehr eine Vorreiterrolle. Die letzten Liberalisierungen des Kapitalexports brachten materiell kaum mehr Neues. Die Nationalbank ging bei den internationalen Emissionen zum Verankerungsprinzip – zum Prinzip, dass nur noch der Leadmanager eines Emissionssyndikats seinen Sitz in der Schweiz haben muss – über. Die Bewilligungspflicht für Kapitalexporte wurde in eine reine Meldepflicht abgeschwächt. Fremdwährungsanleihen sind, soweit die zuständigen ausländischen Behörden dies erlauben, auch in der Schweiz zugelassen. Anleihen in US- und kanadischen Dollars wurden dank dieser Liberalisierung – und dank der Anpassung der Stempelsteuer – alltäglich. Emissionen in ECU und in japanischen Yen vermochten sich noch nicht einzubürgern. Die ungünstigen Rahmenbedingungen, die die Schweiz während der achtziger Jahre – vor allem im Steuerbereich – aufwies, begünstigten Investitionen in das Londoner Wertpapiergeschäft. Der Versuch, das verlorene Emissionsgeschäft in die Schweiz zurückzuholen, erweist sich als schwierig. Er lohnt sich angesichts der Margenverengung, die der erhöhte Wettbewerb brachte, vielfach nicht. Die Schweiz bewahrte immerhin im Bereich der Privatplazierungen ihre Stärke.

1.2 Obligationenrecht – Beseitigung der Ausländerdiskriminierung

Das Obligationenrecht – unser ältestes Markt- und damit auch Finanzmarktrecht – bewährte sich gut. Es schaffte die Rechtssicherheit, die zum effizienten Wirtschaften unerlässlich ist. Die Finanzmärkte waren in den letzten Jahren vor allem durch die Revision des Aktienrechts betroffen. Sie beseitigte die Ausländerdiskriminierung, die angesichts der Globalisierung der Finanzmärkte immer störender gewirkt hatte.

1.3 Bankengesetz – Erhöhung des Detaillierungsgrades

Das Bankengesetz wurde 1934 – unter dem Eindruck von Bankenpleiten und massiven Gläubigerverlusten – geschaffen. Der Bankensektor erlebte seither nur wenige Krisenfälle. Dies ist kaum das alleinige Verdienst des Bankengesetzes. Die blühende Wirtschaft der Nachkriegszeit, die stabilen politischen Verhältnisse und – nicht zuletzt – die erst kürzlich zerfallenen kartellistischen Strukturen liessen die Banken gedeihen. Die Revisionen des Bankengesetzes und dessen Verordnung verstärkten den Gläubigerschutz nicht entscheidend. Sie erhöhten aber den Detaillierungsgrad des Regelwerks. Ich will dies am Beispiel der Eigenmittelvorschriften illustrieren. Diese Vorschriften streben, um die Banksparer vor Verlusten zu schützen, ein «angemessenes» Mindestverhältnis zwischen den eigenen Mitteln der Bank und den ihr anvertrauten Einlagen an. Es bleibt der Verordnung zum Bankengesetz vorbehalten, die gesetzlich geforderte «Angemessenheit» zu definieren. Die Revisionen der Verordnung verlagerten – auf der Suche nach einer sinnvollen Interpretation – das Gewicht immer mehr auf die Aktivseite der Bankbilanz und schliesslich auch auf das Ausserbilanzgeschäft. Neben den Kreditrisiken sollen neu auch die Marktrisiken miteinbezogen werden. Das Insolvenzrisiko einer Bank wird in immer ausgeklügelterem Masse ermittelt. Es lässt sich aber kaum auf einzelne Bilanz- oder Ausserbilanzpositionen reduzieren. Das Schicksal der Gläubiger hängt im Ernstfall von der Höhe des ihnen insgesamt haftenden Risikokapitals ab.

1.4 Revision des Anlagefondsgesetzes – ein Teilerfolg

Das Anlagefondsgesetz half bei seinem Inkrafttreten, Fehlentwicklungen der kollektiven Vermögensanlage zu korrigieren und Missbräuchen vorzubeugen. Es erwies sich aber zunehmend als zu starr, um sich neuen Anlageformen und -techniken anzupassen. Die schweizerischen Fonds sahen sich im internationalen Wettbewerb zunehmend benachteiligt. Die Revision des Anlagefondsgesetzes, die im Februar dieses Jahres in Kraft trat, räumt ihnen im Wettbewerb mit der ausländischen – vor allem mit der luxemburgischen – Konkurrenz wieder bessere Chancen ein. Sie legt aber auch die Grenzen jedes Regulierungsversuchs offen: Die Kündigungsfristen der Anteile von Immobilienfonds sind derart lang, dass die Liquidität – ein entscheidender Faktor jeder Anlage – darunter leidet. Dies wirkt sich auf den Absatz dieser Fondsanteile negativ aus. Der Gesetzgeber wird sich überlegen müssen, wie er diesen Mangel heilt.

1.5 Börsengesetz – ein Bundesgesetz vor seiner Bewährungsprobe

Das neue bundesrechtliche Börsengesetz löst die kantonalen Erlasse, die die Börsen bisher regelten, ab. Wird das Bundesgesetz den Börsenplatz Schweiz stärken? Die Frage lässt sich nur bejahen, wenn es besser als das beste kantonale Gesetz ist. Die Elektronisierung der Börsen hätte nämlich ohnehin zur Konzentration aller Geschäfte unter jenem kantonalen Gesetz, das den Anlegern die meisten Vorteile böte, geführt. Die Nachteile der gesetzlichen Vielfalt – die damit verbundenen Transparenzprobleme – hätten sich von selbst gelöst. Die eidgenössische Harmonisierung ist für sich allein deshalb noch kein Vorteil. Das neue Börsengesetz räumt allerdings mit der Börsenlizenz auf. Es verstärkt den Anlegerschutz und verbessert die Überwachung des «audit trail». Diesen Vorteilen steht mit der Offenlegungspflicht eine Neuerung, die dem Finanzplatz – und möglicherweise dem Werkplatz – mehr schaden als nützen könnte, gegenüber. Die Anonymität, der die «société anonyme» ihren Siegeszug verdankt, wird teilweise rückgängig gemacht. Die Effizienz der Unternehmungskontrolle wird in Frage gestellt. Wir sollten das Börsengesetz deshalb erst mit Lorbeeren bedecken, wenn es sich – mit der auf ihm basierenden Selbstregulierung – in der Praxis bewährt.

1.6 Das Kotierungsreglement der Zulassungsstelle

Das Kotierungsreglement der Zulassungsstelle gehört zu den für den Börsenplatz Schweiz wichtigen regulatorischen Rahmenbedingungen. Es wird – obwohl privatrechtlicher Natur – dank der Genehmigung durch die Aufsichtsbehörde offiziellen Charakter erhalten. Das neue Kotierungsreglement dürfte die Transparenz an der Börse zum Schutze der Anleger verbessern. Die Anforderungen an die Publizität der kotierten Unternehmungen sind hoch. Das neue Kotierungsreglement weist aber auch einige Mängel auf: Das Kotierungsverfahren erschwert den Marktzugang der Emittenten unnötig. Die Pflichten des Emittenten sind rechtlich zu wenig abgesichert.

1.7 Gesetz über die Finanzdienstleistungen – Reinigung des Marktes von unseriösen Akteuren

Ein Gesetz über die Finanzdienstleistungen – es ist nicht über erste Diskussionen hinaus gediehen – soll längerfristig die letzte Lücke in der Regulierung der Finanzmärkte schliessen. Es würde subsidiär sämtliche Finanzdienstleistungen wie deren Erbringer erfassen. Die EU kennt bereits eine entsprechende Richtlinie. Wir würden europakompatibel. Brauchen wir aber ein solches Gesetz? Es trifft zu: Die Akteure auf den Finanzmärkten lassen sich nur noch schwer nach wirtschaftlichen Kriterien voneinander abgrenzen. Banken wirken als Anlageberater und Vermögensverwalter. Versicherungen nehmen Spargelder entgegen. Broker vermitteln Kredite. Ein Teil der Finanzakteure untersteht einer meist strengen, ein anderer aber überhaupt keiner Aufsicht. Der Grundsatz der Gleichbehandlung – das Postulat der Wettbewerbsgleichheit – würde dafür sprechen, alle Finanzmarktakteure einer vergleichbaren Regulierung zu unterstellen. Die staatliche Beaufsichtigung weiterer Finanzmarktakteure setzt aber auch den Nachweis eines öffentlichen Interesses voraus. Bieten die bisher nicht beaufsichtigten Akteure ein erhöhtes Gefahrenpotential? Die Vermögensverwaltung ist heute keine Domäne allein der Banken, sondern auch der Anwälte, Treuhänder und Vermögensverwalter aller Art. Einige dieser Vermögensverwalter wie einzelne Finanzgesellschaften, die in der Anlageberatung und -vermittlung tätig waren, verstanden es, Vermögen anzuhäufen und damit zu verschwinden. «Boiler Rooms», die Kleinkunden – meist in internationalen Netzen – mit hohen Renditen ködern, prellten Anleger um Millionen. Wir stossen in der Vermögensverwaltung auch auf Verstösse wie Aufsitzen, Vorkaufen und Kursschnitte. Das Vermögensverwaltungsgeschäft weist im nicht reglementierten Bereich der Finanzmärkte wohl das grösste Schadenspotential auf. Broker, Kreditvermittler, Geldwechsler und Notenhändler bieten dagegen weniger aus Anleger- und Funktionsschutzgründen als unter dem Aspekt der Geldwäscherei ein Gefahrenpotential. Zu welchem Schluss führt diese grobe Bedarfsabklärung? Ein Finanzdienstleistungsgesetz – oder ein ähnliche Ziele verfolgender, verwandter Erlass – könnte sich auf eine rudimentäre Bewilligungspflicht beschränken. Sie hätte im Kern die Reinigung der Finanzmärkte von bisher nicht beaufsichtigten Elementen, die sich eines unethischen oder gar deliktischen Verhaltens schuldig machten, zu ermöglichen. Es kann dagegen nicht das Ziel des Gesetzes sein, jegliche Panne zu vermeiden. Die Regulierung kann nicht bezwecken, jeden Uneinsichtigen bis hin zu den Zeichnern von Letters des European Kings Clubs vor der eigenen Dummheit zu schützen. Sie rechtfertigt ihren Preis vor allem dort nicht, wo die Schutzwürdigkeit der Geschädigten zweifelhaft ist. Übervorteilt werden nicht selten Leute, die sich ihrerseits mit unlauteren Absichten bewusst mit unregulierten Finanzmarktakteuren einlassen.

Welches Fazit ist aus der Bestandesaufnahme der Gesetzgebung im Finanzbereich zu ziehen? Die Finanzmärkte werden entgegen dem Zauberwort der Deregulierung – per Saldo – zunehmend reguliert. Diese Entwicklung ist keine schweizerische Spezialität. Sie entspricht einem allgemeinen Trend. Wo aber liegen die Motive der wachsenden Regulierungsdichte?

2. Der Gesetzgebungsprozess – Motive der wachsenden Regulierungsdichte

Gesetze sind Spielregeln des Zusammenlebens. Sie ermöglichen der Gesellschaft eine höhere Lebensqualität als ein gesetzloser – ein anarchischer – Zustand. Die Frage nach der optimalen Regulierungsdichte ist damit aber nicht beantwortet. Der gewaltige Output der Gesetzgebungsmaschinerie hat vier Ursachen:

- die wachsende Komplexität der Gesellschaft,
- eine Rechtstradition, die stark vom preussischen Polizeistaat beeinflusst ist,
- den externen Anpassungsdruck und
- die Eigeninteressen aller Kreise, die am Gesetzgebungsprozess beteiligt sind.

Einmal geschaffene Gesetze lassen sich kaum mehr abschaffen. Dies trägt ebenfalls zur steigenden Regulierungsdichte bei.

2.1 Komplexere Gesellschaft – detailliertere Verhaltensvorschriften

Die Komplexität unserer Gesellschaft wuchs massiv mit der Besiedlungsdichte, mit dem technologischen Fortschritt und seinem Spezialisierungsdruck sowie mit dem gesellschaftlichen Wertewandel, der aus der wachsenden Mobilität und aus der Durchmischung der Kulturen resultierte. Wir können uns heute nicht mehr am mittelalterlichen Recht orientieren. Der Strassenverkehr lässt sich mit dem Gebot «Du sollst nicht töten» nicht umfassend regeln. Die Individualisierung einer Gesellschaft steigt mit deren Komplexität. Je spezialisierter die Arbeitswelt ist – je stärker die Interessenbereiche sich unterscheiden –, desto weniger ist das Individuum fähig, die Wirkung seiner Handlungen auf andere abzuschätzen. Wir neigen als Individuen deshalb dazu, egozentrischer zu urteilen und egoistischer zu handeln. Der gemeinsame Nenner der Interessen wird laufend kleiner. Wir fordern daher immer detailliertere Verhaltensvorschriften. Die Qualität der Rechtssetzung beginnt unter deren Quantität zu leiden.

2.2 Der Polizeistaat der Preussen – Einfluss auf unsere Rechtstradition

Ein grosser Teil unserer Regulierungen – nicht zuletzt der Regulierung der Finanzmärkte – gründet auf der Idee des Polizeigüterschutzes. Sie hat ihren Ursprung im Preussischen Allgemeinen Landrecht. Friedrich der Grosse verpflichtete mit diesem Gesetzeswerk – in Anlehnung an die Ideen Montesquieus – die Obrigkeit, nicht mehr ohne gesetzliche Grundlage zu handeln. Er schuf damit den modernen Rechtsstaat, der den Bürger vor Willkür schützt. Das Preussische Allgemeine Landrecht war gleichzeitig aber auch von dem für den aufgeklärten Absolutismus typischen Willen, alle Lebensverhältnisse bis ins einzelne zu reglementieren, geprägt. Der Untertan wird zur Förderung seines Wohls bevormundet. Der Polizeigüterschutz – als Bann gegen absolutistische Willkür gedacht – droht immer mehr zum Korsett der modernen Gesellschaft zu werden. Der Staat produziert im Bestreben, alle potentiellen menschlichen Konflikte explizit – und im Detail – zu regeln, eine masslose Flut von Vorschriften. Der Perfektionismus des heutigen Polizeigüterschutzes offenbart sich vor allem dort, wo der Einzelne nicht vor Gefahren, die von Dritten ausgehen, sondern vor sich selbst geschützt wird. Diese Bevormundung des Bürgers erreichte ein Ausmass, das selbst die Vorstellungen des alten Fritz sprengt. Wir laufen – in der Regulierung der Finanzmärkte noch mehr als in andern Rechtsgebieten – Gefahr, die Bestrebungen zur Wahrung von Treu und Glauben im Geschäftsverkehr zu weit zu treiben. Der Versuch des Gesetzgebers, die Dummheit zu verbieten, wird aber auch im Finanzbereich scheitern.

2.3 Der externe Anpassungsdruck

Die Globalisierung der Märkte verstärkte den Druck, ausländisches Recht zu übernehmen. Dieser Druck kann, äussert er sich ökonomisch, zu Liberalisierungen führen. Er mündet, äussert er sich «diplomatisch», dagegen meist in zusätzliche Regeln. Das amerikanisch geprägte Insiderrecht ist ein Beispiel. Der Grossteil der Erlasse – auch der Regulierungen im Finanzbereich –, der in neuester Zeit von der Schweiz importiert wird, stammt aus der EU. Die EU-Kompatibilität macht vielfach Sinn. Aber nicht immer! Wir sollten unsere Gesetze deshalb – im Sinne des Wettbewerbs unter den Regulierungssystemen – vermehrt und kritischer auch daran messen, ob sie unsere Konkurrenzfähigkeit gegenüber der EU stärken oder schwächen.

2.4 Der Einfluss von Eigeninteressen

Ein grosser – stetig wachsender – Teil unserer Gesellschaft lebt vom Legiferieren, vom Überwachen oder vom Vollzug von Gesetzen. Auch diese Branche unterliegt dem immanenten Antrieb, den wirtschaftlichen Boden, auf dem sie gedeiht, zu vermehren.

Gesetze sind wirkungsvolle Vehikel zur Verfolgung wirtschaftlicher Partikularinteressen. Die Subventionsmaschinerie oder die Absicherung von Kartellabsprachen durch staatliche Regulierungen sind besonders krasse Beispiele. Partikularinteressen hindern auch den Abbau überholter oder schädlicher Gesetze.

3. Der Gesetzgebungsprozess im Finanzbereich – Erfordern die Finanzmärkte eine erhöhte Regulierungsdichte?

Weisen die Finanzmärkte Charakteristiken, die diese immer weitreichenderen Verhaltensvorschriften rechtfertigen, auf? Die Regulierung der Finanzmärkte soll das Polizeigut von Treu und Glauben im Geschäftsverkehr schützen. Sie will das Publikum vor Täuschung oder Ausbeutung durch Produzenten und Verkäufer von Finanzprodukten und -diensten bewahren. Die Anbieter sind in der Regel besser als die Käufer über die Qualität und die Risiken ihrer Produkte und Dienste informiert. Die Informationsasymmetrien nahmen mit dem Wachstum der Derivat-Märkte zu. Die Verbreitung derivativer Finanzinstrumente schuf zwar die Möglichkeit, Risiken effizienter zu allozieren. Sie vermittelt aber auch die Möglichkeit, mit Höchsteinsätzen zu spielen. Finanzmärkte, an denen in kürzester Zeit grosse Vermögen gewonnen oder verloren werden, sind vielen Menschen unheimlich. Sie sehen in ihnen Kasinos. Die unerfahrenen Kunden erscheinen ihnen als leichte Beute skrupelloser Croupiers.

Der Gesetzgeber dehnte den Gläubiger- und Anlegerschutz in letzter Zeit zunehmend auf den System- oder Funktionsschutz aus. Die wachsende Dichte der Regulierung der Finanzmärkte findet hier eine weitere Erklärung. Der einzelne soll auch vor Risiken, die von ganzen Märkten ausgehen, bewahrt werden. Die Märkte müssen umgekehrt – zum Zwecke des Funktionsschutzes – vor Gefahren, die von einzelnen ausgehen, gesichert werden. Dieses Anliegen ist eine Folge der Vernetzung der Finanzmärkte. Die Gratwanderung wurde zur Seilschaft. Der Fehltritt eines einzelnen kann alle gefährden.

Diese Eigenheiten der Finanzmärkte genügen – für sich allein – aber noch nicht als materieller Nachweis eines zusätzlichen Regulierungsbedarfs. Informationsasymmetrien sind die Folge der Arbeitsteilung. Die Kunden sind stets – nicht nur an den Finanzmärkten – schlechter als die Produzenten oder die Händler informiert. Mancher Käufer am Markt für Gebrauchtwagen weiss dies nur zu gut. Wir regulieren den Handel mit Autooccasionen trotzdem nicht in einem Spezialgesetz, sondern verlassen uns auf das Obligationenrecht.

4. Die Wirkung einer überbordenden Regulierung

Wir kamen auf unserer Regulierungs-Deregulierungs-Gratwanderung vom Grat ab. Die Wettbewerbsfähigkeit des Finanzplatzes «Schweiz» wurde dadurch zwar noch nicht stark betroffen. Die internationale Harmonisierung überzog die konkurrierenden Finanzzentren mit ähnlichen Regulierungen. Die Wirtschaft insgesamt trägt den Schaden – und die Gesellschaft. Wer garantiert überlebensfähige Regulierungssysteme, wenn der Wettbewerb als Selektionsmechanismus ausgeschaltet wird? Wer sorgt dafür, dass die Regulierungsdichte nicht unendlich wächst? Auch die Regulierungsdichte kennt ein Optimum. Die Lebensqualität der Gesellschaft sinkt, wenn über dieses Optimum hinaus legiferiert wird. Regulierung ist nicht gratis. Sie verursacht direkte und indirekte Kosten. Die direkten Kosten – die Gehälter all derer, die Gesetze erlassen, überwachen und durchsetzen – brauchen uns am wenigsten zu kümmern. Die indirekten Kosten der Regulierung wiegen schwerer. Sie bestehen in verpassten Chancen. Sie äussern sich in wirtschaftlichen Fehlallokationen.

Die Gesetzesdichte ist heute zu gross, als dass die Bürger und Bürgerinnen auch nur die Vorschriften, die sie tatsächlich betreffen, noch kennen könnten. Dies wirkt sich negativ aus. Wir identifizieren uns immer weniger mit unserer Rechtsordnung. Verstösse werden nicht mehr ernst genommen. Das manifeste Unvermögen von Polizei und Justiz, die zahllosen Vorschriften durchzusetzen, leistet dieser Gleichgültigkeit Vorschub. Das Opportunitätsprinzip beginnt sich breitzumachen. Gesetze verkommen zu Empfehlungen.

Die Gesetzesflut baut auf dem Bild des unmündigen Bürgers auf. Und sie schafft – selbstverstärkend – diesen unmündigen Bürger. Dies fördert an den Finanzmärkten den Glauben, dass für jeden Verlust stets ein Dritter schuldig und rechtlich belangbar sei. Diese Betrachtung mindert die Vorsicht der Akteure an den Märkten. Die Selbstverantwortung bildet aber ein wichtiges Element der Stabilität der Finanzmärkte.

Der Polizeigüterschutz darf – und kann – aus diesen Überlegungen keine hundertprozentige Gefahrenabwehr anstreben. Wir brächten, wollten wir Polizeigüterschutz im Strassenverkehr ähnlich rigoros wie an den Finanzmärkten betreiben, den Verkehr mit Sicherheit zum Erliegen. Dürfen wir dies beim Kapitalverkehr riskieren?

Die negativen Wirkungen der Regulierung können nie einer Vorschrift allein angelastet werden. Sie müssen im Gesamtzusammenhang beurteilt werden. Jedes neue Gesetz verändert das gesamte gesellschaftliche und wirtschaftliche Klima. Ich stimme deshalb jenem aufmerksamen Beobachter zu, der – analog zur Umweltverträglichkeitsprüfung für Anlagen – eine Umweltverträglichkeitsprüfung für neue Rechtserlasse forderte. (Eugen Curti: NZZ vom 28. Februar 1995, Seite 15).

Unser Land verstand es bisher, der heimischen Finanzindustrie gute Rahmenbedingungen zu bieten. Es vermied bedeutende regulatorische Nachteile. Die Regulierung der Finanzmärkte wird jedoch zunehmend international geprägt. Der Spielraum des schweizerischen Gesetzgebers, den eigenen Finanzinstituten regulatorische Vorteile zu bieten, wird mit dieser Harmonisierung enger. Wir sollten die uns verbleibenden Freiräume umso geschickter nutzen.

Das regulatorische Gesamtklima – das regulatorische Klima auch unserer Finanzunternehmungen – bereitet mir zunehmend Sorgen. Wir laufen Gefahr, die wirtschaftliche Freiheit und mit ihr die Selbstverantwortung Stück für Stück zu untergraben.

Die Anleger an den Finanzmärkten können aufgrund ungleich verteilter Informationen übervorteilt werden. Dies rechtfertigt es aber nicht, Verhaltensvorschriften für alles und jedes zu erlassen. Vertrauenskapital und ein funktionierender Wettbewerb schützen die Anleger besser als staatliche Aufsicht. Wir müssten, wenn wir den Bedarf nach neuen Finanzmarktgesetzen abklären, künftig auch deren Kosten vermehrt in Betracht ziehen. Im Zweifelsfall sollten wir uns gegen eine Regulierung entscheiden. Wir müssen neu lernen, was Plato bereits wusste: «Jedes Gesetz, das nicht nötig ist, ist ein schlechtes Gesetz!» Beschränken wir uns auf den Erlass guter Gesetze! Machen wir auch ernst mit der viel beschworenen Deregulierung!

Bankenpolitik und Bankenstruktur

Kantonalbanken – Mehr staatliche Vormundschaft oder mehr unternehmerische Freiheit?

Drei Lehren aus dem Fall Rey

Das Universalbankgeschäft gehört nicht zum angestammten Bereich der Kantonalbanken. Die Kantonalbanken, die im letzten Jahrhundert – mit dem Übergang feudalistischer Herrschaftssysteme in den liberalen Bundesstaat – entstanden, sollten Landwirtschaft und Handwerk zinsgünstige, hypothekarisch gedeckte Kredite gewähren. Die Vorläufer der Grossbanken deckten dagegen bereits damals den wachsenden Kreditbedarf von Industrie und Handel ab. Das Finanzestablishment des letzten Jahrhunderts boykottierte die Kantonalbanken. Es legte bei ihnen keine Passivgelder an. Die Kantonalbanken mussten deshalb den Sparwillen breiter Bevölkerungsschichten fördern, um Mittel für die Kreditvergabe zu erhalten. Sie boten dem potentiellen Sparer «den Fünfer und das Weggli» an: Sie verzinsten die Spareinlagen des kleinen Mannes angemessen und sicherten sie gleichzeitig mit einer Staatsgarantie ab.

Die Kantonalbanken erhielten im Laufe der Zeit wachsende Konkurrenz. Die Grossbanken begannen, auch Kunden ohne Zylinder zu empfangen. Das Spargeldaufkommen schwankte wegen des zunehmenden Zinsbewusstseins der Anleger. Die Nachfrage nach den verschiedensten Bankdienstleistungen nahm zu. Die ursprüngliche Aufgabe der Kantonalbanken, dem Mittelstand den Zugang zum Kredit zu eröffnen, war erfüllt.

Die folgerichtige Antwort – vor allem der grösseren Kantonalbanken – auf die Änderungen im Bankgeschäft war die Diversifikation zur Universalbank. Mehrere Institute versuchten im Zuge dieser Öffnung ihre unternehmerische Freiheit zu erweitern und sich von der staatlichen Vormundschaft vorsichtig frei zu strampeln. Die Öffnung birgt Chancen und Risiken in sich. Die Erträge im Hypothekargeschäft waren dank einer relativ stabilen Zinsmarge recht gut zu prognostizieren. Die neuen Aktivitäten bieten zwar die Chance, höhere Erträge zu erwirtschaften. Sie ziehen aber auch das Risiko, bei einigen Geschäften beträchtliche Verluste einzustecken, nach sich. Überdurchschnittliche Erträge werden weniger publik als grosse Verluste. Die von der Bereitschaft zum erhöhten Risiko begleitete Diversifizierung bescherte einigen Mitgliedern der Gruppe der Kantonalbanken zu Beginn der neunziger Jahre einen publizitätsträchtigen Problemfall. Die betroffenen Kantonalbanken mussten – zusammen übrigens mit anderen Instituten – einen Teil der an Werner K. Rey und seine Firmen gewährten Kredite abschreiben. Diese Verluste könnten, werden sie als Lehrgeld verstanden, Sinn erhalten. Ich sehe drei Lehren:

1. Festhalten am Konzept der Universalbank

Die Entwicklung jedenfalls der grösseren Kantonalbanken zur Universalbank darf – dies ist die erste Lehre – nicht in Zweifel gezogen werden. Zwei Gründe führen zu diesem Schluss: Verlustgeschäfte im Bankensektor sind – erstens – nichts Aussergewöhnliches. Die amerikanische Bankenkrise von Anfang der neunziger Jahre zeigte – zweitens –, wie mangelhaft Risiko diversifiziert wird, wenn ein Institut sich auf ganz wenige Bankgeschäfte beschränkt.

- Ich will Fehler und Versagen, die es im Fall Rey gab, nicht verharmlosen. Wer den Kantonalbanken jedoch empfiehlt, sich auf ihre ursprünglichen Ziele zu besinnen und sich wegen ihres rechtlichen Sonderstatus aus wesentlichen Bereichen des inländischen Universalbankgeschäftes zurückzuziehen, argumentiert blauäugig. Diese Mahner übersehen die unzähligen – grösseren und kleineren – Fälle, in denen schweizerische Banken Ausleihungen teilweise oder vollständig abschreiben mussten. Die Geschichte unseres Bankensystems zeigt, dass die meisten Institute auf dem Weg von der Bank mit beschränktem Geschäftskreis zur Universalbank stolperten. Ich wage die Behauptung, dass praktisch jedes grössere Institut in seiner Chronik von einer Krise zu berichten weiss. Einige grosse Banken verschwanden sogar aus der schweizerischen Bankenwelt. Die vom Genfer Revolutionär James Fazy gegründete «Banque Generale Suisse de credit foncier et mobilier» – das erste Allfinanzinstitut der Schweiz, das sämtliche Bank- wie Versicherungsgeschäfte betrieb – wurde durch Liquiditätsprobleme der Pariser Filiale in den Ruin getrieben. Jakob Stämpflis «Eidgenössische Bank» verlor nach einer grossen Unterschlagung ihre Selbstständigkeit. Die meisten schweizerischen Banken konnten sich nach grösseren Verlusten zwar wieder auffangen. Meldungen, dass Banken Verluste verbuchen müssen, weil Schuldner illiquide oder gar insolvent wurden oder weil sie durch Betrugsfälle Geld verloren, finden wir aber bis in die Gegenwart immer wieder.

– Die Vereinigten Staaten lieferten uns vor einigen Jahren einen weiteren Grund, der für eine breite Geschäftstätigkeit der Kantonalbanken spricht: Sie führten uns vor Augen, dass das Verharren im angestammten Geschäftsbereich nicht ohne Risiko ist. Der «Glass Steagall Act» – er zementierte über Jahrzehnte das Trennbankensystem – hinderte die amerikanischen Banken an der Diversifikation der Geschäftsbereiche. Der «McFadden Act» beschränkte das Filialnetz – ähnlich der Begrenzung der Aktivität der Kantonalbanken auf einen Kanton – auf einen einzigen Gliedstaat. Das amerikanische Bankensystem geriet anfangs der neunziger Jahre in eine grosse Krise. Seine Sanierung drohte die staatliche Einlagenversicherung an den Rand des Ruins zu führen. Sie kostete den Staat immense Summen. Ich möchte die Ursachen dieser Krise hier nicht analysieren. Eines können wir aus ihr aber lernen: Das Bankensystem der USA geriet nicht zuletzt wegen der fehlenden Möglichkeiten zur Diversifikation – sei es regional, sei es von der Geschäftstätigkeit her – in Schwierigkeiten. Die Banken mussten – staatlich dekretiert – regionale Klumpenrisiken eingehen.

2. Verstärkung der Kontrollmechanismen

Der Fall Rey ist den Kantonalbanken und deren Eigentümern, den Kantonen, sicher Anlass – hier sehe ich eine zweite Lehre – ihre Kontrollmechanismen auf allen Stufen zu überprüfen.

Dies gilt für die neugeschaffene Möglichkeit, sich – freiwillig – der professionellen Aufsicht der Eidgenössischen Bankenkommission zu unterstellen. Es gilt aber auch für die bankeigene Kontrolle und hier vor allem für die Revision. Das Bankengesetz befreite die Kantonalbanken bis vor kurzem von der Überprüfung ihrer Jahresrechnung durch eine externe Revisionsstelle, sofern sie eine eigene sachkundige Kontrollstelle unterhielten. Dieses Konzept ist auch dort, wo die Qualität und Unabhängigkeit der internen Revision unanfechtbar sind, überholt. Das Zusammenspiel einer guten internen mit einer professionellen externen Kontrollstelle führt – auch wenn sie Fehler nicht ausschliesst – generell zu befriedigenderen Ergebnissen. Nur rund die Hälfte der Kantonalbanken trug dieser Erfahrung allerdings freiwillig Rechnung. Sie bestellten ohne rechtlichen Zwang eine externe Kontrollstelle. Es war deshalb richtig und nötig, die Stattsinstitute auf dem Wege einer Revision des Bankengesetzes verbindlich zu verpflichten, die Revision ihrer Tätigkeit in einen internen und einen externen Zweig zu unterteilen.

3. Entpolitisierung der Kantonalbanken

Das Prestige einzelner leitender Mitarbeiter darf – der Fall Rey erinnert uns einmal mehr daran – die Kontrollmechanismen nicht ausser Kraft setzen. Die gleiche Forderung gilt gegenüber dem nicht minder gefährlichen Einfluss der Politik. Die Kantonalbanken müssen sich – hier sehe ich die dritte Lehre – aus ihren politischen Fesseln befreien. Die Bankräte müssten mehr Sach- und weniger Politverstand auf sich vereinen. Bankräte, die aus Bank- und Wirtschaftsfachleuten statt aus verdienten kantonalen Politiker gebildet würden, unterlägen der Versuchung, Kreditgesuche vorwiegend unter regional- und arbeitsplatzpolitischen Gesichtspunkten zu prüfen, weniger. Die Kantonalbanken wurden im Laufe ihrer Geschichte aus politischen Überlegungen immer wieder zu Krediten, die sich als Verlustgeschäfte entpuppten, gedrängt. Mehrere Institute vermögen über problematische Geschäfte, die auf falsch verstandene regionalpolitische Motive zurückzuführen sind, zu berichten. Die Kredite, die einige Kantonalbanken Werner K. Reys Unternehmungen gewährten, wurden ebenfalls nicht frei von regionalpolitischen Überlegungen und von Rücksichten auf Arbeitsplätze vergeben. Die Fragwürdigkeit dieser Motive bestätigte sich einmal mehr. Die Kantonalbanken erweisen ihrem Kanton längerfristig den besseren Dienst, wenn sie bei der Kreditgewährung die bankspezifischen den politischen Kriterien voranstellen.

Erhöhte Vorsicht in der Geschäftstätigkeit ist allerdings ratsam. Hinter den Kantonalbanken steht der Steuerzahler. Er kann sein Kapital – im Gegensatz zum Aktionär – nicht aus der Bank zurückziehen. Der Wunsch, den Staatseinflusses zu reduzieren, zwingt uns deshalb eine weitere – aus Kantonalbankensicht sensible – Frage auf. Haben die Kantonalbanken sich seit ihrer Gründung so stark geändert, dass die Staatsgarantie in ihrer heutigen Form nicht mehr zeitgemäss ist? Die Frage tönt provokativ. Ein Ungleichgewicht zwischen der starken Entwicklung der Geschäftstätigkeit der Kantonalbanken und der unverändert belassenen Staatsgarantie der Kantone lässt sich aber kaum bestreiten. Einige Kantone sehen schon heute Abstufungen in ihrer Haftung für die Verbindlichkeiten ihrer Banken vor. Die «Banque Cantonale Vaudoise» kennt überhaupt keine Staatsgarantie. Welche Variante wird dem stark gewandelten Bild der Kantonalbanken am ehesten gerecht? Die Staatsgarantie wollte ursprünglich den Sparwillen der Bevölkerung stärken. Wäre – von dieser Warte aus betrachtet – eine Beschränkung der Staatsgarantie auf eigentliche Spargelder nicht naheliegend? Oder verlor die Staatsgarantie ihre Berechtigung gar voll? Der Verzicht auf die Stattsgarantie – oder jedenfalls deren Beschränkung – würde die Befreiung der Kantonalbanken aus politischen Fesseln erleichtern. Sie sollte nicht zuletzt unter diesem Gesichtspunkt ernsthaft geprüft werden.

Die weitere Entwicklung der Kantonalbanken hängt letztlich davon ab, wie diese mit der Bindung an die kantonale Politik fertig werden. Je schneller und je vollständiger sie sich zu lösen vermögen, desto besser werden ihre Chancen, weiter zu gedeihen. Ich erachte die Umwandlung der Kantonalbanken von Staatsinstituten in Aktiengesellschaften als einen Schritt, der diese Anpassung erleichtern würde. Ich hoffe, dass sich diese Einsicht auch gegenüber den offensichtlichen Versuchen – und Versuchungen – kantonaler Regierungen und Parlamente, den Fall Rey zu nutzen, um «ihre» Banken wieder unter verstärkte politische Kontrolle und staatlichen Einfluss zu bringen, durchsetzen wird. Solche Forderungen führen in die Irre. Die kantonalen Parlamente müssen sich bewusst werden, dass die Banken für ihre Pflichterfüllung keine politischen Wunschzettel brauchen. Die Kantonalbanken werden mit Diversifikation und Innovation – gepaart mit bankspezifischen Vorsichtsmassnahmen – langfristig besser fahren. Sie werden sich dann auch den Abbau marktverfälschender Einrichtungen – zu denen ich die Staatsgarantie zähle – leisten können.

Die Regionalbanken – Eine Standortbestimmung

1. Ursprung und Bedeutung der Regionalbanken

Die Regionalbanken und Sparkassen blicken auf eine lange Geschichte zurück. Sie zählen – zusammen mit den Privatbankiers – zu den ältesten Banken unseres Landes. Die erste Sparkasse der Schweiz – die *Dienstenzinscassa in Bern* – wurde 1787 gegründet. Die 1811 errichtete *Ersparnisanstalt der Stadt St. Gallen* gehört zu den wenigen Instituten der ersten Gründungswelle der Jahre 1810 bis 1830, die die Konsolidierungsphase, die die Sparkassen in den vierziger Jahren des letzten Jahrhunderts erfasste, zu überstehen vermochten. Eine zweite Gründungswelle in den fünfziger Jahren des 19. Jahrhunderts liess zahlreiche neue Sparkassen entstehen. Diese Kassen konzentrierten sich – im Gegensatz zu den Instituten der ersten Gründungswelle, die ihre Tore in den Städten geöffnet hatten – auf ländliche Gebiete. Die heutigen Regionalbanken gehen zum grossen Teil auf diese zweite Gründungsetappe zurück. Die vielen Fusionen der jüngsten Zeit führen zur Frage: «Befindet sich die Gruppe der Regionalbanken heute in einer dritten Gründungswelle?»

Die Sparkassen wandten sich in einer Epoche, in der die meisten Leute ihre gesamte Barschaft unter der Matratze aufbewahrten, als erste schweizerische Banken an breite Bevölkerungsschichten. Sie sahen sich in diesem Anfang mit einem schwierigen Problem konfrontiert. Wie liess sich das Vertrauen des Publikums gewinnen? Die Leute des letzten Jahrhunderts glaubten nicht ohne weiteres, dass sich ein Papierschein auf einer Sparkasse wieder in bare Münzen umtauschen liess. Sie bewahrten ihr Geld – wie Hans Jacob in Gotthelfs «*Hans Jacob und Heiri oder die beiden Seidenweber*» durch schlechte Erfahrungen beim Geldausleihen gebrannt – lieber zu Hause auf. Das Vertrauensproblem jener fernen Zeit ist plötzlich wieder aktuell: Die Regionalbanken sehen sich nach der Schliessung der *Spar- und Leihkasse Thun* vor die Aufgabe gestellt, erneut das Vertrauen des Publikums zu festigen.

Die *Sparkasse Langenbruck* im Baselbiet sah sich Mitte des letzten Jahrhunderts vor die gleiche Aufgabe gestellt. Sie beauftragte Jeremias Gotthelf, eine Werbeschrift für die Sparkassen und das Banksparen abzufassen. Das hundertvierzigseitige Büchlein «*Hans Jacob und Heiri*» ist das Resultat. Die Frau Doktorin übergibt der Seidenweberfamilie des Hans Jacob – als Patengeschenk – «Einen Schein auf die Sparkasse Langenbruck». Sie versucht, ihr damit die Vorteile des Sparbüchleins schmackhaft zu machen. Diese Vorteile leuchten den älteren Kindern und der Mutter rascher als dem misstrauischen Hans Jacob ein. Gotthelf führt ihm deshalb die Verzinsung des Geldes als den wichtigsten Vorteil des Banksparens bildhaft vor: «Während der Zeit bis zur Konfirmation oder zur Heirat liegen im Kasten immer gleichviel, so in einer Kasse würden sich die Münzen mehren, da tragen sie Zins, wer heute einen Louisdor einlegt, hat in ungefähr 20 Jahren zwei Louisdor, da kann er einen brauchen und hat immer noch einen, gerade soviel als er im Anfang hatte.» Unser Bankensystem kennt das Sparheft noch immer als Anlageform für kleine Privatvermögen. Das Sparheft ist damit die erfolgreichste Finanzinnovation, die während der letzten 200 Jahre in der Schweiz entwickelt wurde. Heute haftet ihm allerdings nichts Neues mehr an. Die «Doktoren» unserer Tage empfehlen Optionen und Futures als innovative Anlagen. Verlagerten sich die Finanzinnovationen ausserhalb des Kerngeschäftes der Regionalbanken?

Die Regionalbanken zählen nicht zu den innovativsten Instituten unseres Bankensektors. Ihre Bedeutung nimmt – gemessen an der Entwicklung der gesamten Branche – seit der Blütezeit im letzten Jahrhundert stetig ab. Der Verlust an Marktanteilen, den die Regionalbanken im Hypothekargeschäft hinnehmen mussten, zeigt es deutlich. Ich will ihn illustrieren, indem ich die Marktanteile der verschiedenen Bankengruppen am Hypothekargeschäft mit einer Stunde auf der Uhr vergleiche. Die Spar- und Leihkassen – einschliesslich der sogenannten Hypothekenbanken – beherrschten Anfang dieses Jahrhunderts die ersten 35 Minuten dieser imaginären «Hypothekarstunde». Die Kantonalbanken beanspruchten die folgenden 20 Minuten. Die Grossbanken liessen sich erst während der letzten fünf Minuten vor dem Stundenschlag im Hypothekargeschäft sehen. Die Lage am Ende des Zweiten Weltkriegs zeigte noch keine dramatischen Veränderungen. Die ersten 25 Minuten meiner «Hypothekarstunde» entfielen noch immer auf die Lokalbanken, wie sie sich inzwischen nannten. Die Kantonalbanken hatten aufgeholt und ihren Anteil auf eine halbe Stunde ausgebaut. Die Grossbanken begnügten sich weiterhin mit den letzten fünf Minuten. Heute präsentiert sich das Bild ganz anders. Die Regionalbanken wurden auf weniger als 10 Minuten zurückgedrängt. Kantonal- und Grossbanken teilen sich – je hälftig – in die restlichen gut 50 Minuten. Der Bedeutungsschwund der Regionalbanken kommt noch drastischer zum Ausdruck, wenn wir den Marktanteil der einzelnen Gruppen an der gesamten Bilanzsumme der schweizerischen Banken messen. Die Regionalbanken halten heute (Ende 1995) noch 5,3% des Bilanzsummentotals. Sie kontrollierten 1945 gut einen Viertel des schweizerischen Bankgeschäfts. Die Schliessung der *Spar- und Leihkasse Thun* trug in jüngster Zeit zu diesem Trend bei. Mittelabflüsse auf der einen und Übernahmen durch Gross- und Kantonalbanken auf der andern Seite wirkten sich auf den Anteil der Regionalbanken am Bilanzsummentotal aus.

Wird es im Jahr 2000 keine Regionalbank mehr geben? Wer die Zahl der Regionalbanken, die seit Herbst 1991 ihre Selbständigkeit verloren, hochrechnet, könnte zu diesem Schluss kommen. Solche statistische Vergleiche sind modisch aber wenig sinnvoll. Ich verdeutliche es mit einer andern Hochrechnung: Rechnen wir die Zunahme der Arbeitslosen zwischen Oktober 1991 und Oktober 1992 bis ins Jahr 2000 hoch – Horrorrechnungen sind auch in diesem Bereich in Mode –, so kommen wir für die Schweiz auf eine Arbeitslosenzahl von 115 Millionen. Was will ich mit diesem Vergleich sagen? Die Regionalbanken sind meines Erachtens – trotz ungünstiger statistischer

Aussagen – ein beachtlicher Teil des schweizerischen Bankensektors. Und sie werden es – nehmen sie ihre Chancen und ihre Verantwortung wahr – bleiben. Ich eifere nicht Jeremias Gotthelf nach. Ich betreibe keine Public Relations-Aktion für die Regionalbanken. Ich bin allerdings der Ansicht, dass ein grosser Teil der Regionalbanken das Vertrauen der Anleger verdient. Wir erlebten in letzter Zeit einige negative Beispiele. Es wäre jedoch falsch, alle Regionalbanken in einen Topf zu werfen. Viele Institute sind gut geführt. Gut geführte Banken – auch gut geführte Regionalbanken – vermögen in der Regel zu überleben. Die Bedeutung, die den Regionalbanken und Sparkassen für das schweizerische Bankgeschäft zukommt, lässt sich nicht auf die Erfindung des Sparbuches reduzieren. Eine Bereinigung der Strukturen im Bankensektor ist umgekehrt allerdings erwünscht. Die Strukturerhaltung wäre langfristig – nicht zuletzt für die Regionalbanken – kontraproduktiv. Der Markt teilte die Regionalbanken unter dem Druck dieses Prozesses automatisch in überlebensfähige Institute und in Problembanken ein. Die Phase der Übernahme von eigentlichen Problembanken dürfte – einstweilen – weitgehend abgeschlossen sein. Der Strukturwandel geht trotzdem weiter. Jede Regionalbank sollte deshalb von den Verantwortungsträgern daraufhin überprüft werden, ob sie auch längerfristig am Markt zu bestehen vermag. Die Frage, die sich Verwaltungsrat und Direktion zu stellen haben, dürfte nicht lauten: «Haben wir noch eine Überlebenschance?» Sie heisst richtig: «Würden wir unsere Bank heute noch einmal gründen?» Verantwortliche von Banken, die die zweite Frage verneinen, sollten sich nach einem Fusionspartner umsehen oder aber die freiwillige Liquidation einleiten. Die Fusion ist dabei kein Allheilmittel. Sie ist nur sinnvoll, wenn Synergien genutzt werden können und tatsächlich auch – notfalls gegen Widerstände im eigenen Lager – genutzt werden. Die Fusion muss dazu führen, dass der Fixkostenanteil der beteiligten Banken gesenkt wird. Banken, die dieses Ziel nicht als realisierbar erachten, tun besser, anstelle einer Fusion die freiwillige Liquidation anzusteuern. Es wäre erwünscht, wenn die Gemeinschaft der Schweizer Banken Wege und Mittel fände, solvente Banken, die sich freiwillig auflösen wollen, organisatorisch zu unterstützen und die Liquidation zu erleichtern.

2. Der zentrale Konkurrenzvorteil

Die Regionalbanken verfügen über einen grossen Aktivposten. Er liegt in ihrer starken Präsenz in ländlichen Gebieten und in ihrer Kundennähe. «Aus der Region – für die Region». Dies ist nicht nur ein passender Werbeslogan, sondern das beste Leitbild einer Regionalbank. Ihm sollte auf der Aktiv- wie auf der Passivseite der Bilanz nachgelebt werden. Die Regionalbanken sind den örtlichen Gegebenheiten näher als andere Institute. Sie kennen deren Besonderheiten. Informationen über Probleme einer Firma oder Schwierigkeiten eines Privatschuldners gelangen innerhalb der Grenzen einer Gemeinde – oder einer begrenzten Region – dem Vertreter der örtlichen Regionalbank schneller als dem Leiter der Gross- oder Kantonalbankfiliale in der nächstgrösseren Ortschaft zu Ohren. Das Kreditgeschäft besteht in erster Linie darin, die Schuldner auszuwählen und zu überwachen. Die Regionalbanken verfügen dabei über klare Konkurrenzvorteile. Die Bank, die die Prüfung der Kunden am zuverlässigsten und am kostengünstigsten vornimmt, hat die beste Chance, zu überleben. Die Regionalbanken haben bei dieser Überprüfung wie bei der Vergabe der Kredite den Vorteil der kleinen Einheit. Dies bedeutet allerdings nicht zwingend, dass die Regionalbank die beste Form einer Bank ist. Grössere Institute können sich den gleichen Vorteil sichern, indem sie das Kreditgeschäft innerhalb der Bank kleineren Einheiten übertragen.

Die Erfahrung zeigt: Regionalbanken, die in ihrem angestammten Geschäftsgebiet tätig blieben, die quantitatives nicht dem qualitativen Wachstum überordneten und die auf Geschäfte ausserhalb des ihnen vertrauten Rayons verzichteten, haben heute selten mit Schwierigkeiten zu kämpfen. Regionalbanken, die derart traditionell und konservativ geführt wurden, liefen noch vor wenigen Jahren zwar Gefahr, von expansiveren Konkurrenten belächelt zu werden. Sie können heute in der Regel aber erfreuliche Geschäftsabschlüsse vorlegen. Auch diese Institute sehen sich heute allerdings – trotz allem – mit den Strukturproblemen, die für die Regionalbanken typisch sind, konfrontiert.

3. Strukturelle Probleme

3.1 Vertrauensprobleme, die durch Schliessungen und Übernahmen ausgelöst wurden

Die Regionalbanken verloren unter dem Eindruck der Schliessung der *Spar- und Leihkasse Thun* und der Welle von Übernahmen durch Gross- und Kantonalbanken an Bedeutung. Sie sahen sich gleichzeitig mit dem Problem des Rückzuges von Publikumsgeldern konfrontiert. Institutionelle Anleger vor allem riefen Passivgelder ab. Oder sie verzichteten darauf, ihre Anlagen bei deren Fälligkeit zu erneuern. Dieser Abzug von Geldern – das breite Publikum war daran weniger stark beteiligt – machte nicht bei den Problembanken halt. Er traf leider auch gesunde Banken schmerzhaft. Regelmässige Zeitungsmeldungen über Übernahmen, bei denen ein hoher Wertberichtigungsbedarf des übernommenen Instituts oft Schlagzeilen machte, förderten die Bewegung. Das Vertrauen in die Gruppe der Regionalbanken wurde geschwächt statt gestärkt. Mancher Investor befürchtete, einzelne Regionalbanken könnten wegen der starken Verankerung im Hypothekargeschäft oder wegen der Expansion ihres Geschäftsvolumens während der zweiten Hälfte der achtziger Jahre in Schwierigkeiten geraten. Warum konzentrierte sich die Aufmerksamkeit aber auf die Regionalbanken? Viele Banken anderer Gruppen – selbst grössere Institute – müssen im Hypothekargeschäft ebenfalls hohe Wertberichtigungen vornehmen. Sie haben in der Regel aber eine diversifiziertere Bilanzstruktur. Damit verfügen sie über profitable Geschäftsbereiche, die es ihnen erlauben, die entstandenen Löcher zu stopfen.

3.2 Hypothekarlastige Bilanzstruktur

Die Regionalbanken weisen dagegen stark hypothekarlastige Bilanzen aus. Die Hypothekaranlagen betragen gut die Hälfte der Bilanzsumme. Dazu kommen Darlehen, feste Vorschüsse und Kontokorrent-Debitoren, die hypothekarisch gedeckt sind. Sie erreichen zusammen einen weiteren Fünftel der Bilanzsumme.

Die Schweiz kennt traditionell – oder kannte bis vor kurzem – eine tiefe Staatsschuld. Das Hypothekargeschäft war deshalb – historisch gesehen – das einzige Bankgeschäft, das den hohen Sicherheitserfordernissen der Sparkassen genügte. Es galt als risikoarm. Die hohen Preissteigerungen für Immobilien und Bauland, die wir in den achtziger Jahren beobachteten, verwandelten hohe Belehnungsgrenzen aber zunehmend in tiefe Fremdverschuldungsgrade. Das einstmals sichere Hypothekargeschäft erweist sich für die Regionalbanken damit plötzlich als Klumpenrisiko. Viele Institute dehnten ihre Bilanzen vor allem in der zweiten Hälfte der achtziger Jahre massiv aus. Ein beträchtlicher Teil der hypothekarisch gedeckten Kredite wurde nach 1987 vergeben. Der Rückstellungsbedarf auf diesen neueren Krediten erweist sich heute wegen der rückläufigen Land- und Immobilienpreise als besonders hoch. Viele Institute zögerten die notwendigen Rückstellungen zunächst hinaus. Sie sehen sich einem gestiegenen Wertberichtigungsbedarf gegenüber. Er übertraf in den letzten Jahren bei einigen Instituten die selbst erarbeiteten Mittel (Cash flow). Sie mussten Reserven auflösen.

3.3 Kostenstruktur

Die Regionalbanken erzielen – bezogen auf je einen Mitarbeiter – ein vergleichsweise geringes Geschäftsvolumen. Sie haben – pro Franken Gewinn berechnet – deshalb höhere Grund- oder Fixkosten als viele Institute anderer Gruppen. Dies ist ein gewichtiger Konkurrenznachteil. Er zeigt sich besonders deutlich im Vergleich zu den Grossbanken. Die Regionalbanken müssen für einen vergleichsweise kleinen

Output die gesamte Infrastruktur eines Bankbetriebs bereitstellen. Sie können sich jedoch nicht einfach vom Grundsatz der Universalbank abkehren. Die Regionalbanken vermöchten damit ihre Fixkosten zwar zu senken. Sie müssten jedoch befürchten, Kunden zu verlieren. Der Kunde will oft alle Geschäfte bei *einer* Bank erledigen. Er ist versucht, ein Institut, das ihm dies nicht ermöglicht, zu wechseln. Die Gefahr der Abwanderung von den Regional- zu den Gross- oder Kantonalbanken würde verstärkt.

Die Automatisierung des Bankbetriebs ist ein Beispiel, das die schwierige Kostenstruktur der Regionalbanken verdeutlicht. Die hohen EDV-Ausgaben wurden bei vielen Regionalbankenfusionen der letzten Zeit denn auch als Grund des Schalterschlusses angegeben. Die Grundausstattung mit einer EDV-Anlage ist teuer. Sie ist gleichzeitig notwendig. Eine Regionalbank vermag sonst bei den Gemeinschaftseinrichtungen und -werken der Banken nicht mitzumachen. Die Regionalbanken versuchen heute, das Problem der teuren EDV-Infrastruktur über die Zusammenarbeit zu lösen. Auch dieser Weg kann gefährlich sein. Das Ausscheiden eines Institutes zwingt den verbleibenden Regionalbanken den oft schweren Entscheid, ob sie einen höheren Fixkostenanteil am Gemeinschaftsprojekt übernehmen oder eine Lösung ohne die anderen Regionalbanken suchen wollen, auf.

3.4 Die PTT als Konkurrentin

Die Zukunftsaussichten der Regionalbanken könnten von der Absicht der PTT, vermehrt in das Bankgeschäft vorzudringen, ernsthaft beeinträchtigt werden. Die PTT ist in ihren Konkurrenzvorteilen den Regionalbanken sehr ähnlich. Sie verfügt in ländlichen Gebieten über ein dichtes Filialnetz. Ihre Kundennähe ist ausgeprägt. Die Poststellen haben länger als die Banken – und auch samstags – geöffnet. Die schweizerische PTT ist im Gegensatz zu vielen ihrer europäischen Schwestern heute zwar noch keine Bank. Sie ist aber auf dem Weg dazu. Im Zahlungsverkehr bietet sie ähnliche Dienstleistungen wie die

Banken an. Die Zinszahlung wie die Buchführung für Postcheckkonti gehören zu diesen Dienstleistungen. Die PTT offeriert zusätzlich eine Kreditkarte. Das Postcheckkonto gleicht damit mehr und mehr dem Depositengeschäft der Banken. Spezialkonti – Jugend- und Alterskonti mit besonderen Zinskonditionen – wurden angekündigt. Die Bundesanlagekonti sind von ihren Bedingungen her eine ernsthafte Konkurrenz nicht nur der zwölfmonatigen Festgelder sondern auch der Kassenobligationen. Sie konkurrieren wichtige Refinanzierungsinstrumente der Regionalbanken. Die Garantie der Eidgenossenschaft gibt den Bundesanlagen einen zusätzlichen Anreiz.

Wird die PTT damit bereits zu einer Bank? Brauchen wir in der Schweiz eine Postbank? Die Banken sind – wer möchte es ihnen, wer möchte es vor allem den Regionalbanken verargen – gegen die Konkurrenz der PTT im Bankgeschäft. Die Post und die Banken haben – argumentieren sie – unterschiedliche Rahmenbedingungen: Die PTT geniesst eine Reihe von Privilegien: Sie untersteht dem Bankengesetz nicht. Sie wird von der Eidgenössischen Bankenkommission nicht beaufsichtigt. Sie ist – hier allerdings den Kantonalbanken ähnlich – mit der Staatsgarantie ausgestattet. Rechtfertigen diese Argumente grundsätzliche Einwände dagegen, dass die PTT in direktem Wettbewerb mit den Banken Bankdienstleistungen produziert? Ich hätte solange, als die PTT diese Dienstleistungen mindestens zu kostendeckenden Preisen anbietet, Mühe, solche grundsätzliche Einwände zu finden. Eine PTT-Bank würde ordnungspolitisch erst bedenklich, wenn sie dazu überginge, ihre Dienste durch Quersubventionierung aus Mitteln ihrer Monopolbereiche zu verbilligen. Quersubventionierungen aus dem Monopolbereich auf der einen und Grössen- und Verbundsvorteile auf der andern Seite können zum Teil nahtlos ineinander überfliessen. Sie sind deshalb nicht immer problemlos zu trennen. Länder mit Postbanken gehen auch aus diesem Grunde dazu über, die Bankeinheit rechtlich zu verselbständigen oder denken über eine Privatisierung ihrer PTT nach. Kritiker des Ausbaus der Finanzdienstleistungen der PTT geben zu bedenken, wir würden den Staatseinfluss im schweizerischen Bankenbereich in einem Zeitpunkt, in dem andere Länder ihren Bankensektor zunehmend privatisieren, verstärken. Die Privatisierung könnte auch bei uns eine Antwort auf dieses Bedenken sein.

4. Einige Überlegungen zum Verhältnis zwischen den Regionalbanken und der Schweizerischen Nationalbank

4.1 Der geldpolitische Beitrag

Was kann die *Schweizerische Nationalbank* für die Volkswirtschaft – was kann sie für die Regionalbanken im besonderen – tun? Sie erbringt den besten Beitrag, wenn es ihr gelingt, ein stabiles monetäres Umfeld mit einer geringen Inflationsrate und mit einem tiefen und möglichst stabilen Zinsniveau zu schaffen. Die Geldpolitik ist das Instrument, das sie in den Dienst dieses Beitrages stellt.

Die Nationalbank entschloss sich, als sie Mitte der siebziger Jahre zur Steuerung der Geldmenge überging, in ihrer Geldpolitik dem Ziel der Stabilität des Preisniveaus Priorität zu geben. Sie orientiert sich dabei seit fünfzehn Jahren an der Entwicklung der Notenbankgeldmenge. Seit zwei Jahren veröffentlicht sie nicht mehr Jahresziele für deren Wachstum. Sie legt ein mittelfristiges Ziel fest. Die saisonbereinigte Notenbankgeldmenge soll sich im Durchschnitt von drei bis fünf Jahren um ungefähr 1% pro Jahr ausdehnen. Der Wechsel von einem Jahres- zum mehrjährigen Wachstumsziel bedeutet keine Abkehr vom geldpolitischen Konzept. Die Stabilität des Preisniveaus geniesst als Ziel unverändert Priorität. Das Umfeld, in dem die Nationalbank ihre Geldpolitik betreibt, veränderte sich jedoch stark. Der Zahlungsverkehr – der Zahlungsverkehr vor allem unter den Banken, die Zahlungsgewohnheiten aber auch des Publikums – erfuhr wesentliche Neuerungen. Die Bedeutung des Notenumlaufs als Teil der Notenbankgeldmenge nahm zu, jene der Giroguthaben nahm ab. Die Nationalbank gelangte in Würdigung dieser Umwälzungen zur Überzeugung, dass sie die angestrebte Stabilisierung des Preisniveaus mit einem mehrjährigen besser als mit einem Jahresziel zu erreichen vermöge.

Die jüngste Anpassungskrise der Regionalbanken rückte eine zweite Beziehung zwischen Notenbank und Geschäftsbanken in den Vordergrund des Interesses. Ich meine die Funktion der Nationalbank als *lender of last resort*: als letzter Kreditgeber der Banken.

Muss die Nationalbank den Regionalbanken in Problemsituationen helfen? Wie kann sie es? Das Nationalbankgesetz umschreibt klar – und abschliessend – die Geschäfte, die das Noteninstitut mit den Banken tätigen kann. Die Nationalbank setzt ihre Politik über Transaktionen am Markte um. Sie tätigt im Rahmen ihres geldpolitischen Konzeptes täglich Geschäfte mit den Banken. Sie kann dem Bankensystem oder in Ausnahmefällen einzelnen Banken – nebst dem routinemässigen Tagesgeschäft – aber auch als *lender of last resort* Liquidität zur Verfügung stellen. Dabei gilt der Grundsatz, dass *nur solvente Banken* – gegen gesetzlich vorgeschriebene Sicherheit – Liquidität erhalten. Die gesetzlichen Bindungen beschränken die Hilfsmöglichkeiten der Nationalbank. Folgende Geschäfte am Geld- und Kapitalmarkt stehen ihr für die Liquiditätshilfe zur Verfügung:

- Das *Diskontgeschäft*, bei dem die Nationalbank auf Schweizer Franken lautende Wechsel diskontiert (Art. 14 Ziff. 1 NBG), spielt im Alltagsgeschäft der Nationalbank kaum mehr eine Rolle. Es liesse sich aber für Liquiditätshilfen wieder aktivieren.
- Das *Offenmarktgeschäft* – Käufe von auf Schweizer Franken lautenden Wertschriften und Buchforderungen über den Markt – lässt sich ebenfalls nutzen, um den Banken mit Liquidität auszuhelfen. Die Nationalbank darf neben Schuldverschreibungen des Bundes, der Kantone, der Kantonalbanken und der beiden Pfandbriefzentralen auch leicht realisierbare Schuldverschreibungen von Gemeinden und von anderen schweizerischen Banken – also auch Obligationen von Regionalbanken – kaufen (Art. 14 Ziff. 2 NBG). Sie hat dagegen keine rechtliche Basis zu einer Stützung von Regionalbankentiteln am Markt.
- *Pensionsgeschäfte* sind sowohl auf Diskont- als auch auf Offen-

marktgeschäften möglich. Die Nationalbank würde den Banken bei diesen Swap-Geschäften nationalbankfähige Titel ab- und gleichzeitig auf Termin zurückverkaufen, um ihnen für eine befristete Dauer mit Liquidität auszuhelfen.

- Die *Devisengeschäfte* liessen sich ebenfalls in den Dienst der Liquiditätshilfe stellen. Sie dürften bei den Regionalbanken aber kaum eine bedeutende Rolle spielen. Diese verfügen selten über grosse Fremdwährungsportefeuilles. Devisen sind zudem auch über andere Kanäle leicht liquidierbar.
- Das *Lombardgeschäft* ermöglicht es der Nationalbank, den Banken gegen Hinterlage geeigneter Wertschriften einen kurzfristigen Kredit einzuräumen. Der Lombardkredit enthält allerdings eine Strafzinskomponente. Sie mindert seine Attraktivität als Instrument der Liquiditätshilfe.

Die Nationalbank trägt die Verantwortung, dass das schweizerische Bankensystem – die Banken insgesamt – mit ausreichender Liquidität versorgt ist. Sie kann als *lender of last resort* aber auch einzelnen Instituten – einzelnen Regionalbanken – mit Liquidität aushelfen. Das Nationalbankgesetz stellt ihr verschiedene und ausreichende Instrumente der Liquiditätshilfe zur Verfügung. Zwei Grundsätze bleiben dabei zu beachten:

- Die Nationalbank ist – erstens – gesetzlich ermächtigt, aber nicht verpflichtet, einzelnen Banken Liquiditätshilfe zu leisten. Eine einzelne Bank kann aus der Rolle der Nationalbank als *lender of last resort* für sich keinen Anspruch auf individuelle Liquiditätshilfe ableiten.
- Die Nationalbank darf – zweitens – nur solventen Banken Liquiditätshilfe zukommen lassen. Insolvente Institute müssen geschlossen werden.

Diese Grundsätze sind klar. Sie stellen das Noteninstitut trotzdem vor ein Problem. Nach welchen Kriterien entscheidet es, ob eine Bank bereits insolvent oder aber zwar zahlungsunfähig – illiquid –, jedoch solvent ist? Das Bankengesetz gibt der Nationalbank keine aufsichtsrechtlichen Kompetenzen. Sie verfügt damit auch über keine direkten, zuverlässigen Informationen über die Solvenz einer Bank. Die Nationalbank bleibt hier auf die Unterstützung der Eidgenössischen Bankenkommission angewiesen.

4.3 Keine Verantwortung der Nationalbank für die Solvenz der Banken

Das Prinzip, dass die Nationalbank nur solventen Banken Liquiditätshilfe gewähren darf, wird gelegentlich angezweifelt. Sie wird, wenn Verluste drohen, gerne aufgerufen, im Interesse der Gläubiger einer gefährdeten Bank einzugreifen. Drei Gründe sprechen klar dagegen, dass die Nationalbank insolventen Instituten hilft:

- Eine Notenbank, die einer insolventen Bank gegen Verpfändung von guten Aktiven Liquidität zukommen liesse, würde sich – erstens – breiter öffentlicher Kritik aussetzen. Sie sähe sich vor allem im Zeitpunkt der Schliessung des Instituts dem Vorwurf ausgesetzt, die Konkursmasse dadurch, dass sie die gute Substanz belehnte, auf Kosten der Gläubiger der Bank geschmälert zu haben.
- Versuche, die Strukturen im Bankensektor um jeden Preis zu erhalten, sind unerwünscht. Die Nationalbank würde deshalb – zweitens – falsch handeln, wenn sie sich in den Dienst der Strukturerhaltung stellte. Wünschbar ist dagegen, dass die Strukturanpassungen im schweizerischen Bankensektor geordnet ablaufen. Das nötige Instrumentarium ist vorhanden. Unsere Möglichkeiten, den Banken mit Liquidität auszuhelfen, sind bekannt.
- Der schweizerische Gesetzgeber trennte – drittens – die Verantwortung für die Solvenz und die Liquidität des Bankensystems klar. Er teilte sie auf die Eidgenössische Bankenkommission und die Nationalbank auf. Eine Verwischung dieser eindeutigen Kompetenzverteilung wäre unzulässig und falsch.

Die Möglichkeiten der Nationalbank zur Liquiditätshilfe setzen die Mitverantwortung der Banken voraus. Jede einzelne Bank hat die Aufgabe, sich auf einen möglichen Krisenfall vorzubereiten. Sie muss einen Notvorrat an notenbankfähigen Aktiven bereithalten.

5. Renovation ohne Staatshilfe

Die Regionalbanken sind eine alte Bankengruppe. Sie blicken auf eine lange Tradition zurück. Sie haben aber auch eine Zukunftschance. Alte Banken bedürfen jedoch – gleich wie ältere Gebäude – von Zeit zu Zeit einer Renovation. Die Marktkräfte leiteten im schweizerischen Bankensektor einen Prozess der Strukturbereinigung ein. Die Regionalbanken wurden stärker als andere Institute erfasst. Viele Institute gingen unter dem Druck dieses Prozesses entschieden an die Renovation. Sie ergriffen selbständig – es verdient im Blick auf ausländische Erfahrungen eine positive Erwähnung – die Initiative und beantragten weder öffentlichen Schutz noch staatliche Subventionen. Die Verantwortlichen werden sich fragen müssen, ob ein Neu- oder ein Umbau ihres Bankhauses angebracht ist. Und soll ein allfälliger Neubau grösser oder kleiner als das bisherige Haus sein? Wichtiger als kosmetische Änderungen ist die Sanierung der tragenden Teile des Hauses. Feste Fundamente und ein dichtes Dach schaffen mehr Vertrauen als eine neu gestaltete Schalterhalle.